ZIENDE VERBEELDING

"ACCENT"

ZIENDE VERBEELDING

OVER ZIEN EN (ON)ZICHTBAARHEID IN POËZIE EN POËTICA VAN P.C. BOUTENS

'Was ist die Welt? Ein ewiges Gedicht'
(Hugo von Hofmannsthal)

Marco Goud

PEETERS

"ACCENT"

Deze publicatie werd mogelijk gemaakt door de financiële steun van de Nederlandse Organisatie voor Wetenschappelijk Onderzoek (NWO) te Den Haag.

ISBN 90-429-1263-4 (Peeters Leuven)

D. 2003/0602/23

INHOUDSOPGAVE

WOORD VOORAF

In het voorjaar van 1993 volgde ik aan de Universiteit Utrecht, alwaar ik Nederlands studeerde, een doctoraalcollege over P.C. Boutens, gegeven door dr. Ben Peperkamp en wijlen dr. Redbad Fokkema. Ik had toen niet kunnen vermoeden dat Boutens mij nog tien jaar zou bezighouden. Ik schreef mijn scriptie over Boutens, waarop ik in september 1995 afstudeerde. In september 1998 werd ik aangesteld als assistent in opleiding aan de Faculteit der Cultuurwetenschappen van de Universiteit Maastricht om aldaar een proefschrift te schrijven over 'visualiteit en literatuur', in het bijzonder de rol van het zien in de poëzie van Boutens.

Graag bedank ik op deze plaats de mensen zonder wie ik dit boek niet op deze wijze had kunnen schrijven. In de eerste plaats dank ik mijn promotor prof.dr. Wiel Kusters en mijn co-promotor dr. Jan Baetens voor hun nauwgezette en heldere commentaar. Met veel plezier denk ik terug aan de vele inspirerende besprekingen over Boutens' gedichten met Wiel Kusters, poëzielezer bij uitstek. Deze besprekingen vormden de hoogtepunten van mijn aio-bestaan. Altijd kon ik bij Jan Baetens terecht met vragen over lastige theoretische literatuur. Ik dank mijn begeleiders ook voor de grote vrijheid die zij mij gaven. Tegelijkertijd zorgden zij er, dankzij hun adequate en plezierige manier van begeleiden, mede voor dat ik mijn proefschrift binnen vier jaar heb kunnen afronden.

Ook dank ik mijn collega's van de Faculteit der Cultuurwetenschappen en de vakgroep Letteren & Kunst, in het bijzonder dr. Jos Perry en dr. Marietje Kardaun die enkele hoofdstukken becommentarieerden. Met de besprekingen van door mij gepresenteerde stukken bij de jaarlijkse 'Lente-oogst' bij de onderzoeksafdeling 'Wetenschap en cultuur; teksten en contexten' heb ik mijn voordeel kunnen doen. Plezierig en leerzaam waren de 'aio-pizza/soep'-avonden, waarop mijn Maastrichtse mede-aio's Cécile aan de Stegge, Ruth Benschop, David Hamers, Ruud Hendriks, Anique Hommels, Stine Jensen, Eric Lemmens, Ruth Mourik, Peter Peters en Jessica Slijkhuis enige hoofdstukken-in-wording bespraken. Speciale dank gaat uit naar mijn zonnige kamergenote Jessica Slijkhuis. Het was slechts schijn dat onze onderzoeken ver uiteen lagen: P.C. Boutens en de neurasthenicus Lodewijk van Deyssel ontmoetten elkaar meer dan eens in onze kamer.

Ook buiten mijn directe werkkring heb ik veel hulp ontvangen. Tijdens cursussen en bijeenkomsten van de Onderzoekschool Literatuurwetenschap (OSL) kreeg ik nuttig commentaar van docenten en aio's. Prof.dr. J.L. Goedegebuure en dr. O. Heynders dank ik voor hun opmerkingen naar aanleiding van vroege versies van hoofdstuk VI. Ik dank dr. Ben Peperkamp voor zijn commentaar op hoofdstuk VII. Veel dank ben ik verschuldigd aan prof. dr. J.D.F. van Halsema die hoofdstukken III en VI van uitvoerig commentaar voorzag. Gerard van Wezel heeft mij meer dan eens laten profiteren van zijn grote kennis van het œuvre van Jan Toorop.

Daarnaast bedank ik diegenen die mij op diverse wijzen hebben geholpen: prof.dr. Karel de Clerck, Sjoerd van Faassen, mevr. N. Fernhout-Salomonson, Andrea Langendoen, Howard E.M. Myers van kunsthandel Studio 2000 te Amsterdam, Daniëlle Moll, dr. Tijmen Jan Moser, dr. Harry G.M. Prick, prof.dr. L.M. de Rijk, Ronald Rijkse en J.F. Seijlhouwer. Veel dank gaat uit naar dr. Alfred M.M. Dekker voor het nauwkeurig doorlezen van de laatste versie. Hans Moser dank ik voor het corrigeren van mijn Engelse samenvatting.

Met bijzondere erkentelijkheid noem ik prof.dr. W. Blok en wijlen prof.dr. A.L. Sötemann. Mijn bewondering voor hen is groot. Ik denk met dankbaarheid aan de warme belangstelling die zij de afgelopen jaren toonden voor mijn onderzoek. Ik betreur het zeer dat prof. Sötemann de verschijning van mijn proefschrift niet meer heeft kunnen meemaken, maar ik ben blij dat ik in de afgelopen jaren nog enkele keren met hem van gedachten heb kunnen wisselen over mijn onderzoek. Prof. Blok dank ik voor zijn waardevolle opmerkingen naar aanleiding van mijn interpretatie van 'Sterren' en voor het vele Boutens-materiaal dat ik van hem mocht ontvangen.

Ook dank ik Jan Huijnink, mijn leraar Nederlands. Zonder zijn inspirerende lessen zou ik geen Nederlands zijn gaan studeren.

Annemarie Adriaanse — op wier ogen Boutens een gedicht schreef! — dank ik hartelijk voor de inzage in de boeken van 'oom Piet'. Helaas heeft haar moeder, mevr. J. Adriaanse-de Klerk, de verschijning van dit boek niet meer mee kunnen maken. Ik ben blij dat ik haar op hoge leeftijd nog heb mogen leren kennen.

Ten slotte bedank ik mijn vriendin Nelleke Moser, mijn 'schitterlief', voor alles waar geen woorden voor zijn. Mijn moeder, Maria Lodder, ben ik zeer dankbaar voor haar onvoorwaardelijke steun.

Utrecht, september 2002

HOOFDSTUK I

INLEIDING

1. 'Het oog eens kunstenaars'

In deze studie staat de thematiek van het zien in het werk van de dichter P.C. Boutens (1870-1943) centraal. Dat Boutens al vroeg gefascineerd was door de blik blijkt wel uit het sonnet met de titel 'In den Schouwburg' dat hij op 28 oktober 1887 als zeventienjarige scholier schreef, maar nooit publiceerde[1]. Vermoedelijk heeft hij het voorgedragen voor het Middelburgse gymnasiastengezelschap Nihil Sine Labore, waarvan hij sinds maart 1887 lid was[2]. In dit gedicht zijn veel motieven te vinden die ook voorkomen in vele latere gedichten van Boutens over het zien. Zonder een volledige interpretatie te willen geven, ga ik kort in op dit gedicht (dat hier voor het eerst wordt gepubliceerd):

In den Schouwburg

De zaal is vol; 't gordijn nog niet omhoog.
Gedachtloos laat ik 't oog langs 't bont tooneeldoek dwalen
Met zijn rivier, zijn waterval, zijn woud, zijn dalen,
En zijn verschiet van bergen hemelhoog.

Soms tuurt door 't kijkgat in het doek het oog
Eens kunstenaars naar het publiek, reeds moe van 't dralen.

(1) Het gedicht staat in een schrift met jeugdgedichten van Boutens uit de jaren 1886-1888. Het wordt bewaard in de Boutensdocumentatie van mevr. C.C.V. van Lier-Schmidt Ernsthausen, Historisch Documentatiecentrum voor het Nederlands Protestantisme (1800-heden), Vrije Universiteit te Amsterdam, inv. nr. 2306.

(2) Zie De Clerck 1969, p. 20-27.

Wat 's dat? — 't Is of er plotseling twee sterren stralen;
Of dwars door 't doek een heldre lichtstraal vloog...

Ik zocht vergeefs die oogen op, die straks mij boeiden
Door éenen enklen straal. Schoon aller oogen gloeiden,
Het was toch niet die heldre, reine gloed.

Eén oog was kalm — gelijk zijn grootsche rol — met strammen,
Toch heldren blik; dáár — schoot het plotsling vuuren vlammen:
'k Vergeet het nooit: het drong tot in 't gemoed.

In het gedicht wordt een situatie in een theater geschetst[3]. De 'ik' maakt deel uit van het publiek. Vlak voordat het toneelstuk begint — het doek is nog niet omhoog — kijkt de 'ik' gedachteloos naar het toneeldoek en ziet dat er af en toe een acteur door een kijkgat in het doek naar het publiek kijkt. Ineens lijkt het alsof ogen als twee sterren dóór het doek heen stralen. De 'ik' probeert tevergeefs tijdens het toneelstuk deze ogen te herkennen bij de acteurs. Alle ogen 'gloeien', maar ze hebben niet de bijzondere heldere gloed die hij zojuist — voordat het stuk begon — door het doek heen zag stralen. Uiteindelijk herkent de 'ik' plotseling toch deze 'heldren blik' die 'vuuren vlammen' schiet en in zijn gemoed dringt. Deze blik maakt zo'n diepe indruk dat hij die nooit zal kunnen vergeten.

Veel woorden in het gedicht hebben met zien te maken. Dat blijkt meteen al uit de titel 'In den Schouwburg'. De schouwburg is een gebouw waar men iets gaat 'schouwen' of zien. Het werkwoord (aan)schouwen zal nog vaak opduiken in Boutens' poëzie. Het woord 'oog' (of 'oogen') komt vijf maal voor. De nadruk op 'oog' wordt versterkt door de rijmen in de kwatrijnen: 'omhoog' (1) — 'hemelhoog' (4),

(3) Dat Boutens in zijn jeugd geboeid was door het toneel blijkt ook uit het gedicht 'De Tooneelspeelster' dat in hetzelfde schriftje staat. Zie Kroesbergen 1996, p. 66-68.

'oog' (5) — 'vloog' (8). Andere woorden die met zien te maken hebben, zijn: 'tuurt' (5), 'kijkgat' (5) en 'blik' (13). Ook staan er veel woorden in dit gedicht die met licht en helderheid te maken hebben: 'twee sterren stralen' (7), 'een heldre lichtstraal' (8), 'éenen enklen straal' (10), 'gloeiden' (10), 'die heldre, reine gloed' (11), 'heldren blik' (13) en 'vuuren vlammen' (13).

Opvallend in dit gedicht is het motief van het toneeldoek of gordijn. Het doek, waarop een landschap is te zien, vormt tegelijkertijd een scheiding tussen het hier en nu en de toneelwereld, die een andere werkelijkheid suggereert, en een tussenwereld, een twee-dimensionale voorproef van de toneelwereld erachter. Deze scheiding is niet absoluut, want er is een opening waar men doorheen kan kijken: een 'kijkgat'. Ook kan het gordijn open gaan. Vanachter het doek — vanuit de andere werkelijkheid — wordt gekeken door één van de acteurs met een bijzondere blik: 'of er plotseling twee sterren stralen' (7) en 'of dwars door 't doek een heldre lichtstraal vloog' (8). Hier lijkt bij de 'ik' sprake te zijn van een epifanische of visionaire ervaring; plotseling openbaart zich iets goddelijks in de aardse werkelijkheid. In de laatste strofe wordt gesproken van één kalm oog 'met strammen, / Toch heldren blik' (12-13); een onbewogen, doordringende blik. Dit oog is kalm zoals de 'grootsche' (trotse) rol van de auteur. In dit oog herkent de toeschouwende 'ik' de heldere stralen die hij eerder door het doek heeft zien schijnen. Dit lijkt wel een beschrijving van het alziende oog van God. In de eerste plaats is de wereld achter het doek de toneelwereld. Maar ze kan ook worden opgevat als een hogere, transcendente werkelijkheid, waarvan in het hier en nu slechts een glimp kan worden opgevangen. Het hogere wordt ook gesuggereerd door woorden als 'verschiet' (4) en 'hemelhoog' (4). Veel aspecten die ik hier slechts heb aangestipt — de rol van het zien, het licht, stralen, sterren, het plotselinge, de apocalyptische suggestie van het plotseling opengaan van een gordijn — zullen uitvoerig aan de orde komen in deze studie.

2. Zien en (on)zichtbaarheid bij Boutens

In mijn onderzoek staat de volgende vraag centraal: welke rol spelen zien en (on)zichtbaarheid in Boutens' poëzie? Twee vragen die ik daarnaast stel zijn: op welke wijze zijn Boutens' opvattingen over zien en (on)zichtbaarheid te relateren aan diens poëtica? En: op welke wijze is de thematiek rondom het zien te relateren aan literair- en cultuurhistorische contexten?

In Boutens' œuvre komen veel gedichten voor waarin het zien wordt gethematiseerd. Het bekendste voorbeeld daarvan is wel 'Domburgsch uitzicht', vooral dankzij Sötemanns verhelderende artikel daarover[4]. Het gedicht gaat, zoals blijkt uit de titel, over het uitzicht dat men heeft vanaf Domburg, een Walcherse badplaats met hoge duinen. Daarvandaan kan de zee gezien worden en ook de kust van het naburige eiland Schouwen. De eerste strofe van het gedicht luidt als volgt:

> Opeens, met één blik te overbruggen, valt verslonken
> De straklazuren Roompot tot een kronkelkreek
> Voor 't land van Schouwen als verheerlijkt opgeblonken
> En stralend aangedreven uit zijn nevelstreek: (VL 779)[5]

Hierna volgen vier strofen, waarin onder meer een gedetailleerde beschrijving wordt gegeven van het uitzicht én van een ontmoeting met een 'u'. Ik beperk mij nu tot de bespreking, aan de hand van Sötemanns interpretatie, van de eerste strofe.

(4) Sötemann 1985c. Vgl. Goedegebuure 2001.

(5) Met de afkorting VL verwijs ik voortaan naar: P.C. Boutens, *Verzamelde lyriek*. 2 dln. [Ed. J.B.W. Polak en Peter van Eeten]. Amsterdam, 1968.

Uit het woord 'Opeens' blijkt dat er inééns een wijziging optreedt in een eerder bestaande toestand. Sötemann wijst op allerlei aspecten in deze strofe die duiden op een uitzonderlijk, helder moment: 'Opeens', 'met één blik te overbruggen', 'straklazuren', 'verheerlijkt opgeblonken' en 'stralend'. Deze aspecten wijzen erop dat er 'op dit ogenblik, iets bijzonders aan de hand [is] met het uitzicht van het Domburgse duin af'[6]. Die uitzonderlijkheid wordt volgens Sötemann nog eens versterkt door de woordgroep 'straklazuren Roompot' die door hem als een oxymoron wordt geïnterpreteerd. De Roompot, de naam van het zeegat tussen Walcheren en Schouwen, suggereert een woeste zee met witte golven. Het adjectief 'straklazuren' roept echter de kleur diepblauw op en een strak wateroppervlak. De in deze strofe geschetste situatie 'is bijna "onnatuurlijk" in zijn volstrekte onbewogenheid en helderheid', aldus Sötemann[7]. In het gedicht zijn meer aspecten aan te wijzen die te maken hebben met deze bijzondere situatie. Het wegtrekken van de nevelsluiers in de eerste strofe kan een visionair effect hebben: 'of er een wereld plotseling opengaat; de overkant ligt bij wijze van spreken ineens binnen handbereik'[8]. Sötemann geeft een tweede interpretatiemogelijkheid van "t land van Schouwen'. Het gaat hier niet alleen om het naburige eiland Schouwen, maar het kan óók betrekking hebben op het werkwoord schouwen: het waarnemen van iets transcendents. Daarmee krijgt de in dit gedicht beschreven ervaring een visionair karakter: het uitzicht wordt getransformeerd tot visioen. Sötemann schrijft: 'Het is nu ook duidelijk waarom de dichter *de grenzen van het reëel waarneembare* in de eerste strofe overschrijdt: daarmee wordt het metafysische karakter van de ervaring

(6) Sötemann 1985c, p. 219.
(7) Sötemann 1985c, p. 220.
(8) Sötemann 1985c, p. 224.

"zichtbaar", terwijl het tegelijkertijd direct verbonden blijft met de werkelijkheid — niet anders is dan verhelderde realiteit.' (mijn curs.)[9].

Naast 'Domburgsch uitzicht' schreef Boutens veel meer gedichten, waarvan alleen al de titel (of de eerste versregel) wijst op een visuele of visionaire thematiek, zoals: 'Ik sloot de blinkevenstren van mijn Ziel' (VL 11), '"Regenboog". Aan J.Th. Toorop / na het zien van zijn krijtteekening van dien naam' (VL 277), 'Mijn eigen oogen zijn niet meer van mij' (VL 294), 'Zie niet op mij, maar schouw in mij U-zelven' (VL 295), 'Oog in oog' (VL 470), 'Oogenblik' (VL 483), 'Mijn oogen duizlen voor de naakte zon' (VL 576), 'Spiegelbeeld' (VL 730), 'Oogen' (VL 739), 'Een weêrzien' (VL 753), 'Overzicht (San Gimignano)' (VL 760), 'Weêrzien' (VL 763), 'Ziende trouw' (VL 764), 'Moederoogen' (VL 819), 'De ziener' (VL 824), 'Liedje. Voor Anne-Marie, die haar Overgrootmoeders oogen weêr mede ter wereld bracht' (VL 854), 'Onzienlijk aangezicht dat in mij weent' (VL 866), 'Met mijn oude oogen heb ik het gezien' (VL 888) en 'Vizioen' (VL 890).

In de gedichten zelf komen tal van woorden voor die met zien te maken hebben, zoals 'oog(en)', 'zien', 'staren', 'blik', 'oogenblik', 'oogeblik', 'schouwen', 'aanschouwen', 'vizioen', 'beeld', 'ziener', 'onzichtbaar', 'onzienlijk' en 'blind'. Rondom het woord 'oog' zijn veel samenstellingen te vinden: 'oogebeker', 'oogebloemen', 'oogebronnen', 'oogekier', 'oogeluchter', 'oogenbloei', 'oogengloed', 'oogenlicht', 'oogenschijn', 'oogenstraal', 'oogester', 'oogevenstren', 'oogpoorten', 'oogzon', 'menschenoog', 'spiegeloog', 'sterrenoogen' en 'zonoog'. Ogen worden vergeleken met sterren, bloemen, spiegels, afgronden, vensters, meren, enzovoort (zie hoofdstuk II).

([9]) Sötemann 1985c, p. 224-225.

Wat Van den Akker over J.H. Leopold schrijft, geldt ook voor Boutens: 'Ogen en alles wat daarmee samenhangt vormen een dominant metafoorcomplex in zijn œuvre.'[10] Woorden rondom ogen, zien en zichtbaarheid komen zó vaak voor in Boutens' poëzie dat het volledig in kaart brengen daarvan alleen al een hele studie in beslag zou nemen. Het gaat mij in dit onderzoek echter niet om volledigheid of de precieze frequentie van dergelijke woorden in Boutens' œuvre[11]. Woorden kunnen in verschillende contexten immers verschillende betekenissen hebben.

Ook buiten zijn poëzie liet Boutens zich uit over het 'zien'. Het zijn zeldzame momenten, want Boutens zei bijna nooit iets over zijn poëzie of zijn opvattingen daarover. In zijn brief van 8 maart 1895 aan Lodewijk van Deyssel schreef Boutens: 'U moet weten, dat ik me soms verbeeld een weinig te kunnen stellen, een versje, een stukje proza. Dat ik het leven een enkele keer zie met die intensheid, waarmee het alleen aandoet die weinigen, in wier oogen een eigen licht woont.'[12] Boutens zei in zijn speech ter gelegenheid van de viering van zijn zestigste verjaardag in 1930:

> Ik heb altijd geleefd in die hoogere, duurzame wereld, die achter ons armzalig menschenbestaan is. Ik heb mijn gaven niet altijd gewaardeerd. Mijn perceptie-vermogen heeft mij dikwijls gehinderd het gemakkelijke gewone aardsche leven van de menigte te leiden en mijn aanvoelingsvermogen heeft mij te veel onthuld in de werkelijkheid, wat anderen ontgaat[13].

Interessant is ook wat Boutens over het zien zegt in de volgende anekdote van de dichteres Kitty de Josselin de Jong. Zij herinnerde zich uit een gesprek met Boutens in 1942:

([10]) Van den Akker 1990, p. 41.
([11]) Zie Irons 1997 voor een dergelijk onderzoek.
([12]) Geciteerd naar De Clerck 1969, p. 52.
([13]) Geciteerd naar het verslag in de *NRC* van 21 februari 1930.

> Ik had wat gedichten meegenomen en was benieuwd naar zijn oordeel. Hij vond dat er muzikaliteit en gevoel in zat, maar "ze hebben hetzelfde gebrek dat al jullie vrouwen hebben: een tekort aan het visuele." Als voorbeeld van hoe hij dat bedoelde droeg hij van Leopold 'Om mijn oud woonhuis peppels staan' voor. "Dat is volmaakt," zei hij. Daarna nog een rondeel van Charles d'Orléans en van zichzelf 'Rosa sub rosa' en 'De merel' uit een nog te verschijnen bundel. "Je moet het zien en zó zien dat je het een ander laat zien door jouw woorden. Je moet anderen laten meebeleven wat jij beleefde, dan is het goed. En alles moet meetrillen, het hele leven, het heelal, alles."[14]

Het is opmerkelijk dat Boutens veronderstelt dat vrouwen 'een tekort aan het visuele' zouden hebben. Misschien maakte hij een uitzondering voor de door hem vertaalde en bewonderde dichteressen Sapfo en Louise Labé. Hoe dit ook zij, uit de citaten blijkt eens te meer dat 'zien' voor deze dichter van cruciaal belang was.

In Boutens' poëzie wordt niet louter naar de alledaagse fysieke werkelijkheid gekeken. Door de aardse werkelijkheid heen wordt een transcendente werkelijkheid gezien of geschouwd. Meer dan eens is Boutens' poëzie in verband gebracht met Plato, bij wie het schouwen van de absolute Schoonheid een belangrijke plaats inneemt[15]. Die gedachte is ook in Boutens' gedichten te vinden. Boutens was classicus en vertaalde Plato's dialogen *Symposion* (onder de titel *Drinkgelag*), *Phaidoon* en *Phaidros*[16]. Maar 'Boutens gebruikt Plato, hij volgt hem niet', aldus W. Blok[17].

(14) De Josselin de Jong 2000, p. 16-17. De nog te verschijnen bundel was *Tusschenspelen* (1942).

(15) Zie Reichling 1925. Zie Blok 1983, p. 205-227 voor kritische kanttekeningen bij Reichling.

(16) Boutens heeft ook fragmenten van Plato's *Apologie* vertaald; zie Blok 1970b.

(17) Blok 1983, p. 205.

De blik in Boutens' poëzie is vaak een visionaire blik. In zeldzame ogenblikken schemert iets van een hogere werkelijkheid door. Het gaat vooral om het trachten te zien van dat wat niet gezien kán worden. Woorden als 'onzienlijk', 'onzichtbaar' en 'blind' komen dan ook vaak voor in zijn werk. Daarmee is echter niet gezegd dat Boutens zich afzet 'tegen de waarneembare werkelijkheid, waarmee de dichter geen relatie onderhoudt'[18]. Wel wordt in zijn gedichten gepoogd om een glimp te laten doorschemeren van het onzienlijke achter die primaire, waarneembare werkelijkheid. Daarmee hangt samen dat wat in die zin gezien wordt onzegbaar of onuitsprekelijk is. Een mooi en sprekend voorbeeld daarvan is het volgende gedicht uit de bundel *Lente-maan* (1916):

En nu — ik ben niet meer alleen...
O bovenwezenlijk bedrog:
Gij zijt hier niet, gij zijt hier toch.
Daar dauwt door 't slui'rend lichtgeween

Een heller tegenwoordigheid:
Een blind onzienelijk gezicht
Klaart uit de zee van sterrelicht —
En geene vrees of gij het zijt,

Die dus verroereloosd beroert
De wellen dezer donkre mijn
En keert in levende fontein
Wat diep en lichtloos lag gevloerd —

En wat ik onbewijsbaar dacht
En onuitsprekelijk verbeurd,
Breekt spraakloos uit en bloeit en geurt
Als witte rozen in den nacht. (VL 545)

Hier staan de woorden 'blind', 'onzienelijk', 'onuitsprekelijk' en 'spraakloos' bijeen in één tekst. Door de 'ik' wordt op een

([18]) Van den Akker 1990, p. 39.

bijzonder moment ('En nu'; vgl. 'plotseling' in 'In den Schouwburg' en 'Opeens' in 'Domburgsch uitzicht') iets gezien dat eigenlijk niet gezien kán worden: 'een blind onzienelijk gezicht'. Dat wat de 'ik' ziet, wordt een 'bovenwezenlijk bedrog' genoemd. Hij beseft dat het om een illusie van een hogere orde gaat. De 'gij' manifesteert zich als licht, het is een 'heller tegenwoordigheid' die door het 'slui'rend lichtgeween' tevoorschijn komt en opklaart uit 'de zee van sterrelicht'. In de laatste strofe wordt de koppeling gemaakt met het onuitsprekelijke. Waarvan de 'ik' dacht dat het 'onbewijsbaar' en 'onuitsprekelijk' was, is tóch gebeurd. De verschijning van de 'gij' wordt vergeleken met het bloeien en geuren van witte rozen in de zwarte nacht. Het woord 'spraakloos' duidt zowel op het sprakeloze bloeien en geuren van de witte rozen als op het feit dat er geen woorden zijn voor deze ervaring. Paul Rodenko schreef over dit gedicht in *Met twee maten* (1956): 'De omzetting van "onuitsprekelijk" [...] in "spraakloos" is hier grandioos: het onuitsprekelijke wordt niet uitgesproken'[19]. Hij besprak dit gedicht in het kader van zijn concept van 'de poëzie van het "vlies"'. Het 'vlies' omschreef hij als 'een film, een dunne wand die de werkelijkheid van het hier-en-nu scheidt van het Andere'[20]. De moderne dichter kan volgens Rodenko hooguit het 'vlies' éven tastbaar maken in zijn poëzie. Door het 'vlies' — hier het 'slui'rend lichtgeween' — schemert heel even iets ('gij') door vanuit een andere werkelijkheid. In Boutens' gedichten komt een dergelijk 'vlies' vaker voor, zoals ik in de volgende hoofdstukken nog zal laten zien. Uiteraard is over dit gedicht veel meer te zeggen, maar het dient hier slechts als voorbeeld om de problematiek rondom de relatie tussen visualiteit en poëticaliteit in Boutens' poëzie aan te stippen.

([19]) Rodenko 1956, p. 122.
([20]) Rodenko 1956, p. 122. Zie ook Heynders 1998, p. 12.

3. Poëtica

Met de thematiek van het onzegbare en onuitsprekelijke ben ik aangekomen bij Boutens' poëtica, zijn literatuuropvattingen. Er dient een onderscheid gemaakt te worden tussen Boutens' versexterne en versinterne poëtica[21]. Boutens heeft zich, zoals gezegd, buiten zijn poëzie maar zelden uitgelaten over poëzie. Naar aanleiding van een verzoek van Willem Kloos om een beschouwing over poëzie in *De nieuwe gids* te schrijven, schreef Boutens in een brief van 14 november 1912 het volgende: 'Wat mijne meeningen omtrent kunst en literatuur aangaat, die liggen opgesloten in mijn eigen literaire productie, en het komt mij persoonlijk voor dat dit de beste wijze is om ze uit te spreken.'[22] Een van de weinige uitzonderingen daarop is Boutens' lezing 'Vorm en vormeloosheid in de dichtkunst' die hij in 1933 hield[23]. Op deze lezing, vooral de passage over het kijken naar de kosmos, ga ik uitgebreid in in hoofdstuk VII.

In Boutens' poëzie zelf zijn veel expliciete poëticale passages te vinden. Sötemann heeft zowel aan Boutens' versexterne als aan diens versinterne poëtica aandacht besteed. Hij heeft laten zien dat Boutens' poëtica kan worden verbonden met het symbolisme[24]. De symbolisten ging het er niet om de zichtbare werkelijkheid af te beelden, maar een onzichtbare, transcendente werkelijkheid te suggereren[25]. Het symbolistische gedicht 'wil iets bijzonders aanduiden, de Onzienlijke, het onzegbare, het hogere, het immateriële en onaardse',

(21) Zie over het begrip poëtica Sötemann 1985 en Van den Akker 1985.

(22) Geciteerd naar De Clerck 1964, p. 355, n. 10.

(23) Zie Boutens 1964 en De Clerck 1964.

(24) Zie Sötemann 1985a.

(25) Vgl. Dresden 1980, p. 98-99.

zo schrijft Dorleijn[26]. Het gedicht is voor symbolisten een 'kenmiddel', een 'wegwijzer' of een 'instrument' naar een hogere werkelijkheid[27]. Die hogere werkelijkheid is per definitie onzegbaar en niet te kennen. Tóch probeert Boutens deze werkelijkheid te suggereren in zijn gedichten. In zijn poëzie spelen woorden als 'geheim', 'zwijgen', 'spraakloos', 'onzegbaar' en 'naamloos' dan ook een belangrijke rol. Aan het slot van zijn gedicht 'Rekenschap' schrijft hij: 'Het schoonst dat bleef onuitgezegd' (VL 883). En in 'Rosengarten' schrijft Boutens: 'Ik heb iets bijna schoons aanschouwd' (VL 455). Het einddoel (het 'schoonst') is onzegbaar en onzichtbaar. Sötemann schrijft: 'Nooit immers zal het hem [= de dichter] — per definitie — gelukken te zingen of te spreken: "Zonder smet van taal of teeken". Het hoogst bereikbare is "'t Lied dat alles bijna // zegt"', waarbij hij twee citaten uit Boutens' poëzie aanhaalt[28]. Het einddoel is niet uit te zeggen en niet te aanschouwen: het is onzegbaar en onzichtbaar tegelijkertijd. Het paradoxale is dat de symbolist zich in taal uitlaat over dat wat niet gezegd en gezien kan worden. Sötemann spreekt in dit verband van de 'fundamenteel paradoxale situatie van de symbolistische dichter'[29]. Het 'besef van het échec' is volgens Sötemann 'wezenlijk voor de symbolisten'[30]. De term *échec* gebruikt Sötemann vermoedelijk in navolging van Paul Rodenko. Die schreef, in zijn al eerder aangehaalde *Met twee maten*, onder meer naar aanleiding van een passage uit Boutens' gedicht 'Daar is een lied' (VL 377), het volgende:

> We vinden hier dus bij Boutens (als aanzet), bij Nijhoff, Achterberg en Van der Graft een opvatting van poëzie, die hierin

([26]) Dorleijn 1984a, p. 79.
([27]) Sötemann 1985a, p. 112-113.
([28]) Sötemann 1985a, p. 116. Zie voor de citaten VL 374 en 242.
([29]) Sötemann 1985a, p. 116.
([30]) Sötemann 1985a, p. 116.

> verschilt van wat men traditioneel onder poëzie verstaat, dat het er haar niet om gaat bepaalde gevoelens of gedachten zo mooi, zo goed, zo geconcentreerd *mogelijk* tot uitdrukking te brengen, maar dat zij aan de poëzie de eis stelt het *onmogelijke* tot stand te brengen. [...] Tegenover zulk een eis moet ieder gedicht natuurlijk tekortschieten; vandaar dat deze poëzie wezenlijk een *poëzie van het echec* is. (curs. van Rodenko)[31]

Voorts schrijft Rodenko dat 'het echec voor de dichter betekent dat hij een uiterste grens heeft bereikt, de grens waar hij oog in oog staat met het Onnoemelijke, Onnoembare.'[32]

Mijn hypothese is dat er een zekere samenhang bestaat tussen Boutens' literatuuropvattingen en zijn opvattingen over het zien. Aan de rol van het visuele besteedt Sötemann in zijn artikel over Boutens' poëtica vrijwel geen aandacht, terwijl hij wel een mooi voorbeeld geeft waarin visuele beelden voorkomen (cursiveringen van mij):

> Wij de geroepen getuigen van wankellooze verschijnslen
> staamlend de tijdlijke namen van ongelijkwaardige *beelden*
> naar den *verschemerden weêrschijn* van onze voorbijgaande *oogen*
> hier in de wankele *spiegels* van niet te benaderen schoonheid
> (VL 1071)

Naar aanleiding van deze passage schrijft Sötemann dat 'de dichter de apostel van de schoonheid [is] die hij zelf nooit heeft aanschouwd'[33].

Waar het mij in dit onderzoek uiteindelijk om te doen is, is iets te zeggen over het raakvlak tussen taal en visualiteit (alles wat met zien en zichtbaarheid te maken heeft) in Boutens' poëzie en poëtica. Ik geef nog drie voorbeelden uit Boutens'

(31) Rodenko 1956, p. 94-95.

(32) Rodenko 1956, p. 95.

(33) Sötemann 1985a, p. 114. Zie ook Blok 1983, p. 343-344 over deze strofe.

gedichten waar zo'n raakvlak aan de oppervlakte komt (cursiveringen van mij):

> Wat lippen nimmer hebben uitgezeid,
> Dingen door oogen niet stamelgesproken,
> Wordt *woordelooze helderheid* (VL 189)

> Of ik eenmaal mocht bewijzen in zoo *oog-aanschouwlijk rijm*
> De bereikbare genade van ons openbaar geheim (VL 896)

> Hoe zal ik u uitzeggen naar gij zijt,
> hoe 't wonder van dees schaduwloozen bond
> verbeelden in *doorzichtgen klank van taal*
> die openbare uw onuitspreeklijkheid
> aan 't hijgend luistren van den bleeken nacht,
> aan 't murmlend vragen van de groote zee,
> aan het blind ongeloof van dit arm volk...?
> Ik zie geen beeld en geen gelijkenis... (VL 1066)

In de gecursiveerde passages gaat het telkens om een combinatie van iets taligs en iets visueels.

Ook Irons heeft in zijn studie over Boutens terloops gewezen op de koppeling van het poëticale aan het visuele: 'The poet is often portrayed as a singer — it is his task to bear witness to any vision of a higher reality which he may have had; thus, song is the bridge between himself and those who have not yet had vision, and between any higher reality and himself.'[34] Hij wijst er vervolgens op dat 'stilte' van groot belang is in Boutens' poëzie, aangezien de hogere werkelijkheid of het Absolute niet te beschrijven is. Ook schrijft hij: 'any language must fall short and be inferior to what it is trying to intimate about It. This can result in negative vocabulary, as in mystic poetry, where the Absolute is the silent, unknowable and unnamable One'[35]. Verderop in zijn studie komt Irons terug op de context van de mystiek en een aantal kenmerken

([34]) Irons 1997, p. 41.
([35]) Irons 1997, p. 42.

daarvan, zoals negatief vocabulaire, paradoxen, licht-symbolisme en de ontoereikendheid van de taal[36].

Van Alphen heeft eveneens, in zijn artikel over homoseksueel verlangen in Boutens' poëzie uit 1993, gewezen op de koppeling tussen het poëticale en het zien. Alhoewel dit artikel maar weinig interpretatie biedt, is interessant wat Van Alphen opmerkt over de 'Elfde Strofe' uit de *Strofen uit de nalatenschap van Andries de Hoghe*, waarin onder meer de volgende passage staat:

> En ons geheim is een van woorden niet,
> maar van lang zwijgen; enkelen van u,
> die heel den dag de koelheid onzer handen
> gevangen hielden tot door d'avonddauw
> de witte sterren glansden op de lucht,
> bespiedden diep in bedding onzer oogen
> van vreemd geluk het fijn en sterrlend goud.
> Want wij zijn andren. [...] (VL 1054)

Naar aanleiding daarvan schrijft Van Alphen dat 'het idioom van het zwijgen en het onuitsprekelijke een plaats [heeft] in de platoonse leer, waarin de absolute schoonheid door de uitverkorenen niet *verwoord*, maar *geschouwd* wordt. Anderen kunnen niet van die schoonheid kennis nemen door naar die uitverkorenen te luisteren. Zij moeten in hun ogen "spieden", om te zien welk (in)zicht daar verkregen is.' Het geheim kan dus niet worden uitgesproken, maar wel worden gezien door enkelen. Daarnaast wijst Van Alphen erop dat 'dit idioom een reactie [is] op de negentiende- en twintigste-eeuwse homoseksualiteitsconstructie, volgens welke homoseksualiteit niet verwoord of geuit kan worden, omdat deze taboe is.'[37] Hij is van mening dat de homoseksualiteit 'als *onderwerp* van Boutens' poëzie' ten onrechte is genegeerd of 'weggeschreven'

(36) Irons 1997, p. 89-90.
(37) Van Alphen 1993a, p. 102-103.

door onderzoekers als Blok en Sötemann[38]. Alhoewel Van Alphens benadering interessant is en nieuw licht werpt op Boutens' poëtica en poëzie (waarin woorden als 'geheim', 'zwijgen', 'onzegbaar', 'onuitsprekelijk', en 'naamloos' inderdaad een belangrijke rol spelen), kan ik het niet met al zijn stellige beweringen eens zijn. Ten eerste is er wel degelijk aandacht besteed aan het homo-erotische gehalte van Boutens' gedichten[39]. Ten tweede vind ik het te eenzijdig om te spreken van homoseksualiteit als 'onderwerp' van Boutens' poëzie. Een dergelijke eenduidige invulling doet afbreuk aan het symbolistische karakter ervan.

4. Het Boutens-onderzoek

Ik zal hier geen volledig overzicht geven van de secundaire literatuur over Boutens, maar slechts ingaan op de grote lijnen[40]. Karel de Clerck deed in de jaren '50 en '60 als eerste grondig onderzoek naar Boutens' leven en werk. Dat resulteerde in een groot aantal artikelen en de biografische schets *Uit het leven van P.C. Boutens* (1964, 1969²). Inmiddels is er veel nieuw materiaal ontdekt. Een nieuwe Boutens-biografie is dan ook wenselijk[41]. Deze studie is echter vooral op Boutens' werk gericht, alhoewel ik, waar dat voor de hand

(38) Van Alphen 1993a, p. 90-91 (curs. van Van Alphen).

(39) Zie bijv. Hafkamp 1984, De Bruyn 1985 en Hottentot 1987. Zie ook de kritieken van Hottentot 1993 en Marres 1998 op Van Alphen. Zie over de inbedding van Boutens' poëzie in de homo-erotische canon: Van Halsema 1994 en Goud 1995. Interessant in dit verband is ook Keilson-Lauritz 1997.

(40) Zie voor een overzicht van de secundaire literatuur over Boutens mijn bijdrage in het *Kritisch lexicon van de moderne Nederlandstalige literatuur* (Goud 2000c).

(41) Zie voor biografische aanvullingen op De Clerck 1969 onder meer: Blok 1983, Prick 1988, Begheyn 1992, Goud 1997a, 1997b, 1998b, 1998c, 1999 en 2001a.

ligt, ook zal ingaan op Boutens' leven (zoals bijvoorbeeld in hoofdstuk IV over de relatie met Jan Toorop).

In 1970 promoveerde John Irons in Cambridge op het proefschrift *The development of imagery in the poetry of P.C. Boutens*[42]. Irons heeft het gehele œuvre van Boutens onderzocht. Hij heeft onder meer gekeken naar woordfrequenties en verbindt daar allerlei brede conclusies over de ontwikkeling van Boutens' beeldspraak aan. Hij geeft algemene karakteristieken van Boutens' bundels. Irons' studie verschaft dieper inzicht in de ontwikkeling van Boutens' poëzie, maar een nadeel van zijn benadering is dat er weinig gedetailleerde aandacht is voor de gedichten zelf. Hij heeft, op enkele plaatsen verspreid door zijn boek, gewezen op de rol van 'vision' in Boutens' poëzie, maar het staat niet centraal in zijn onderzoek[43]. *Naenia* (1903) wordt door Irons 'a sustained piece of visionary poetry' en 'the clearest and most sustained attempt at representing the immediacy of vision in Boutens' poetry' genoemd[44]. Ook gaat hij in op de 'Strofen. Geschreven na een wandeling naar den waterval van den Sinichbach' (VL 257-270), waarin sprake is van 'a sudden vision, where time is held still, and the totality of existence glimpsed'[45]. Tevens besteedt hij een hoofdstuk aan de rol van de droom bij Boutens, die kan worden gezien als 'inner vision'[46]. Maar, zoals gezegd, komen er in zijn boek weinig detailstudies voor.

W. Blok en A.L. Sötemann hebben wél uiterst nauwgezet gedichten van Boutens geanalyseerd en geïnterpreteerd. Blok

([42]) Zijn proefschrift bleef onuitgegeven; in 1997 verscheen een heruitgave in eigen beheer. In deze studie verwijs ik naar deze heruitgave (de paginering daarvan wijkt af van de versie uit 1970).

([43]) Zo wijst hij meer dan eens op visioenen in Boutens' poëzie; zie bijv. Irons 1997, p. 50, 51, 56, 60, 81.

([44]) Zie respectievelijk Irons 1997, p. 18 en 81.

([45]) Irons 1997, p. 49.

([46]) Irons 1997, p. 78 e.v.

gaf een *close reading* van 'Nacht-stilte'[47]. In 1983 verscheen zijn omvangrijke studie over Boutens' bundel *Strofen uit de nalatenschap van Andries de Hoghe* (1919, herdrukt en uitgebreid in 1932). Blok heeft daarin op enkele plekken aandacht besteed aan het zien, maar ook bij hem staat deze thematiek niet centraal. Het zien van de 'u', en vooral het zien van de godheid in de ander, speelt een belangrijke rol in deze bundel. Sötemann heeft zeer verhelderende artikelen geschreven over Boutens' gedichten 'Het geheim' en 'Domburgsch uitzicht'[48]. Daarnaast heeft hij, zoals gezegd, aandacht besteed aan Boutens' poëtica[49]. De benadering van Blok en Sötemann is tekstgericht, maar niet louter werkimmanent. Zo schrijft Sötemann in zijn interpretatieve artikel over 'Het geheim': 'Om deze regels goed te kunnen interpreteren is het nodig naar ander werk van Boutens te kijken (zoals we trouwens voortdurend een beroep op buiten-(con)textuele kennis hebben moeten doen).'[50] En naar aanleiding van Leopolds gedicht 'Oinou hena stalagmon' ('Eén druppel wijn') schrijft hij: '[...] immanente benadering van het werk is principieel ontoereikend, en leidt op dwaalwegen'[51]. Blok en Sötemann hebben ook aandacht besteed aan bijbelse en klassieke interteksten (vooral Plato). Harry G.M. Prick heeft de gedichten 'Inslapen in Weimar' en 'Na den overval' geïnterpreteerd vanuit een biografische invalshoek[52].

In 1993 verscheen een bundel met artikelen over Boutens[53]. Naast artikelen over Boutens' leven en werk (Peperkamp),

(47) Blok 1965.
(48) Sötemann 1985b en 1985c.
(49) Sötemann 1985a.
(50) Sötemann 1985b, p. 210.
(51) Sötemann 1985, p. 139.
(52) Prick 1980 en 1991.
(53) Nap e.a. 1993.

Boutens en Lodewijk van Deyssel (Prick), de bundel *Tusschenspelen* (Blok), homoseksueel verlangen in Boutens' poëzie (Van Alphen), de receptie van Boutens' poëzie (Nap en Van der Vleuten) en Boutens als boekverzorger (Van Faassen), stond hierin ook een artikel van Peperkamp en Fokkema over Boutens' gedichten bij werken van de kunstenaar Willem van Konijnenburg die tot dan toe nog nauwelijks waren onderzocht. Peperkamp en Fokkema pleitten voor meer onderzoek naar de relatie tussen Boutens' werk en de literaire en culturele actualiteit[54]. Daarvóór was er — als er al naar de context werd gekeken — vooral gekeken naar de invloed van Plato en de bijbel op Boutens[55]. Er bestond een zeer eenzijdig beeld van Boutens' dichterschap. Zo schreef Van den Akker nog in 1990: 'Boutens belichaamt een verheven dichterschap dat wars van iedere modieusheid, dat wil zeggen los van iedere literaire, literair-politieke en politiek-maatschappelijke actualiteit, de Schoonheid dient in het besef een schakel te zijn tussen verleden en toekomst in een keten die is samengesteld uit de allergrootsten.'[56] Van Halsema daarentegen heeft in 1994 gepleit voor onderzoek naar de tijdgebondenheid van Boutens' dichterschap. Volgens hem is Boutens' poëzie te relateren aan de literaire *décadence* en de homo-erotische canon van rond 1900[57]. Het Boutens-onderzoek is zich in de jaren '90 dan ook meer gaan richten op de contextualisering van Boutens' dichterschap en de verbindingen tussen Boutens' poëzie en de Nederlandse én internationale literaire en culturele actualiteit. Zo heb ik (in eerdere publicaties) onder meer aandacht besteed aan de verwantschap tussen Boutens en figuren als Leopold Andrian,

(54) Zie ook Peperkamp 1994.
(55) Zie Reichling 1925, Mulder 1948, Blok 1983, p. 205-227.
(56) Van den Akker 1990, p. 38.
(57) Van Halsema 1994, p. 14.

Hugo von Hofmannsthal, Oscar Wilde, Maurice Maeterlinck en Jan Toorop[58].

5. Onderzoek naar visualiteit

Mijn onderzoek naar het zien in Boutens' poëzie staat niet op zichzelf. Het past in een breder kader van onderzoek naar visualiteit. Ik versta onder visualiteit alles wat met zien en (on)zichtbaarheid te maken heeft. Over visualiteit en visuele cultuur is zeer veel gepubliceerd[59]. Er is onder meer aandacht besteed aan de rol van het zien in artistieke, wetenschappelijke, religieuze en filosofische discoursen[60]. Mij gaat het zoals gezegd om de rol van het zien in de literatuur, en wel in de gedichten van Boutens. Om misverstanden te voorkomen, ga ik eerst in op wat ik *niet* ga doen.

Het gaat mij er niet om hoe Boutens zijn waarnemingen omwerkte of verwerkte in zijn poëzie. Boutens' poëzie vormt geen realistisch verslag van wat hij werkelijk zag[61]. Er zijn nauwelijks aantekeningen of voorstudies overgeleverd van zijn gedichten waaruit blijkt waarop zijn werk geïnspireerd is, al zijn er in zijn brieven wel enkele uitzonderingen te vinden. Zo schreef hij op 8 september 1913 aan zijn vriend Anton van Herzeele vanuit Domburg: 'Walcheren is prachtig op dit oogenblik, en het weer is zoo helder dat men naar Schouwen zou kunnen overstappen.'[62] Het is mogelijk dat Boutens naar aanleiding van onder meer deze ervaring zijn gedicht

(58) Zie Goud 1995, 1997a, 1997b, 1998b, 2000a en 2000b.

(59) Zie onder meer Jenks 1995, Brennan en Jay 1996, Allert 1996.

(60) Zie Burhan 1979, Crary 1990, Chidester 1992 en Jay 1993.

(61) Zie voor dergelijk onderzoek bijv. Mitterand 1968 en Berg 1992 over Zola.

(62) Boutensdocumentatie Van Lier, inv. nr 476.

'Domburgsch uitzicht' schreef, alhoewel het pas in 1931 verscheen. Aan Albert Verwey schreef Boutens (naar aanleiding van Verweys recensie van *Stemmen*) in een brief van 4 februari 1908 over het gedicht 'Afvaart' (VL 178):

> Het gedicht werd gemaakt in Katwijk aan Zee en is, voor het zichtbare deel, geheel gezien. Op een vrij grooten afstand van de kust wordt door een vertrekkende bom daar geregeld bij nacht afscheid gewuifd met een lantaren. Het woord "licht" in de uitdrukking "licht vaarwel" is dus zoo primitief concreet als het mogelijk is. Ook kan ik verzekeren dat achter het licht geen hand of arm zichtbaar was[63].

Dergelijke uitlatingen van Boutens zijn echter zeldzaam en vormen geen voldoende basis voor een onderzoek naar de visuele bronnen voor zijn werk. Een uitzondering daarop zijn de gedichten die Boutens schreef naar aanleiding van kunstwerken, waarover verderop meer.

Met aandacht voor visualiteit doel ik ook niet op de typografische aspecten van een tekst of de manier waarop de letters en woorden op de bladzijden zijn geplaatst[64]. Dit speelt wel een rol bij Boutens. Zo heeft Blok gewezen op de positie van het woord 'Overbrengt' in 'Nacht-stilte' (VL 374)[65]. Mooij heeft in zijn artikel 'De rol van het schrift in de poëzie' eveneens gewezen op 'visuele aspecten' van enjambementen in Boutens' poëzie[66]. Maar om deze visuele aspecten is het mij niet primair te doen. Aan de bijzondere manier waarop Boutens zijn bundels liet uitgeven

(63) Universiteitsbibliotheek van Amsterdam (UvA), sign. Hs. XLI B 1841.

(64) Zie hierover bijv. Geggus 1961, Hollander 1975, Taylor 1985, Broos 1991, McGann 1993, De Jager 1996, Christin 2000, Van Dijk 2000 en De Jager 2002.

(65) Blok 1965, p. 401.

(66) Mooij 1979, p. 134-135.

(in beperkte oplagen, gedrukt op bijzonder papier, gebonden in perkament) zal ik in dit onderzoek geen aandacht besteden[67].

Het gaat mij ook niet om de methode of leeshouding van het zogenaamde 'visueel lezen' van Van Alphen en Bal. Zij doelen daarmee op een benadering van teksten alsof het beelden zijn[68]. Zij gaan niet langer uit van een strikt onderscheid tussen woord en beeld en van de traditionele benaderingen van literatuur en beeldende kunst. In zijn proefschrift over de romans van Willem Brakman (1988) gaat het Van Alphen niet om lineair lezen en het vaststellen van betekenissen, maar om verschillende aspecten van de tekst zoals motieven, herhalingen en contrasten verbanden met elkaar aan te laten gaan 'waardoor de literaire tekst de "density", de dichtheid krijgt die voor beelden exemplarisch is'[69]. In Bals studie *The mottled screen. Reading Proust visually* (1997) wordt Prousts romancyclus *A la recherche du temps perdu* 'visueel' gelezen[70]. Deze studie is een pendant van haar *Reading "Rembrandt". Beyond the word-image opposition* (1991), waarin zij schilderijen 'leest' als een verhaal. In haar boek over Proust vraagt zij zich af hoe een 'platte' tekst een driedimensionaal beeld kan oproepen. Daar is het mij niet om te doen.

Het gaat in mijn onderzoek, zoals gezegd, om de thematiek van zien en (on)zichtbaarheid in Boutens' poëzie. Er is al enig onderzoek verricht naar visualiteit in poëzie, zij het vaak zijdelings. Zo schreef Robert P. Newton over de symboliek van het oog in het werk van Else Lasker-Schüler en

([67]) Zie daarover Van Faassen 1993 en Van Vliet 1998a.

([68]) Zie Bal 1988 en Van Alphen 1988b.

([69]) Van Alphen 1988a, p. 198. Het concept 'density' is afkomstig uit Nelson Goodmans *Languages of art* (1976); vgl. ook Van Alphen 1988b, p. 227.

([70]) Over dit onderwerp schreef Bal eerder in de bundel van Brennan en Jay 1996. Zie voor een kritiek daarop: Baetens 1999.

andere Duitse dichters[71]. Gerhard Neumann heeft gewezen op de rol van het visionaire zien in het werk van Hugo von Hofmannsthal[72]. Ook in Nederland heeft men enige aandacht geschonken aan het thema van de blik in de poëzie. C.W. van de Watering gaat in zijn proefschrift over Lucebert onder meer in op de rol van het zien in Luceberts poëzie. Hij verbindt het thema van de gesloten ogen met de mystiek[73]. Ik heb al gewezen op Sötemanns artikel over Boutens' 'Domburgsch uitzicht'[74]. Maaike Meijer heeft aandacht besteed aan het thema van het zien in de poëzie van M. Vasalis[75]. Ze schrijft over enkele van Vasalis' gedichten: 'Zien wordt daar een *transformerend* zien: het transcendente zien in het materiële.'[76] Van Alphen wijdde een beschouwing aan visualiteit in Gorters *Mei*[77]. Het complex rondom ogen, kijken en observeren is volgens Fens en Dorleijn een van de belangrijke motieven in J.H. Leopolds poëzie[78]. Van Halsema heeft geschreven over de blik en het oog in de nagelaten poëzie van Leopold en relateert die thematiek aan tal van klassieke bronnen[79]. Ook in zijn beschouwing over Leopolds gedicht 'Kinderpartij' — een gedicht waarin veel visuele woorden voorkomen zoals 'beschouwen', 'zielsgezichten', 'oogenblik', 'zich beziend', 'blind', 'blik', 'gezicht' — besteedt Van Halsema aandacht aan het oog, visioenen en verbeelding[80]. Kusters heeft aandacht besteed

([71]) Newton 1982 en 1983.

([72]) Neumann 1991.

([73]) Zie Van de Watering 1979, p. 22, 76-77, 79-90, 122-124. De Feijter spreekt van een 'visuele isotopie' in een gedicht van Lucebert (De Feijter 1994, p. 49).

([74]) Sötemann 1985c.

([75]) Meijer 1988, p. 21-45, vooral p. 23-29.

([76]) Meijer 1988, p. 25.

([77]) Van Alphen 1993b.

([78]) Zie Fens 1982 en Dorleijn 1989a, p. 2.

([79]) Van Halsema 1989, p. 210-212, 381-385 en 441-442.

([80]) Zie Van Halsema 1999, p. 57-80.

aan het 'onzintuiglijke schouwen' bij Pierre Kemp en 'de erotiek van de blik' in de poëzie van P.C. Hooft[81].

Een belangrijke tak van het onderzoek naar visualiteit wordt gevormd door onderzoek naar woord en beeld-relaties[82]. Ik zal daarop ingaan naar aanleiding van een gedicht dat Boutens schreef bij Toorops tekening *De Regenboog* uit 1906. De ondertitel van dit gedicht '"Regenboog"' is intrigerend: 'Aan J.Th. Toorop / na het zien van zijn krijtteekening van dien naam' (VL 277). Ik zal, aan de hand van het *ekphrasis*-concept van Heffernan (1993), de relaties — zowel de overeenkomsten als de verschillen — tussen Boutens' gedicht en Toorops tekening onderzoeken (zie hoofdstuk IV).

6. Werkwijze

In de eerste plaats is mijn onderzoek zoals gezegd tekstgericht. Ik heb mij vooral laten inspireren door onderzoek van Sötemann, Blok, Van de Watering, Mosheuvel, Dorleijn, Kusters en Peperkamp. Zij stelden een nauwgezette analyse en interpretatie van een klein corpus teksten centraal en gingen daarbij uit van samenhang. Ik richt mij in deze studie op zes literaire teksten (vijf gedichten en een lezing) van Boutens waarin het zien een prominente rol speelt. Ik geef geen volledig overzicht van álle gedichten uit Boutens' œuvre waarin het visuele aan de orde komt (in tegenstelling tot de globale aanpak van Irons), al verwijs ik hier en daar wel naar andere gedichten van Boutens en andere literatoren. Ten tweede staat mijn onderzoek in de traditie van het poëtica-onderzoek van Sötemann, Van den Akker, Kusters en anderen.[83] Ik verricht geen

([81]) Zie Kusters 1991a, p. 75 en Kusters 1997a.

([82]) Zie onder meer Heffernan 1993, Mitchell 1994 en Scott 1994.

([83]) Zie voor een overzicht van het Nederlandse poëtica-onderzoek: Goedegebuure en Heynders 1997.

apart poëtica-onderzoek, maar in ieder hoofdstuk komen Boutens' poëticale opvattingen (zowel versextern als -intern) op de een of andere manier aan de orde.

Mijn doel is niet om de intenties van Boutens te achterhalen. Evenmin ben ik op zoek naar één juiste en volledige interpretatie. In mijn interpretaties wijs ik op betekenismogelijkheden. Ik sluit mij aan bij wat Mosheuvel in zijn studie over A. Roland Holsts bundel *Een winter aan zee* schrijft: 'Onder interpreteren versta ik het toekennen van betekenis aan een tekst en dat in de ruimste zin.'[84] Mosheuvel zet zich daarbij af tegen Mooij die schreef dat er bij interpretatie wordt gestreefd naar het *achterhalen* van 'de totale betekenis' van een literair werk op basis van een analyse[85]. Mosheuvel geeft zich rekenschap van de subjectiviteit van het interpreteren, door te spreken van het toekennen in plaats van achterhalen van betekenis. Voorts schrijft Mosheuvel: 'De lezer stelt niet in de tekst aanwezige betekenis vast, hij stelt mogelijke betekenissen vast en kiest daaruit.'[86] Ook Oversteegen omschreef interpretatie als 'het toekennen van betekenis aan een als teken opgevat verschijnsel, in casu een literaire tekst'[87]. Het gaat dus niet om betekenis die al vast zou liggen in de tekst. Ik sluit aan bij wat Oversteegen onder betekenis verstaat, namelijk: 'een *ordening* die de *interpreet*, op beargumenteerde gronden, in de feitelijke gegevens aanbrengt'[88]. Ook sluit ik mij aan bij wat Kusters schrijft over interpretatie in zijn proefschrift over Kouwenaars gedichtenreeks 'weg/verdwenen':

> Elke interpretatie is een voorlopige en incomplete: men kan bij de analyse te veel zien, maar ook te weinig. [...] Subjectiviteit

([84]) Mosheuvel 1980, p. 13.
([85]) Mooij 1979, p. 36.
([86]) Mosheuvel 1980, p. 13.
([87]) Oversteegen 1982, p. 209.
([88]) Oversteegen 1982, p. 203 (curs. van Oversteegen).

> in de waarneming van poëtische verschijnselen en de toekenning van betekenis daaraan is niet geheel te vermijden. Daar staat echter tegenover, dat de interpretator zijn bevindingen zo controleerbaar mogelijk formuleert[89].

Evenmin als Mosheuvel, Oversteegen en Kusters gaat het mij om het achterhalen van de éne juiste en volledige interpretatie van een gedicht. Ook Blok en Sötemann hadden niet de pretentie het laatste woord over Boutens' gedichten te zeggen. Zo schrijft Sötemann naar aanleiding van Boutens' uiterst hermetische gedicht 'Het geheim': 'de ondoorgrondelijkheid wordt niet ongedaan gemaakt; wat de lezer [van het gedicht, M.G.] hoogstens mag verwachten is dat het onuitsprekelijke dat de dichter tot uitdrukking tracht te brengen, erin wordt benáderd, dat het wordt gesuggereerd, niet geformuleerd.' Vervolgens schrijft Sötemann dat het verhelderen van die suggestie 'het beste resultaat [is] dat men zich van een poging tot analyse mag voorstellen.'[90] Blok heeft in zijn studie over de *Strofen uit de nalatenschap van Andries de Hoghe* gewezen op de onbepaalbaarheid van de betekenis van woorden als 'zon', 'maan' en 'sterren'. In verschillende contexten hebben deze woorden verschillende betekenissen[91].

Maaike Meijer heeft de subjectiviteit van interpretatie centraal gesteld in *De lust tot lezen. Nederlandse dichteressen en het literaire systeem* (1988). Zij gaat ervan uit dat een interpretatie nooit definitief is: 'Er zijn altijd méér betekenismogelijkheden. Geen interpretatie is ooit af. Het gedicht is wel af, en juist die "afheid" verlokt tot eindeloos interpreteren.' (p. 62). Het eerste deel is vergelijkbaar met wat Kusters schreef, maar Meijer gaat veel verder. Zij stelt dat het niet langer 'de taak van de literatuurstudie' is om individuele teksten

(89) Kusters 1986, p. 12.
(90) Sötemann 1985b, p. 204.
(91) Blok 1983, p. 168.

te interpreteren, maar dat 'de nieuwe taak' het bestuderen van 'leesprocedures' is (p. 51). Het gaat haar niet langer om de interpretatie van de tekst, maar om de interpretatie van de 'lezersontmoeting' met de tekst (p. 56). Bij de interpretatie hoeft volgens Meijer niet langer te worden vastgesteld wat de tekst betekent. Voor haar is interpretatie veeleer het verslag van 'wat er tussen tekst en lezer gebeurt' (p. 64). Zij haakt aan bij Susan Sontags essay 'Against interpretation' uit 1966, waarin onder meer staat: 'in place of a hermeneutics we need an erotics of art'[92]. Overigens geeft Meijer wel toe dat Sontags essay hier en daar gechargeerd en voor kritiek vatbaar is. Ook sluit zij aan bij Jonathan Culler: 'volgens hem [moeten we] "beyond interpretation" komen en ons ontdoen van de *drukkende erfenis van de immanenten*, die het primaat van de interpretatie zo onwrikbaar vestigden' (p. 58, mijn curs.). Met 'de immanenten' wordt gedoeld op de (navolgers van) New Critics die de literaire tekst als een geïsoleerd object beschouwden. Voor de Nederlandse situatie kan gedacht worden aan het tijdschrift *Merlyn* (1962-1966). De nauwgezette en bescheiden geformuleerde interpretatieve studies van Blok, Sötemann en anderen zijn door mij echter nimmer als 'drukkend' ervaren, integendeel.

De standpunten over interpretatie herhaalde Meijer in haar artikel 'Beyond interpretation. Einde van de interpretatie en nieuw begin' in 1996. Maar terwijl zij zich in haar proefschrift nog richtte op poëzie, stelt Meijer nu dat literatuurwetenschappers zich niet meer alleen zouden moeten richten op literaire teksten. Ze wijst op de invloed van *cultural studies*, waar de aandacht gericht wordt op stripverhalen, boeketreeksen, televisieseries, enzovoort[93]. Het gaat steeds

(92) Geciteerd naar Meijer 1988, p. 69.

(93) Meijer 1996, p. 36. Zie voor een inleiding over *cultural studies*: Baetens en Verstraete 2002.

meer om het interpreteren van eigentijdse 'culturele teksten'[94]. Odile Heynders reageerde hierop in haar overzichtsartikel over interpretatie in de Nederlandse literatuurwetenschap. Zij houdt een pleidooi voor het blijven interpreteren van literaire teksten[95].

Bij Heynders' verdediging van interpretatie van literaire teksten sluit ik mij graag aan, al is mijn benaderingswijze niet deconstructivistisch zoals de hare. In het deconstructivisme wordt principieel uitgegaan van de onbeslisbaarheid en oneindigheid van betekenissen van een tekst[96]. In mijn interpretaties ken ik mogelijke betekenissen toe aan Boutens' gedichten door uit te gaan van een samenhangende symbolistische thematiek en poëtica waarin zien, (on)zichtbaarheid en (on)zegbaarheid een belangrijke rol spelen[97]. Zoals gezegd ga ik niet uit van één vastliggende betekenis in de tekst die ontraadseld of achterhaald kan worden, maar van betekenismogelijkheden. Het gaat mij niet om de vraag op welke wijze mijn subjectiviteit een rol speelt in mijn interpretaties. Ik ontken niet dat subjectiviteit een rol speelt bij het interpreteren, maar ik stel die rol niet centraal. Subjectief zijn bijvoorbeeld mijn selectie van de te bespreken gedichten en de contextuele gebieden die ik daarbij betrek. Ik probeer mijn interpretaties zo objectief en controleerbaar mogelijk weer te geven. Deze studie gaat niet over mijn leeshouding, maar over Boutens' *teksten*.

Ten derde richt ik mij, naast aandacht voor de tekst en de poëtica, ook op contextuele gegevens. In de neerlandistiek en de literatuurwetenschap bestaat een tendens om literatuur

([94]) Meijer 1996, p. 39.

([95]) Heynders 1996, p. 47-48.

([96]) Zie ook Heynders 1991.

([97]) Vgl. Dorleijn over de poëzie van J.H. Leopold: 'Ik mag in verband daarmee [i.v.m. Leopolds symbolistische poëtica, M.G.] verwachten dat elk gedicht een geheel is dat een grote mate van samenhang vertoont.' (Dorleijn 1984b, dl. II, p. 20).

steeds meer te contextualiseren. Het gaat mij echter niet om een volledige verschuiving van de aandacht voor de tekst naar de context. Ik relateer de te bestuderen teksten aan literair- en cultuurhistorische contexten, voorzover die verhelderend kunnen zijn voor het begrip van de tekst of voor de inbedding van die tekst in de literaire of culturele actualiteit. De tekst blijft centraal staan en vormt het begin- en eindpunt van mijn onderzoek[98]. Contexten die ik bij mijn onderzoek naar Boutens' poëzie betrek zijn onder meer de nieuwe mystiek, beeldende kunst, sterrenkunde, het platonisme en klassieke theorieën van het zien. Een inspirerend voorbeeld van een dergelijke benadering is Van Halsema's artikel over Leopolds gedichtenreeks 'Morgen' (1897)[99]. Daarin laat hij zien welke contexten te betrekken zijn bij de interpretatie van 'Morgen'.

7. Opzet

Deze studie bestaat, inclusief deze inleiding en het besluit, uit negen hoofdstukken. In het volgende hoofdstuk ga ik in op de metaforiek rondom ogen in Boutens' poëzie. In de daarop volgende hoofdstukken (III tot en met VIII) staat telkens één tekst centraal. Ik heb uit Boutens' œuvre een aantal gedichten geselecteerd waarin het zien een prominente rol speelt. Dat ik niet voor andere gedichten heb gekozen, betekent niet dat het zien daarin niet aan de orde zou komen. Ik heb gekozen voor deze gedichten vanwege de verschillende objecten die gezien worden. Ik bespreek de gedichten in chronologische volgorde. Het is niet mijn bedoeling om daarmee een ontwikkeling te schetsen in Boutens' opvattingen over het zien. Ook gaat het mij niet om volledigheid, maar

(98) Vgl. Sötemanns uitspraak in Goedegebuure en Heynders 1996, p. 66.

(99) Zie Van Halsema 1999, p. 167-236.

om nauwgezette aandacht voor enkele gedichten. De hoofdstukken over afzonderlijke teksten kunnen worden gezien als diepteboringen in Boutens' œuvre. Daarbij verwijs ik echter hier en daar wel naar andere gedichten van Boutens, zonder daarvan diepgravende interpretaties te geven.

In hoofdstuk III staat het gedicht 'Ik sloot de blinkevenstren van mijn Ziel' uit Boutens' debuutbundel *Verzen* (1898) centraal. De blik is in dat gedicht gericht op het innerlijk. Ik ga in dit hoofdstuk onder meer in op andere interpretaties van dit gedicht. Ook besteed ik aandacht aan de context van de nieuwe mystiek en het werk van Maurice Maeterlinck. Hoofdstuk IV zal gaan over de blik gericht op kunst, aan de hand van het gedicht '"Regenboog". Aan J.Th. Toorop / na het zien van zijn krijtteekening van dien naam' uit de bundel *Stemmen* (1907). Ik zal uitvoerig ingaan op de relatie tussen woord en beeld door Boutens' gedicht te vergelijken met Toorops tekening *De Regenboog*. Hoofdstuk V gaat over de blik gericht op de ander. In dit hoofdstuk neem ik het gedicht 'Oog in oog' uit de bundel *Carmina* (1912) onder de loep. In hoofdstuk VI wordt het perspectief verlegd naar de kosmos. Centraal daarin staat het gedicht 'Sterren. Voor J.Th. Toorop' uit de bundel *Zomerwolken* (1922). Hoofdstuk VII, waarin Boutens' lezing 'Vorm en vormeloosheid in de dichtkunst' uit 1933 aan de orde komt, sluit aan op deze thematiek. Ik ga vooral in op de passage die gaat over het kijken naar de kosmos. In dat hoofdstuk komen ook contexten als sterrenkunde en kosmologie aan de orde. Ook zal ik aandacht besteden aan andere onderwerpen (zoals metrum en ritme, kunstenaar en maatschappij) die niet direct in verband staan met de thematiek van het zien, maar wel van belang zijn voor een beeld van Boutens' poëtica. In hoofdstuk VIII richt ik mij op het gedicht 'Vizioen' uit Boutens' laatste bundel *Tusschenspelen* (1942). In dat gedicht is het niet meer duidelijk waarnaar gekeken wordt. Ten slotte geef ik in hoofdstuk IX enkele conclusies op basis van mijn interpretatieve bevindingen.

8. Geraadpleegde edities en archieven

In deze studie verwijs ik met de afkorting VL naar de editie van Johan Polak en Peter van Eeten van Boutens' *Verzamelde lyriek* uit 1968. Polaks editie is grotendeels gebaseerd op de eerste drie delen van Boutens' postuum verschenen *Verzamelde werken* (1943-1954). Inmiddels is gebleken dat Polaks editie niet altijd even betrouwbaar is en dat een nieuwe Boutens-editie wenselijk is[100]. Voor de teksten van de gedichten die in deze studie centraal staan heb ik dan ook de publicaties in tijdschriften en bundels bekeken.

Ik heb gebruik gemaakt van enkele privé-collecties en van de volgende archieven: de Boutensdocumentatie van mevr. C.C.V. van Lier-Schmidt Ernsthausen in het Historisch Documentatiecentrum voor het Nederlands Protestantisme (1800-heden), Vrije Universiteit te Amsterdam; de Boutens-collectie van het Letterkundig Museum te Den Haag; de Boutens-collectie van de Zeeuwse Bibliotheek te Middelburg; het Van Royen-archief in het Museum van het Boek te Den Haag; het Toorop-archief in de Koninklijke Bibliotheek te Den Haag en het Van Deyssel-archief te Maastricht.

([100]) Zie Van Vliet 1998b, p. 85-89.

HOOFDSTUK II

OGENMETAFORIEK BIJ BOUTENS. EEN OVERZICHT

1. Inleiding

In deze studie zal ik zoals gezegd een aantal gedichten van Boutens behandelen waarin het zien centraal staat. Voordat ik op deze gedichten inga, bespreek ik in dit hoofdstuk enkele aspecten van Boutens' ogenmetaforiek om zo een kader te schetsen voor de rest van deze studie. Achtereenvolgens zullen aan de orde komen: de relatie tussen de ogen en de ziel (§2), het beeld van stralen die door ogen worden uitgezonden en ontvangen (§3) en de metaforen van ogen als spiegels en als afgronden (§4). Het is niet mijn bedoeling om in dit overzicht volledig te zijn. Ook zal ik geen uitgebreide en gedetailleerde interpretaties geven zoals in de hoofdstukken hierna, maar ik zal passages uit Boutens' gedichten waarin deze metaforen voorkomen beknopt toelichten. Daarbij zal ik ook klassieke (met name Platonische) achtergronden betrekken en zijdelings wijzen op parallellen in het werk van literatoren uit Boutens' tijd.

2. Ogen en ziel

Naar aanleiding van Boutens' bundel *Vergeten liedjes* (1909) schreef Sötemann: 'De klare ogen, het stralend of helder aangezicht, zijn emanaties van de ziel'[1]. Deze gedachte wordt expliciet verwoord in het gedicht 'De smalle ring', waarin

(1) Sötemann 1982, p. 11.

twee maal staat: 'De ziel die door uw oogen klaart' (VL 362). De ziel 'klaart', wordt helder of zichtbaar 'door' de ogen van de 'u'. De 'ik' ziet de ziel van de 'u' in diens ogen verschijnen. In deze paragraaf wil ik laten zien op welke verschillende wijzen de ziel, die zich in de binnenwereld van het lyrisch subject bevindt, naar de buitenwereld kan kijken. Het is niet precies duidelijk hoe de ziel 'door' de ogen kijkt. Heeft de ziel ogen waarmee door fysieke ogen (als door vensters) naar de buitenwereld gekeken wordt? Hoe verhoudt in Boutens' poëzie de ziel zich tot het oog? Is na te gaan hoe dit precies werkt? Is er sprake van een telkens terugkerend procédé, of is het onvoorspelbaarder en complexer? Om dit te verduidelijken, zal ik in deze paragraaf kort ingaan op een aantal plaatsen in Boutens' œuvre waar deze thematiek aan de orde komt. Eerst besteed ik aandacht aan het vaak bij Boutens voorkomende beeld van de ogen als vensters van de ziel. Vervolgens zal ik ingaan op passages waarin op andere wijzen wordt verwoord hoe de ziel zich openbaart via de ogen.

De metafoor van de ogen als vensters van de ziel is een eeuwenoude topos. Het beeld is zo traditioneel dat het zelfs voorkomt in poëzie voor kinderen, zoals blijkt uit het gedicht 'Moeders oog' van J.J.A. Goeverneur (1809-1889):

Kind
Toe toch, zeg mij, liefste moeke,
toe toch, zeg me eens een, twee, drie,
hoe ik daar zo in uw ogen
net mijn eigen beeldje zie?

Moeder
Van de ziel zijn de ogen 't venster,
als van 't huis de glazen ruit:
kind, omdat ik je in mijn hart draag,
kijk je mij ook de ogen uit[2].

([2]) Geciteerd naar De Vries 2000, p. 70.

De moeder legt aan het kind uit dat de ogen de vensters van de ziel zijn en, evenals de ruiten van een huis, transparant. Hier komt ook het spiegel-effect van de ogen al aan de orde (zie verder §4): het kind ziet zijn eigen 'beeldje' in de ogen van zijn moeder weerspiegeld, al wordt dit door de moeder anders verklaard.

Deze topos gaat terug op Plato. Het oog en de ziel zijn volgens hem direct aan elkaar gerelateerd[3]. De ziel neemt waar door middel van de zintuigen[4]. In *De Staat* (533d) wordt gesproken over het 'oog van de ziel'[5]. In de *Timaios* worden de ogen 'organen voor al het vooruitziend vermogen der ziel' (45b) genoemd[6]. In de *Phaidros* staat: '[...] zoo komt de stroom der schoonheid terug tot den schoone *door zijne oogen*, langs welken weg hij van-zelf doordringt *tot de ziel*' (255c, mijn curs.)[7]. De ogen zijn volgens Plato de in- en uitgangen van de ziel[8]. Ik ga in paragrafen 3 en 4 nader in op Plato's uitlatingen over stralende en spiegelende ogen.

Al in een van Boutens' vroegste gedichten ('Ik sloot de blinkevenstren van mijn Ziel' uit 1892) worden de ogen de 'blinkevenstren' van de ziel genoemd (VL 11; zie verder hoofdstuk III). In een ander vroeg gedicht staat de volgende strofe:

> Zitten wil ik uit te zien door klare
> Zielevensteren naar dit wondre gebeuren:
> Straal, zon, de Wereld open in kleuren,
> Groei in lichtruisch, bosch van dage-glansblâren. (VL 32)

(3) Zie ook Donaldson-Evans 1980, p. 12, Newton 1983, p. 106-107 en Jay 1993, p. 26-27.

(4) Zie over Plato's opvattingen over waarneming: De Vogel 1967, p. 52-54.

(5) Zie Curtius 1993, p. 146. Zie over de relatie tussen de ogen en de ziel ook Deonna 1965, p. 28 e.v.

(6) Vertaling Jan Prins; zie Plato 1937, p. 69.

(7) Vertaling Boutens; zie *Verzamelde werken*, dl. V, p. 306.

(8) Zie Cline 1972, p. 268.

De 'ik' wil uitzien door klare (heldere) 'zielevensteren'. Het woord 'uit' benadrukt de tegenstelling tussen de binnenwereld van de 'ik', waarin de ziel zich bevindt, en de buitenwereld waarnaar gekeken wordt. De venster-metafoor impliceert dat de ogen, evenals een venster of een raam, transparant zijn en dat er een bepaald kader is waardoor naar de buitenwereld gekeken wordt.

Het openingsgedicht van de bundel *Vergeten liedjes* (1909) heeft als titel: 'De ziel spreekt'. De tweede strofe daarvan luidt als volgt:

> Laat door venstren van uw oogen
> Open steeds in lach of leed,
> Tot mij binnen dit bewogen
> Licht van God, dat leven heet: (VL 351)

Hier worden de ogen van de toegesproken ander vergeleken met vensters. De ziel van de 'ik' vraagt de 'u' om Gods licht — dat hier gelijkgeschakeld wordt met 'leven' — vanuit zijn eigen ziel te doen ingaan in de ziel van de 'ik'. Het licht van God, dat de 'u' reeds heeft gezien, komt dus via de ogen naar binnen.

De metafoor van het oog als venster komt vaker voor bij Boutens. Zo is het woord 'oogevenstren' te vinden in zijn poëzie (VL 123 en 761). Daarnaast maakt hij ook gebruik van andere metaforen, die verwant zijn aan de venster-metafoor. In sonnet VII in de bundel *Sonnetten* (1907) wordt gesproken over 'ziels weêrlichten blik' die 'uit donkre oogpoorten' glijdt (VL 291). De ogen zèlf kunnen worden gezien als poorten, maar de 'oogpoorten' kunnen ook worden geïnterpreteerd als de oogleden die de poorten tot de ogen vormen. In 'Liedje van de straat' (uit *Bezonnen verzen* (1931)) staat: 'Uw ziel lacht aan den dorpel van uw oog' (VL 768). Het woord 'dorpel', dat zowel drempel als het horizontale deel van een raamkozijn kan betekenen, past bij het beeld van het oog als venster of poort. In het gedicht 'Sneeuw' wordt gezegd dat de ziel haar huis verlaat: 'Dat uit haar droeve huis mijn ziel is uitgetrokken / Om deel te hebben aan dat witte feest' (VL 137). Het lichaam kan worden gezien als een huis met vensters, kozijnen, drempels en poorten waarin de ziel vertoeft[9].

In het sonnet 'Zooals een koning' wordt niet expliciet gesproken over het oog als venster,. maar wel over het uitzenden van 'blikken en woorden' door de ziel. Bovendien wordt het beeld van een huis impliciet opgeroepen. Ik citeer het gedicht geheel, maar het gaat me vooral om wat in het sextet beschreven staat:

Zooals een koning uit dees avond-tijd
Stuurt door zijn schemersteden 't kleurig tieren
Van knechten en dienaren, goud, banieren,
Door 't donkre volk, dat tot hem vloekt of schreit;

Maar in de rust van 't marmren huis begraven,
Peinst een bleek man, hoe koon'gen uit geklonken
Vreugd-goud den rooden levenswijn éens dronken,
En 't hoog geluk als brood den volke gaven; —

Zoo zendt mijn ziel uit op de levenspaden
Blikken en woorden, zachte handedaden,
Stoeten van boden in haar lichte kleuren;

Maar binnen zit een bleeke kind te treuren
Van tijden, toen kindren en zielen blij
Dansten haar vreugd op open levensweî. (VL 55)

In de eerste twee kwatrijnen wordt gesproken over een koning 'uit dees avond-tijd'[10]. Hij wil zijn pracht en praal aan het

([9]) Zie over de huis-metafoor ook de hoofdstukken III en VI over 'Ik sloot de blinkevenstren' en 'Sterren'. Zie ook Deonna 1965, p. 9.

([10]) Zie over dit gedicht ook Van Halsema 1994, p. 10-11.

volk tonen. Maar het 'donkre volk' in de 'schemersteden' vloekt en schreit. In de tweede strofe wordt verteld dat de koning, nu beschreven als 'een bleek man', zich heeft teruggetrokken in zijn marmeren huis en peinst over het verleden waarin koningen en het volk nog een goede band hadden met elkaar. Na de wending wordt in het sextet gesproken over de ziel van een 'ik' die blikken, woorden en 'zachte handedaden' uitzendt vanuit een binnenwereld naar een buitenwereld. De blikken en woorden worden '[s]toeten van boden in haar lichte kleuren' genoemd. Maar binnen, in de ziel, zit een bleek kind te treuren (zoals de bleke koning in zijn paleis zit te peinzen). Hier wordt de metafoor van een huis, met de ziel als bewoner die door vensters naar buiten kijkt, geïmpliceerd. De 'ik' doet alsof hij gelukkig is, terwijl hij eigenlijk treurig is. Het binnenleven van de 'ik' is tegengesteld aan het vroegere leven toen kinderen en zielen vrolijk waren en dansten 'op open levensweî'. Dat wat de ziel door het oog uitzendt, kan dus bedrieglijk zijn.

In het ongepubliceerde en onvoltooide gedicht 'Valkenisse' (volgens Blok waarschijnlijk in 1909 geschreven) spreekt Boutens over 'oogenschijn' van de ziel. Ik citeer het hier geheel:

Hier rijst de gordel van het duin
In 't midden van den weeken bocht
Hoogst over Walchrens vlakken tuin
Dien ver herdenken trouw bezocht
Door oogen die hierheen verdroomden
Tot aan de kimmen van de ziel
[Z]ijn torens en [z]ijn kustlijn doomden
En heel zijn ommegaand profiel
Verheerlijkt lag in 't teedre licht
Waarmeê ziels oogenschijn bekleedt
Al diere dingen die zij weet
En toelaat tot haar aangezicht.

Nu door den goudverwaasden damp
Schijnt, een onwezenlijke lamp,
De zon van den Septembernoen
Tot een vertastbaard visioen[11]

Het gaat in dit gedicht om de herinnering aan het Zeeuwse eiland Walcheren (Boutens' geboortegrond). De hoogste duinen, waarvan men dus het beste uitzicht over Walcheren heeft, bevinden zich bij Valkenisse. De herinnering — het 'ver herdenken' — bezoekt 'Walchrens vlakken tuin' (3) door middel van de blik: 'door oogen die hierheen [=naar Valkenisse] verdroomden' (5). Het gaat hier om een innerlijke blik, een blik van de ziel. De ziel laat de tuin van Walcheren toe tot haar aangezicht (12) en haar 'oogenschijn' bekleedt die tuin met haar 'teedre licht' (9). Het gedeelte na de witregel (na r. 12) gaat erover dat het visioen van Walcheren, zoals gezien in de ziel, tastbaar wordt ('vertastbaard') in de werkelijkheid, gezien vanaf de duinen bij Valkenisse, bij een bijzondere lichtval. Hier gaat het dus om de zintuiglijke blik. Die valt (tijdelijk) samen met de eerder beschreven zieleblik. Dit interessante gedicht verdient zeker een meer gedetailleerde interpretatie, maar het gaat mij nu vooral om de de relatie tussen de ogen en de ziel én de rol die de herinnering daarbij speelt.

In 'Morgen' (VL 388-389) heeft de ziel eveneens ogen:

Immer sterker en gezonder
Waakt de ziel met klaarder oogen
Tot zij straks het louter wonder
Zien aan nevellooze bogen,
Niets meer dan het louter wonder… (VL 389)

De ogen van de ziel worden steeds 'klaarder' of helderder, zodat ze 'straks' het wonder kunnen zien. In het nog te bespreken

([11]) Geciteerd naar Blok 1983, p. 103. Zie ook Goud 1998a, p. 5-6 over dit gedicht.

gedicht 'Oog in oog' (VL 470) komt de opmerkelijke woordconstructie 'klaarderoogen' voor (zie hoofdstuk V).

In de 'Ode aan Sapfo' (VL 426-430) wordt ook gesproken over de ziel die zich openbaart in de ogen:

> 't Lied van vloeibaar vuur dat de doove sintlen
> Uwer lippen warmt tot den gloed des levens;
> Met der maten zwellende vluchten rijst uw
> Ziel in uw oogen… (VL 427)

De 'ziel' van de 'u' (de aangesproken dichteres Sapfo) 'rijst' of verschijnt (vgl. ook het 'zwellen') in haar ogen wanneer haar gedichten klinken. Ook hier is een parallel met 'Oog in oog': daarin 'stijgt' de ziel 'ten spiegel' (VL 470).

Niet alleen kan de ziel kijken, maar ook kan de ziel lachen, zoals blijkt uit 'Hymnos aan de zee': 'En uit oogen lacht / Schemerziel' (VL 154). De 'schemerziel' — de in de schemer van het innerlijk verborgen ziel — lacht hier dus uit de ogen. Hier is sprake van een synesthesie. De ziel kan door middel van de ogen lachen (door een vrolijke of gelukkige blik). Daarnaast kan de ziel ook door de ogen ademen, zoals blijkt uit 'Nachtelijk bezoek' (VL 469), waarin staat: 'Ziel die ademt door heur oogen'. In de antieke oudheid werd de ziel concreet gezien als de adem (pneuma)[12].

In een titelloos gedicht (VL 576) in *Liederen van Isoude* wordt een onderscheid gemaakt tussen de fysieke ogen ('mijn oogen') en de ogen van de ziel ('haar oogen'). Ik citeer het gedicht geheel:

> Mijn oogen duizlen voor de naakte zon,
> Mijn voeten wanklen door den wind te waên,
> Mijn adem durft niet vol omvaên
> De wijde luchten die hij won.

([12]) Zie Claes 1992, p. 114. Zie ook Van Halsema 1989, p. 368-369 over pneuma.

De ziel in mij verroert zich niet.
Heur groote vleuglen dekken loom
Haar oogen en hun ouden droom
Voor dit verblindend nieuw verschiet:

Dit wit geluk dat siddrend opengaat,
En dat als al geluk zal zijn —
Een hel verspiegelende schoone-schijn,
Eén lange dronk van ademlichten wijn,
Een dagelooze dageraad! (VL 576)

Terwijl de ogen van de 'ik' duizelen voor het felle, verblindende licht van de zon, worden de ogen van de ziel bedekt (dus gesloten) door 'heur vleuglen'. Het 'duizlen' en 'wanklen' (beweging) in de eerste strofe staat tegenover het zich niet verroeren en het lome (bewegingloosheid) in de tweede strofe. Het zintuiglijke zien valt hier dus niet samen met het zien van de ziel.

Boutens was niet de enige in zijn tijd die gebruik maakte van het beeld van de ogen als venster van de ziel. Maurice Maeterlinck schreef in zijn essaybundel *Le trésor des humbles* (1896) over 'les yeux de l'âme' (in het volgende hoofdstuk ga ik nader in op mogelijke verbanden tussen het werk van Boutens en Maeterlinck)[13]. Henriëtte van der Schalk gaf in haar bundel *Sonnetten en verzen in terzinen geschreven* (1895) een van de sonnetten de titel 'Over het zich verkondigen van de ziel in de oogen'[14].

Zoals uit het beknopte overzicht in deze paragraaf blijkt, is er niet één eenduidig procédé in Boutens' gedichten aan te wijzen waarop de ziel zich openbaart in of door de ogen.

([13]) Maeterlinck 1896, p. 218. Zie over de receptie van Maeterlinck in Nederland: Leijnse 1995. Zie over Boutens en Maeterlinck: Goud 2000a, Goud 2003b en hoofdstuk III.

([14]) Van der Schalk 1895, p. 12; vgl. Leijnse 1995, p. 193.

Wel is duidelijk dat de ziel en de ogen met elkaar in verband staan. De ziel kan kijken, lachen en ademen door haar 'oogen' of 'zielevenstren'. Ik ga uit van een onderscheid tussen de ogen van de ziel en de fysieke ogen. De fysieke ogen zijn de toegangspoorten of vensters tot de 'ogen' van de ziel. Die zielevensters moeten geopend zijn om contact te kunnen maken met de ziel. Tegelijkertijd spiegelen de ogen ook de buitenwereld. De ogen kunnen bij Boutens zowel transparante vensters als spiegels zijn (zie §4).

3. Stralende ogen

In de vorige paragraaf ging het al even over 'oogenschijn'. Het beeld van ogen die stralen of een lichtschijnsel uitzenden, loopt als een rode draad door Boutens' poëzie. Er kan contact worden gemaakt tussen de 'ik' en de ander, wanneer lichtstralen uit de ogen van de 'ik' en de 'u' elkaar ontmoeten. Boutens was zeker niet de eerste dichter die over stralen uit ogen schreef. Het is, evenals het oog als venster van de ziel, een topos die al sinds de klassieke oudheid voorkomt. Ook in de Middeleeuwen en de Renaissance waren stralende ogen een vaak gebruikt beeld in de literatuur, zoals bijvoorbeeld in het werk van Dante, Petrarca, Shakespeare, John Donne en P.C. Hooft[15]. Het beeld van stralende ogen komt ook voor in moderne poëzie, bijvoorbeeld van Jan Hanlo[16].

([15]) Zie onder meer Kolb 1958, Cline 1972, Donaldson-Evans 1980. Zie De Waard 1999, p. 46 over Donnes gedicht 'The Ecstasy', waarin onder meer staat: 'Our eye-beams twisted, and did thread / Our eyes, upon one double string'. Zie Kusters 1997a, p. 50-51, over 'stralen' in een sonnet van P.C. Hooft.

([16]) Zie Kusters 1989b.

De ogen worden in Boutens' gedichten meer dan eens 'klaar' genoemd[17]. Dit adjectief kan zowel helder, lichtend als stralend betekenen. Het licht speelt in Boutens' poëzie een zeer belangrijke rol. Zo komen woorden voor als 'ooglicht' (VL 317, 348, 518), 'oogelicht' (VL 431, 465), 'oogenlicht' (VL 115, 231, 294, 413, 484, 830), 'oogenlichten' (VL 378), 'ooge(n)schijn' (VL 96, 220, 381, 382, 694), 'oogengloed' (VL 669) en 'ooge(n)vuur' (VL 285, 1090)[18]. Boutens vergelijkt ogen soms met lampen: 'ooglamp', (VL 641), 'ooglampen' (VL 310), 'de lampen harer gouden oogen' (VL 267), 'de liefdeblinde lampen onzer oogen' (VL 1069).

Een zeer veel voorkomende metafoor in Boutens' poëzie is die van de ogen als sterren. Ook dit is een bekende topos (die in petrarkistische poëzie vaak aan te treffen is)[19]. Al in zijn jeugdgedicht 'In den Schouwburg' uit 1887 komen ogen voor die 'stralen' als 'twee sterren' (zie hoofdstuk I). In veel van Boutens' latere gedichten zullen ogen met sterren worden vergeleken: 'Mij troost klaar weten, dat over mij zijn / Open als vaste-sterreschijn / Uw oogen ver, niet te bereiken' (VL 25), 'En, starre sterren, zullen mijn twee oogen staren' (VL 78), 'Zoo twee jonge oogen sterrestom' (VL 119), 'De ziel herkent van verre [...] Haar oogen in uw sterren' (VL 363), 'Klare dubbele oogester' (VL 471), 'En uw ooglamp straalt / Als ster in 't gazon' (VL 641), 'Oogen van de dooden open tusschen ster en ster' (VL 690), 'Halverwegen ver, /

([17]) Zie bijv. 'door klare / Zielevensteren' (VL 32), 'met klare oogen' (VL 95), 'klare oogen' (VL 299), 'met klaarder oogen' (VL 389), 'klaarderoogen' (VL 470), 'Klare dubbele oogester' (VL 471).

([18]) Vgl. 'ziels oogenschijn' in het eerder geciteerde gedicht 'Valkenisse' (Blok 1983, p. 103).

([19]) Zie ook Irons 1997, p. 19 en Van Hemeldonck 1977, p. 173-174 over ogen en sterren bij Boutens. Zie Deonna 1965, p. 258 e.v. over 'Les astres: yeux du ciel'. Zie ook Borges 2000, p. 24-25 over de metafoor van ogen als sterren.

Tweeling-avondster, / Wenkt de weemoed uwer oogen' (VL 733) 'uw gelaat dat voor een oogopslag [...] zijn tweelingsterren naar mij openlichtte' (VL 1091). Ook komen woorden voor als 'oogester' (VL 471), 'oogesterren' (VL 482) en 'sterrenoogen' (VL 325). Boutens vergelijkt de ogen soms ook met de zon of zonnen: 'oogzon' (VL 163), en 'zonoog' (VL 308), 'zonnen uwer oogen' (VL 752).

Zoals gezegd komt in Boutens' gedichten het beeld van stralende ogen zeer vaak voor[20]. Zo zijn er woorden te vinden als 'oogenstraal' (VL 528, 831, 849) en 'oogestralen' (VL 223). Veelal hebben de stralen die door de ogen worden uitgezonden of ontvangen de functie om een contact tot stand te brengen tussen de 'ik' en de onbereikbare ander. Ik geef daarvan drie voorbeelden (de cursiveringen zijn van mij):

Ik kwam door blinden mist getogen,
En dikwijls brak de *stralen draad*
Die veilig vanuit minnende oogen
Mijn voeten had gepaad. (VL 127)

Halverwegen ver,
Tweeling-avondster,
Wenkt de weemoed uwer oogen,
en hun *stralen* wijzen er // 't Pad ontwijfelbaar (VL 733)

Al kant waar 't zuivere kompas
Van *uwer oogen straal* de richting duidt,
Breng ik u uit (VL 782)

Opvallend in deze citaten zijn ook de woorden 'gepaad', 'pad' en 'richting'. De blik is een licht- en richtinggevende leidraad. Mogelijk heeft Boutens zich hierbij laten inspireren door

(20) Een greep uit de vele plaatsen in Boutens' poëzie waarin het gaat over stralende ogen: VL 53, 57, 116, 170, 183, 189, 222, 231, 256, 277, 290, 317, 368, 378, 392, 428, 429, 436, 450, 461, 518, 638, 641, 643, 648, 734, 737, 749, 752, 784, 1048, 1059, 1069, 1102.

de bijbel, waarin staat: 'Uw woord is een lamp voor mijn voet, en een licht voor mijn pad' (Psalm 119:105).

Het idee van lichtstralen die uit ogen komen, sluit aan bij de klassieke theorieën over extramissie, met name van Plato. David Chidester schrijft daarover in zijn boek *Word and light. Seeing, hearing, and religious discourse* (1992) het volgende:

> [...] the so-called extramission theory popularized by Plato and adopted by Augustine, explained seeing as the result of visual rays emitted by the eye. Beginning the analysis of vision with the organ rather than the object, the eye was not a mirror but a lamp. The eye was imagined to radiate visual rays that reached out and touched its objects of perception. [...] Vision was imagined to be achieved by means of this fire that glowed in the eyes[21].

Volgens Plato kwam het zien tot stand in drie etappes. Ten eerste komen er stralen uit het oog, waarin zich een intra-oculair vuur bevindt. Die stralen worden uitgezonden naar externe objecten. Ten tweede reflecteren die objecten de stralen. Ten derde zorgt een externe bron van licht — een kaars, een vuur of de zon — voor een verbinding tussen de ogen en het object, waardoor men het object kan zien[22].

Voor Plato was het oog het belangrijkste zintuig. In de *Timaios* staat over de creatie van de ogen in het menselijk lichaam een belangrijke passage. Ik citeer de vertaling van Jan Prins (de cursiveringen in het citaat zijn van mij):

> [...] daar de Goden de voorzijde eerwaardiger en voornamer achtten dan de achterzijde, lieten zij ons in die richting hoofdzakelijk ons voortbewegen. De mensch moest dus een bepaalde en ongelijke voorzijde van het lichaam hebben. En daarom, voor wat vooreerst de buitenzijde van het hoofd betreft, plaatsten zij daar het gelaat, en bevestigden daarin de organen voor al het *vooruitziend vermogen der ziel*, en zij stelden vast, dat de

(21) Chidester 1992, p. 3.
(22) Chidester 1992, p. 4.

> voorzijde van nature de leiding zou hebben. Van die organen nu vervaardigden zij eerst de *oogen, die het licht geleiden*, en zij bevestigden die in het gelaat om de navolgende reden. Dat deel van het vuur, dat niet de eigenschap heeft, te branden, maar *een zacht licht* te verspreiden, deden zij tot een lichaam worden, *verwant aan het daglicht*. Zij lieten namelijk *het vuur binnen ons*, dat als een broeder van het daglicht is, *in zuiveren toestand door de oogen vloeien*, doordat zij die in hun geheel, maar vooral in het midden, glad en van groote dichtheid hadden gemaakt, zoodat het andere vuur, dat grover is, geheel werd tegengehouden, en alleen dat verwante vuur zelf gereinigd naar buiten kwam. Wanneer zich nu om dien *gezichtsstroom* daglicht bevond, dan ontstond, doordat het gelijke met het gelijke samenviel en zich verbond, uit verwantschap een enkel lichaam langs de gezichtslijn der oogen in elke richting, waarin het *uittredende vuur* drukt tegen iets uitwendigs, dat het treft. Door gelijkheid van samenstelling werd dat lichaam dan in zijn geheel gelijkend ervarend, en van al, wat het aanraakte of waardoor het werd aangeraakt, bracht het de bewegingen over aan geheel ons lichaam *tot aan de ziel*, daarmede *de gewaarwording veroorzakend, waardoor wij zeggen, dat wij zien*. Maar trekt het verwante vuur zich in nacht terug, dan wordt het eigen vuur afgesneden. (45a-45d)[23].

De ziel heeft volgens Plato dus een 'vooruitziend vermogen'. De ogen verspreiden een 'zacht licht' (een vuur dat niet brandt), verwant aan het 'daglicht'. Door de ogen 'vloeit' het 'vuur binnen ons' naar buiten. Dit is de 'gezichtsstroom'. En omgekeerd treedt het 'daglicht' van buiten naar binnen in ons lichaam 'tot aan de ziel'. Daardoor kan de mens zien. 's Nachts kan de mens niet zien, omdat er dan geen lichtbron is, tenzij men gebruik maakt van een lamp.

Een interessant aspect van de extramissie-theorie is dat er een concrete verbinding van lichtstralen wordt gemaakt tussen de kijker en het bekekene. Chidester schrijft: 'Organ and

([23]) Plato 1937, p. 68-69.

object were joined in *a continuous bond of light* [...] that made vision possible. All three elements — visual rays, reflections, and external sources of light — merged to form a unified, continuous, and *immediate connection between seer and seen* in the process of vision.'[24] Er is, niet alleen bij Plato, maar ook bij andere klassieke denkers over het zien, sprake van 'a continuous bond' tussen de ziener en het geziene[25].

Ook tijdgenoten van Boutens maakten gebruik van het beeld van ogen die lichtstralen uitzenden. Zo schreef Willem Kloos:

> Wen ooit uw oog zich weg van 't mijne wendt,
> In koelheid of in toornend ziels-verachten,
> En gij vergeefs mij op den straal laat wachten,
> Den weer-straal op den straal, dien 't mijne u zendt[26]

Ook Herman Gorter en J.H. Leopold spreken in hun gedichten over 'licht', 'gloed' en 'stralen' uit de ogen. Bij Gorter — wiens bundel *Verzen* (1890) vol staat met woorden die te maken hebben met zien en ogen — trof ik bijvoorbeeld woordgroepen aan als: 'fellichtend ooglichtblauwen', 'oogenschijn', 'haar oogen lichtten naar voren', 'de klare stralen van uw blauwe oogen' en 'de stralen van uw blik' (de laatste twee citaten komen uit het ongepubliceerde gedicht 'De doordringende blik')[27]. Bij Leopold vond ik onder meer: 'oogelichten', 'lichtende oogen' en 'oogengloed'[28]. In het sonnet 'Over het ontwaken mijner ziel' van Henriëtte van der Schalk komen 'stralende oogen' voor[29].

In Boutens' poëtische wereld gaat het, zoals uit de hierboven geciteerde passages blijkt, om het tot stand willen

(24) Chidester 1992, p. 4 (mijn curs.).
(25) Chidester 1992, p. 5-6.
(26) Kloos 1995, p. 83.
(27) Gorter 1978, resp. p. 124, 152, 156 en 507.
(28) Leopold 1982, resp. p. 61, 109 en 158.
(29) Van der Schalk 1895, p. 3.

brengen van een verbinding tussen het lyrisch subject en de (onbereikbare) ander. Die verbinding kan (tijdelijk) gemaakt worden door stralen die de verwante zielen uitzenden en die via de ogen ontvangen kunnen worden. Dat lijkt mij een van de belangrijkste redenen waarom Boutens gebruik maakt van het beeld van ogen die lichtstralen uitzenden en ontvangen. De stralende ogen moeten niet letterlijk genomen worden, maar als een metafoor die een belangrijke rol speelt in Boutens' symbolistisch getinte poëtica, waarin geprobeerd wordt iets onmogelijks in taal mogelijk te maken (het zien van iets onzienlijks, het zeggen van iets onzegbaars). Enerzijds gebruikt Boutens dus een verouderd (door de wetenschap achterhaald) beeld, anderzijds sluit hij daarmee aan bij de literaire actualiteit.

4. Ogen als spiegels en afgronden

Het oog wordt door Boutens niet alleen vergeleken met een stralende zon, ster of lamp, maar ook met een spiegel. Het oog vangt niet alleen reflecties op, maar reflecteert ook. Vandaar dat de 'ik' zichzelf (en zijn ziel) weerspiegeld kan zien in de ogen van de ander. Deonna besteedt in zijn studie *Le symbolisme de l'œil* (1965) een hoofdstuk aan 'L'œil et la lumière', waarin hij ook aandacht schenkt aan het oog als spiegel. Hij schrijft daarin: 'Lui-même [=het oog] est un miroir, qui réfléchit les images extérieures; le miroir est donné comme attribut à la personnification de la vue. Mais l'œil reflète aussi la vie intérieure.'[30] Het oog weerspiegelt zowel de buitenwereld als de binnenwereld. Het oog is dus een tweezijdige spiegel. Tegelijkertijd is deze spiegel een transparant venster. Dit beeld vinden we meer dan eens bij Boutens.

([30]) Deonna 1965, p. 290.

Enige voorbeelden uit Boutens' poëzie: 'den spiegel van hun oog' (VL 66), 'Uw spiegeloog' (VL 154), 'de' éengen spiegel Uwer eigen oogen' (VL 295), 'Mijn oog kan nooit de doode spiegel zijn' (VL 313), 'In uwer oogen spiegeling' (VL 371), 'De diepten spieglen uwer ondoorgrondlijke oogen' (VL 417), 'De stille spiegels uwer oogen' (VL 522), 'Spiegels van oogen' (VL 543), 'In mijne oogen / Spiegel, lief, uwe oogen' (VL 557), 'uw oogen die als spiegels waren / Van meren' (VL 664), 'De verdofte spiegels mijner oogen' (VL 736), 'In den spiegel uwer oogen' (VL 751), 'de spiegels mijner oogen' (VL 763), 'De hemelspiegels van de poelen uwer oogen' (VL 838) en 'Mijn oog [zoekt] den spiegel van uw oog, / Maar vindt geen wederblik of -teeken' (VL 1126). Irons schrijft in een paragraaf over 'mirror imagery' bij Boutens: 'typical for such an *ik/gij* relationship is the exchange of glances whereby each partner sees in the eyes of the beloved both the beloved's soul and the reflection of his own.'[31]

Het idee van spiegelende ogen gaat, evenals het oog als venster en stralende ogen, terug op Plato. Ruth H. Cline schrijft: 'Plato illustrates the function of the eye in the origin and growth of love by two images, that of a stream and that of a mirror. Neither image, however, is a pure metaphor since in each there is some representation of what Plato believes to be an actual process.'[32] Ze schrijft dit naar aanleiding van een passage in de *Phaidros* (255c), waarin *himeros* ('stroom van verlangen') een rol speelt in de relatie tussen een minnaar en een beminde jongeling[33]. Ik citeer (uit Boutens' vertaling) vanaf de passage waar wordt gezegd wat er gebeurt, wanneer de beminde het contact toestaat:

([31]) Irons 1997, p. 35.

([32]) Cline 1972, p. 268.

([33]) Zie over deze Plato-passage (in relatie tot J.H. Leopolds 'Morgen') ook Van Halsema 1999, p. 224 e.v.

> [...] dan vloeit de bron van dien stroom dien Zeus in zijne liefde tot Ganymedes verlangen genoemd heeft, rijkelijk naar den verliefde, en daalt gedeeltelijk binnen in hem, en stroomt deels, wanneer hij vervuld is, naar buiten weg. En evenals wind of eenig geluid van den gladden wand eener vaste massa afkaatst en teruggedragen wordt daarheen vanwaar het zijn oorsprong heeft, *zoo komt de stroom der schoonheid terug tot den schoone* [d.i. de beminde, M.G.] *door zijne oogen, langs welken weg hij van-zelf doordringt tot de ziel*, en opent de doorgangen der vederen, en besproeit de ziel van den beminde en wekt haar op tot vederschieten en vervult haar op haar beurt met liefde. Hij is dus verliefd wel, doch op wien, zoû hij niet kunnen zeggen; en ook wat hem overkomen is, weet hij niet en kan het niet uitduiden, maar even-als-of hij van een ander eene oogziekte bij besmetting zoû hebben overgenomen, kan hij de aanleiding niet noemen, en *dat hij evenals in een spiegel in den verliefde zich-zelf ziet*, ontgaat hem. (255c-d, mijn curs.)[34]

Vanuit de beminde vloeit de 'stroom' van verlangen naar de verliefde toe. Een gedeelte stroomt bij de verliefde naar binnen, een ander gedeelte kaatst — zoals wind of geluid — terug naar de beminde. De 'stroom' vloeit terug door de ogen (die dus transparant zijn) van de beminde tot in zijn ziel. Daardoor raakt de ziel van de beminde 'besproeid' door de 'stroom' en vervuld van de liefde, maar de beminde weet niet wat hem overkomt en op wie hij verliefd is. Het ontgaat de beminde dat hij zichzelf weerspiegeld ziet in de ogen van de verliefde, zoals in een spiegel. De ogen functioneren behalve als venster ook als spiegels, waardoor de beminde zichzelf weerspiegeld ziet in de ogen van de minnaar. Dit beeld van spiegelende ogen komt in Boutens' poëzie voortdurend terug.

Een andere dialoog van Plato waarin spiegelende ogen aan de orde komen, is de *Alkibiades* (waarvan overigens betwijfeld wordt of deze tekst wel van Plato is). Volgens Socrates

(34) Boutens, *Verzamelde werken*, dl. V, p. 305-306.

kan de mens het beste zijn “zelf” of “ziel” leren kennen door te kijken in spiegelende ogen. Hij vertelt het volgende tegen Alkibiades (in de vertaling van J.Th.M.F. Pieters):

> Je hebt immers wel gemerkt, dat als je in iemands oog kijkt, je gezicht daarin, als in een spiegel, staat afgebeeld; daarom spreekt men ook van “pupil”, d.w.z. verkleinde afbeelding van den toeschouwer. [...] Als dus twee oogen elkaar beschouwen en daarbij kijken in het edelst deel, waardoor zij zien, dan zien zij meteen zichzelf. [...] *Een oog, dat zichzelf wil zien, moet dus in een ander oog kijken* en wel op die plek, waar zijn vermogen zetelt; dat is dus het gezichtsvermogen. [...] Dat zielsdeel lijkt dus op de godheid en als men daarin kijkt en het in al zijn goddelijkheid leert kennen, zal men des te eerder zichzelf kennen. [...] Evenals nu echte spiegels een duidelijker, zuiverder en helderder beeld geven dan het spiegeltje in het oog, is zoo ook God niet een zuiverder en helderder wezen dan het edelst deel onzer ziel?
> [...] Als wij dus naar God kijken, dan zal hij onze beste spiegel zijn, — ook voor menschelijke dingen —, en zoo zullen wij dan het zuiverst beeld en de zekerste kennis van onszelf krijgen. (132e-133b, mijn curs.)[35]

De mens kan zichzelf én het goddelijke dus zien in de pupil van het oog van de ander. Een dergelijke situatie wordt gesuggereerd in Boutens’ gedicht ‘Oog in oog’ (VL 470) dat besproken zal worden in hoofdstuk V.

Augustinus heeft, zoals Chidester schreef, Plato’s extramissietheorie overgenomen. Hij noemt ogen echter niet de spiegels van de ziel, maar van het hart[36]. Herbert Kolb heeft er (in zijn hoofdstuk ‘Die Mystik des Auges und des Herzens’) op gewezen dat de metafoor van de ogen als spiegel van het hart vaak voorkomt in Duitse en Franse liefdespoëzie uit

(35) Plato 1947, p. 73-74.

(36) Zie ook Curtius 1993, p. 147 over ‘das “Auge des Herzens”’.

de Middeleeuwen. Het oog is de 'poort' tot het hart[37]. Ook is het oog de spiegel van het hart: 'Das Auge spiegelt aus dem Herzen heraus und spiegelt in das Herz hinab'[38]. Het oog heeft dus een dubbele functie. Kolb laat zien dat deze metaforiek teruggaat op de eerder genoemde passage uit Plato's *Phaidros*[39]. Augustinus maakte een onderscheid tussen het uiterlijke oog en het innerlijke oog. Alleen met het innerlijke oog, de spiegel van het hart, kan het goddelijke worden geschouwd[40].

In Boutens' poëzie komen zowel de woorden 'ziel' en 'hart' vaak voor. Van de ziel wordt, zoals ik hiervoor heb laten zien, vaak gezegd dat zij ogen of vensters heeft. Bij het 'hart' komt dat veel minder voor. Het hart wordt meer verbonden met het 'zingen' en het auditieve dan met het visuele[41]. Maar er zijn wel enkele plaatsen te vinden waarin het 'hart' bij Boutens 'kijkt'. In een tijdens Boutens' leven ongepubliceerd jeugdgedicht staat: 'Het [=mijn hart] had zoo twee grootmooie oogen'[42]. In zijn latere werk trof ik aan: 'harteblik van oogen' (VL 837) en 'het blinde hart dat ziet en weet' (VL 1089). Ik denk dat 'hart' en 'ziel' in Boutens' poëtische wereld verschillende aspecten representeren: enerzijds het lichamelijke, anderzijds het geestelijke. Maar het hart en de ziel staan zeker niet los van elkaar. Ze zijn met elkaar verbonden. In 'Lethe' staat: 'O blanke ziel, o roode bloed, / O hart verdwaald daartusschen' (VL 207)[43]. Andere voorbeelden zijn: 'De liefde

(37) Kolb 1958, p. 20.

(38) Kolb 1958, p. 21.

(39) Kolb 1958, p. 26.

(40) Kolb 1958, p. 29-31. Zie ook Cline 1972, p. 285 e.v. en Miles 1983.

(41) Zie bijv. VL 30, 133, 377 en 723.

(42) Deze regel staat in gedicht VII in 'Een boek voor Wout en Daniël', een reeks van vijftien gedichten die Boutens vermoedelijk in 1893-1894 heeft geschreven voor twee studievrienden. Zie Goud 2001a, p. 24.

(43) Zie over hart en ziel bij Boutens: Sötemann 1982 en Sötemann 1985b, p. 210-211.

van mijn oogen, hart en ziel / Tezamen' (VL 438) en 'den hoogen bond van ziel en geest en hart' (VL 1088). De betekenissen van en verhoudingen tussen 'oogen', 'hart', 'ziel' en 'geest' in Boutens' poëzie zijn uiterst complex en vergen een apart onderzoek dat buiten mijn onderzoekskader valt.

Ook bij andere dichters zijn voorbeelden te vinden van poëzie waarin het beeld van het spiegelende oog voorkomt[44]. De spiegel-metafoor komt ook voor bij Henriëtte van der Schalk: 'toen elk onzer ziele' in de andre boog, / schrikte van beide geen want beide lagen / weerspiegeld lichter, in elkander's oog.'[45] Bij Gorter vond ik 'wijd opene spiegeloogen'[46]. Ook is de metafoor van de ogen als spiegel te vinden in de poëzie van Dante Gabriel Rossetti. Zo staat in 'The stream's secret': 'The twofold image softly lies, / Until we kiss, and each in other's eye / Is imaged all alone.'[47] De 'ik' ziet zichzelf weerspiegeld in de ogen van de ander en de ander ziet zich weerspiegeld in de ogen van de 'ik'. Ook bij Boutens komt iets dergelijks voor in het eerder aangehaalde gedicht 'Kussen': 'Waar zich oog en oog ontmoeten / In der zielen kus.' (VL 369).

Paradoxaal is dat in Boutens' poëzie het oog tegelijkertijd een weerkaatsende spiegel én een afgrond kan zijn, waarin men zich verliest[48]. Dit komt naar voren in het volgende citaat uit een gedicht zonder titel uit de bundel *Lente-maan* (1916), waarin sprake is van een combinatie van de metaforen van het oog als spiegel én als afgrond:

(44) Opmerkelijk is dat Robert P. Newton in zijn artikelen over de symboliek van het oog in Duitse poëzie schrijft dat de metafoor van het oog als spiegel nauwelijks voorkomt (Newton 1982, p. 699 en Newton 1983, p. 110).

(45) Van der Schalk 1895, p. 13.

(46) Gorter 1978, p. 134.

(47) Rossetti [z.j.], p. 100.

(48) De metafoor van het oog of de ogen als afgrond komt vaak voor in Boutens' gedichten; zie VL 134, 208, 375, 434, 472, 484, 643 en 752.

In diepen duizel
Te hel voor peilen
Staan van weêrskanten
De afgronden open:
Spiegels van oogen
Waarin verijlen
De blikken die ze in
Elkander doopen... (VL 543)

Een dergelijke combinatie is ook te vinden in Boutens' bundel *Liederen van Isoude* (1921):

Ik peil in spiegels schijnen
De spiegels mijner oogen:
Ik zie hun klare mijnen
Nog van uw beeld bewogen — (VL 560).

In het laatste citaat worden de ogen (of preciezer: de pupillen) vergeleken met mijnen. Het innerlijk of de ziel als mijn is een beeld dat vooral voorkomt in de romantische literatuur[49]. Newton schrijft in zijn eerder aangehaalde artikel over de symboliek van het oog in Duitse poëzie over het beeld van het oog als afgrond bij Hölderlin: 'The "abysses" (*Abgründe*) refer of course to the spirit's unfathomable [=onpeilbaar, grondeloos] interior space.'[50] Het motief van de afgrond had voor romantici een grote aantrekkingskracht. De afgrond is een metafoor is voor de onpeilbaarheid van de ziel[51]. Het innerlijk is iets oneindigs, iets onpeilbaars. Boutens spreekt in een van zijn gedichten over het zien van 'elkanders ademlooze oneindigheid' (VL 129) in de ogen, hetgeen wordt vergeleken met het kijken naar de oneindig verre sterren.

([49]) Vgl. Kusters en Perry 1999, p. 26-27 over de mijn-metafoor bij Novalis.

([50]) Newton 1983, p. 121.

([51]) Von der Thüsen 1997, p. 125, n. 97. Zie over de afgrond-metafoor ook Doppler 1985.

5. Het gesluierde oog

In het bovenstaande ging het voornamelijk over 'klare' of 'heldere' ogen. In Boutens' poëzie zijn de ogen of de blik echter ook dikwijls gesluierd of vertroebeld, vooral wanneer getracht wordt een onbereikbare 'u' of God te zien. Zo staat in het gedicht 'Oog in oog': 'Zaalger tranen teêr verwischte misten / Slui'ren hun [=van de ogen] verwaasd gezicht.' (VL 470). Wanneer de 'ik' in dit gedicht de ziel van de 'u' probeert te zien, dan floersen 'zilte neevlen' de ogen. Tussen de ogen van het subject en het object ('u' of 'God') bevinden zich sluiers, misten en nevels die het volle zicht belemmeren en de blik vertroebelen. Een heldere, klare blik waarmee de 'ik' de 'u' of 'God' kan zien, is niet altijd volledig mogelijk. In een gedicht in *Lente-maan* schrijft Boutens: 'Achter schemeren gordijnen / Leeft een goddelijk verschijnen / Niet door oogen waargenomen' (VL 542). Tal van voorbeelden zijn te geven van sluiers en misten in Boutens' gedichten: 'Als een ijlen leêgen mist / Voor de rust van uw gelaat' (VL 472), "'t slui'rend lichtgeween' (VL 545), 'Een nevel sluiert mijn gezicht' (VL 612), 'En uw sluier is 't / Dien ik ginds ontdek / Als een zilvren vlek / In den sterrenmist.' (VL 642), 'Nu, in weeken sluier dekt de / Sluimring nauw mijn oogenschijn' (VL 694), 'sluieren / van onze tranen' (VL 1047). Ook zijn er andere al of niet transparante scheidingen te vinden. Zo is bijvoorbeeld in 'Sterren' (zie hoofdstuk VI) een scheidingswand van glas te vinden: 'Als bleeke kinderen achter gesloten ramen' (VL 646). Boutens spreekt soms letterlijk van een 'wand' in zijn gedichten: 'Zoo *dunne wanden* scheidden / Ons van het voorbereiden / Van 't groot toekomstig levensfeest.' (VL 670, mijn curs.). En: 'Alsof aan allen kant / De *blind gedrongen wand* / Allengs zich openbreidt / Tot aldoorzichtigheid, / En straks het tasten doorlaat van een zwakke kinderhand' (VL 710, mijn curs.).

Deze thematiek kan in verband gebracht worden met Rodenko's al eerder aangehaalde concept van het 'vlies' (zie hoofdstuk I). Odile Heynders heeft erop gewezen dat Rodenko's 'vlies'-concept overeenkomsten vertoont met wat Derrida later heeft geschreven over het 'hymen' bij Mallarmé[52]. In de poëzie van Mallarmé komen zeer veel woorden voor die met versluiering te maken hebben, zoals 'voile' en 'hymen'. Derrida wijst in *La dissémination* (1972) op de talloze betekenissen van het woord 'hymen': 'The hymen is thus a sort of textile. Its threads should be interwoven with all the veils, gauzes, canvases, fabrics, moires, wings, feathers, all the curtains and fans that hold within their folds all — almost — of the Mallarméan corpus'[53]. Interessant is ook dat bij Mallarmé vaak gekeken wordt door glas. Van der Sijde schrijft daarover:

> Steeds trekt Mallarmé dus flinterdunne scheidingswanden op die direkt contact onmogelijk maken. Een ruit bijvoorbeeld is transparant (onze blik kan 'doordringen' tot het gebied aan de andere kant), maar is niettemin ook een scheidingswand. [...] Een voile impliceert een gelijksoortige distantie: achter de voile is er een gelaat, maar die voile schuift zich tussen onze blik en het gelaat in[54].

In verband met de sluier schrijft hij ook: 'De toeschouwer vangt slechts een glimp op, een glimp bovendien die het verlangen opwekt om het geheel te zien; precies dat laatste echter wordt hem onmogelijk gemaakt.'[55] Ook bij Boutens komt deze situatie vaak voor (zoals in de nog te bespreken gedichten). In het hier en nu wordt een glimp opgevangen van een transcendente werkelijkheid (achter een 'wand', 'vlies' of 'sluier'), maar die kan in dit aardse leven niet volledig

(52) Heynders 1998, p. 114.
(53) Derrida 1997, p. 213.
(54) Van der Sijde 1998, p. 178.
(55) Van der Sijde 1998, p. 179.

gezien worden. Dit valt te vergelijken met Dorleijns typering van het symbolisme in een artikel over J.H. Leopold: 'het raam [is] wazig geworden, het venster is van een soort matglas; je ziet slechts vage contouren, de aanwezigheid van een hogere werkelijkheid wordt nog enkel gesuggereerd.'[56]

6. Besluit

Ik heb in het bovenstaande slechts enkele aspecten van de veelzijdige en complexe metaforiek rondom de ziel, de ogen en het zien in Boutens' poëzie besproken. Zoals gezegd streefde ik niet naar volledigheid. Ik heb bijvoorbeeld geen aandacht besteed aan ogen die worden vergeleken met bloemen (vgl. bijv. 'met oogebloemen doorsterd' (VL 764))[57]. Uiteraard had ik ook veel meer voorbeelden kunnen geven uit werk van andere literatoren. Het ging mij er slechts om te laten zien dat Boutens niet de enige in zijn tijd was die gebruik maakte van deze topoi.

De ogenmetaforiek is bij Boutens zeer complex omdat verschillende beelden vaak *tegelijkertijd* een rol spelen en door elkaar heen lopen. De ogen zijn zowel stralend als stralen ontvangend. Ze spiegelen zowel de binnenwereld als de buitenwereld. De spiegels kunnen ook dof zijn. Behalve spiegels zijn ogen ook doorzichtige vensters. De vensters zijn soms gesluierd. Zo kunnen tranen de ogen als floersen of sluiers bedekken.

(56) Dorleijn 1991, p. 58. Zie ook Van Stralen 1991, p. 34 over transparante afschermingen als sluiers, misten, enz. in de poëzie van Leopold. Zie ook Van Halsema 1999, p. 180-181 en 204 over de gazen en mazen in Leopolds 'Morgen'.

(57) Zie voor andere voorbeelden van ogen als bloemen: VL 237, 436, 443, 445, 456, 465, 920, 1037, 1042. Vgl. Van Hemeldonck 1977, p. 174-175, n. 247.

In de volgende hoofdstukken zullen de hierboven aangestipte aspecten van de ogen-metaforiek meer dan eens terugkomen. Zo komt in hoofdstuk III (over 'Ik sloot de blinkevenstren van mijn Ziel') de relatie tussen de ogen en de ziel uitvoerig aan de orde. In hoofdstuk IV komt het beeld van ogen die stralen ('spranken') uitzenden voor. De spiegelmetafoor komt voor in 'Oog in oog' dat in hoofdstuk V besproken wordt. In hoofdstuk VI over 'Sterren' zal het onder meer gaan over de metaforiek rondom de sterren.

HOOFDSTUK III

DE BLIK NAAR BINNEN. OVER 'IK SLOOT DE BLINKEVENSTREN VAN MIJN ZIEL' (1892)

1. Inleiding

In september 1890 schreef Boutens zich in als student klassieke letteren aan de Rijks-Universiteit te Utrecht[1]. Hij debuteerde in de *Utrechtsche studenten-almanak* van 1891 met het gedicht 'Nu ging ter ruste' dat hij slechts met de initiaal 'B.' ondertekende[2]. In de almanak van 1892 publiceerde Boutens, wederom als 'B.', vijf gedichten onder de titel 'Fragmenten'[3]. Het eerste gedicht heeft de openingsregel: 'Ik sloot de blinkevenstren van mijn ziel'. Deze gedichten nam Boutens op in zijn debuutbundel *XXV verzen* (Middelburg, 1894), uitgegeven voor vrienden in honderd exemplaren, en in zijn openbare debuutbundel *Verzen* (Den Haag, 1898), ingeleid door Lodewijk van Deyssel. Zowel *XXV verzen* als *Verzen* beginnen met de versregel 'Ik sloot de blinkevenstren van mijn Ziel' (inmiddels schreef Boutens 'blinkevenstren' zonder koppelteken en 'Ziel' met een hoofdletter). Ook Boutens' *Verzamelde werken*

(1) Zie over Boutens' studententijd: De Clerck 1965, De Clerck 1969, p. 30-43 en Goud 2001a.

(2) *Utrechtsche studenten-almanak* (1891), p. 357-358. Dit gedicht heeft Boutens nooit opgenomen in een bundel (het staat ook niet in VL). Het werd in 1993 herdrukt als bibliofiele uitgave door De Uitvreter te Leiden.

(3) *Utrechtsche studenten-almanak* (1892), p. 325-331. In deze almanak publiceerde Boutens óók het prozagedicht 'De blaren vallen, vallen...' (p. 349-350) en het gedicht 'Lente-tragedie' (p. 365-366).

(1943-1954) en *Verzamelde lyriek* (1968) worden hiermee geopend.

Deze openingsregel is een van Boutens' bekendste versregels geworden. In Asselbergs' literatuurgeschiedenis wordt de regel aangehaald om de overgang van de Tachtigers, met name Gorters sensitivistische gedichten, naar de Negentigers (J.H. Leopold, Henriëtte Roland Holst en Boutens) te illustreren[4]. De regel wordt vaak geïnterpreteerd als programmatisch. In studies over de ontwikkeling van de Nederlandse literatuur aan het einde van de negentiende eeuw wordt meer dan eens een beroep gedaan op deze regel 'als moet worden uitgelegd hoe we hier in de lage landen rond 1892 van de zintuigen (het "feest van tachtig") overschakelden op de ziel', zoals Van Halsema schrijft. Hij brengt deze regel in verband met het literaire mysticisme dat in de jaren '90 van de negentiende eeuw in de mode was: 'de drang om in de mistige wereld van het *muein*, het gesloten zijn van het oog, door te dringen met behulp van de literatuur'[5]. Ook ziet Van Halsema het gedicht als een 'mysticistische voortzetting van het hooghartig-individuele dichterschap dat Kloos in zijn 'Inleiding' op de gedichten van Perk uit 1882 had bepleit', waarmee de 'literair-historische bruikbaarheid' van het gedicht nog eens wordt versterkt[6]. Hiermee heeft Van Halsema een handreiking geboden om Boutens' poëzie in zijn eigen tijd te plaatsen.

In dit hoofdstuk zal ik 'mystiek' gebruiken als interpretatiekader voor Boutens' poëzie, in het bijzonder 'Ik sloot de blinkevenstren'. Weliswaar is Boutens' poëzie al eerder in verband gebracht met de mystiek of het mysticisme (over deze terminologie verderop meer), maar vaak is niet duidelijk wat

(4) Asselbergs 1951, p. 345.
(5) Van Halsema 1994, p. 9.
(6) Van Halsema 1994, p. 9.

daaronder precies moet worden verstaan. Groeninx van Zoelen schreef in 1915: '[...] Boutens is 't voorbeeld van een modernen na-Christelijken mysticus.'[7] Binnendijk schreef dat Boutens' poëzie beschouwelijk en mystiek was: 'zijn verlangen ging [...] uit naar een wereld, die niet enkel door de zintuigen waarneembaar zou zijn, maar ook zonder bemiddeling daarvan een realiteit op zichzelf zou beteekenen voor de ziel en den geest.'[8] De Clerck schreef: 'Zo vaag en zo ongewoon zijn de bovennatuurlijke genietingen van de dichter, dat we de term "pseudo-mystiek" zelfs zouden kunnen vervangen door *mysticisme*.'[9] Van Vliet bracht Boutens' poëzie in verband met de mystiek, met name de Perzische mystiek in *La roseraie du savoir. Choix de quatrains mystiques tirés des meilleurs auteurs Persans* (1906), een bundel Perzische kwatrijnen waarvan Boutens er een aantal heeft vertaald (gepubliceerd in *Oud-Perzische kwatrijnen*, 1926). Van Vliet schrijft: 'De mystiek in *La roseraie du savoir* moet Boutens hebben aangesproken. Zij lag geheel in lijn met het openingsgedicht van zijn debuutbundel *Verzen*, waaruit een zich afsluiten voor de wereld en een zich richten op het eeuwige spreekt'[10]. Het is echter de vraag of de 'ik' zich in dat gedicht inderdaad geheel afsluit voor de wereld. Ik kom daar in mijn bespreking van het gedicht op terug.

In een aantal studies over moderne poëzie is gebruik gemaakt van 'mystiek' als interpretatiekader[11]. Daarbij werd uitgegaan van een tamelijk abstract en tijdloos concept van

(7) Groeninx van Zoelen 1915, p. 361.

(8) Binnendijk 1945, p. 24.

(9) De Clerck 1961-1962, p. 1399.

(10) Van Vliet 1998a, p. 41.

(11) Zie Van de Watering 1979, p. 79-90 (over Lucebert), Meijer 1988 (over M. Vasalis) en Oegema 1999 (over Lucebert). Overigens wijst Meijer erop dat 'de mystiek' niet bestaat, het gaat haar vooral om het 'gender-specifieke van mystiek' (zie p. 38).

mystiek. Mij gaat het veeleer om het tijdgebonden concept van de zogeheten 'nieuwe mystiek' (1890-1900). De nieuwe mystiek is een geschikt uitgangspunt voor mijn onderzoek naar visuele en visionaire thema's in Boutens' poëzie vanwege een drietal aspecten.

Ten eerste is er een visueel aspect: het woord mystiek is afgeleid van het Griekse *muein*: de ogen sluiten[12]. Het gaat de mysticus niet om het zien van de fysische werkelijkheid, maar om het schouwen van een hogere of innerlijke werkelijkheid. Woorden die te maken hebben met zien spelen in mystieke teksten een belangrijke rol: 'Auffällig ist in mystischer und mystisch beeinflußter Literatur, daß dem Wort- und Bedeutungsfeld "Sehen, Auge, Blick, Schau, Vision, Wahrnehmung" viel Raum gegeben und eine tragende Rolle im mystischen Prozeß zugedacht wird', zo schrijft Martina Wagner-Egelhaaf in haar studie *Mystik der Moderne* (1989)[13].

Ten tweede is er een poëticaal aspect: mystiek heeft te maken met het onzegbare, het onuitsprekelijke en zwijgen. *Muein* betekent namelijk ook de mond sluiten, dus zwijgen[14]. Woorden als 'stilte', 'zwijgen', 'onzegbaar' en 'onuitsprekelijk' komen meer dan eens voor in Boutens' poëzie. Irons schrijft: '[...] since the Absolute, by definition, is unnamable, any language must fall short and be inferior to what it is trying to intimate about It. This can result in negative vocabulary, as in mystic poetry, where the Absolute is the silent, unknowable and unnamable One.'[15] Een mooi voorbeeld van het negatieve vocabulaire — de taal van stilte, zwijgen, het onzegbare — is te vinden in Boutens' gedicht 'Nachtstilte', waarin wordt gesproken 'zonder smet van taal of teeken'

(12) Zie Van de Watering 1979, p. 22.
(13) Wagner-Egelhaaf 1989, p. 10.
(14) Zie Van de Watering 1979, p. 22 en Wagner-Egelhaaf 1989, p. 318.
(15) Irons 1997, p. 42.

(VL 374). Irons ziet parallellen tussen Boutens' poëzie en de mystiek: 'negative vocabulary, dissatisfaction with language, light-symbolism, paradox, the reversal of normally negative words (e.g. "*blind*", "*doof*"), although it could be argued that such features are not only restricted to mystic writing.'[16]

Ten derde is er een cultuurhistorisch aspect. In de periode 1890-1900 was de nieuwe mystiek zeer in de mode. Daarvan was niet alleen sprake in de literatuur, maar ook op tal van andere terreinen zoals de schilderkunst, filosofie en wetenschap[17]. Waar men zich in de traditionele, christelijke mystiek richtte op God, richtte men zich nu op iets veel vagers, op het onzichtbare[18]. In de late negentiende eeuw was er veel belangstelling voor 'the Invisible', zoals Gillian Beer heeft laten zien. Beer maakt ook een koppeling met de mystiek: 'In the tradition of many mystics, the invisible could be accepted as a condition inexpressible [...].'[19] Boutens' thematiek van het 'onzichtbare' en het 'onzegbare' valt niet alleen te relateren aan de mystiek, maar ook aan het symbolisme[20].

2. De nieuwe mystiek

Begin jaren '90 van de negentiende eeuw brak de nieuwe mystiek door. In Nederland werd daarover in allerlei bladen geschreven, ook over de doorwerking ervan in literatuur en beeldende kunst. Zo schreef de redactie van *Elsevier's geïllustreerd maandschrift* in 1891: 'Er ligt geene overdrijving in de

(16) Irons 1997, p. 89.

(17) Leijnse 1995, p. 145. Zie over de nieuwe mystiek ook Bel 1993, p. 97-108, p. 292-303 en Kemperink 2001, p. 259-260.

(18) Van Nes 1900, p. 12.

(19) Beer 1996, p. 87.

(20) Zie over Boutens en het symbolisme: Sötemann 1985a. Zie ook hoofdstuk IV.

bewering, dat de mystiek in de mode is.'[21] In de *NRC* van 2 november 1892 stond: 'Het is onzen lezers bekend dat er sedert eenigen tijd door de kunst in geheel Europa een mystiek streven gaat.'[22] In 1891 verscheen F. Paulhans boek *Le nouveau mysticisme*. Een jaar later publiceerde Rémy de Gourmont *Le latin mystique*, dat in Nederland positief besproken werd[23]. Van Halsema schrijft in verband met de twee gedichten die J.H. Leopold in 1896 schreef bij de dood van Paul Verlaine:

> Het mysticisme was hoge mode en Verlaine paste daar wonderwel in. De door Leopold bewonderde Alphons Diepenbrock had in zijn *Nieuwe gids*-artikel over Rémy de Gourmonts *Le latin mystique* (december 1892) niet alleen in plechtige woorden de aanwezigheid van een nieuwe mystiek vastgesteld — "Nu wordt weer, als eens bij de diep-religieuse Hellenen, geprezen van het geslotene oog het gezicht. En aldus sluitend het oog (myssontes) zoekt hunne wijsheid in de reflectie der zichtbare wereld in hun binnenste sporen te vinden van God" — hij had ook Paul Verlaine vooraan gezet in de rijen van "de waarlijk-mystieken van nu", in onderscheid van de vele pseudo-mystici die de Franse letterkunde onveilig maakten[24].

De door Diepenbrock genoemde 'reflectie der zichtbare wereld' in het binnenste vinden we ook terug in Boutens' 'Ik sloot de blinkevenstren'.

In de Nederlandse beeldende kunst drong de nieuwe mystiek door in het werk van Jan Toorop. In 1893 maakte hij een tekening getiteld *L'annonciation du Nouveau Mysticisme*[25].

(21) Geciteerd naar Van Halsema 1992, p. 6.

(22) Geciteerd naar Van Halsema 1992, p. 19.

(23) Zie Trapman 1999.

(24) Van Halsema 1999, p. 115-116. Zie over Diepenbrocks bespreking ook Custers 2000, i.h.b. p. 253-257.

(25) Zie Imanse en Steen 1978, p. 22, afb. 7.

Bettina Polak vermoedt dat Toorop op deze titel kwam door Paulhans boek over de nieuwe mystiek uit 1891[26]. Ook andere werken van Toorop kunnen in verband worden gebracht met de mystiek, bijvoorbeeld *De drie bruiden* waarover Polak schrijft: 'Nu echter is er een type met geloken ogen, zoals de seraphijn, die de non-bruid bij de hand neemt. Door de ogen en mond te sluiten [...] negeert men de buitenwereld, met het doel in zo innig mogelijk geestelijk contact met de Godheid te geraken — dat is de ware mystiek.'[27] Zij brengt dit gelaat met gesloten ogen in verband met het schilderij *Beata Beatrix* (1863) van de dichter-schilder Dante Gabriël Rossetti, van wie Boutens enkele gedichten vertaalde (VL 500-515). Een ander voorbeeld van een gelaat met gesloten ogen is het schilderij *Les yeux clos* (1890) van Odilon Redon[28]. Een later specimen is Willem van Konijnenburgs aquarel *'t Verborgene* (1916), waarop een gelaat te zien is met gesloten ogen (zie afbeelding 1). Boutens maakte naar aanleiding hiervan het gedicht 'De ziener', opgedragen aan zijn vriend Van Konijnenburg. In dit gedicht staat onder meer: 'Mijne oogen blindt: de ziel in mij is zat / Van uitzien op de dingen onvolboren' (VL 824)[29].

In de literatuur is de doorwerking van de nieuwe mystiek te vinden in het werk van tal van auteurs, onder meer Louis Couperus. Couperus omschreef in *Extaze* (1892) het bovenzintuiglijke gebied als volgt: 'O, dat wat niet te zeggen is, omdat woorden zoo weinige zijn [...]; o, dat wat niet te denken is in de enge grenzen van het verstand; dat wat alleen

(26) Zie Polak 1955, p. 147-148. Zie over de nieuwe mystiek in de Nederlandse beeldende kunst ook Blotkamp 1986.

(27) Polak 1955, p. 122.

(28) Zie Wagner-Egelhaaf 1989, p. 318.

(29) Zie Peperkamp en Fokkema 1993, p. 74-75. Zie over Van Konijnenburg ook Rijnders 1990.

aan te zweemen is met nauwlijks voelhorens van de ziel [...]'[30]. Leijnse schrijft naar aanleiding van deze passage: 'De hier geëvoceerde "ziele-sfeer" is géén literaire metafoor. In vele publicaties uit die tijd komt dit bovenzintuiglijk gebied als een bijna-tastbare werkelijkheid uit de verf.'[31] Een ander voorbeeld is de bundel *Sonnetten en verzen in terzinen geschreven* (1895) van Henriëtte van der Schalk. De laatste afdeling gedichten heeft daarin als titel: 'Hoe door het inzicht der onvolkomenheid van ons zintuigelijk weten, de Geest geleid wordt tot de beginselen der Goede Mystiek'[32].

Eén van de populairste vertegenwoordigers van de nieuwe mystiek in de letteren was Maurice Maeterlinck (1862-1949). In 1889 verscheen zijn dichtbundel *Serres chaudes*, die voor het eerst in 1891 in Nederland werd besproken[33]. Ik kom in paragraaf 4 op deze bundel terug, omdat ik parallellen zie tussen enkele van Maeterlincks gedichten en Boutens' 'Ik sloot de blinkevenstren'. Boutens kende het werk van Maeterlinck goed. Hij las zijn werk voor aan zijn leerlingen op Noorthey en hield in 1901 zelfs twee lezingen over hem[34]. Maeterlincks toneelstukken werden in Nederland vertaald en opgevoerd. In 1896 verscheen Maeterlincks essaybundel *Le trésor des humbles*, waarin hij uitgebreid ingaat op de mystiek aan de hand van Plotinus, Novalis, Emerson en vele anderen. Maeterlinck behandelt stromingen als neoplatonisme, occultisme, theosofie en spiritisme die in het negentiende-eeuwse *fin de siècle* (weer) in de belangstelling stonden. Het boek werd in Nederland gemengd ontvangen. De theoloog Isaäc

(30) Couperus 1990, p. 80.

(31) Leijnse 1995, p. 177. Zie over Couperus' *Extaze* ook Fontijn 1983 en Klein 2000, p. 45-56. Zie ook Fontijn 1993 over de nieuwe mystiek in de Nederlandse literatuur.

(32) Van der Schalk 1895, p. 114. Vgl. Leijnse 1995, p. 192-193.

(33) [Van Hall] 1891. Zie ook Leijnse 1995, p. 40.

(34) Zie Goud 2000a, p. 60-65.

van Dijk schreef in 1897 een studie over Maeterlinck[35]. Hij interpreteert Maeterlinck vooral in het licht van Plato. Hij brengt Maeterlincks werk ook in verband met de kunstwerken van Jan Toorop (zie over de relatie Boutens-Toorop het volgende hoofdstuk). Van Dijk schrijft: 'Zet eens liggende streepjes tusschen Plato's *kerker* èn zijn *grot* èn Toorop's *Tuin der Weeën* èn Maeterlinck's *Serres Chaudes*, dan hebt ge éene onveranderlijke grondgedachte met zeer geschakeerde uitwerking.'[36] Die grondgedachte is dat er achter de aardse, zichtbare werkelijkheid ook een onzichtbare, transcendente werkelijkheid bestaat waarvan het aardse slechts een afspiegeling is. Ook bracht Van Dijk Maeterlincks toneelstuk *Les aveugles* in verband met Plato's beeld van het aardse bestaan van de ziel als in een grot of kerker. Volgens Van Dijk wordt in Maeterlincks toneelstuk 'dit aardsche bestaan opgevat als diepe, ondoordringbare nacht van onwetendheid en onzekerheid' en als 'den kerker van het niet-zien'[37].

In maart 1896 verscheen in *De Nederlandsche spectator* een tweedelige bespreking door W.G. van Nouhuys van *Le trésor des humbles* onder de titel 'Een apostel van het mysticisme'. Van Nouhuys schreef: '[Maeterlinck] beweert dat de zielen steeds fijngevoeliger worden, en dat bij de fijnst-gevoeligen voorgevoel, sympathie, antipathie en telepathie de zintuigen in sommige opzichten overbodig maken. Deze stellen de ziel van den mensch in staat, niet door zintuiglijke uiterlijke waarneming en daarop volgende gewaarwording, maar *direct* de ziel van een ander mensch te kennen.' (p. 77). En: 'Alles wat niet tot de al te zichtbare wereld behoort, heeft den teederen schroom van een ziek meisje, dat haar moeder roept

([35]) Boutens heeft een exemplaar van Van Dijks boek bezeten, zo blijkt uit de lijst van zijn bibliotheek, in de Boutensdocumentatie Van Lier (inv. nr. 1069). Zie over Van Dijk: Leijnse 1995, p. 42-43.

([36]) Van Dijk 1897, p. 8.

([37]) Van Dijk 1897, p. 81-83.

als vreemdelingen het huis binnentreden. Het treedt zelf nooit naar buiten, maar verwijlt binnen de gesloten deuren onzer ziel.' (p. 87). Van Nouhuys' metafoor van de 'deuren onzer ziel' en Boutens' 'blinkevenstren' van de ziel passen in het discours van het negentiende-eeuwse *fin de siècle* over het zieleleven. Ook in het vervolg van zijn bespreking gebruikt Van Nouhuys deze deur-metafoor: 'De poëzie is niets anders dan de wegbereidster van hetgeen men ziet tot wat men niet ziet. De deuren van het onzichtbare worden nu en dan half geopend. [...] Alle deuren staan aan: duw ze open — ga het paleis binnen, aanschouw daar de schoonheid die nooit verloren gaat, die integendeel de drijfkracht zal blijken der geestelijke wereld.' (p. 88).

Het is lastig om de nieuwe mystiek te definiëren. Dat vond men destijds ook al. Bel schrijft: 'Een glasheldere definitie van nieuwe mystiek geven de critici niet. Het belangrijkste lijkt dat het mystieke tegengesteld is aan de werkelijkheidsuitbeelding, zoals het naturalisme die voorstaat. Het gaat om een onzichtbare werkelijkheid. [...] Het is duidelijk dat mystiek geen scherp omlijnd begrip is. Het gaat om een breed-georiënteerde niet-materialistische stroming die zich aan het einde van de negentiende eeuw manifesteert.'[38] Volgens Bel kan men de mystiek het beste definiëren als 'een conglomeraat van richtingen en religieuze stromingen die alle gericht zijn op het *niet-waarneembare*.'[39] Zij ziet de nieuwe mystiek als een reactie op naturalisme en materialisme: 'De stroming is niet gericht op de zichtbare werkelijkheid, maar op een "hogere", onzichtbare werkelijkheid.'[40]

Ook Leijnse wijst erop dat de nieuwe mystiek lastig is te definiëren. Ze laat zien dat de termen mystiek, nieuwe

(38) Bel 1993, p. 102.
(39) Bel 1993, p. 103, mijn curs.
(40) Bel 1993, p. 292.

mystiek en mysticisme op verschillende wijzen werden ingevuld. Theologen hadden veel bezwaar tegen de vervaging van de term mystiek. Om de christelijke term mystiek te onderscheiden van allerlei vage, modieuze stromingen, gaven zij er de voorkeur aan te spreken van de 'nieuwe mystiek'[41]. De term mysticisme is eveneens lastig te definiëren en te onderscheiden van de traditionele mystiek. Leijnse schrijft dat met de term mysticisme: '[...] niet zelden [wordt] verwezen naar de traditioneel-christelijke geloofsmystiek, terwijl met het woord mystiek [...] de meest vage en uiteenlopende preoccupaties met het bovenzintuiglijke kunnen worden bedoeld.'[42] Maar ook de omgekeerde situatie komt voor: 'In Frankrijk evenwel lijkt deze nieuwe stroming wèl een vrijwel algemeen gebruikt periode-concept te vinden in de termen *mysticisme* of *nouveau mysticisme.*'[43]

H.M. van Nes definieerde de nieuwe mystiek in zijn boek *De nieuwe mystiek* (1900) als volgt: 'het geheel der pogingen [...], welke door onze tijdgenooten zijn en worden aangewend om in betrekking te komen met die wereld, welke ligt *buiten het bereik van het zinnelijk waarnemingsvermogen.*'[44] Een essentieel verschil met de traditionele mystiek is volgens Van Nes dat de nieuwe mystiek zich niet richt op God, maar op een 'onzichtbare wereld'[45]. Van Nes' definitie is voor mijn onderzoek zeer interessant, vanwege de gerichtheid op het gebied 'buiten het zinnelijk waarnemingsvermogen' en het onzichtbare. Van Nes gaat in op het werk van onder meer Frederik van Eeden, Maeterlinck en Jan Toorop.

([41]) Leijnse 1995, p. 158-159.

([42]) Leijnse 1995, p. 159.

([43]) Leijnse 1995, p. 159.

([44]) Van Nes 1900, p. 12, mijn curs. Ook geciteerd door Bel 1993, p. 293, Leijnse 1995, p. 162 en Kemperink 2001, p. 259.

([45]) Van Nes 1900, p. 10-11.

Boutens' gedicht 'Ik sloot de blinkevenstren' verscheen dus in een tijd waarin een tendens bestond naar het verbeelden van het mystieke en het onzichtbare in de literatuur en de beeldende kunst. Hij sloot daarmee aan bij de literaire actualiteit. Ik ga nu over tot de bespreking van 'Ik sloot de blinkevenstren'. Daarna zal ik ingaan op de relatie met enkele gedichten van Maeterlinck.

3. Analyse en interpretatie van 'Ik sloot de blinkevenstren'

3.1. *De tekst*

Ik sloot de blinkevenstren

Aan A.M.

Ik sloot de blinkevenstren van mijn Ziel,
Toen in herfstavonds stille-tintengloor
Het laatste blad zijn gouden reis begon. —
Al wat mij lief was uit den grooten tuin
Der Wereld, had ik lang met teedre zorg
Overgeplant in warmen zielegrond,
Dat het mocht bloeien heel den winter door
En sieren met zijn schoon mijn eenzaam huis
In kleurenrijkdom van zacht bloembestaan.
En 'k heb mijn Leven eenzaam wèggeleefd
In langen nacht van witten winterdood,
En stil mijn Zijn verlachen en verschreid,
Als een, die niets der Wereld geeft of vraagt,
Wel wetend, dat zij nimmer geven kan
Meer dan hij reeds bezit in eigen hart. —
Ik heb geleefd als een, die kalm en blij
Ver van de wereld in zijn lichtlief thuis
Mijmert en werkt in lamplichts blanke tent. —
Ver-wit lag de aarde buiten, stom en doof,
Sneeuwmarmren vloer van 't groote huis der Nacht,
Met verre branden aan de horizonnen,

Branden van steden hoog-òplevend licht, —
En uitte slechts haar vaag verlangen in
't Stil òpgestrek van doode boomenarmen.

Met twee holle oogen keek de Wereldnacht
Gierig-onmachtig in mijn schitterhuis,
Zwart in den lichtlach van den blijden dag,
Die heerlijk zonde in mijn diep-innigst Zelf, —
Daar bloeiden stille mijmerbloemen op,
Daar wuifden planten van hoog-rijk Verbeelden
In wonder-lichtkring van haar eigen zijn,
Violenoogen, gouden harten, leliën, wit
En rood van rozen. — Trotsche marmerbeelden
Lachten in hooge rust hun godenlach,
Zacht in zaligblanke volkomenheid; —
En aan ver-hooge schemer-ziele-wanden
Etste Herinnring in fluweelen braam
't Huivergeluk van zalig-zoet herdenken...[46]

3.2. *Publicatiegeschiedenis en varianten*

Dit gedicht werd, zoals gezegd, voor het eerst gepubliceerd in de *Utrechtsche studenten-almanak* van 1892, als het eerste van vijf gedichten. Boven het eerste gedicht staat de titel 'Fragmenten'. Het gedicht is niet gedateerd, maar het moet in 1891 (of daarvoor) geschreven zijn, want de almanakken moesten volgens het reglement altijd vóór de kerstvakantie verschijnen[47]. De almanak van 1892 verscheen dus vermoedelijk in december 1891. Het gedicht was opgedragen 'Aan

([46]) Geciteerd naar de tweede druk van *Verzen* (1914), p. 13-15. 'Herinnring' (r. 37) werd in *XXV verzen* (1894) geschreven als 'Herinnering' en in *Verzen* (1898) als 'Herinring'. In alle latere drukken wordt *Verzen* (1914) gevolgd. Zie ook VL 11-12.

([47]) Zie het reglement in de *Utrechtsche studenten-almanak* 1892, p. 50. Boutens' andere bijdragen zijn wel gedateerd: onder 'De blaren vallen, vallen...' staat 'Oct. 1891' en onder 'Lente-tragedie' 'Mei '91'.

Anthony M.'. Deze opdracht nam Boutens over in zijn bundel *XXV verzen* (Middelburg, 1894), gedrukt in een beperkte oplage van 100 exemplaren voor zijn vrienden. In *Verzen* (1898) is de opdracht gewijzigd in 'Aan A.M.'. Achter die initialen schuilt de naam van Boutens' Middelburgse jeugdvriend Antonie Moolenburgh (1871-1943)[48]. Boutens heeft deze vijf gedichten in dezelfde volgorde opgenomen in zijn bundels *XXV verzen* (1894) en *Verzen* (1898). In *XXV verzen* vormen de vijf gedichten tezamen het eerste 'vers' van de vijfentwintig verzen. In de tweede druk van *Verzen* (1914) staat bovenaan de bladzijde telkens de titel 'Ik sloot de blinkevenstren'. Op basis van de typografie, en van de telling in *XXV verzen*, zou men de vijf gedichten als een reeks kunnen beschouwen met de gezamenlijke titel 'Ik sloot de blinkevenstren'. Anderzijds lijkt de titel 'Fragmenten' in de almanakversie er op te wijzen dat er sprake is van vijf losse gedichten of van fragmenten van een gesuggereerd groter geheel[49]. De vorm van het eerste gedicht verschilt van de andere vier: het heeft geen klassiek rijm, terwijl de andere vier wél rijmen. Alhoewel er wel enige thematische overeenkomsten te vinden zijn tussen de vijf gedichten (zoals licht, bloemen, de ziel) beperk ik mij — gezien de vraagstelling van deze studie — tot de bespreking van het eerste gedicht.

In de eerste versie (in de almanak van 1892) hebben de woorden 'ziel' (r. 1) en 'leven' (r. 10) nog geen hoofdletter. In *XXV verzen* (1894) krijgen deze woorden wél een

([48]) Zie De Clerck 1969, p. 26-27. Boutens' schrijfwijze van de naam wijkt af van archiefstukken over hem (in de gemeentearchieven van Zierikzee en Naarden), waarin de spelling 'Antonie' gehanteerd wordt.

([49]) In een noot bij het eerste vers ('Ik sloot de blinkevenstren') in *XXV verzen* vermeldde Boutens: 'Reeds gepubliceerd onder den naam "Fragmenten" Utr. Studentenalmanak 1892' (Boutens 1894, p. 3). Uit die mededeling zou kunnen worden opgemaakt dat de titel 'Fragmenten' van Boutens zelf is.

hoofdletter. In de versie van 1892 staat in regel 17 'Wereld', dit werd in *XXV verzen* gewijzigd in 'wereld' zónder hoofdletter. In regels 5 en 13 echter blijft het woord 'Wereld' een hoofdletter rijk. Ook in *Verzen* (1898) en in de tweede druk van *Verzen* (1914) staat in regel 17 'wereld'. Irons hecht in zijn (nog te bespreken) interpretatie van 'Ik sloot de blinkevenstren' veel waarde aan deze hoofdletters.

De interpunctie van de versie van 1892 is ook gewijzigd. Oorspronkelijk stonden er na regels 15, 24 en 38 volle regels met puntjes. In *XXV verzen* werd dit respectievelijk gewijzigd in: een punt en een kastlijntje (r. 15), vier puntjes en een witregel (r. 24 en 38). In *Verzen* kwam achter regel 24 een punt te staan. In *Verzen* zijn veel koppeltekens weggehaald; 'blinke-venstren' werd bijvoorbeeld gewijzigd in 'blinkevenstren'[50].

3.3. *Eerdere commentaren*

De eerste bespreking van Boutens' 'Fragmenten' stond in het studentenblad *Vox Studiosorum* uit januari 1892[51]. De recensent was de Utrechtse student J.W.G. Reigersman. Hij vermoedt 'een zeker verband' tussen de fragmenten. Allereerst besteedt hij veel aandacht aan 'Ik sloot de blinkevenstren': daarin 'deelt hij [=B.] ons mede, hoe hij zijn innerlijk verrijkt en gevuld heeft met indrukken en herinneringen.' Hij heeft grote moeite met een aantal 'duistere' zinnen en woorden en vraagt zich af wat 'blinke-venstren', 'bloem-bestaan', 'fluweelen braam' en 'het huis der nacht' betekenen. Ook bespeurt Reigersman invloed van Gorters *Mei* (1889) en Van

(50) Dit geldt ook voor: 'herfst-avonds' (2), 'ziele-grond' (6), 'kleuren-rijkdom' (9), 'bloem-bestaan' (9), 'wèg-geleefd' (10), 'winter-dood' (11), 'licht-lief' (17), 'lamp-lichts' (18), 'boomen-armen' (24), 'Wereld-nacht' (25), 'schitter-huis' (26), 'licht-lach' (27), 'mijmer-bloemen' (29), 'Violen-oogen' (32), 'goden-lach' (34), 'zalig-blanke' (35) en 'Huiver-geluk' (38).

(51) R[eigersman] 1892.

Eedens *Ellen* (1891). Inderdaad zijn er enige overeenkomsten te vinden tussen Boutens' gedicht en het werk van Gorter en Van Eeden. Alhoewel een onderzoek naar de mogelijke bronnen van Boutens buiten het bestek van deze studie valt, zal ik in mijn bespreking van Boutens' gedicht hier en daar wijzen op mogelijke parallellen bij Gorter en anderen, zonder daarbij volledig te willen zijn.

Frederik van Eeden vergeleek, op verzoek van het studentenweekblad *Minerva*, het 'mengelwerk' van vijf studentenalmanakken en waardeerde de bijdragen van 'B.' aan de Utrechtse almanak. Hij herkende veel 'intonaties' van Gorter en zichzelf in deze verzen[52]. Over 'Ik sloot de blinkevenstren' schrijft hij niet in het bijzonder. Voor zover ik weet, is *XXV verzen* (1894) niet gerecenseerd. In de mij bekende recensies van *Verzen* (1898) wordt 'Ik sloot de blinkevenstren' niet besproken.

Voor de uitgave van Boutens' openbare debuutbundel *Verzen* (1898) schreef Lodewijk van Deyssel een 'Voorreden', waarin onder meer staat:

> De bezigheid van dezen dichter is het af-beelden van zijn Gevoel. Dit doen alle dichters en kenschetst hem dus alleen in 't algemeen; maar in 't bizonder geldt deze uitdrukking naauwkeurig [*sic*] voor hèm, omdat hij niet de natuur afbeeldt met gevoel, maar zijn gevoel afbeeldt met de natuur. In plaats van tot de natuur te gaan, trekt hij haar naar zich toe[53].

Voorafgaand hieraan maakte Van Deyssel enige aantekeningen in september en oktober 1897. Deze nam hij niet op in zijn 'Voorreden', maar Harry G.M. Prick publiceerde ze in diens uitgave van de briefwisseling tussen Van Deyssel en Albert Verwey. Van Deyssel schreef over 'Ik sloot de blinkevenstren' en de vier daarop volgende gedichten onder meer:

([52]) Van Eeden 1892, p. 26.
([53]) Boutens 1898, p. XI.

> Het gedicht is niet het symbool der (gevoelde *begrippen*) *Kontemplatie en Aktie*; maar is de *Fantazie* der *sensueele gemoedswaarneming* van *Binnen* en *Buiten 's Huis*. [...] Het is niet de verleiding van het Leven van Daad, die komt luwen naar [...] het Leven van Aanschouwing, en het Binnen-'s-huis en Buiten-'s-huis zijn niet de zinnebeelden van Ziel-naar-binnen en Ziel-naar-buiten; maar het is de verlokking der zintuiglijke Lente-waarneming, die tot het Gemoed doordring[t] en in de Verbeelding tot (fantazie-)voorstellingen wordt.
>
> Waar *vertoeft* de Dichter? Niet in de ziele-sfeer en daalt van daar af tot het Beeld; maar in de sfeer der zintuiglijke waarneming en stijgt van daar op tot het Beeld. (curs. van Van Deyssel)[54]

Van Deyssels typering van het gedicht is hier en daar nogal raadselachtig, maar waar het mij om gaat is dat hij tot tweemaal toe schrijft over de 'zintuiglijke waarneming' die voorafgaat aan het 'Beeld' of de 'fantazie'[55]. Een aantal latere (nog te bespreken) commentatoren zullen de fase van de zintuiglijke waarneming — mijns inziens ten onrechte — verwaarlozen of als weinig belangrijk afdoen.

Asselbergs schenkt uitgebreid aandacht aan 'Ik sloot de blinkevenstren' in het hoofdstuk over Boutens in zijn literatuurgeschiedenis (1951). Hij stelt Boutens' gedicht, waarin de ogen (de 'blinkevenstren') worden gesloten, tegenover Gorters sensitivisme dat 'een wijd openzetten der ogen [veronderstelde] voor de waarneming van de natuur'[56]. Asselbergs onderscheidt in 'Ik sloot de blinkevenstren' twee tegenovergestelde 'wereldsferen': 'de wereld van de verschijningsvormen en de wereld van de ideeën. De eerste is vergankelijk en

(54) Prick (ed.) 1985, dl. II, p. 254-255, noot 662.

(55) Dergelijke ideeën (over op observatie gebaseerde verbeelding) zijn ook te vinden in latere opstellen van Van Deyssel, zoals 'Marcellus Emants, Van Zola tot Maeterlinck' en 'Tot een levensleer' uit 1895. Zie Van Deyssel 1897, p. 277-286 en 321-334.

(56) Asselbergs 1951, p. 345.

vluchtig, de andere is eeuwig en essentieel. De schoonheid der vergankelijke wereld weerspiegelt slechts de schoonheid van de wereld der ideeën. Het schone in de natuur is maar het voortbrengsel van de inwendige schoonheid der ziel.' (p. 345). Over het hoofdlettergebruik zegt Asselbergs: 'Hierdoor onderscheidt de dichter de verschijnselen van hun verschijningsvorm en verpersoonlijkt hij ze tot noembare gestalten. Dit is het tegendeel van een sensitivistische werkwijze. Het is een welbewust en tot in kleinigheden consequent doorgevoerd idealisme.' (p. 346). Tenslotte zegt Asselbergs dat 'verzinnebeelding van het zichtbare' Boutens verleidt tot 'een preciositeit van taal, die het rechte woord opzettelijk ontwijkt en ogen "blinkevenstren" [...] noemt.' (p. 346-347).

De Clerck omschreef het gedicht in een beknopt artikel (uit 1965) over Boutens' vroege poëzie als 'de sleutel, die toegang verschaft tot het verheven geheim van Boutens' dichterschap'. Hij parafraseerde het gedicht als volgt:

> Welbewust wendt de dichter zich af van het wereldse gebeuren. De rijkdom aan indrukken, vergaard door sensibele waarneming der verschijningsvormen, heeft hij "met teedre zorg overgeplant in warmen zielegrond", ter versiering van zijn "eenzaam huis". Met de aarde, die "stom en doof" is, wil hij nu verder niets meer te maken hebben. Hij heeft genoeg aan zijn "diep-innigst Zelf", waar "stille mijmerbloemen" bloeien, waar "planten" wuiven van "hoog-rijk Verbeelden" en waar "zalig-zoet herdenken" op de "zielewanden" kaatst. Men merkt onmiddellijk de nadrukkelijke symbolisering: de zintuiglijke ervaringen krijgen een inwendige functie, helpen mee aan de constructie van een nieuwe, bovenzinnelijke wereld en schenken de dichter aldus onbegrensde scheppingsmogelijkheden. Uit dit rijk van innigste innerlijkheid — Boutens noemt het zijn "schitterhuis" — zijn ook de verzen afkomstig, die volgen op het sluiten der "blinkevenstren" [...][57].

(57) De Clerck 1965, p. 117.

De Clerck onderscheidt ook twee werelden: de aardse werkelijkheid (de verschijningsvormen) en de innerlijke werkelijkheid van de 'ik' (de verbeelding). Hij heeft het niet over een hogere, metafysische werkelijkheid. In het innerlijk van de 'ik' ontstaat weliswaar een nieuwe 'bovenzinnelijke' werkelijkheid, maar die is gebaseerd op de 'sensibele waarneming der verschijningsvormen' en 'zintuiglijke ervaringen'. Er is dus geen volledige afwending van de wereld zoals de eerste zin van dit citaat suggereert, maar veeleer een omzetting van de zintuiglijk zichtbare wereld naar een innerlijke wereld.

In 1968 schreef Kees Fens in het weekblad *De tijd* een recensie van Boutens' *Verzamelde lyriek* (de editie van Johan Polak). Fens besteedt in deze journalistieke bijdrage uitgebreid aandacht aan de versregel 'Ik sloot de blinkevenstren van mijn Ziel'. Hij schrijft: 'Men maakt er zich niet alleen gemakkelijk af maar ook met wanbegrip, als men vaststelt, dat hier niet meer staat dan dat de dichter zijn ogen sloot. Zou dat het geval zijn — en vele gelijksoortige plaatsen zijn aan te wijzen — dan zou Boutens' werk niet meer dan opgeklopte room zijn, poëzie in die bar slechte zin: ingewikkeld zeggen wat je ook eenvoudig kunt formuleren.' Fens reageert hier zeer waarschijnlijk op Hans Warren die in de inleiding van zijn Boutens-bloemlezing uit 1959 schreef dat de 'blinkevenstren' 'een (voor ons) heel akelige omschrijving van de ogen zijn, en de dichter dus eenvoudig zeggen wil: "Ik sloot mijn ogen"'[58]. Fens laat zien dat de zaak ingewikkelder ligt:

> De drie hoofdelementen van deze ene zin ("Ik", "blinkevenstren" en "Ziel") zullen voortdurend in de poëzie terugkeren. Er is een scheiding tussen "ik" en "Ziel" en daarmee tussen "buitenwereld" en "Ziel"; de ogen zijn het verste punt van de zielswereld in de buitenwereld. En niet vanwege een bepaalde fraaiheid, maar vanwege hun functie in het leven van de Ziel ten opzichte

(58) Warren 1959, p. 7.

> van de buitenwereld, noemt de dichter de ogen "blinkevenstren". In feite is deze ene regel, die nu een levenswerk opent, in hoge mate karakteristiek voor dat œuvre. De regel doet ook programmatisch aan, zoals trouwens een groot deel van het vers. Al zijn er in de eerste bundel vele reminiscenties aan de poëzie van Gorter, met name aan diens sensitivistische verzen, er is al meteen een zeer belangrijk onderscheid: Gorter kijkt naar buiten, Boutens sluit de buitenwereld af, transponeert ze naar zijn Ziel en neemt ze daar mee op in zijn binnenwereld, in een poging tot conservering van wat vergankelijk blijkt. [...] Gorter kijkt veelal met ogen open, Leopold met de ogen neergeslagen, Boutens kijkt met de geest[59].

De 'blinkevenstren' van de ziel hebben dus een bepaalde functie volgens Fens. Hij onderscheidt twee werelden. Hij gaat niet uit van een wereld van verschijningsvormen en ideeën, maar van een buitenwereld en een binnenwereld (de 'Ziel'). Fens sluit met zijn onderscheid buitenwereld-binnenwereld meer aan bij De Clerck dan bij Asselbergs. Hij stelt, evenals Asselbergs, het werk van Boutens tegenover Gorter (met Leopold daartussen). Het lijkt me overigens te generaliserend om te zeggen dat Gorter altijd naar buiten kijkt en dat Boutens de buitenwereld afsluit en binnenwaarts kijkt. Ook lijkt het me niet juist om te zeggen dat Boutens 'met de geest' kijkt. Zoals Fens zelf schrijft, is het eerder zo dat de buitenwereld, gezien met ópen ogen, wordt omgezet in het innerlijk. Aan de geestelijke fase gaat dus een zintuiglijke fase vooraf.

John Irons besteedt in zijn proefschrift *The development of imagery in the poetry of P.C. Boutens* (1970) enkele passages aan 'Ik sloot de blinkevenstren'[60]. Irons' doel is niet om gedetailleerde interpretaties van aparte gedichten te geven (al doet hij dat soms wel), maar om de ontwikkeling van de beeldspraak in het œuvre van Boutens in kaart te brengen. Zijn

(59) Fens 1968.
(60) Zie Irons 1997, p. 15-16, 29-30 en p. 79-80.

analyse van dit gedicht is daarom nogal abstract en meer bedoeld als illustratie van zijn model dat geldt voor Boutens' gehele œuvre. In Irons' analyse speelt Boutens' hoofdlettergebruik een belangrijke rol. Hij onderscheidt drie werelden: de fysische wereld (aangeduid door woorden met een kleine letter), de metafysische wereld (aangeduid door woorden met een hoofdletter) en daarboven het onbenoembare Absolute (soms aangeduid door 'Gij' of 'God')[61]. De metafysische Wereld is in dit schema een intermediaire wereld tussen de fysische wereld en het Absolute. In het kader van zijn model geeft Irons een globale interpretatie van 'Ik sloot de blinkevenstren', waarin het overigens vaak niet duidelijk is op welke passages hij zijn uitspraken precies baseert. In 'Ik sloot de blinkevenstren' is zowel sprake van de 'Wereld' (r. 5, 13) als van de 'wereld' (r. 17). Bepaalde aspecten van 'ik' (zoals 'Ziel' (1), 'Leven' (10), 'Zijn' (12) en 'Zelf' (28)) worden eveneens met een hoofdletter geschreven. Irons schrijft: 'The optional capital is used to designate the metaphysical realm, but also occasionally for the assertive *ik*-figure (e.g. *mijn Ziel*, *mijn Leven* [...]).' (p. 34). Irons' verklaring voor de woorden met hoofdletters die aspecten van de 'ik' aanduiden is dat de 'ik' op die momenten in een godgelijke toestand ('a godlike state') verkeert, omdat hij een eenmalig visioen meemaakt: 'a moment which will never be repeated while the *ik* is in earthly existence — and that, in order to describe the feeling of being more than human, of being a god, optional capitals are used.' (p. 15-16). Irons interpreteert de woorden met een hoofdletter als duidend op de bovenmenselijke, goddelijke staat van de 'ik': 'they are used to denote aspects, qualities of the self, but the self envisaged as perfect by an *ik* who has taken

([61]) Zie Irons 1997, p. 3 en 34. Irons heeft kritiek op Asselbergs omdat hij slechts twee werelden onderscheidt en geen aandacht besteedt aan de rol van de 'Gij' (zie Irons 1997, p. 4).

on the objective viewpoint of observer.' (p. 16). Irons koppelt zijn interpretatie aan Plato's concept van herinnering. Hij schrijft: 'This poem is then very close to the Platonic idea that memory is that which feeds the soul when it is in a state of deprivation during its earthly existence.' (p. 16). Vóór het aardse leven — voor de val van de ziel — zou de 'ik' gelukzalige dingen gezien hebben in de onveranderlijke 'Wereld' die hij zich in deze aardse, veranderlijke 'wereld' herinnert. Irons interpreteert 'Herinnring' (r. 37) dan ook als een letterlijke vertaling van Plato's begrip *anamnesis* (de herinnering aan het vroeger aanschouwde Absolute, de Ideeënwereld). Met Irons' interpretatie dat de 'ik' zich goddelijk voelt, kan ik het niet eens zijn. In het gedicht is mijns inziens geen aanwijzing te vinden dat de 'ik' zich bovenmenselijk en goddelijk voelt of heeft gevoeld. Er wordt wel gerept van een 'godenlach' (r. 34), maar dat slaat volgens mij op de marmeren godenbeelden die een onderdeel vormen van de verbeelde, innerlijke tuin met bloemen, planten, beelden en wanden.

Elders in zijn studie komt Irons terug op dit gedicht. Hij gaat in op de vraag welke implicaties zijn interpretatie van 'Ik sloot de blinkevenstren' heeft voor de relatie tussen 'wereld' en 'Wereld' in dit gedicht (p. 79-80). Hij onderscheidt ook hier een binnenwereld (het innerlijk van de 'ik'), een buitenwereld ('wereld') en een hogere 'Wereld' (en daarboven impliciet het Absolute). Irons meent dat met 'Wereld' de hogere, onveranderlijke wereld bedoeld wordt, waaraan de 'ik' materiaal ontleent voor zijn innerlijke wereld om zich te wapenen tegen de veranderlijke buitenwereld. De woorden met hoofdletters 'seem to represent unchanging qualities glimpsed by the soul of the *ik* behind the external world' (p. 80). De externe 'wereld' fungeert dus als een brug tussen de 'Wereld' en de innerlijke wereld van de ik: '[...] the external world, when it is seen to contain unchanging qualities of some supraworld (World), is momentarily a bridge to that World. This is why the attitude towards the external world can never become entirely negative.' (p. 80). Met dit laatste — dat de buitenwereld niet louter negatief is en materiaal aanlevert voor de binnenwereld — kan ik het eens zijn. Echter, ik interpreteer de woorden 'wereld' en 'Wereld' op een andere wijze dan Irons. De 'wereld' is de buitenwereld, ontdaan van de zaken die de 'ik' eraan ontleende en die hij nu koestert. De 'Wereld' interpreteer ik niet als een hogere, metafysische wereld, maar eveneens als de buitenwereld, maar dan zoals op een bijzonder moment gezien en ervaren door de 'ik'. Mogelijk staat de door de 'ik' geziene 'Wereld' in verbinding met een metafysische werkelijkheid die er als het ware doorheen schijnt. Maar daarmee is niet gezegd dat de 'Wereld' zelf ook tot het metafysische behoort.

Na Irons is er weinig meer over 'Ik sloot de blinkevenstren' gepubliceerd[62]. Het gedicht wordt alleen nog af en toe genoemd in publicaties over Boutens' poëzie in het algemeen of in literatuurgeschiedenissen. Telkens wordt daarin een eenzijdige uitleg gegeven: de 'ik' sluit zich af van de buitenwereld en richt zich louter op zijn ziel. Zo schreef Herman Stevens in een artikel uit 1983:

> Waarneming van de buitenwereld is bij Boutens een zaak van secundair belang. *Ik sloot de blinkevenstren van mijn ziel*, luidt de programmatische openingsregel van *Verzen*. Teneinde aan het innerlijk concrete uitdrukking te geven, selecteert de dichter enige elementen uit de natuur en geeft deze een geestelijke lading[63].

Waarneming speelt volgens mij wel degelijk een belangrijke rol in Boutens' poëzie. Weliswaar wordt er in zijn gedichten geen realistisch verslag gedaan van allerlei observaties, maar niet voor niets komen woorden als 'oogen', 'zien' en alles wat

([62]) Wel speelt het gedicht een rol in Van Halsema's VU-syllabus *Symbolisme & sensitivisme* (Van Halsema [z.j.]).

([63]) Stevens 1983, p. 21.

daarmee samenhangt vaak voor. Het is wel duidelijk dat het bij Boutens niet om "gewone", registrerende waarneming van de alledaagse werkelijkheid gaat. De fysische wereld wordt in en door de waargenomen beelden omgezet in een innerlijke wereld.

Ook Blok lijkt de fase van de waarneming voorafgaand aan het sluiten van de ogen te relativeren:

> Het eerste gedicht dat Boutens gepubliceerd heeft, begint met de bijna programmatische regel: *Ik sloot de blinkevenstren van mijn Ziel.* Het ging hem er niet om de wereld te bezingen zoals hij die met zijn ogen waarnam, maar zoals hij die in zijn binnenste schouwde: *Daar wuifden planten van hoog-rijk Verbeelden / In wonder-lichting* [lees: lichtkring, M.G.] *van haar eigen zijn*[64].

In het hoofdstuk over symbolisme in *Twee eeuwen literatuurgeschiedenis* (1986) schrijven Van den Bergh en Pröpper eveneens dat de 'ik' in 'Ik sloot de blinkevenstren' '[...] zich van de wereld af[sluit] om zich in verbinding te stellen met zijn eigen ziel'[65]. En ook Goedegebuure spreekt in verband met dit gedicht van '[h]et van de wereld afgewende symbolisme, met zijn naar binnen geslagen zelfbespiegeling'[66].

Resumerend kan vastgesteld worden dat in de commentaren meestal gewezen wordt op het verschil tussen Gorters sensitivistische *Verzen* (1890), waarin de zintuiglijke waarneming van de buitenwereld centraal staat, en Boutens' poëzie, waarin sprake is van een gerichtheid op het innerlijk. Vrijwel alle commentatoren (met uitzondering van Van Deyssel en De Clerck) zeggen, meer of minder expliciet, dat de 'ik' zich in Boutens' gedicht afsluit voor de buitenwereld. Ze besteden nauwelijks aandacht aan de fase van de (zintuigelijke) waarneming van die wereld vóór het sluiten van de

(64) Blok 1986, p. 183.
(65) Van den Bergh en Pröpper 1986, p. 163.
(66) Goedegebuure 1987, p. 137.

'blinkevenstren' of doen deze af als weinig belangrijk. De commentatoren onderscheiden in het gedicht verschillende werelden en aan die werelden worden uiteenlopende invullingen gegeven. Asselbergs gaat uit van de wereld van verschijningsvormen en de wereld van Ideeën. De Clerck en Fens gaan eveneens uit van twee werelden: de buitenwereld en de binnenwereld. Bij Irons ligt het ingewikkelder. Hij onderscheidt drie werelden: de fysische buitenwereld, de metafysische 'Wereld' en het Absolute. De 'ik' staat in verbinding met de metafysische 'Wereld', waardoor woorden als 'Ziel', 'Leven' en 'Zijn' met een hoofdletter worden geschreven. Mijn voorkeur gaat uit naar het onderscheid van De Clerck en Fens, al is hun analyse van 'Ik sloot de blinkevenstren' uiterst globaal. Ik zal in onderstaande analyse en interpretatie gedetailleerder dan de genoemde commentatoren op het gedicht ingaan.

3.4. *Analyse en interpretatie*

3.4.1. Globale monstering

Het gedicht bestaat uit twee delen (r. 1-24, r. 25-38), gescheiden door een witregel. Het eerste deel is op basis van de interpunctie onder te verdelen in vijf subdelen: r. 1-3, r. 4-9, r. 10-15, r. 16-18 en r. 19-24. Het tweede kan opgedeeld worden in vier subdelen: r. 25-28, r. 29-33a, r. 33b-35, r. 36-38. Er is geen traditioneel rijm (zoals wel het geval is in de vier gedichten die volgen op dit gedicht). Wel zijn er allerlei klankeffecten, bijvoorbeeld de 'i'-klank in de eerste regels: 'Ik', 'blinkevenstren', 'in', 'stille-tintengloor'. Ook zijn er enkele assonerende (en soms op afstand rijmende) woordparen te vinden zoals: 'tintengloor' (2) — 'winter door' (7), 'tuin' (4) — 'huis' (8), 'begon' (3) — ' zorg' (5) — 'zielegrond' (6). We hebben te maken met rijmloze jambische pentameters (*blank verse*). Hier en daar is een antimetrie te vinden, zoals 'Óvergeplant' (6). Opvallend is dat de laatste woorden van de versregels vrijwel allemaal een beklemtoonde laatste lettergreep hebben (met uitzondering van regels 21, 24, 30, 33, 36 en 38).

Een van de meest in het oog springende motieven is de tegenstelling tussen een binnenwereld en een buitenwereld. De 'blinkevenstren' — de ogen — vormen de enige verbindingsmogelijkheid tussen deze twee werelden. Met de volgende woorden wordt de binnenwereld aangeduid: 'mijn Ziel' (1), 'warmen zielegrond' (6), 'mijn eenzaam huis' (8), 'eigen hart' (15), 'lichtlief thuis' (17), 'lamplichts blanke tent' (18), 'mijn schitterhuis' (26), 'mijn diep-innigst Zelf' (28), 'Verbeelden' (30), 'schemer-ziele-wanden' (36). Opvallend in deze opsomming is het terugkomen van het woord '(t)huis' (in regels 8, 17, 26). De ziel wordt als huis gezien. Overigens is 'mijn schitterhuis' (26) een grensgeval tussen de binnen- en buitenwereld: het huis dat schittert wordt van buitenaf gezien. Met de huis-metafoor hangen de woorden 'blinke*venstren*' (1) en 'schemer-ziele-*wanden*' (36) samen. In het gedicht staan veel woorden die met licht te maken hebben: 'stille-tintengloor' (2), 'gouden' (3), 'lichtlief' (17), 'lamplichts' (18), 'verre branden' (21), 'hoog-òplevend licht' (22), 'schitterhuis' (26), 'wonder-lichtkring' (31) en 'schemer-ziele-wanden' (36). Daarmee hangen ook de woorden rondom kleuren samen: 'kleurenrijkdom' (9), 'witten' (11), 'blanke' (18), 'Ver-wit' (19), 'Sneeuwmarmren' (20), 'Zwart' (27), 'gouden' (32), 'wit' (32), 'rood' (33). Naast de tegenstelling binnenwereld-buitenwereld zijn er nog meer tegenstellingen aan te wijzen: licht-duisternis, warm-koud, leven-dood, wit-zwart, hoog-laag, verticaal-horizontaal.

De buitenwereld — zowel positieve als negatieve elementen daarin — wordt met de volgende woorden of woordgroepen aangeduid: 'den grooten tuin / der Wereld' (4-5), 'Wereld' (13), 'Ver van de wereld' (17), 'Ver-wit lag de aarde buiten' (19), ''t groote huis der Nacht' (20), 'verre branden aan de horizonnen' (21), 'Branden van steden' (22) en 'Wereldnacht' (25). Opvallend is de herhaling van 'ver(re)' (17, 19 en 21). Een complicatie is dat Boutens het woord 'wereld' mét (5, 13) en zónder (17) hoofdletter schrijft. Irons veronderstelt dat met 'Wereld' een metafysische wereld wordt aangeduid, en met 'wereld' de aardse werkelijkheid. Ik stel, zoals gezegd, een andere interpretatiemogelijkheid voor. De 'Wereld' kan wel degelijk slaan op de buitenwereld, maar dan gezien en ervaren door de 'ik' (in die geziene 'Wereld' kan de 'ik' wel iets zien dat in verbinding staat met iets hogers). De 'wereld' is de buitenwereld die ver van de 'ik' af staat, of met andere woorden: dat deel van de wereld dat niet behoort tot de belevingswereld van de 'ik'.

Opvallende motieven, naast de tegenstelling tussen de binnen- en buitenwereld, zijn stilte ('stille-tintengloor' (2), 'stil' (12), 'stil' (24), 'stille mijmerbloemen' (29)) en tederheid/zachtheid ('teedre' (5), 'zacht' (9), 'kalm' (16), 'rust' (34), 'zacht' (35), 'fluweelen' (37)). Een belangrijk semantisch veld[67] is dat rondom het plantaardige: 'blad' (3), 'tuin' (4), 'Overgeplant' (6), 'zielegrond' (6), 'bloeien' (7), 'bloembestaan' (9), 'boomenarmen' (24), 'mijmerbloemen' (29), 'bloeiden' (29), 'planten' (30), 'Violenoogen' (32), 'leliën' (32) en 'rozen' (33). De bloemen en planten worden gepersonifieerd: ze hebben armen ('boomenarmen'), ogen ('violenoogen') en harten ('gouden harten').

3.4.2. Interpretatie

I (r. 1-3)

> Ik sloot de blinkevenstren van mijn Ziel,
> Toen in herfstavonds stille-tintengloor
> Het laatste blad zijn gouden reis begon. —

([67]) Zie over deze term: Bronzwaer 1993, p. 101.

De 'ik' sloot de 'blinkevenstren' van zijn 'Ziel' nadat tijdens een herfstavond het laatste blad van de bomen viel. Zijn ziel wordt vergeleken met een huis met vensters die geopend en gesloten kunnen worden. De 'blinkevenstren' kunnen worden geïnterpreteerd als de ogen van de ziel van de 'ik'. Zoals ik in het vorige hoofdstuk heb laten zien, is de metafoor van het oog als venster een topos. Het woord 'blinkevenstren' heeft een dubbele betekenis in zich besloten: het blinken (spiegelen, schitteren, weerkaatsen) én tegelijkertijd het doorlaten van licht. De ogen worden 'blinkevenstren' genoemd omdat het vensters op de buitenwereld zijn, die omgekeerd ook het licht van de buitenwereld toelaten in de binnenwereld. Hier kan worden gedacht aan Rodenko's 'vlies': iets wat tegelijkertijd doorlatend en afscheidend is. Wanneer de 'ik' zijn 'blinkevenstren' sluit, dan sluit hij zijn 'Ziel' af voor de buitenwereld en richt hij zich op zijn binnenwereld. Dit beeld sluit aan bij de eerder besproken thematiek van de mystieke blik.

De 'ik' sloot zijn 'blinkevenstren' toen 'in herfstavonds stille-tintengloor' het laatste blad aan zijn 'gouden reis' begon. Hier is sprake van *hypallage*: het adjectief 'gouden' bij 'blad' is verplaatst naar 'reis'. Het goudkleurige herfstblad valt naar beneden en begint daarmee zijn 'reis'. Het adjectief 'gouden' kan ook in verband worden gebracht met het gouden licht van de zon die ondergaat, waarop vooral geduid wordt door de synesthesie 'stille-tintengloor'[68]. Gloor betekent: gloed, schijn, schijnsel, straling. De herfstavond is een vooruitwijzing naar de nacht, waarvan later in het gedicht sprake is (11, 25). Ook is de herfst een vooruitwijzing naar de winter (11, 19). Het laatste vallende blad is een vooruitwijzing naar de 'doode boomenarmen' (24).

([68]) Vgl. ook het vallen van de bladeren in 'den gouden zonne-glans' in Boutens' prozagedicht 'De blaren vallen, vallen…' in de *Utrechtsche studenten-almanak* (1892), p. 349-350.

II (r. 4-9)

Al wat mij lief was uit den grooten tuin
Der Wereld, had ik lang met teedre zorg
Overgeplant in warmen zielegrond,
Dat het mocht bloeien heel den winter door
En sieren met zijn schoon mijn eenzaam huis
In kleurenrijkdom van zacht bloembestaan.

De 'ik' heeft zich niet helemaal van de wereld afgesloten. Hij heeft immers al lang of sinds lang, vóórdat hij zijn 'blinkevenstren' in de herfstavond gesloten had, alles wat hem lief was uit de grote tuin van de Wereld 'overgeplant' in zijn 'zielegrond', het diepste van zijn ziel[69]. Dat wat in regels 4-6 beschreven wordt, gaat dus eigenlijk *vooraf* aan regels 1-3. Opmerkelijk is dat 'zielegrond' niet met een hoofdletter wordt geschreven, in tegenstelling tot 'Ziel' (1). Uit het woord 'Overgeplant' (6) blijkt dat er geen absolute scheiding is tussen de buitenwereld en de binnenwereld van de 'ik'. De betekenis van het overplanten van elementen uit de 'Wereld' in de 'zielegrond' van de 'ik' wordt versterkt door het enjambement tussen regels 5-6, de positie van 'Overgeplant' vooraan regel 6 en de antimetrie in dit woord[70].

Ik interpreteer 'Wereld' als de buitenwereld, zoals ervaren, gezien en bemind door de 'ik'. Als tweede mogelijkheid denk ik dat met 'Wereld' de aardse wereld kan worden aangeduid die — door middel van het licht, of de schouwing door de 'ik' — in verbinding staat met de metafysische wereld.

([69]) Volgens het *WNT* betekent 'zielegrond': 'het diepste wezen van den mensch' en in godsdienstig-mystieke zin: 'het eigenlijk goddelijke wezen van den mensch' (dl. XXVIII, kol. 177).

([70]) Blok heeft op een dergelijk effect gewezen in Boutens' 'Nacht-stilte' (VL 374), daarin staat het woord 'Overbrengt' vooraan in een versregel (Blok 1965, p. 401). Mooij wijst ook nog op het woord 'Overhaal' in 'Liedje' (VL 855); zie Mooij 1979, p. 135.

Daarmee is niet gezegd dat de 'Wereld' samenvalt met de metafysische wereld. De 'ik' ziet mogelijk in het aardse iets hogers (een thema dat nog vaak zal voorkomen in Boutens' latere poëzie). De 'Wereld' wordt vergeleken met een grote tuin[71]. Ook de binnenwereld van de 'ik' wordt (impliciet) vergeleken met een tuin door te spreken over 'ziele*grond*'. De 'Wereld' is niet chaotisch, maar geordend en afgebakend (in tegenstelling tot de 'Wereldnacht' in regel 25). Alles wat de 'ik' daarin koesterde, heeft hij verplaatst naar de kleinere binnentuin van zijn ziel, waarin het de hele winter door kan bloeien. Het overgeplante zal met zijn schoonheid het eenzame huis van de 'ik' sieren in 'kleurenrijkdom van zacht bloembestaan'. Hier wordt de suggestie gewekt dat het innerlijk van de ik (zijn 'Ziel' en 'zielegrond') een soort kas of serre is waar de bloemen die hij heeft overgeplant uit de buitenwereld kunnen overleven tijdens de koude winter. Er is een verbinding te leggen met Maeterlincks *Serres chaudes* (1889), waarover meer in paragraaf 4. Dit komt terug in het tweede gedeelte van het gedicht (vooral regels 30-38). Er is een tegenstelling tussen de lichte, warme binnenwereld (waarin planten en bloemen bloeien) en de koude, duistere buitenwereld (waar sprake is van dode bomenarmen, kou, sneeuw en 'winterdood'), niet te verwarren met de positief ervaren 'Wereld' (5).

III (r. 10-15)

En 'k heb mijn Leven eenzaam wèggeleefd
In langen nacht van witten winterdood,

([71]) Boutens maakte vaker gebruik van de tuin-metafoor: 'den duisteren besloten / Tuin dezer aarde' (VL 343), 'werelds tuin' (VL 391), 'onze groote tuin' (VL 445). Boutens vergeleek het toenmalige Zeeuwse eiland Walcheren met een tuin: 'Mijn eigen zeebesloten eilandtuin' (VL 746). In het ongepubliceerd gebleven gedicht 'Valkenisse' spreekt hij van 'Walchrens vlakken tuin' (Blok 1983, p. 103).

En stil mijn Zijn verlachen en verschreid,
Als een, die niets der Wereld geeft of vraagt,
Wel wetend, dat zij nimmer geven kan
Meer dan hij reeds bezit in eigen hart. —

De 'ik' heeft zijn 'Leven' eenzaam 'wèggeleefd'. Met 'wèggeleefd' (in plaats van 'geleefd') wordt benadrukt dat de tijd verstrijkt (vgl. ook 'verlachen' en 'verschreid' in r. 12). Tegelijkertijd wordt hier het motief van de eenzaamheid van de 'ik' herhaald (vgl. 'mijn eenzaam huis' (8)). Hij heeft zijn 'Leven' weggeleefd in 'langen nacht van witten winterdood' (11)[72]. Deze passage contrasteert sterk met de voorgaande regels 4-9, waarin sprake was van warmte, bloei en kleur. Het adjectief 'witten' (11) duidt op sneeuw (vgl. r. 20). De nacht is duister en koud en wordt geassocieerd met de dood. Sneeuw is hier een symbool van de dood en negatief geconnoteerd. In andere gedichten van Boutens is sneeuw juist een positief symbool dat iets hogers suggereert[73].

Voorts zegt de 'ik' dat hij 'stil [z]ijn Zijn verlachen en verschreid' heeft[74]. 'Zijn' kan geïnterpreteerd worden als het bestaan van de 'ik', of zijn 'Leven' (zoals in regel 10). De 'ik' heeft zijn bestaan 'verlachen en verschreid', verloren of voorbij laten gaan met lachen en schreien. Paradoxaal is dat hij dit 'stil', in stilte, heeft gedaan. Hij heeft dit gedaan 'als een' (in de hoedanigheid van iemand) 'die niets der Wereld geeft of vraagt'. De 'ik' beseft dat de 'Wereld' niet meer geven kan 'dan hij reeds bezit in eigen hart'. De 'ik' heeft immers al wat hem lief was uit de 'Wereld' overgeplant in zijn ziel.

(72) Vgl. 'winterzwart' (VL 887) en 'winterdood' (VL 902).

(73) Vgl. VL 89, 91, 137, 216, 405, 676, 893.

(74) Vgl. 'stil-glimlachend weg-geschreid leven' in Boutens' prozagedicht 'De blaren vallen, vallen…' (eveneens gepubliceerd in de *Utrechtsche studenten-almanak* van 1892, p. 349-350).

Opvallend is nu het woord 'hart' in plaats van ziel. Alhoewel in Boutens' poëzie de ziel centraal staat, komt het woord 'hart' daar ook dikwijls in voor[75]. Uit deze passage blijkt dus dat de 'ik' zich inmiddels heeft afgewend van de wereld en het leven. Hij heeft zich als het ware opgesloten in zichzelf.

IV (r. 16-18)

> Ik heb geleefd als een, die kalm en blij
> Ver van de wereld in zijn lichtlief thuis
> Mijmert en werkt in lamplichts blanke tent. —

In deze regels wordt in positiever termen ('geleefd', 'kalm', 'blij', 'lichtlief') over het eenzame leven van de 'ik' gesproken dan in de voorgaande regels ('wèggeleefd', 'verlachen', 'verschreid'). Dit lijkt welhaast de beschrijving van een kluizenaar of een mysticus. Hier wordt 'wereld' (17) geschreven zónder hoofdletter, waarmee de alledaagse aardse wereld wordt aangeduid (evenals met 'aarde' in regel 19). De 'ik' heeft ver van de wereld geleefd. Het woord 'geleefd' is een echo van 'wèggeleefd' (10). Wederom gebruikt Boutens de formulering 'als een' (vgl. in r. 13); ook hier wordt 'als' mijns inziens gebruikt als voegwoord van hoedanigheid. De 'ik' leefde in zijn 'lichtlief thuis'. Hij mijmerde (vgl. de 'mijmerbloemen' in r. 29) en werkte in 'lamplichts blanke tent'. Het lamplicht wordt vergeleken met een tent waarin de 'ik' zich bevindt. In het huis van de 'ik' bevindt zich dus ook nog eens een 'tent' van licht.

Mogelijk heeft Boutens zich voor deze passage laten inspireren door de door hem bewonderde *Verzen* (1890) van

(75) Mij is een geval bekend waar Boutens het woord 'hart' later vervangen heeft door 'ziel' (in het sonnet 'Zooals een arm man' (VL 1105), r. 14). De versie met 'hart' staat in een tijdens Boutens' leven ongepubliceerd handschrift uit de periode 1893-1894 (zie Goud 2001a, p. 29 en p. 43, n. 45).

Gorter, waarin het licht een belangrijke rol speelt[76]. Zo staat in een van Gorters verzen: 'Ik ben alleen in het lamplicht, / de dingen kijken met een glad gezicht, / om me in 't licht.'[77] Ook lijkt deze passage een reminiscentie aan de volgende regels uit een ander gedicht van Gorter: 'Ik zat toen heel stil te werken, / de boeken waren als zerken' en: 'Mijn lijf zat daar in een kamer / boomtakken voor het raam er / heenkropen en weer [...]'[78].

V (r. 19-24)

Ver-wit lag de aarde buiten, stom en doof,
Sneeuwmarmren vloer van 't groote huis der Nacht,
Met verre branden aan de horizonnen,
Branden van steden hoog-òplevend licht, —
En uitte slechts haar vaag verlangen in
't Stil òpgestrek van doode boomenarmen.

De aarde is 'ver' en 'buiten' en 'wit' van de sneeuw, zoals blijkt uit regel 20. De aarde is 'stom en doof' (19) en kan dus niets zeggen en horen. Dit wekt associaties met de dood, zoals al genoemd in regel 11: 'langen nacht van witten winterdood'. Kennelijk heeft het gesneeuwd en is het nacht. De aarde wordt beschreven als 'Sneeuwmarmren vloer van 't groote huis der Nacht' (20). Hier wordt de nacht beschreven met behulp van de huis-metafoor. De witheid van de sneeuw contrasteert met de zwartheid van de nacht (vgl. r. 27). In de volgende twee regels wordt twee maal gesproken van branden: 'Met verre branden aan de horizonnen, / Branden van steden hoog-òplevend licht' (21-22). De branden contrasteren met de kou en de sneeuw. Deze branden kunnen geïnterpreteerd worden als het licht van de ondergaande

(76) Zie over de rol van het licht in Gorters *Verzen*: Van Halsema 1978, i.h.b. p. 61-63.

(77) Gorter 1987, p. 30.

(78) Gorter 1987, p. 8.

zon (vgl. r. 2: 'herfstavonds stille-tintengloor'). Tevens kan hier gedacht worden aan de negentiende-eeuwse topos van de moderne, verlichte nachtstad. Zo spreekt Gorter in *Verzen* (1890) over een brandende stad: 'Toen heb ik me stil neergezet / aan den wegrand en met / mijn oogen heb ik de stad aangekeken [...], / de stad lag daar stil te branden'[79].

In de laatste twee regels van deze passage staat dat de aarde 'slechts haar vaag verlangen [uitte] in / 't Stil òpgestrek van doode boomenarmen'. Hier spelen horizontaliteit ('verre horizonnen') en verticaliteit ('òpgestrek') een rol. Ook speelt de tegenstelling tussen naar buiten brengen ('uitte' (23)) en verinnerlijken een rol. Terwijl de 'ik' de 'Wereld' naar binnen haalt, uit de aarde haar verticaal gerichte verlangen. Waar verlangt de aarde naar? Naar een hoger leven van licht? En waarom is dat verlangen 'vaag'? De aarde uit haar 'vaag' verlangen slechts in de stille naar boven gestrekte takken van de bomen, die 'doode boomenarmen' worden genoemd. Dat kan ook niet anders, want de aarde is 'stom en doof' (vandaar het woord 'slechts'). De bomen zijn dood. De kale takken van de bomen reiken als armen naar de hemel[80]. Het omhoog gerichte verlangen suggereert mogelijk een metafysische gerichtheid, al gaat dit gedicht in eerste instantie over een zielewereld[81]. De 'aarde buiten' (dus niet de 'Wereld') wordt geassocieerd met de dood. Hier worden ook regels 2-3 in herinnering geroepen waar staat dat het *laatste* blad viel. De aardse, dode, koude buitenwereld staat in contrast

([79]) Gorter 1987, p. 97.

([80]) Vrijwel hetzelfde beeld komt voor bij Constantijn Huygens: 'De bomen die ik zie / van de aard ten hemel gaan *met uitgestrekte armen*, / zijn als de goddelooz' in nood, die opwaarts karmen, / en weten niet tot Wie.' (Huygens 1984, p. 61, mijn curs.).

([81]) Vgl. 'Sonnet' (VL 845) voor een dergelijke situatie. Er zijn meer parallellen tussen dit sonnet en 'Ik sloot de blinkevenstren'. Zie ook Irons 1997, p. 60.

met het binnenleven van de 'ik': daar is het licht en warm en er bloeien bloemen en planten (r. 4-9, 29-33). Na regel 24 volgt een witregel.

VI (r. 25-28)

> Met twee holle oogen keek de Wereldnacht
> Gierig-onmachtig in mijn schitterhuis,
> Zwart in den lichtlach van den blijden dag,
> Die heerlijk zonde in mijn diep-innigst Zelf, —

Na de witregel komt een omslag in het gedicht. Niet de 'ik' kijkt, maar de 'Wereldnacht' kijkt in het 'schitterhuis' van de 'ik' naar binnen[82]. Het woord 'Wereldnacht' komt niet voor in het *Woordenboek der Nederlandsche taal* (*WNT*). Wellicht heeft Boutens zich laten inspireren door het Duitse woord 'Weltennacht'[83]. De 'Wereldnacht' wordt gepersonifieerd en heeft holle, ingevallen ogen[84]. 'Wereldnacht' kan geïnterpreteerd worden als het duistere, dode, chaotische in tegenstelling tot de positieve 'tuin der Wereld', waarin sprake is van orde, leven en licht. De 'Wereldnacht' kan in verband worden gebracht met de brandende steden (r. 22) die ook de connotatie ondergang hebben. Gedacht zou kunnen worden aan de voorstelling dat de 'ik' zich in zijn huis bevindt en dat de 'Wereldnacht' van buiten door twee ramen naar binnen kijkt[85].

([82]) Het woord 'wereldnacht' komt ook zonder hoofdletter voor bij Boutens (zie VL 321).

([83]) 'Weltennacht' komt voor in Wagners opera *Tristan und Isolde* (derde acte, eerste scène). Nietzsche haalde deze passage aan in *Die Geburt der Tragödie* uit 1872 (zie Nietzsche 2000, p. 129).

([84]) Het beeld van holle ogen komt ook voor in Van Eedens' *Ellen* (1891). Daarin wordt over de gepersonifieerde Dood gezegd: 'Hij heeft mijn Lief bedorven, / Met zijn *hol-oogen* in Haar hart gestaard' (Van Eeden 1896, p. 36, mijn curs.).

([85]) Dit roept bij mij associaties op met enkele passages in Van Deyssels roman *Een liefde* (1887): 'En Mathilde droomde, zittend aan het venster;

Het huis van de 'ik' is licht, zoals blijkt uit het woord 'schitterhuis'. De 'Wereldnacht' is '[g]ierig-onmachtig', dus hij begeert het licht dat de 'ik' uit de 'Wereld' heeft weggehaald maar moet machteloos toezien hoe dat nu in zijn 'schitterhuis' schijnt. De wereld is leeg, koud en donker geworden en verworden tot 'Wereldnacht', die in uiterst negatieve termen wordt omschreven. Er is een tegenstelling tussen de 'Wereld' (geassocieerd met licht), waaruit de 'ik' dingen had 'overgeplant', en de 'Wereldnacht' (geassocieerd met duisternis)[86]. De 'Wereldnacht' kijkt '[z]wart' (met een duistere blik, met holle ogen zonder licht) 'in den lichtlach van den blijden dag'. De 'lichtlach van den blijden dag' contrasteert met de zwarte, holle ogen van de 'Wereldnacht' (de zwartheid van de 'Wereldnacht' contrasteert eveneens met 'kleurenrijkdom' (9) in het huis van de 'ik'). De 'lichtlach' die 'zonde' — straalde als een zon — in het innerlijk van de 'ik' valt in verband te brengen met de andere licht-woorden in dit gedicht ('lichtlief' (17), 'lamplichts' (18), 'schitterhuis' (26)) en wellicht ook met 'godenlach' (34). Terwijl het buiten nacht is, is het in het huis van de 'ik' dag, en wel een 'blijden dag'. De woordgroep 'mijn diep-innigst Zelf' (vgl. ook 'zielegrond' uit r. 6) komt mijns inziens overeen met 'mijn Ziel' uit de eerste regel. Het *diepe* van de 'ik' contrasteert met het *hoge* van het 'hoog-òplevend licht' (22) en ''t Stil òpgestrek van doode boomenarmen' (24). Wellicht betekent dit dat de Ziel of het Zelf niet (meer) omhoog hoeft te reiken, zoals de takken van

de ruiten, vaal-groenend van naderende duisternis, lachten met een *hollen glazigen lach*.' En: 'Zij zag om zich heen en roerloos *grijnsde* de duisternis [...].' (Van Deyssel 1978b, dl. II, p. 103 en p. 112, mijn curs.).

([86]) Wellicht is dit in verband te brengen met de oud-Noorse mythe van de Ragnarok (of Godenschemering) over de ondergang van de wereld en de dood van de goden. In deze mythe spelen de winter (de Fimbulwinter) en de wereldbrand een belangrijke rol. Zie Martin 1972, i.h.b. p. 3-5, 125-132.

de bomen, omdat ze de 'Wereld' inmiddels in zich — in het 'diep-innigst Zelf' — heeft opgeslagen.

VII 29-33a

Daar bloeiden stille mijmerbloemen op,
Daar wuifden planten van hoog-rijk Verbeelden
In wonder-lichtkring van haar eigen zijn,
Violenoogen, gouden harten, leliën, wit
En rood van rozen. —

'Daar' (29, 30) slaat op het 'diep-innigst Zelf' (28) van de 'ik' (ook te relateren aan 'Ziel' en 'zielegrond'). Daarin bloeien 'stille mijmerbloemen' op en wuiven planten van 'hoog-rijk Verbeelden'. Onstoffelijke zaken als mijmering en verbeelding worden hier als het ware zichtbaar en tastbaar gemaakt door ze voor te stellen als planten en bloemen. Het woord 'mijmerbloemen' kan ook worden geïnterpreteerd als gemijmerde bloemen. Het poëticale woord 'Verbeelden' is van groot belang: het gaat niet om het afbeelden van de zichtbare werkelijkheid, maar om een verbeelde werkelijkheid (die wel is gebaseerd op de waarneembare werkelijkheid). In dit gedicht bestaat een intrigerende parallellie tussen de woorden '*over*geplant' (6), '*Ver*beelden' (30), '*Her*innring' (37) en '*her*denken' (38). Telkens is er sprake van omzetting.

Deze passage vertoont een interessante overeenkomst met hetgeen Baudelaire schreef over de dichterlijke verbeelding in *Salon de 1859*: '[...] heel het zichtbare universum is slechts een opslagplaats van beelden en tekens waaraan de verbeelding een plaats en een relatieve waarde zal toekennen; het is een soort voedsel, dat de verbeelding moet verteren en omzetten.'[87] Dit 'omzetten' van het 'zichtbare universum' lijkt sterk

([87]) Baudelaire 1990, p. 31-32.

op Boutens' formulering van het 'overplanten' van de 'Wereld' naar de 'Ziel', de 'zielegrond' en het 'diep-innigst Zelf', waarin sprake is van 'hoog-rijk Verbeelden'. Dichter bij huis is het volgende citaat uit Van Deyssels bespreking van Jacobus van Looys bundel *Proza* (1889): 'Rustig en onbevangen draagt hij [=Van Looy] zijn hoofd door het leven, en de kleuren spiegelen zich gretig zijn oogen binnen, en de lijnen omstaan hem in de architectuur der ontroering en de geluiden zingen zich tot muziek in zijn ooren. En in den licht-tuin van zijn weidsch verbeelden, daar verdroomt het geziene zich tot bloemen van licht [...]'[88]. Hier vinden we — evenals bij Boutens — de termen 'verbeelden', 'bloemen', 'tuin' en 'licht' bijeen. De bloeiende bloemen en wuivende planten in 'Ik sloot de blinkevenstren' zijn het product van de verbeelding van de 'ik'. Ook in andere gedichten gebruikt Boutens de bloemen-metafoor als poëticale metafoor[89]. De ziel wordt eveneens door hem beschreven met behulp van bloemen- en bloei-metaforen[90]. Boutens' wuivende planten lijken een voorbode te zijn van het symbolistische werk van Jan Toorop

([88]) Van Deyssel 1890, p. 300. Zie ook Bel 1998, p. 39.

([89]) Vgl.: 'Ik zal maar wezen in koude wereld groot / Kleine vertelling van bloemen vlamrood' (VL 25), 'Zoo bloeit mijn hart in liedren nieuw en vreemd, / En staat verwonderd voor zijn eigen bloei' (VL 30), 'Laat bloesmen uit den bleeken beker van uw mond / De blanke stilte als een witverreind geluid.' (VL 66).

([90]) Vgl. 'een ziel met bloemegeur' (VL 26), 'mijn ziel, bloem in Morgenland' (VL 30), 'Mijn ziel was als een bloem naar u / Grootopen' (VL 103), 'O ziel, o glans die 't oogeblank gelaat / Omvloeit zooals den eedlen steen zijn schijn, / Ondeelbaar als de geur is om de bloem' (VL 273). Zie in verband met de bloei van de ziel: 'Nu bloeien al ziels zomersche getijden / Met de getijden van dit land tezamen' (VL 302), 'O ziel, o bloem die tijloos bloeit / In 't zuiver en onwrikbaar licht, / Den weêrglans van Gods aangezicht' (VL 358) en: 'Het werd gewoon allengerhand / Dat nooit de bloeitijd van de ziel / Met lente en zomer in dit land / Meer samenviel...' (VL 875). Zie ook Van Buuren 1999.

(vanaf 1892) waarop wuivende en slingerende planten en bloemen te zien zijn[91].

In het gedicht vormen de opbloeiende mijmerbloemen en de wuivende planten van 'hoog-rijk Verbeelden' het positieve innerlijke tegenbeeld van ''t stil òpgestrek van doode boomenarmen' (24). Het wuiven en opbloeien staat tegenover het starre van de dode takken van de bomen. De bloemen en planten bloeien en wuiven '[i]n wonder-lichtkring van haar eigen zijn' (31). Het bezittelijke voornaamwoord 'haar' (vrouwelijk meervoud van hun) verwijst naar 'planten' en de eerder genoemde 'mijmerbloemen'. Dit lijkt erop te wijzen dat de bloemen en planten een eigen licht uitzenden. Ze groeien en bloeien in hun eigen licht. Er is dus geen licht van de buitenwereld (meer) nodig om de innerlijke bloemen en planten te laten bloeien. De 'mijmerbloemen' kunnen bloeien in het innerlijk, in hun eigen licht, doordat de 'ik' elementen uit de 'Wereld' heeft 'overgeplant'.

Vervolgens worden de bloemen — en aspecten daarvan — genoemd die bloeien in het 'diep-innigst Zelf': 'Violenoogen, gouden harten, leliën, wit / En rood van rozen.' (32-33). Het binnenste van de bloemen wordt vergeleken met harten en ogen[92]. Ik lees 'gouden harten' als bijstelling bij 'Violenoogen'. Elders in Boutens' poëzie wordt gesproken van ''t gouden hart' van de roos[93]. Bloemenharten symboliseren het innerlijk (het 'diep-innigst Zelf'). Een bloem kan

([91]) Zie de catalogus *Bloeiende symbolen* (Bax e.a. 1999). Zie voor een dergelijke constatering bij Gorter: Van Halsema 1978, p. 61-63 en Endts commentaar bij Gorters 'Wij zilvren wezens' in Gorter 1987, p. 172.

([92]) Zie voor de metafoor van bloemen als ogen (of andersom) ook hoofdstuk II, noot 57.

([93]) In 'Morgen-nachtegaal' staat twee maal ''t gouden hart / Van levens openende roos' (VL 213-214). Ook in Couperus' *Extaze* (1892) wordt gesproken van het 'gouden hart' van de mystieke roos (Couperus 1990, p. 50). In Van Eedens gedicht 'De waterlelie' komt ook een 'gouden hart' voor (zie daarover Claes 1987).

zich sluiten en openen, zoals ogen zich kunnen openen en sluiten (vgl. de 'blinkevenstren'). Deze bloemen-ogen contrasteren sterk met de holle ogen van de Wereldnacht (25). De 'gouden harten' zijn een soort echo van de 'gouden reis' van het blad uit de tweede regel. Terwijl het buiten herfst en/of winter is (er vallen bladeren, er ligt sneeuw, de takken van de bomen zijn dood), is het in het innerlijk lente (of zomer) en bloeien er bloemen[94].

Het is de vraag waarom Boutens juist violen, lelies en rozen combineert. Mogelijk was Gorters *Mei* (1889) een inspiratiebron (in het proëmium van boek II wordt gesproken van 'leliën', 'rozen' en 'viool')[95]. Volgens mij kan het woord 'wit' (32) na 'leliën' zowel in verband worden gebracht met de lelies als met de rozen. Witte lelies en rode rozen zijn zeer beladen symbolen. De witte lelie is een symbool voor religiositeit, spiritualiteit en zuiverheid[96]. De rode roos is het traditionele symbool voor de liefde. De witte roos is een meer esoterisch symbool[97]. In een ander gedicht in Boutens' *Verzen* worden witte rozen in verband gebracht met gedachten: 'Al witte rozen mijner gedachten zenden / Door bleeke zon haar bleeken zegen / U tegen' (VL 75). De witte roos kan symbool zijn van het mystieke inzicht, zoals in de volgende passage: 'En wat ik onbewijsbaar dacht / En onuitsprekelijk verbeurd, / Breekt spraakloos uit en bloeit en geurt / Als witte rozen in den nacht' (VL 545).

([94]) Zie Blok 1983, p. 198-199 en Irons 1997, p. 29-30 over de complexe metaforische betekenis van de seizoenen in Boutens' poëzie.

([95]) Zie Gorter 2002, p. 57. Elders in de *Mei* staat: 'droome' als opgebloei van rozen' (p. 104), 'rozebed onder vioolprieel' (p. 105), 'er dook / Voor hare ooge' een bloemeschepping op, / Van violette' en primula's' (p. 112), 'Bloemhoningharten' (p. 121).

([96]) Zie Blok 1983, p. 239 over de witte lelie in VL 1037. Zie voor de witte lelie in de beeldende kunst: Bax e.a. 1999, p. 63-67. Zie ook Derks e.a. 1982 over bloemmotieven in de literatuur van het *fin de siècle*.

([97]) Zie Bax e.a. 1999, p. 75 e.v.

VIII (r. 33b-35)

[…] Trotsche marmerbeelden
Lachten in hooge rust hun godenlach,
Zacht in zaligblanke volkomenheid; —

Na de opsomming van de bloemen wordt er gesproken van 'marmerbeelden'. Eerst is er sprake van iets natuurlijks of organisch (bloemen en planten, alhoewel ze verbeeld zijn), vervolgens van artificiële zaken (marmeren beelden). Ook deze marmeren beelden ontstaan in het innerlijk van de 'ik'[98]. Deze beelden zijn (evenals de bloemen en planten) metaforen van de verbeelding. Uit de beschrijving blijkt dat het gaat om beelden van goden ('godenlach'). In de innerlijke tuin van de 'ik' staan naast planten en bloemen ook godenbeelden. Deze trotse beelden '[l]achten in hooge rust hun godenlach' (34). Deze passage heeft iets paradoxaals: er is sprake van beweging (lachen) en stilstand (rust) tegelijkertijd. Marmeren beelden zijn onbeweeglijk en statisch ('hooge rust'), maar desondanks kunnen de beelden toch een (glim)-lach uitdrukken. Het 'zaligblanke' is in verband te brengen met 'lamplichts *blanke* tent' (18), waarin de 'ik' mijmerde en werkte. Marmer is al eerder genoemd in regel 20: 'Sneeuw-marmren vloer'. De marmeren beelden zijn volkomen, of volmaakt. Bovendien zijn marmeren beelden onvergankelijk, in tegenstelling tot bloemen en planten. Een verschil is ook dat beelden *gemaakt* zijn. Wellicht zijn de marmeren beelden te zien als metafoor voor het ideale gedicht[99].

([98]) Ook hier is een verband te leggen met Gorters *Mei*: 'Nu staat er midden in het land een dom / Van zuilen die ìk stapeld' [….]. Een orgel hing ik aan den wand te spelen / *En binnen zette ik een meisjesbeeld.*' (Gorter 2002, p. 57, mijn curs.).

([99]) In Gorters *Mei* worden liederen (of gedichten) vergeleken met marmeren zuilen die paleizen schragen: 'Moeder, zijn liedren ẓijn als zuilen, schoren / Ze niet marmerpaleizen, blindend wit?' (Gorter 2002, p. 78).

IX (r. 36-38)

En aan ver-hooge schemer-ziele-wanden
Etste Herinnring in fluweelen braam
't Huivergeluk van zalig-zoet herdenken…

Het beeld van de 'schemer-ziele-wanden' refereert aan de venster- en huismetafoor (de ziel als huis met vensters, wanden en een grond). Deze '*ver-hooge*' wanden van de schemerziel[100] lijken een echo van '*verre* branden aan de horizonnen' (21). In beide gevallen gaat het om de randen of de grenzen van de werelden (respectievelijk van de binnenwereld en de buitenwereld). De 'schemer-ziele-wanden' zijn 'ver-hoog'. Ook het 'Verbeelden' werd 'hoog-rijk' genoemd (30). Maar tevens werd gesproken van 'mijn diep-innigst Zelf' (28). De verbeelding in de binnenwereld van de 'ik' is dus hoog én diep tegelijkertijd. Aan de hoge wanden van de schemerziel — die zich in de schemer bevindt omdat het licht 'van den blijden dag' (27) daar niet helemaal dóórdringt — etst 'Herinnring' een 'fluweelen braam' (37). Etsen is met een stift een tekening graveren en vervolgens de lijnen daarvan door een sterk zuur in de plaat laten inbijten. De woordgroep 'fluweelen braam' is een oxymoron: een combinate van scherp/ruw en zacht. Een braam is een ruwe, oneffen rand die ontstaat bij het graveren waardoor de lijn dus minder scherp getrokken lijkt en de ets een soort 'fluweligheid' krijgt. Deze combinatie trof ik ook aan in het lemma 'braam' in het *WNT*, waar het volgende citaat van C. Vosmaer uit de roman *Amazone* (1880) wordt gegeven: 'de wimpers en wenkbrauwen *fluweelig als de braam* van Rembrandts schoonste etsproef' (mijn curs.)[101]. Een 'braam' kan ook de ruwe rand van een afgesneden stuk papier zijn, bijvoorbeeld van een opengesneden boek.

([100]) Vgl. elders bij Boutens: 'En uit oogen lacht / Schemerziel' (VL 154).
([101]) *WNT*, dl. III, I, kol. 967.

De 'fluweelen braam' in de wand van de ziel herinnert de 'ik' aan het '[h]uivergeluk van zalig-zoet herdenken'. 'Huivergeluk' is eveneens een oxymoron: een combinatie van iets negatiefs en iets positiefs. Hier wordt gehuiverd van geluk. De Herinnering etst aan de wand van de ziel de gelukkige en geliefde momenten uit het verleden (vgl. 'al wat mij lief was' in r. 4). Herinneren betekent onder meer iets of iemand te binnen brengen, hetgeen in dit gedicht te verbinden is met het 'overplanten': het naar binnen brengen van de 'Wereld' in de 'ziel'. In deze regels staat kernachtig waar het in dit gedicht om draait: het 'herdenken' van de Wereld, in beelden (vgl. het eerder genoemde 'Verbeelden'), die het gevolg zijn van de 'overplanting'.

Deze regels kunnen met verschillende elementen uit Plato's filosofie in verband gebracht worden, waarmee echter niet gezegd is dat dit een Platonisch gedicht ís. Zo kan bij de 'schemer-ziele-wanden' gedacht worden aan de allegorie van de grot (*Politeia*, boek VII), waarin op de wand van de grot schaduwen van een hogere, onzichtbare werkelijkheid worden gezien[102]. Het beeld van de herinnering die iets etst in de wand van de ziel kan gerelateerd worden aan een passage in de *Theaetetus* (191 C-D), waarin wordt gesproken van een wastablet in de ziel waarin herinneringen als indrukken worden vastgelegd[103]. Irons interpreteert 'Herinnring' als een letterlijke vertaling van Plato's begrip *anamnesis* (de herinnering aan het vroeger aanschouwde Absolute)[104]. Hier lijkt eerder sprake te zijn van een omkering van Plato's ideeënleer. Bij Plato is de aardse werkelijkheid een afspiegeling van de Ideeënwereld. In dit gedicht is sprake van de 'Wereld' die

(102) Zie De Vogel 1968, p. 92-98.

(103) Zie Yates 1966, p. 36 en Draaisma 1995, p. 33 e.v. Dit beeld is ook te vinden in een sonnet van Willem Kloos uit 1889, waarin onder meer staat: 'Beeldjes [...] als gebootst uit was' en 'gegriffeld, aan den wand, in kras / Bij kras van letters' (Kloos 1995, p. 64).

(104) Irons 1997, p. 16.

wordt 'overgeplant' in de ziel. In de ziel etst 'Herinnring' beelden aan de wand van de ziel. Die beelden (of ideeën) zijn dus afgeleid van de wereld, in plaats van andersom[105]. Bovendien komt in een ander gedicht van Boutens ook het volgende voor: 'Nooit moog' Erinnring aan verleden leed / Droef overstemmen ons hoog lied van vreugd' (VL 29), waaruit blijkt dat de 'Erinnring' niet altijd te maken heeft met een positief ervaren wereld van vóór het aardse bestaan, maar ook kan duiden op een (negatieve) ervaring in het leven op aarde.

Uiteraard is een complex gedicht als het hier besprokene niet in enkele regels samen te vatten of te parafraseren. Ik herhaal hier slechts enige belangrijke thema's. Zoals gezegd, ga ik uit van het onderscheid binnenwereld-buitenwereld. De 'ik' leeft in zijn binnenwereld, waarin hij dingen die hem lief zijn uit de buitenwereld heeft overgebracht. Die innerlijke wereld van licht en warmte staat tegenover de 'wereld', de 'aarde' en de 'Wereldnacht' waar duisternis en kou heersen. In de binnenwereld, die als een kas wordt voorgesteld, bloeien bloemen die verbeelding symboliseren.

Het lijkt welhaast of Boutens in zijn prozagedicht 'De blaren vallen, vallen...', eveneens gepubliceerd in de *Utrechtsche studenten-almanak* van 1892, een soort "uitleg" heeft gegeven van zijn gedicht 'Ik sloot de blinkevenstren'. Ik citeer daaruit twee passages die gaan over het naar binnen halen van het licht om zo de duistere en koude winter te kunnen overleven: 'Ik weet, wat ik doen zal. Ik zal weven mij een kleed van zon en herfst-draden, een warm-zonnig kleed, koesterdicht tegen den kouden winter; ik zal mij snijden een mantel van hemel-blauw.' En: 'Nu zal ik gaan en verzamelen vele,

([105]) Vgl. wat Kusters constateerde naar aanleiding van Boutens' 'Lethe' (VL 206-207). Ook in dat gedicht is volgens hem sprake van een 'omkering [...] van een aspekt van Plato's ideeënleer' (Kusters 1976, p. 186).

vele garven, gouden schooven, schooven zonnelicht. En ik zal ze opleggen in mijn schuren voor vele dagen van zonneloosheid. Ik zal hebben voor mij-zelven en ik zal hebben voor anderen, en wie tot mij komt, zal ik geven van mijn zonne-brood.'[106]

4. 'Ik sloot de blinkevenstren' en Maeterlincks *Serres chaudes*

Zoals gezegd, is vooral de thematiek van de binnen- en buitenwereld van belang in 'Ik sloot de blinkevenstren'. De binnenwereld van de 'ik' — zijn 'schitterhuis' — waarin het licht en warm is en waarin bloemen en planten bloeien, kan gezien worden als een kas of serre temidden van een koude, duistere wereld. De 'ik' wil het licht behouden in zijn innerlijk, zijn ziel. De ziel wordt vergeleken met een huis — of kas of serre — met vensters en wanden. De binnenwereld is een verbeelde, dus kunstmatige, wereld. Boutens stond met deze thematiek niet alleen. Er zijn relaties te leggen met werk van andere auteurs uit het negentiende-eeuwse *fin de siècle*. Exotische bloemen en serres waren zeer in de mode in de literatuur en beeldende kunst van die tijd[107]. Zo is het thema van de kas of de serre ook aan te treffen in werk van Emile Zola (*La curée* uit 1872)[108], J.-K. Huysmans (*A rebours* uit 1884), Jacobus van Looy (het verhaal 'De nachtcactus' uit 1888) en Hugo von Hofmannsthal (in diens verhaal 'Das Märchen der 672. Nacht' uit 1895)[109]. Volgens Van Halsema bestaat er een intertekstueel verband tussen Boutens' 'Ik sloot de

(106) *Utrechtsche studenten-almanak* (1892), p. 349-350. Zie over dit prozagedicht (niet opgenomen in VL) ook De Clerck 1965, p. 118 en Van der Weij 1997, p. 379-380.

(107) Zie Derks e.a. 1982 en Van Buuren 1999.

(108) Zie Derks e.a. 1982, p.100-101.

(109) Zie Goedegebuure 1987, p. 139-142.

blinkevenstren' en Baudelaires gedicht 'Paysage' uit *Les fleurs du mal* (1857)[110]. Het motief van het sluiten van de luiken komt ook in dat gedicht voor, evenals de tegenstelling tussen de koude buitenwereld en een kunstmatige, verlichte binnenwereld. Het gaat vooral om de volgende regels: 'Et quand viendra l'hiver aux neiges monotones, / Je fermerai partout portières et volets / Pour bâtir dans la nuit mes féeriques palais.' (in de vertaling van Peter Verstegen: 'En komt de wintersneeuw, steeds aan zichzelf gelijk, / Dan sluit ik in mijn huis de luiken en gordijnen / Om in de nacht mijn feeënburcht te doen verschijnen')[111].

Maar ik zie vooral opmerkelijke parallellen tussen Boutens' gedicht en Maeterlincks dichtbundel *Serres chaudes* (1889)[112]. Daarin komen gedichten voor die overeenkomsten vertonen met Boutens' voorstelling van zaken in 'Ik sloot de blinkevenstren'. De vermelding van 'warmen zielegrond' (6) en vooral het tweede gedeelte van 'Ik sloot de blinkevenstren', waarin planten en bloemen een rol spelen, kunnen gezien worden in het licht van de titel *Serres chaudes* en de kas-metafoor die in de hele bundel van Maeterlinck een rol speelt: het innerlijk als serre of kas waarin allerlei planten en bloemen groeien. Maar er zijn ook meer gedetailleerde parallellen te vinden. Zo zou de versregel 'Ik sloot de blinkevenstren van mijn Ziel' gezien kunnen worden als een echo van de versregel 'Et mes cils ont fermé les portes' (En mijn wimpers hebben de deuren/poorten gesloten) uit Maeterlincks gedicht 'Ame chaude' (Warme ziel)[113]. De titel 'Ame chaude' kan eveneens in verband gebracht worden met Boutens' 'warmen zielegrond'.

(110) Van Halsema 1995b, p. 106.
(111) Baudelaire 1995, p. 279.
(112) Zie ook Goud 2003b.
(113) Maeterlinck 1965, p. 111.

Een ander gedicht van Maeterlinck waarin ik nog meer parallellen zie met 'Ik sloot de blinkevenstren' is 'Ame de serre' (Kas-ziel). Ik citeer het gedicht geheel:

Ame de serre

Je vois des songes dans mes yeux;
Et mon âme enclose sous verre,
Eclairant sa mobile serre,
Affleure les vitrages bleus.

O les serres de l'âme tiède,
Les lys contre les verres clos,
Les roseaux éclos sous leurs eaux,
Et tous mes désirs sans remède!

Je voudrais atteindre, à travers
L'oubli de mes pupilles closes,
Les ombelles autrefois roses
De tous mes songes entr'ouverts...

J'attends pour voir leurs feuilles mortes
Reverdir un peu dans mes yeux;
J'attends que la lune aux doigts bleus
Entr'ouvre en silence les portes[114].

Allereerst geef ik een zo letterlijk mogelijke vertaling van het gedicht:

Kas-ziel

Ik zie dromen in mijn ogen;
En mijn ziel, opgesloten onder glas,
Haar beweegbare kas verlichtend,
Beroert vluchtig de blauwe glaswanden.

O de kassen van de lauwe ziel,
De lelies tegen de gesloten glazen,
De rieten ontloken onder hun wateren,
En al mijn onstilbare verlangens!

([114]) Maeterlinck 1965, p. 165-166.

Ik zou willen bereiken, dwars door
De vergetelheid van mijn gesloten pupillen,
De bloemschermen die vroeger rose waren
Van al mijn halfopen dromen...

Ik wacht tot ik hun dode bladeren
Weer een beetje groen zie worden in mijn ogen;
Ik wacht tot de maan met blauwe vingers
In stilte de deuren op een kier zet[115].

Er zijn parallellen, maar ook grote verschillen met Boutens' gedicht. Allereerst is er een verschil in vorm: Maeterlincks gedicht bestaat uit klassieke, rijmende kwatrijnen, terwijl de vorm van 'Ik sloot de blinkevenstren' veel vrijer is. Het belangrijkste thema uit Boutens' gedicht — het overplanten van aspecten uit de buitenwereld in de binnenwereld — vinden we bij Maeterlinck niet terug. In 'Ame de serre' voelt de ziel zich juist opgesloten (r. 2, 6) en verlangt naar buiten (r. 8). In Boutens' gedicht is dat gevoel van gevangenschap niet aanwezig. Integendeel, daarin is de binnenwereld (het 'schitterhuis') juist positief. Een ander groot verschil is dat Maeterlincks gedicht vager en mysterieuzer is. De sfeer bij Maeterlinck is beklemmend, broeierig en decadent, daarvan is in 'Ik sloot de blinkevenstren' geen sprake[116].

Ondanks deze verschillen zijn ook enkele in het oog springende overeenkomsten aan te wijzen. In de eerste plaats is er grote nadruk op de ogen en het openen en sluiten daarvan. In regel 1 staat dat de 'ik' dromen in zijn ogen ziet. In regel 10 zijn de pupillen gesloten. Ook in regel 14 wordt van de ogen gesproken; de 'ik' wil de dode bladeren weer groen

([115]) Voor zover ik weet, is dit gedicht tot nu toe niet vertaald in het Nederlands. Vandaar dat ik hier een zo letterlijk mogelijke vertaling geef. Met dank aan Nelleke Moser.

([116]) Zie over de decadente thematiek van Maeterlincks werk Riffaterre 1974.

zien worden in zijn ogen. In Maeterlincks gedicht is de blik eveneens naar binnen gericht.

Ten tweede is er veel aandacht voor de ziel. Dat blijkt meteen al uit de titel 'Ame de serre'. In regel 2 staat dat de ziel van de 'ik' opgesloten onder glas ('enclose sous verre') is. De ziel bevindt zich in een 'mobile serre', mogelijk het lichaam (het huis of de gevangenis van de ziel). Bij Maeterlinck bevindt de ziel zich dus ín een serre, terwijl het bij Boutens gaat om een vergelijking van de ziel met een huis of kas met vensters, wanden en een grond ('zielegrond'). De ziel die zich bij Maeterlinck áchter glas of achter 'vitrages bleus' (4) bevindt kan in verband gebracht worden met Boutens' 'blinkevenstren'. In regel 5 worden 'les serres de l'âme tiède' (de kassen van de lauwe ziel) aangesproken. De 'lauwe ziel' lijkt op Boutens' 'warmen zielegrond', maar het adjectief 'lauw' heeft een negatievere betekenis dan 'warm'. In regel 6 van Maeterlincks gedicht wordt gesproken van 'les verres clos': gesloten ramen, te vergelijken met het sluiten van de 'blinkevenstren' bij Boutens. In de laatste regel van 'Ame de serre' wordt gebruik gemaakt van de deur-metafoor; de 'portes' (deuren of poorten) worden op een kier gezet.

Een derde overeenkomst is dat ook bij Maeterlinck bloemen, planten en onderdelen daarvan voorkomen: 'lys' (6), 'roseaux' (7), 'ombelles' (11) en 'feuilles mortes' (13). Zowel bij Maeterlinck als bij Boutens komen lelies voor. De 'roseaux' bij Maeterlinck zijn geen rozen, maar rieten. In regel 11 wordt gezegd dat de 'ombelles' (bloemschermen) vroeger rose waren, waarmee geïmpliceerd wordt dat ze inmiddels verdord zijn. De 'ik' tracht om de dode bladeren weer opnieuw groen te zien worden of te zien opbloeien: 'Reverdir un peu dans mes yeux' (14). Ook bij Boutens wordt van dode bladeren gesproken ('laatste blad' (3), ook gesuggereerd in 'doode boomenarmen' (24)). Het verlangen bij Maeterlinck om de dode bladeren weer groen te zien worden kan in verband worden gebracht met Boutens' gedicht: terwijl het winter is en de bomen dode takken hebben, verbeeldt de 'ik' in zijn innerlijk bloemen en planten. Een verschil is dat dat in Boutens' gedicht lukt, terwijl bij Maeterlinck slechts de hoop wordt uitgesproken dat het lukt. De onvervulde wensen en dromen (r. 8 en 12) in 'Ame de serre' kunnen in verband worden gebracht met het 'vaag verlangen' van de dode bomenarmen in 'Ik sloot de blinkevenstren'.

Het valt uiteraard niet te bewijzen dat Maeterlincks bundel *Serres chaudes* werkelijk als inspiratiebron heeft gediend voor Boutens' 'Ik sloot de blinkevenstren', maar het is niet onmogelijk. In 1891 vestigde J.N. van Hall met een recensie in *De gids* de aandacht op Maeterlincks bundel[117]. Uit het restant van Boutens' bibliotheek blijkt bovendien dat Boutens een exemplaar bezat van de herdruk uit 1890 van *Serres chaudes*, samengebonden met later werk van Maeterlinck[118].

5. Besluit

In tegenstelling tot Asselbergs en Irons ben ik van mening dat waarneming van de zintuiglijke waarneembare wereld wel degelijk van belang is in dit gedicht. Verbeelding is weliswaar een belangrijk sleutelwoord in dit gedicht (en ook in Boutens' latere werk), maar daarmee is nog niet gezegd dat de zichtbare wereld volledig uit het blikveld verdwenen is. De geziene wereld wordt *omgezet* in een innerlijke, zoals Van Deyssel, De Clerck en Fens al eerder hadden aangestipt, maar niet nader uitgewerkt.

(117) [Van Hall] 1891. Zie Leijnse 1995, p. 36-46 over de receptie van *Serres chaudes* in Nederland.

(118) Namelijk de drie toneelstukken *La princesse Maleine* (1891), *Les aveugles* (1892) en *Les sept princesses* (1891). Dit exemplaar berust bij de erven Boutens.

In dit hoofdstuk heb ik laten zien dat er allerlei lijnen te trekken zijn tussen Boutens' gedicht 'Ik sloot de blinkevenstren' en de literaire en culturele actualiteit. Het motief van het sluiten van de ogen is ook bij de latere Boutens te vinden, zoals in het gedicht 'De ziener' (VL 824) uit 1921. Ik ben daar niet op ingegaan omdat ik mij in dit hoofdstuk vooral heb willen richten op de vroege poëzie van Boutens. Ik heb 'Ik sloot de blinkevenstren' in verband proberen te brengen met de nieuwe mystiek. Waar in de traditionele mystiek sprake is van een gerichtheid op God, is in Boutens' gedicht veeleer sprake van een gerichtheid op het eigen innerlijk, de 'Ziel'. Kemperink heeft er onlangs op gewezen dat schrijvers in het negentiende-eeuwse *fin de siècle* het metafysische zagen 'als iets wat innig verbonden is met het subject, het *ik*'. Zij wijst op aanduidingen als het Ik, de Ziel, het Zelf, zonder daarbij overigens Boutens te noemen[119].

In mijn bespreking van 'Ik sloot de blinkevenstren' heb ik zijdelings ook gewezen op mogelijke parallellen in het sensitivistische werk van Gorter en Van Deyssel, en in werk van Baudelaire en Maeterlinck. Ook is er, in verband met de motieven van de winter, brandende steden en de Wereldnacht, een verbinding mogelijk met de oud-Noorse mythe van de Ragnarok (Godenschemering) die Wagner inspireerde. Er valt nog veel onderzoek te doen naar de cultuurhistorische inbedding van Boutens' vroege poëzie. Boutens heeft niet alleen met open ogen naar de wereld gekeken, maar óók naar de literatuur en cultuur van zijn eigen tijd. In het volgende hoofdstuk zal ik ingaan op de relatie tussen Boutens en Jan Toorop, wiens naam in dit hoofdstuk al enkele malen is gevallen.

(119) Kemperink 2001, p. 242-243.

HOOFDSTUK IV

DE BLIK GERICHT OP KUNST. OVER '"REGENBOOG". AAN J.TH. TOOROP / NA HET ZIEN VAN ZIJN KRIJTTEEKENING VAN DIEN NAAM' (1907)

1. Inleiding

In Boutens' gedichten zijn meer dan eens verwijzingen te vinden naar kunstenaars, schilderijen en musea. Het gaat zowel om oude meesters als contemporaine, bevriende kunstenaars. Die gedichten, geschreven naar aanleiding van een kunstwerk, kunnen bij elkaar een particulier museum van woorden genoemd worden, om te spreken met James A.W. Heffernans *Museum of words. The poetics of ekphrasis from Homer to Ashbery* (1993). Met zijn verwijzingen heeft Boutens aangegeven welke kunstenaars hij bewonderde: Rembrandt, Vermeer, Leonardo da Vinci, Dante Gabriel Rossetti, Willem van Konijnenburg en Jan Toorop. Bovendien maakte Boutens niet alleen gedichten bij schilderijen, maar ook naar aanleiding van beelden, zoals 'Aan den Hermes van Praxiteles' (VL 273), en dodenmaskers ('Doodenmasker voor Hugo von Hofmannsthal' (VL 758) en 'Inconnue de la Seine' (VL 851))[1]. Dit corpus van gedichten is bij uitstek geschikt voor een onderzoek naar visualiteit in Boutens' œuvre, omdat de door Boutens geziene objecten concreet worden genoemd en het dus mogelijk is om woord en beeld te vergelijken.

(1) Zie Goud 1997a en Kusters 1995, p. 195-196.

Als casus voor dit hoofdstuk neem ik het gedicht dat Boutens schreef naar aanleiding van de tekening *De Regenboog* (1906) van Jan Th. Toorop (1858-1928). De tekening werd in 1907 tentoongesteld bij de Haagse kunsthandel Krüger & Cie. Boutens' gedicht werd voor het eerst gepubliceerd in de tentoonstellingscatalogus van Krüger. In deze catalogus is géén afbeelding opgenomen van Toorops tekening. Boutens' gedicht staat daarin dus geheel op zichzelf. Boutens nam het gedicht voorts op in zijn bundel *Stemmen* (1907), waarin ook een door Toorop getekend portret van Boutens (uit 1905) is afgebeeld tegenover het titelblad.

Het gedicht is om verschillende redenen interessant voor nader onderzoek. Ten eerste staat het aan het begin van een reeks van gedichten waarbij Boutens vermeldde dat ze geschreven zijn bij een kunstwerk. Ten tweede is de ondertitel 'Aan J.Th. Toorop / na het zien van zijn krijtteekening van dien naam' intrigerend vanwege de formulering 'na het zien'. Het biedt mogelijkheden om de overeenkomsten en verschillen tussen woord en beeld aan het licht te brengen. Ten derde kan bestudering van dit gedicht, in vergelijking met Toorops tekening, mogelijk een en ander verhelderen over de nog nauwelijks onderzochte relatie tussen Boutens en Toorop. Zij waren immers bevriend en hebben samengewerkt[2].

Toorop (in 1858 op Java geboren) kwam in 1869 naar Nederland[3]. In de jaren '90 werd hij internationaal beroemd met zijn symbolistische schilderijen en tekeningen. Wanneer Boutens en Toorop elkaar voor het eerst ontmoet hebben, is mij niet bekend. Volgens De Clerck zouden Boutens en

(2) Op deze relatie is tot nu toe slechts zijdelings ingegaan, zie Oberman 1926, p. 282-285, De Clerck 1969, p. 82-84, Blotkamp en Rijnders 1978, p. 80, Hefting 1989, p. 150, Van Vloten 1994, p. 20-21, Van Halsema 1995a, Goud 1998a, 1998c en 2000b.

(3) Zie voor nadere biografische gegevens Hefting 1989.

Toorop elkaar reeds in de eerste 'Noorthey'-jaren hebben leren kennen (Noorthey was een elitaire jongenskostschool te Voorschoten waar Boutens van 1894 tot 1904 als docent klassieke talen werkte), maar hij vermeldt niet waarop zijn vermoeden is gebaseerd[4]. Toorop zou voor Boutens' bundel *Verzen* (1898) een omslag tekenen, maar dat plan is helaas niet doorgegaan[5]. Boutens bezocht Toorop in juli 1902 in Katwijk aan Zee[6]. In december 1902 verscheen Boutens' gedicht 'Afvaart' in *De gids*, met de opdracht 'Voor J.Th. Toorop' (later nam Boutens het op in *Stemmen*, zonder opdracht)[7]. Vanaf 1903 ontmoetten Boutens en Toorop elkaar regelmatig in de Zeeuwse badplaats Domburg[8]. Toorop had daar zijn atelier en Boutens kwam er vaak. Bovendien zullen ze elkaar vaak gezien hebben in Den Haag, alwaar Boutens sinds 1904 woonde en Toorop sinds 1916 (zie afbeelding 2 waarop Boutens is te zien tijdens een bezoek bij Toorop in diens atelier). Toorop illustreerde enkele initialen van Boutens' gedichtencyclus *Naenia* (1903), geschreven naar aanleiding van de dood van Boutens' leerling Willem van Tets (zie afbeelding 3)[9]. Deze samenwerking tussen Boutens en Toorop kan gezien worden in het licht van de mode van het kunstenaarsboek in het negentiende-eeuwse *fin de siècle*[10]. Toorop

(4) De Clerck 1969, p. 82.

(5) Blijkens de briefkaart van Boutens aan Lodewijk van Deyssel van 22 januari 1898 (in Van Deyssel-archief te Maastricht, met dank aan dr. Harry G.M. Prick).

(6) Blijkens de briefkaart van Boutens aan Van Deyssel van [11] juli 1902; zie noot 5.

(7) Over dit gedicht schreef Boutens in een brief van 4 februari 1908 aan Albert Verwey dat het geschreven was in Katwijk aan Zee (brief in Universiteitsbibliotheek van Amsterdam (UvA), sign. Hs. XLI B 1841). Mogelijk doelde hij op zijn bezoek aan Toorop.

(8) Zie Goud 1998a en 1998c.

(9) Zie De Clerck 1962, Van Halsema 1995a en Rijkse 1997, p. 12.

(10) Zie Braches 1973 over kunstenaarsboeken in Nederland.

portretteerde Boutens drie maal (in 1905, 1908 en 1921; zie voor de eerste twee portretten afbeeldingen 4 en 5). Die portretten werden opgenomen in Boutens' bundels. Boutens had een aantal werken van Toorop in zijn bezit, waaronder de bovengenoemde portretten. Daarnaast bezat Boutens onder meer de volgende werken: het schilderij *De jonge generatie* (1892)[11], de tekening *Tête d'une anglaise* (1895) met de opdracht 'aan mijn vriend Boutens'[12], de tekening *Twee aardappel rooiende boeren* (1905) met de opdracht 'aan Boutens'[13], de tekening *Veldarbeiders werkend voor de Hoge Hil te Domburg* (1905) met de opdracht 'aan Boutens'[14], de ets *Nettenboetsters* met opdracht 'aan Boutens / aug. 1907 Domburg'[15] en een isografie van de tekening *Ave Maria* (1906) met de opdracht 'Aan mijn vriend en dichter / dr. Boutens / van J.Th. Toorop / Amst. 1908'[16]. Ook bezat hij een zelfportretje van Toorop op een ziekbed, getekend op een aan Boutens gerichte briefkaart uit 1912[17]. Boutens moet ook een tekening getiteld *Meisjeskopje* (1915) van Toorop hebben

([11]) Zie Polak 1955, p. 110 en p. 353, cat. nr. 39. Dit schilderij bevindt zich nu in Museum Boijmans Van Beuningen te Rotterdam.

([12]) Zie Knipping 1947, p. 27 en Polak 1955, p. 368, cat. nr. 84.

([13]) Deze tekening bevindt zich inmiddels in museum De Lakenhal te Leiden. In de catalogus van de *Eere-tentoonstelling Jan Toorop* (Den Haag, Pulchri, 1928) wordt een gekleurde krijttekening vermeld onder de titel *West-Kappelsche boeren*, destijds eigendom van P.C. Boutens (p. 36, nr. 69). De tekening dateert eveneens uit 1905 en heeft hetzelfde formaat (56 x 47 cm.). Zeer waarschijnlijk gaat het om dezelfde tekening.

([14]) Geveild op 18 april 2002 bij het Zeeuws Veilinghuis te Middelburg (nr. 230). Zie Rozendaal 2002.

([15]) Huidige verblijfplaats onbekend. Mededeling Gerard van Wezel.

([16]) Geveild op 18 april 2002 bij het Zeeuws Veilinghuis te Middelburg (nr. 253); inmiddels in mijn bezit. Zie over *Ave Maria* ook Van Wezel 1985, p. 25-26.

([17]) De briefkaart bevindt zich in het Haags Gemeentearchief. Het poststempel is van 8 mei 1912. Met dank aan Gerard van Wezel.

bezeten[18]. Hij bezat ook werken van andere kunstenaars, zoals van zijn vriend Willem van Konijnenburg[19]. Boutens' huis was dus een klein privé-museum.

Boutens heeft in totaal zes gedichten aan Toorop opgedragen. De bundel *Stemmen* (1907) bevat naast '"Regenboog"' nog twee gedichten die oorspronkelijk (in de tijdschriftpublicatie) aan Toorop waren opgedragen: 'Afvaart' (VL 178-179) en 'Branding' (VL 187-188)[20]. De overige drie zijn opgenomen in de bundel *Zomerwolken* (1922): 'Sterren. Voor J.Th. Toorop' (VL 645-646)[21], 'Ad virginem matrem. Voor Jan Toorop / naar aanleiding van een zijner Madonna-teekeningen' (VL 678-679) en 'Afneming van het kruis. Aan J. Th. Toorop' (VL 696). Van deze zes gedichten zijn '"Regenboog"', 'Ad virginem matrem' en 'Afneming van het kruis' geschreven bij een specifiek werk van Toorop. Omgekeerd hebben Boutens' gedichten Toorop mogelijk geïnspireerd tot het maken van tekeningen. Boutens schreef in 1913 aan Arij Prins: 'Met de twee gedichten uit de Gids heb ik in zoo verre succes, dat [...] Toorop van beide verzen teekeningen gaat bedrijven.'[22] Mij is niet bekend of Toorop deze tekeningen ook daadwerkelijk gemaakt heeft. Uit deze gegevens blijkt dat het in dit hoofdstuk centraal gestelde gedicht '"Regenboog"' bezien moet worden in het licht van de vriendschap

(18) Huidige verblijfplaats onbekend. Mededeling Gerard van Wezel.

(19) Zie De Clerck 1969, p. 82-85.

(20) De voorpublicaties van 'Afvaart. Voor J.Th. Toorop' en 'Branding. Voor J.T.' stonden in *De gids* 66 (1902), dl. IV, p. 510-511 en 67 (1903), dl. IV, p. 524-525. In het Toorop-archief bevindt zich een typoscript van 'Branding', met de opdracht 'Aan J.Th. Toorop' en onder het gedicht '26 Aug. 1903 / Domburg', met op de achterzijde een briefje van Boutens aan Toorop van 5 oktober 1903 (KB Den Haag, sign. TC C 156 IV 2).

(21) Zie hoofdstuk VI.

(22) Brief van 21 juni 1913 in Letterkundig Museum te Den Haag. Het gaat om de gedichten 'Pietà' en 'Kerst-kind' (VL 657-662).

en de samenwerking tussen Boutens en Toorop. Het gedicht is een onderdeel van een complex van wederkerige relaties.

Naar Boutens' gedichten bij werk van Toorop is nog nauwelijks onderzoek gedaan. Wel is er door Peperkamp en Fokkema aandacht geschonken aan Boutens' gedichten bij werken van Van Konijnenburg[23]. Korteweg schreef een artikel over vier gedichten van Boutens bij schilderijen van oude meesters. Hij besteedt geen aandacht aan Toorop, omdat Boutens volgens hem pas laat 'ernst [begon] te maken met beeldgedichten', namelijk in zijn bundels *Bezonnen Verzen* (1931) en *Tusschenspelen* (1942)[24]. Ik ben echter van mening dat ook de vroege beeldgedichten van Boutens nadere aandacht verdienen, in het bijzonder de gedichten die zijn opgedragen aan Toorop. De relatie met Toorop is volgens mij van cruciaal belang voor de ontwikkeling van Boutens. Ook met Kortewegs conclusie ben ik het niet eens. Hij vindt dat Boutens in zijn beeldgedichten 'weinig of niets met de picturale elementen van het schilderij' doet. De kunstwerken zijn volgens hem slechts 'aanleiding, meer niet'. De schilderijen spelen een 'ondergeschikte rol' ten opzichte van de gedichten die Boutens erbij schreef[25]. Ik wil in dit stuk echter laten zien dat Toorops tekening voor Boutens méér dan slechts een aanleiding was.

Ik zal in dit hoofdstuk ingaan op twee vragen. Ten eerste: wat is de relatie tussen Boutens' gedicht en Toorops tekening? Met andere woorden: hoe verhouden woord en beeld zich hier? Daarbij gaat het mij niet om de vraag of Boutens

(23) Peperkamp en Fokkema 1993.

(24) Korteweg 1993, p. 50-51. Korteweg gaat in op de volgende gedichten: 'Zelfportret. Het Atelier van Vermeer van Delft in de verzameling Czernin' (VL 757), 'Meisje met dood vogeltje. Musée des Beaux-Arts, Brussel' (VL 846), 'Jonge Titus' (VL 847) en 'Emmaüs. Bij het schilderij van Johannes Vermeer' (VL 856).

(25) Korteweg 1993, p. 60.

Toorop exact of 'juist' navolgt; het gaat mij vooral om de verschillen. Ten tweede wil ik nagaan in hoeverre de kunst- en literatuuropvattingen van Toorop en Boutens verwant of verschillend zijn. Daartoe zal ik de tekening en het gedicht relateren aan de cultuurhistorische context. Hier en daar zal ik ook biografische gegevens bij mijn analyse betrekken. Boutens en Toorop waren immers tijdgenoten en vrienden. Dat is een ander uitgangspunt dan wanneer een dichter iets schrijft naar aanleiding van een imaginair kunstwerk, of een kunstwerk van een reeds lang overleden kunstenaar.

Voordat ik overga tot de bespreking van Toorops tekening, de symboliek van de regenboog, Boutens' gedicht, de relatie daartussen, en een vergelijking van hun kunst- en literatuuropvattingen, zal ik ingaan op de theorievorming over de relatie tussen woord en beeld.

2. Woord en beeld

Het beschrijven van kunstwerken in gedichten wordt wel aangeduid met de term *ekphrasis*. Dit is een begrip uit de klassieke retorica waarover in het recente onderzoek naar woord en beeld-relaties veel is geschreven en getheoretiseerd[26]. In het algemeen betekent ekphrasis (afgeleid van het Griekse *ekphrazein*, vertellen, uitspreken): het onder woorden brengen van visuele objecten. Een specifiekere invulling van ekphrasis is: het beschrijven van kunstwerken, of zij nu werkelijk bestaan ('actual ekphrasis') of imaginair zijn ('notional ekphrasis')[27]. Een van de oudste en beroemdste gevallen van 'notional ekphrasis' is de beschrijving in Homerus' *Ilias* (boek 18) van

(26) Zie onder meer Krieger 1992, Heffernan 1993, Mitchell 1994 (hoofdstuk 5), Scott 1994 en Robillard en Jongeneel (ed.) 1998.

(27) Hollander 1988.

Achilles' schild. Bij Boutens' gedicht naar aanleiding van Toorops tekening gaat het dus om 'actual ekphrasis'.

In recente studies over ekphrasis wordt aan twee aspecten nadrukkelijk aandacht besteed: strijd en *gender*. W.J.T. Mitchell en James A.W. Heffernan zijn, in navolging van Leonardo da Vinci, van mening dat er sprake is van een strijd (*paragone*) tussen woord en beeld. Mitchell schrijft: 'Words and images seem inevitably to become implicated in a "war of signs"'[28]. Heffernan spreekt van 'a struggle for dominance' tussen woord en beeld[29]. Het is volgens hem dan ook niet afdoende om literatuur en schilderkunst slechts met elkaar te vergelijken[30]. Onderzoek naar woord en beeld-relaties dient volgens Heffernan vooral de vinger te leggen op strijd en niet alleen te bestaan uit comparatisme. Hij omschrijft ekphrasis als 'the verbal representation of visual representation' (p. 3). Een ekphrastische tekst is volgens Heffernan niet iedere tekst die is geschreven naar aanleiding van een kunstwerk. Het gaat om een specifieke tekstvorm die het verschil tussen verbale en visuele representatie benadrukt[31].

Al in 1766 wees Lessing in zijn *Laokoön. Oder über die Grenzen der Malerei und Poesie* op het fundamentele verschil tussen woord en beeld: literatuur is temporeel en beeldende kunst is spatieel[32]. Lessing reageerde op uitspraken als die

([28]) Mitchell 1986, p. 47. Zie ook Mitchell 1994, vooral hoofdstukken 3 en 5.

([29]) Heffernan 1993, p. 1. Omdat ik in dit gedeelte nog vaak naar Heffernan zal verwijzen, geef ik in het vervolg alleen de paginanummers tussen haakjes in de lopende tekst.

([30]) Zoals bijv. Hagstrum 1958.

([31]) Daarin verschilt Heffernan van mening met Krieger, die de term *ekphrasis* gebruikt voor iedere vorm van 'imitation in literature of a work of plastic art' (Krieger 1992, p. 265); vgl. Heffernan 1993, p. 191, noot 3.

([32]) Zie Mitchell 1986, p. 95 e.v.

van Simonides van Ceos: 'poëzie is een sprekend schilderij' en 'schilderkunst is zwijgende poëzie' en op Horatius' *ut pictura poesis* (zoals de schilderkunst is, is de dichtkunst)[33]. Mitchell laat in zijn analyse van Lessings *Laokoön* zien dat het stille, passieve beeld met het vrouwelijke wordt geassocieerd en het actieve, sprekende woord met het mannelijke[34]. De strijd tussen woord en beeld is volgens Heffernan dan ook 'often powerfully gendered' (p. 1). Verderop schrijft hij dat de 'struggle for mastery between word and image is repeatedly gendered' (p. 6). Als voorbeeld noemt hij Keats' gedicht 'Ode on a Grecian Urn', waarin de urn (een imaginaire vaas met daarop geschilderde afbeeldingen) wordt aangesproken als 'still unravish'd bride of quietness'[35]. Volgens Heffernan is de schilderkunst echter niet altijd zwijgend. Zij wordt niet alleen toegesproken door de poëzie, maar ze wordt ook tot spreken gebracht door ekphrastische poëzie. Hij brengt dat in verband met *prosopopeia* (ook wel personificatie), de retorische techniek om stille objecten een stem te geven. Heffernan ziet dit als een van de mogelijke kenmerken van ekphrasis[36]. Hij schrijft: 'Ekphrasis speaks not only *about* works of art but also *to* and *for* them. In so doing, it stages — within the theater of language itself — a revolution of the image against the word, and particularly the word of Lessing, who decreed that the duty of pictures was to be silent and beautiful (like a woman), leaving expression to poetry.' (p. 7). Heffernan stelt voorts: 'Ekphrasis, then, is a literary mode that turns on to the antagonism — the commonly gendered antagonism — between verbal and visual representation' (p. 7).

(33) Zie Steiner 1982, p. 5-14.

(34) Zie Mitchell 1986, p. 109-110.

(35) Zie voor een bespreking van dit gedicht ook Scott 1994, p. 120 e.v.

(36) In tegenstelling tot Hagstrum die met ekphrasis louter verwees naar 'that special quality of giving voice and language to the otherwise mute object' (Hagstrum 1958, p. 18, noot 34); vgl. Heffernan 1993, p. 194, noot 17.

De relatie tussen woord en beeld is volgens hem dus vijandig; deze strijd wordt vrijwel altijd door *gender*-verhoudingen bepaald.

In zijn hoofdstuk over romantische ekphrasis schrijft Heffernan: 'For Scott as for W.J.T. Mitchell [...] ekphrasis is a mode of writing in which the male poet ambivalently responds to an image typically viewed as female: an image that excites both "ekphrastic hope" — the desire for union — and the "ekphrastic fear" of being silenced, petrified, and thus unmanned by the Medusan "other" [...].' (p. 108). Heffernan is echter van mening dat bij ekphrasis niet altijd sprake is van dit 'Medusa-model'. Het is slechts een van de vele aspecten van ekphrasis. Volgens hem zijn er verschillende manieren waarop de strijd tussen woord en beeld zich kan voordoen. Zo wil de spreker in Keats' 'Ode on a Grecian urn' volgens Heffernan de urn niet tot zwijgen brengen, maar haar juist tot spreken brengen (p. 111). Na te hebben gezwegen, spreekt de urn ten slotte een raadselachtige spreuk uit: 'Beauty is truth, truth beauty'. Door te spreken, doorbreekt de urn de grens tussen visuele en verbale representatie (p. 114-115).

Heffernan behandelt achtereenvolgens ekphrasis bij Homerus, Dante en Shakespeare en romantische, moderne en postmoderne vormen van ekphrasis. Hij laat zien dat ekphrasis in de loop van de tijd verandert. In de klassieke oudheid was het slechts een ornament in een epische vertelling, terwijl in de romantiek het zelfstandige ekphrastische gedicht ontstond. In romantische ekphrasis is volgens Heffernan vooral transcendentie van belang (p. 91). Volgens hem deelden in de romantiek de dichter en de schilder het geloof dat beeldende kunst de kracht had om een moment te vereeuwigen en het boven de tijd te stellen (p. 93). Landschappen, de zee en de lucht werden in romantische kunstwerken geïdealiseerd (p. 97-98). Na zijn behandeling van romantische ekphrasis stapt

Heffernan over naar moderne ekphrasis. Heffernan besteedt opmerkelijk genoeg geen aandacht aan de Pre-Raphaëlieten — met name vertegenwoordigd door de dichter-schilder Dante Gabriel Rossetti — en de symbolisten. Ter verantwoording van deze omissie schrijft Heffernan: 'It may seem strange that the considerable body of Victorian poetry about the visual arts should be represented in this book by the work of Browning rather than of Dante Gabriel Rossetti, the poet and painter who not only helped to found the Pre-Raphaelite Brotherhood but also composed a conspicuously ekphrastic set of *Sonnets for Pictures.*' (p. 139). Maar Heffernan heeft niet de pretentie om een volledig overzicht van ekphrastische literatuur te geven, bovendien is hij van mening dat Rossetti 'the ideology of transcendence' van zijn romantische voorgangers slechts herhaalt (p. 218-219, n. 8). Anderen hebben wél aandacht besteed aan Rossetti en ekphrasis. John Hollander schreef zelfs: 'Dante Gabriel Rossetti's sonnets on pictures are so central to the modern tradition of ecphrastic poetry that one could devote many pages to these alone.'[37] Maar ook Hollander gaat slechts summier in op Rossetti.

In plaats van werk van Rossetti bespreekt Heffernan Brownings gedicht 'My Last Duchess' uit 1842. Dit gedicht gaat over een imaginair schilderij in een privémuseum. Heffernan ziet het als een voorloper van moderne ekphrasis, vooral gekenmerkt door de museale context, zoals het noemen van een museum, titels, bijschriften, publicaties over kunst enz. (p. 138-139). Moderne ekphrasis begint volgens Heffernan pas echt met Audens 'Musée des Beaux Arts' uit 1938 (p. 139 en p. 146 e.v.). Auden baseert zich op bestaande schilderijen in een openbaar museum. Ook gaat Heffernan in op eigentijdse, postmoderne vormen van ekphrasis. Het meest kenmerkende

(37) Hollander 1995, p. 151. Zie over Rossetti's beeldgedichten ook Hollander 1988, p. 214-215 en Rischin 1996.

van postmoderne ekphrasis is zelfreflexiviteit (p. 174-175). Dat laat Heffernan zien aan de hand van John Ashbery's gedicht 'Self-Portrait in a Convex Mirror' (1974), geschreven naar aanleiding van een zestiende-eeuws schilderij van Francesco Parmigianino.

Alhoewel er in de loop van de tijd verschillen zijn opgetreden, zijn er volgens Heffernan vier basiskenmerken ('basic features') van ekphrasis die gelden vanaf de klassieke oudheid tot en met de twintigste eeuw (p. 136). Deze kenmerken hoeven niet allemaal tegelijkertijd voor te komen in één tekst. Het gaat om de volgende kenmerken: (1) de vertaling of overzetting van het gefixeerde beeld in een verhaal; (2) *prosopopeia*, het geven van een stem aan een stil object; (3) het besef van wrijving of verschil tussen het representerende medium en het gerepresenteerde onderwerp ('representational friction between signifying medium and subject signified'); (4) de *paragone*, de strijd om macht tussen woord en beeld, waarbij *gender* vrijwel altijd een rol speelt.

De door Heffernan genoemde kenmerken van ekphrasis zijn deels ook in Boutens' nog te bespreken gedicht bij Toorops tekening te vinden. Ik loop nu op mijn bespreking van Boutens' gedicht vooruit; ik stip slechts enkele punten aan (zie §5.1 voor de tekst). Al is Boutens' gedicht niet verhalend, toch is het eerste kenmerk (de vertaling of overzetting van een gefixeerd beeld in een verhaal) aanwijsbaar. Er zijn elementen die met het verstrijken van tijd te maken hebben, dat blijkt alleen al uit de ondertitel van het gedicht ('na het zien'). Boutens spreekt ook van een 'geweken bui' (r. 19), waarmee hij suggereert dat het eerder heeft geregend. Bovendien begint Boutens zijn gedicht met de komst van Toorop naar Nederland en geeft daarmee een voorgeschiedenis aan de tekening. Ook het derde kenmerk, het benadrukken van de verschillen tussen het medium en dat wat getekend is, valt aan te wijzen.

Zo thematiseert Boutens in zijn gedicht expliciet Toorops werkwijze: hij spreekt over zijn 'gewette stift' (r. 5) en 'den vasten streek der zuivre lijn' (r. 10)[38].

Het tweede kenmerk (*prosopopeia*) komt niet voor in Boutens' gedicht. De tekening krijgt geen stem, althans niet letterlijk zoals het geval is in Keats' 'Ode on a Grecian urn'. Er wordt wel gesproken óver de tekening. Ook worden de figuren op de tekening niet tot spreken gebracht; zij blijven zwijgend. Wel wordt in Boutens' gedicht gezegd dat het meisje droomt. Ook van strijd tussen woord en beeld (Heffernans vierde kenmerk) is in dit beeldgedicht geen sprake. Uiteraard zijn er wel verschillen tussen Toorops tekening en Boutens' gedicht. Die verschillen zouden metaforisch als 'strijd' kunnen worden beschreven, maar ik vind dat te sterk en te actief uitgedrukt. Ik voel er meer voor om in het geval van Boutens en Toorop te spreken van spanning tussen gedicht en tekening[39]. Zowel in Boutens' gedicht als op Toorops tekening is sprake van suggestie van een metafysische werkelijkheid. Maar zij doen dit op een verschillende wijze, door middel van verschillende media en instrumenten (ik kom daar nog op terug in dit hoofdstuk). Ook bij het zo nadrukkelijk betrekken van *gender* bij de strijd tussen woord en beeld zet ik vraagtekens. In Toorops tekening en Boutens' gedicht speelt *gender* weliswaar een rol omdat een man en een vrouw zijn afgebeeld. De man zit zijn zeis te wetten (= scherpen, slijpen), terwijl het meisje stil staat en in de verte staart. Deze figuren en hun activiteiten komen ook voor in Boutens' gedicht. De verhoudingen tussen gedicht en tekening, tekenaar

([38]) Boutens deed dit ook in een ander beeldgedicht, vgl. de passage 'Gelijk grafiet- en zilverstift / Hier overgrift' in het gedicht 'Teekeningen. Ridders en edelvrouwen' (VL 823) bij tekeningen van Willem van Konijnenburg.

([39]) Daarmee sluit ik enigszins aan bij Scotts bespreking van Homerus' beschrijving van Achilles' schild in de *Ilias* (zie Scott 1994, p. 4-5).

en dichter, man en vrouw zijn mijns inziens echter te complex om ze louter in termen van oppositie en strijd te bespreken. Ik geef de voorkeur aan een genuanceerde bespreking van de verschillen.

Een andere vraag is hoe Boutens' gedicht past in de door Heffernan geschetste ontwikkeling van ekphrastische literatuur. Voor mijn onderzoek naar de relatie tussen Boutens' gedicht en Toorops tekening zijn vooral Heffernans hoofdstukken over romantische en moderne ekphrasis van belang. Het is niet goed mogelijk om Boutens' ekphrastische gedichten eenduidig in te delen bij romantische of moderne ekphrasis. Er zijn romantische elementen aanwijsbaar, zoals transcendentie, het illusionaire en de zelfstandigheid van het ekphrastische gedicht. Ook is er een modern element aan te wijzen, zoals de museale context (volgens Heffernan kenmerkend voor moderne ekphrasis). Ik vat die museale context ruim op, want Toorops tekening is niet in een museum te zien geweest, maar op een tentoonstelling bij de Haagse kunsthandel Krüger. Boutens' gedicht is, zoals gezegd, voor het eerst in een tentoonstellingscatalogus gepubliceerd. Bij andere gedichten verwees Boutens wel naar een museum, zoals 'Zelfportret. Het Atelier van Vermeer van Delft in de verzameling Czernin' (VL 757) en 'Meisje met dood vogeltje. Musée des Beaux-Arts, Brussel' (VL 846).

Het is bovendien lastig om Boutens' beeldgedichten te plaatsen in Heffernans ontwikkeling van ekphrasis omdat hij, zoals gezegd, een belangrijke periode overslaat, namelijk die van de Pre-Raphaëlieten — met name vertegenwoordigd door Dante Gabriel Rossetti[40] — en de symbolisten. Boutens' gedichten bij werk van Toorop vallen nu juist precies

([40]) Zie de website van Jerome McGann: *The complete writings and pictures of Dante Gabriel Rossetti. A hypermedia research archive.* http://jefferson.village.virginia.edu:2020/.

in het 'gat' dat Heffernan open laat tussen romantische en moderne ekphrasis. Voor de ontwikkeling van Boutens' dichterschap was Rossetti van groot belang. Hij vertaalde een aantal gedichten van Rossetti (VL 500-515) en gaf ze uit in een bibliofiele editie (1906). Bovendien schreef hij een sonnet, opgedragen 'Aan D.G. Rossetti voor zijn portretstudies naar mevrouw Morris' (VL 447). Boutens zou wellicht via Rossetti's beeldgedichten ertoe gekomen kunnen zijn om gedichten te maken bij werk van Toorop[41]. In 1908 hield Boutens twee lezingen over Rossetti[42].

Ik ben het evenwel met Heffernan eens dat ekphrasis 'never aims simply to reproduce a work of visual art in words, so there is no point in judging ekphrastic poetry by a criterion of fidelity to the work it represents.' (p. 157). Ekphrastische poëzie levert geen reproductie of beschrijving, maar is een 're-vision' of een 're-creation'[43]. Eerder al bracht Heffernan dit ter sprake bij zijn bespreking van Wordsworths beeldgedichten waarin hij 'another imaginary picture of his own' en een 'new vision of the world' tracht te maken (p. 107). Ook Boutens creëert in zijn beeldgedicht een nieuwe werkelijkheid in woorden die een fundamenteel andere is dan de door Toorop getekende wereld. Het gedicht en de tekening vallen niet samen; er zijn tal van verschillen. De verschillen tussen tekening en gedicht worden ook gesuggereerd in de ondertitel van Boutens' gedicht, waarin wordt benadrukt dat het gedicht is geschreven *na het zien* van Toorops tekening[44]. Juist die verschillen maken de woord-beeld-relatie uitermate intrigerend.

([41]) Vgl. Van Vliet 1998a, p. 46, noot 6.

([42]) Zie Goud 2000d.

([43]) De termen zijn van Henry Sayre, zie Heffernan 1993, p. 221, noot 27.

([44]) Een ander voorbeeld van een dergelijke ondertitel bij een beeldgedicht is Edwin Markham, 'The man with the hoe. Written after seeing the painting by Millet'. Zie Hollander 1995, p. 227.

3. Toorops tekening

3.1. *Expositie*

Ik richt mij nu eerst op Toorops tekening *De Regenboog* uit 1906 (zie afbeelding 6). Wanneer Boutens de tekening voor het eerst gezien heeft, is niet bekend. Toorop verbleef in 1906 van april tot half november in Domburg[45]. Wellicht heeft Boutens, die vaak in Domburg vertoefde en Toorop daar bezocht, in die periode de tekening-in-wording in Toorops atelier gezien. In maart 1907 werd de tekening voor het eerst geëxposeerd in Arnhem. In een verslag in de *NRC* van 8 maart 1907 stond de volgende beschrijving van de tekening: 'Op den voorgrond een maaier, zijn zeis bekloppend, tegenover hem, afwachtend de vrouw. Hij zit en is in schaduw; haar gelaat staat hoog en rood tegen het verschiet van licht. Want het stuk is in tweeën gescheiden: een voorgrond van paarse en blauwe schaduw, een achtergrond van geelgoud licht.'

In april 1907 was de tekening te zien bij de Haagse kunsthandel Krüger & Cie, alwaar een Toorop-tentoonstelling werd gehouden. Daarbij verscheen de catalogus *Tentoonstelling van schilderijen en teekeningen van Jan Toorop*, waarin Boutens' gedicht voorin werd opgenomen. Boutens schreef daarover aan zijn Zeeuwse vriend Jacques Kakebeeke in een brief van 5 mei 1907:

> Heb je niet den catalogus van Toorops tentoonstelling ontvangen, dien ik je toezond? De teekening genaamd 'Regenboog', waarop ik het gedicht schreef, dat voor in den ctl. is opgenomen, werd door een vriend van me aangekocht en hangt nu voor onbepaalden tijd hier op mijn kamer. Ik wilde graag, dat

([45]) Zie brief van Toorop aan Verwey van 10 januari 1906 in Nijland-Verwey 1959, p. 216.

> jij dat Walchersche tooneel met je Zeeuwsche oogen hier eens zaagt. Het is bizonder Zeeuwsch en bizonder mooi[46].

De genoemde vriend was Anton J.A. baron van Herzeele (1882-1960). Hij was een oud-leerling van Boutens (uit de tijd dat hij les gaf op de jongenskostschool Noorthey te Voorschoten) en was een van zijn belangrijkste mecenassen. Toorop portretteerde hem in 1909[47]. Van Herzeele schreef in 1957 de volgende (overigens verwarde) herinnering:

> Op aandrang van B. had ik een waskrijtteekening [gekocht] dat [*sic*] op een tentoonstelling in A'dam hing en genaamd was "de Regenboog" dat gezegd niet gevaar liep te verschieten. Het was zeer mooi aanvankelijk en inspireerde B er een gedicht op te maken [...]. Dit gedicht is het eenige wat er van over blijft. Nadat ik het op gehangen had, op een niet te lichte plaats, bleek de verzekerde kleurechtheid een illusie. B. haalde T. er bij, die het een beetje oplapte zoo goed en kwaad als het ging, doch lang niet zooals het geweest was. Bij de evacuatie is de lijst uit elkaar gevallen toen het glas gebroken toen het papier gescheurd en ten slotte heelemaal vernield. Het stelde voor Zeeuwsche aardappel rooiers, man en vrouw die de zak voor haar schort hield. Zij stonden in het nog donkere gedeelte van het veld, onder de wegtrekkende wolk. De zon scheen reeds in de nabijkomende opklaring met de regenboog als achtergrond[48].

Van Herzeele moet zich hebben vergist, want de tekening is niet verloren gegaan[49]. De tekening is bewaard gebleven en

(46) Geciteerd naar Goud 1998c, p. 40.

(47) Zie een afbeelding in Blok 1983, p. 54. Blok geeft nadere gegevens over Van Herzeele op p. 55-60.

(48) Brief van Van Herzeele aan mevr. C.C.V. van Lier-Schmidt Ernsthausen van 24 juli 1957, berustend in de Boutensdocumentatie Van Lier, inv. nr. 681.

(49) Van Halsema, zich baserend op Van Herzeele, ging er in 1995 nog van uit dat de tekening verloren was gegaan (Van Halsema 1995a, p. 61).

bevindt zich thans in een particuliere collectie[50]. De tekening is allerminst verbleekt, integendeel, het werk is zeer indrukwekkend en fel van kleur. Vermoedelijk doelde Van Herzeele op een ándere verloren gegane tekening van Toorop. Op *De Regenboog* staan geen aardappelrooiers. Boutens bezat wel de (al genoemde) tekening *Twee aardappel rooiende boeren* (1905), maar ook deze tekening is niet verloren gegaan[51].

In de besprekingen van de tentoonstelling bij Krüger in de dagbladen werden de tekening *De Regenboog* en het bijbehorende gedicht van Boutens genoemd en lovend besproken[52]. De tentoonstelling werd in april 1907 uitvoerig besproken door P.N. van Eyck in *De vrije tribune*[53]. Van Eyck schreef lyrisch over Toorops werk: 'Die openluchten! Dat is een feest van zon in den klaren, hitte-doorschroeiden dag over land en zee, en blaren en menschen. In deze werken kunnen wij vooral den neo-impressionist in Toorop vieren. Hij ziet de schaduwen als paars, scherp paars, — gril, zegt Boutens — wanneer tusschen de schaduwen daarginds een boschje in de zon ligt te branden, dan is dat van een vurig, schaterend geel, de grond slurpt het van alle kanten aanstormende gele licht in en wasemt het weer uit, het hangt tusschen de blaren, tusschen de takken, in de boomgaarden, in de duinen, om de hoofden der arbeiders, der Zeeuwsche vrouwen, er is bijna geen landschap hier, dat niet gezien is in de schitterende

([50]) Met dank aan de heer H.E.M. Myers van kunsthandel Studio 2000 te Amsterdam, alwaar ik de tekening mocht bekijken. De tekening was ook te zien op de tentoonstelling 'Jan Toorop (1858-1928). Het late symbolisme' in het Katwijks Museum te Katwijk aan Zee (zie Kraaij en Rothuizen 2001, p. 53).

([51]) Die tekening bevindt zich nu in museum De Lakenhal te Leiden.

([52]) Zie *De Nieuwe Courant* van 8 april 1907, *NRC* van 9 april 1907, *Algemeen handelsblad* van 23 april 1907. (knipsels in Toorop-archief, KB Den Haag, TC C 180).

([53]) Zie V[an] E[yck] 1907. Met dank aan Gerard van Wezel die mij op deze bespreking wees.

onderworpenheid aan het almachtige licht.' Naar aanleiding van Boutens' gedicht schreef Van Eyck dat het 'zoo mooi het beeldend werk weer[geeft]'. Hij citeerde er ook een gedeelte uit. Ten slotte schreef Van Eyck over het gedicht: 'Zulk een teekening is zulk een gedicht waard.'

3.2. *Analyse van de tekening*

Ik zal de tekening nu eerst in grote lijnen analyseren. Daarna geef ik een beknopte interpretatie. Het formaat is ± 47 x 62 cm. Hier en daar heeft Toorop kleuren genoteerd: 'groen', 'donkergroen bl[auw]', 'paarsch blauw', 'donker paarsch', 'roodachtig'. Schrijven in een tekening was voor Toorop geen ongebruikelijk procédé, maar het maakt de woord-beeldrelatie in dit geval nog intrigerender. Het lijkt erop dat Toorop in het veld geschetst heeft en de tekening later in zijn atelier heeft uitgewerkt met kleurkrijt. In mijn analyse ga ik grofweg uit van een voorgrond, een tussengebied en een achtergrond.

Op de voorgrond zijn twee mensen te zien. Links zit een man op de grond, in de schaduw, zijn zeis te wetten (scherpen, slijpen). Rechts staat een meisje. Opvallend is dat de twee figuren in verschillende stijlen getekend zijn: de man zeer schetsmatig in strepen, het meisje heel precies en gedetailleerd (met uitzondering van het schort en de klompen). Het meisje lijkt los van haar omgeving te staan. Het is leeg onder haar, de klompen zijn niet af (het lijkt haast alsof ze zweeft). Het gezicht en de handen van de man zijn zeer grof getekend met oranje streepjes. Zijn kleding is blauw en donkergroen. De contouren van het pak zijn blauw. Ook de randen van de zeis zijn blauw, in het midden van de zeis zijn oranje streepjes te zien (die wellicht duiden op de weerkaatsing of de blikkering van het licht). Interessant zijn de verschillende blikrichtingen van de man en het meisje. De man kijkt alleen naar zijn zeis. Voor zijn omgeving heeft hij (op dit moment althans) geen oog; zijn blikveld is beperkt. Hij zit met zijn rug naar de richting waarnaar het meisje kijkt. De man zit op de grond en is met de aarde verbonden. Het meisje staat en haar gelaat bevindt zich in het licht van de zon. De vorm van de regenboog is terug te zien in het kapje van het meisje. Het oranje-rode gelaat (*en profil*) van het meisje licht op, het is gedetailleerder getekend dan de rest van de tekening. Het lijkt wel alsof haar gelaat los staat van de rest van de tekening. Haar ogen — er is er slechts één te zien — zijn geopend. Ze kijkt recht voor zich uit. Ze kijkt niet naar de zittende, wettende man. Ze kijkt óver hem heen. Ook kijkt ze niet naar de regenboog. Indien ze naar de regenboog zou kijken dan zou ze haar hoofd naar rechts gedraaid moeten hebben en de tekening "in" moeten kijken. Maar ze kijkt de tekening juist "uit"!

Tussen de wettende man en het meisje op de voorgrond en de achtergrond bevindt zich een tussengebied: de akker die bewerkt wordt door een man en een paard (iets rechts van het midden). Het land wordt geploegd. Het ploegen, of trekken van voren, kan in verband worden gebracht met tekenen en schrijven. Toorop omschreef het tekenen van lijnen ooit als 'schrijven'[54]. Het tussengebied is op te delen in twee gedeeltes (verdeeld door de lijn waarover de ploeger met zijn paard loopt). Het onderste deel daarvan is gekleurd in lichtgroene en blauwe streepjes. Het bovenste gebied is gekleurd in roze en blauwe streepjes. Het roze lijkt een weerspiegeling van de roze wolken daarboven. Ook zijn er links en rechts donkergroene stroken te zien.

Een belangrijk onderdeel van de achtergrond wordt gevormd door de lucht. Linksboven (ruimtelijk gezien linksachter) bevindt zich de regenboog. Opmerkelijk is dat de regenboog

([54]) In een brief aan zijn leerling Mies Drabbe, zie Gerards en Van Uitert 1994, p. 23.

geen typische regenboog-kleuren heeft (rood, oranje, geel, groen, blauw, paars, violet). De boog is geel, aan de linker-onderkant is de boog geelgroen. De randen van de boog zijn blauw. De regenboogkleuren komen wel terug in het landschap. De achtergrond is enigszins golvend. Wellicht zijn dit duinen of bomen. Links staan enkele witte koeien. Er is een kerktoren te zien, die iets rechts van de regenboog getekend is. Ook zijn er boerderijen en huisjes te zien. Meest opvallend zijn de vele licht-effecten. De achtergrond en de lucht rechts zijn gekleurd in fel geel-oranje kleuren. Die oranje en rode kleuren komen terug in het gezicht en de handen van de man en in de streepjes in zijn zeis, en in het gezicht en de arm van het meisje. Ook de huisjes zijn rood en oranje gekleurd. Meer naar links is de lucht blauw en roze. Bovenaan de tekening is de lucht donker.

Opvallend zijn de vele tweedelingen en contrasten in de tekening: man – vrouw, actief – passief, zitten – staan, arbeid – contemplatie, aarde – hemel, schaduw – licht. Tegelijkertijd zijn er verbindingen te leggen tussen deze tegengestelde zaken. Op het eerste gezicht is de man actief, terwijl het meisje passief en contemplatief is. Maar het wetten van de zeis is niet de eigenlijke arbeid van de man; dat is het maaien van het koren met zijn zeis. Het wetten van zijn zeis is een soort rustpauze. Het meisje staat stil en staart in de verte. Dit strakke staren kan opgevat worden als een actief waken: het oog ergens op richten. De tegenstelling tussen enerzijds de wettende en de ploegende mannen en anderzijds de regenboog, de kerktoren en het meisje suggereert een tegenstelling tussen het aardse en het hemelse. Maar ook deze tegenstelling kan genuanceerd worden. De regenboog vormt een (tijdelijke) verbinding tussen het aardse en het hemelse. Ook het meisje speelt daarbij een rol.

De tekening lijkt op het eerste gezicht realistisch te zijn: een alledaags tafereel van veldwerkers op het Zeeuwse land.

Maar tegelijkertijd speelt er een symbolistische betekenislaag mee. Er wordt iets hogers gesuggereerd, vooral door het meisje. Ze symboliseert zuiverheid en reinheid. Zij is vanwege haar kaarsrechte houding en vooral haar starende blik zeer mysterieus en lijkt eigenlijk niet bij de anderen — de wettende man en de ploegende man — te horen. Ze kijkt óver de man, die in de schaduw zit, heen. Ook de regenboog heeft een symbolistische lading. Er lijkt daardoor gestreefd te worden naar een verbinding met een hogere werkelijkheid. Deze suggestie wordt versterkt door het terugkeren van de boogvorm in aardse elementen als de zeis en het kapje en de armen van het meisje. Bovendien 'raakt' zij zowel de aarde als de hemel; ze vormt letterlijk een verbinding tussen het aardse en het hogere. De man met de zeis kan gezien worden als een voorbode van de dood en als een symbool van aardsheid, tijdelijkheid en sterfelijkheid. Hij zit in de schaduw, terwijl het meisje in het licht staat. Het meisje kijkt óver hem heen en droomt van een ánder leven in een ándere wereld, mogelijk na dit aardse, sterfelijke leven (gesymboliseerd door de wettende man op de voorgrond en de ploegende man in de verte). Misschien kan haar starende blik zelfs visionair genoemd worden. Een mogelijke interpretatie is dat het meisje dagdroomt en de blik meer naar binnen gekeerd heeft. Ze kijkt dan met haar innerlijke oog. Het afgebeelde landschap is in dat geval op te vatten als een droomlandschap of een imaginair landschap.

4. Symboliek van de regenboog

4.1. *Algemeen*

Voordat ik het gedicht en de relatie met de tekening bespreek, ga ik in op de symboliek van de regenboog. In de bijbel (Genesis 9:12-17) symboliseert de regenboog het verbond tussen God en de mens na de zondvloed. Lange tijd fungeerde de regenboog in de kunst als symbool van het verbond met God. In de 18e eeuw gingen natuurwetenschappers de regenboog ook beschouwen als een fysisch fenomeen dat niets te maken had met metafysica. Newton analyseerde en verklaarde het verschijnsel van de regenboog met behulp van zijn licht-theorie. De romantische dichter John Keats zag de wetenschap als een vijand van de poëzie. Hij dichtte in zijn *Lamia* (1820): 'There was an awful rainbow once in heaven: / We know her woof, her texture; she is given / In the dull catalogue of common things. / Philosophy will clip an Angel's wings, / Conquer all mysteries by rule and line, / Empty the haunted air, and gnomed mine — / Unweave a rainbow, as it erewhile made / The tender-person'd Lamia melt into a shade.' Keats' bezwaar was dat al het mysterieuze en raadselachtige aan de regenboog nu verdwenen was door de wetenschappelijke verklaringen ervan[55].

George Landow heeft laten zien dat de regenboog in de Victoriaanse tijd een ambigu beeld was in de schilderkunst en literatuur. Terwijl de regenboog in schilderijen en gedichten eerst eenduidig begrepen kon worden als teken des verbonds van God, werd de regenboog steeds meer een symbool van het vage en het mysterieuze in de natuur: 'The use of rainbows in fairy tales, visions, and fantasies became a Victorian convention — a way of asserting the miraculous and wonderful in Nature without having to believe that it was literally there.'[56]

Het is ondoenlijk om hier een overzicht te geven van alle schilderijen waarop een regenboog te zien is[57]. Ik zal hier slechts nog kort ingaan op één schilderij: John Everett Millais' *The*

(55) Zie Abrams 1960, p. 307. Zie ook Boyer 1987.

(56) Landow 1977, p. 359.

(57) Zie daarvoor Rother 1992.

blind girl (1856) omdat het enige interessante parallellen met Toorops *De Regenboog* vertoont[58]. Millais behoorde, evenals Dante Gabriel Rossetti, tot de kring van de Pre-Raphaelite Brotherhood. Op *The blind girl* is een mysterieus blind meisje te zien, met achter zich een dubbele regenboog. Zij kan deze regenbogen uiteraard niet zien. Op haar schoot zit een kind dat de regenboog wél kan zien. Evenals op Toorops tekening *De Regenboog* zijn hier twee figuren op de voorgrond. Er is een tussengebied, met dieren in de weide en een weg, een achtergrond met huisjes en bomen, en een donkere lucht. John Ruskin beschreef de tekening als volgt in zijn stuk 'The three colours of Pre-Raphaelitism' (1878):

> The shower has been heavy, and is so still in the distance, where an intensely bright double rainbow is relieved against the departing thunder-cloud. The freshly wet grass is radiant through and through with the new sunshine; full noon at its purest, the very donkeys bathed in the raindew, and prismatic with it under their rough breasts as they graze; the weeds at the girl's side as bright as a Byzantine enamel, and inlaid with blue veronica; her upturned face all aglow with the light that seeks its way through her wet eye-lashes (wet only with the rain). Very quiet she is — so quiet that a radiant butterfly has settled on her shoulder, and basks there in the warm sun. Against her knee [...] leans another child, [...]. No more than a half profile of her face is seen; and that is quite expressionless, and not the least pretty[59].

Er zijn enkele parallellen aan te wijzen tussen Ruskins beschrijving van Millais' schilderij en Toorops tekening en Boutens' gedicht: 'the departing thunder-cloud' (de 'geweken bui'), 'the freshly wet grass is radiant' ('al de kimmen stralen'), 'her upturned face all aglow' (vgl. 'rooddoorgloed gelaat'), 'very quiet she is' ('verstild' en 'roerloos') en 'quite expressionless'. Het meisje

(58) Zie over Millais' *The blind girl*: Cohen 1982.

(59) Geciteerd naar Cohen 1982, p. 21.

op Toorops tekening heeft ook geen enkele expressie. Wellicht is Toorops meisje ook blind, of verblind door de zon.

4.2. *De regenboog bij Toorop*

Op tal van werken van Toorop zijn regenbogen te vinden. Al in zijn vroege, symbolistische werk uit de jaren '90 van de negentiende eeuw maakte hij gebruik van het symbool van de regenboog. Een voorbeeld daarvan is *O Grave, where is thy victory* (1892). Bettina Polak interpreteert de regenboog op deze tekening als een negatief symbool: 'de regenboog verhoogt de sinistere stemming, en wordt door Toorop steeds beschouwd als "helleboog", zinnebeeld van de machten van het Kwade.'[60] Iets dergelijks is ook te vinden op *La femme éternelle* (1891) en *Dode non door twee vrouwen beweend* (1893). In navolging van Polak wordt de regenboog op die werken ook geïnterpreteerd als negatief symbool[61]. Op later werk is de regenboog echter een positief symbool van het verbond. Zo is de regenboog op *De Regenboog* een symbool van het hogere en het goddelijke. In Boutens' gedicht wordt gesproken van 'Gods helle boog', waar 'hel' sterk verlicht betekent. Het heeft daar niets met de hel of iets duisters te maken. Meer dan eens heeft Toorop — vooral in zijn latere, katholieke periode — Christus afgebeeld met een regenboog, of met regenboogkleuren. Voorbeelden hiervan zijn *Golgotha* (1912) en *Het gebed* (1927). Het laatste werk is een zelfportret, waarop Toorop kijkt naar een opdoemend Christus-gelaat door een veelkleurige regenboog heen[62].

([60]) Polak 1955, p. 111. Deze interpretatie is overgenomen door Van der Woud 1978, p. 40, Hefting 1989, p. 75, Gerards en Van Uitert 1989, p. 17 en Kraaij 2001, p. XV.

([61]) Zie Kraaij en Rothuizen 2001, p. XV, 12 en 16. Vgl. Van der Woud 1978, p. 35.

([62]) Zie Kraaij en Rothuizen 2001, p. XV, 64 en 121.

Ik betwijfel echter of Toorop met 'helleboog' wel iets negatiefs bedoelde. In de notitieboekjes, aantekeningen en lezingen in het Toorop-archief (berustend in de Koninklijke Bibliotheek te Den Haag) kwam ik meer dan eens uitlatingen tegen over de regenboog, die door Toorop ook steevast met 'helleboog' of 'helle boog' wordt aangeduid. Telkens gaat het daarbij om het positieve, bijbelse symbool van het verbond tussen God en de mensheid. Ik geef hieronder enkele voorbeelden.

In de aantekeningen voor een lezing schreef Toorop:

> De puure kleuren zijn in de helleboog of Regenboog aanwezig[.] Daar zijn zij allen verzameld van het diepste purper tot het lichtste geel en wit. Daarin alles rein de kleur, daar er in Genesis staat: mijn boog (de helle boog of Regenboog) heb ik gegeven in de wolken, die zal zijn tot een teeken des verbonds tusschen mij en tusschen de aarde[63].

De laatste zin is een letterlijk citaat uit Genesis 9:13 (in de Statenvertaling), met uitzondering van dat wat tussen haakjes staat: 'de helle boog of Regenboog'. Het is opmerkelijk dat Toorop vrijwel overal waar hij schrijft over de regenboog ook 'helleboog' of 'helle boog' vermeldt. In een notitieboekje schreef Toorop vrijwel hetzelfde:

> Omdat in Genesis gezegd wordt: Mijn boog (de helle boog of regenboog) heb ik gegeven in de wolken, die zal zijn tot een teeken des verbonds tusschen mij en tusschen de aarde. Deze kleuren zijn door onze God-Almachtig gegeven als voorbeeld naar welke kleuren wij steeds moeten zien[64].

In een stuk getiteld 'Kleuren' (in een ander notitieboekje) schreef Toorop:

([63]) Toorop-archief, TC C 170 a,b 1, achterzijde.

([64]) Toorop-archief, TC C 169. In deze doos zitten verschillende ongedateerde boekjes; het gaat om een klein, bruin notitieboekje.

> De puure kleuren heeft de mensch voor het eerst gezien in haar geheel met al de overgangen, toen de Regenboog — de boog — de helleboog in het firmament verscheen.
> De band tusschen de aarde en de hemel, volgens den Genesis.
> De band tusschen den mensch en God[65].

Toorop verbond het pure kleurgebruik in de schilderkunst dus met de hang in zijn eigen tijd naar mystiek en het geestelijke. Ook schreef hij in hetzelfde stuk:

> De kleuren leven weer op, want er is naast het sterke materialisme van deze tijd, zeer zeker ook mystieke geestelijke beweging, overal in de wereld een behoefte naar eene ziele-herleving[,] een hoogere behoefte waar de ziel naar snakt, in weerwil van alle [*tegen?*] elkander klotsende geestelijke en materialistische stroomingen en enorme economische bewegingen. De christelijke geest komt weer.

Dit lijkt mij in verband met Toorops tekening *De Regenboog* een belangrijke passage. Toorop heeft met zijn tekening mogelijk uiting gegeven aan de door hem beschreven behoefte naar 'een ziele-herleving'. Voor Toorop is de regenboog een teken van God. De afzonderlijke primaire ('puure') onvermengde kleuren zijn goddelijk. In zijn kleurige tekeningen heeft hij getracht iets van dat goddelijke weer te geven.

In zijn lezing voor de opening van de tentoonstelling bij de Moderne Kunstkring te Amsterdam in 1911 zei hij:

> De helleboog, de Regenboogkleuren verschijnen sedert 1880 overal in de kunst. De Regenboog, de band tusschen God en den mensch op aarde, wij menschen, nietelingen, als ik zie mijn leven van vroeger en zoo zijn wij allen, Christus is de hoogste schoonheid. Zoeken wij hem en Hij komt dadelijk tot ons. Maar wij zijn te slap, wij zien andere horizonnen[66].

(65) Toorop-archief, TC C 169. Het gaat hier om een klein, zwart notitieboekje.

(66) Geciteerd naar Kraaij en Rothuizen 2001, p. 79.

Ook dit citaat is interessant in verband met de tekening *De Regenboog*, vooral vanwege de opmerking over het zien van 'andere horizonnen'.

Toorops uitspraken over de regenboog komen er op neer dat de pure kleuren te zien zijn in de regenboog, die door God gegeven is als teken van het verbond. Ook verbindt Toorop de pure kleuren van de regenboog met mystiek. Door middel van zijn kleurgebruik tracht hij iets van die goddelijkheid en die mystiek weer te geven in zijn werk. Ik ga ervan uit dat Toorop met 'helleboog' of 'helle boog' eveneens het positieve symbool van het verbond van het aardse en het hemelse bedoelde. Het woord 'hel' interpreteer ik dan als 'sterk stralend of weerkaatsend, onverduisterd schijnend' (Van Dale). Een helleboog — of een helle boog — is zo bezien een boog van licht.

5. Het gedicht

5.1. *De tekst*

"Regenboog"
Aan J. Th. Toorop
na het zien van zijn krijtteekening van dien naam

Gij die de kleurge pracht van 't Oosten kwaamt
Vieren in onze bleeker Noorder zon,
Tot blij-verdwaasd onze oogen in hun dag
Hervonden van uw oogen sprank aan sprank;
Gij die vervolgdet met gewette stift
De strakke gratie van 't verstild symbool,
De stoere kracht van 't zwoegende gebaar;
Die de aardsche ster van 't kinderlijk gelaat,
Wier stralen onze ontroering bevend zag,
Vingt in den vasten streek der zuivre lijn, —
Gij kwaamt, gelukkig pelgrim, naar mijn land,

Mijn blond-omduind Zeeuwsch eiland, als het ligt
Voor mij voorgoed in den mystieken glans
Van al de zonnen die dit leven brengt,
Jeugd en geluk, en smart, en weêr geluk?...
Dit is het eigen land van mijnen droom;
Want al de kimmen stralen in den schijn
Van zomeravond, en de voorgrond ligt
In grille schaduw van geweken bui
Waardoor Gods helle boog naar de aarde reikt:
Een jong man wet zijn blikkerende zeis,
En roerloos naast hem staat in 't avondlicht
Een landkind rooddoorgloed als van den droom
Waarin zij leeft en dien zij niet doorgrondt.[67]

5.2. *Globale monstering*

Het gedicht telt 24 regels. Er is geen sprake van rijm. Wel zijn er tal van klankovereenkomsten (bijv. in de volgende alliterende woorden: 'strakke' (6), 'stralen' (9), 'streek' (10), 'stoere' (7) en 'ster' (8)) en woordherhalingen (zoals 'zon' (2) en 'zonnen' (14), 'oogen' (3, 4), 'sprank aan sprank' (4), 'gewette' (5) en 'wet' (21), 'stralen' (9, 17), 'droom' (16, 23) en 'land' (11, 16, 23)). Het gedicht bestaat uit twee zinnen en kan — ook inhoudelijk gezien — opgedeeld worden in tweeën: regels 1-15 gaan over de toegesproken 'Gij'

([67]) Geciteerd naar P.C. Boutens, *Stemmen*. Amsterdam, [1907], p. 172-173. Zie ook VL 277 (in r. 10 staat in de VL 'de vaste streek' in plaats van 'den vasten streek' en de komma na 'geluk' in regel 15 is in VL verdwenen). Boutens publiceerde dit gedicht voor het eerst in de catalogus *Tentoonstelling van schilderijen en teekeningen van Jan Toorop* van de kunsthandel Krüger & Cie. 's-Gravenhage, [1907]. Ten opzichte van die eerste versie vertoont de versie in *Stemmen* enige varianten: in de catalogus stond in de ondertitel aanvankelijk 'waskrijtteekening', in r. 4 'Uw', in r. 11 was 'mijn' gespatieerd, in r. 15 stonden na 'geluk?' geen puntjes, en in r. 21 stond na 'zeis' een punt in plaats van een komma.

(Toorop), regels 16-24 gaan over de tekening. Binnen die twee grote delen kunnen weer kleinere eenheden worden onderscheiden. In het eerste deel (r. 1-15) kan een driedeling gemaakt worden (1-4, 5-10, 11-15). De delen beginnen telkens met 'Gij' (1, 5, 11), waarmee Toorop wordt aangesproken (de opdracht luidt immers 'Aan J.Th. Toorop'). Het tweede gedeelte (16-24) kan in tweeën verdeeld worden: regels 16-20 hebben vooral betrekking op de achtergrond van de tekening, regels 21-24 op de voorgrond van de tekening. Omdat Boutens' gedicht is geschreven naar aanleiding van Toorops tekening, ontkom ik er niet aan soms ook in te gaan op of te verwijzen naar de tekening. In paragraaf 6 zal ik de overeenkomsten en verschillen tussen het gedicht en de tekening analyseren.

5.3. *Interpretatie*

I (r. 1-4)

> Gij die de kleurge pracht van 't Oosten kwaamt
> Vieren in onze bleeker Noorder zon,
> Tot blij-verdwaasd onze oogen in hun dag
> Hervonden van uw oogen sprank aan sprank;

In de eerste twee regels van het gedicht contrasteert het kleurige licht van het Oosten met de blekere zon van het Noorden. Toorop kwam vanuit Java (het Oosten) naar Nederland (het Noorden). '[V]ieren' (2) kan, naast feestvieren, ook loslaten betekenen. Toorop bracht het veelkleurige licht uit het Oosten mee om het hier, 'in onze bleeker Noorder zon', los te laten. Meteen in het begin van het gedicht wordt dus al benadrukt dat er sprake is van twee werelden. Het Oosten wordt geassocieerd met kleuren en het Noorden met kleurloosheid. Met 'kleurge pracht' (1) kan ook worden verwezen naar de kleuren van de regenboog en Toorops andere veelkleurige kunstwerken. Misschien kan 'kleurge pracht' ook in verband worden gebracht met Tooraps donkere huidskleur[68]. In het gedicht komen nauwelijks kleuraanduidingen voor: 'bleeker' (2), 'blond' (12) en 'rooddoorgloed' (23), waarvan strikt genomen alleen in het laatste geval sprake is van een echte kleur. Er komen daarentegen veel woorden in dit gedicht voor die te maken hebben met licht: 'zon' (2), 'sprank aan sprank' (4), 'ster' (8), 'stralen' (9), 'glans' (13), 'zonnen' (14), 'stralen' (17), 'schijn' (17), 'grille schaduw' (19), 'helle (20), 'blikkerende' (21), 'avondlicht' (22), 'rooddoorgloed' (23).

Uit regels 3-4 blijkt dat de 'ik' in de 'Gij' herkenning en verwantschap vond: 'Tot blij-verdwaasd onze oogen in hun dag / Hervonden van uw oogen sprank aan sprank'. De bepaling 'in hun dag' bij 'oogen' betekent dat de ogen geopend zijn. Sprank betekent vonk of straal. De ogen van de 'ik' hervonden of herkenden de vonken of stralen van de ogen van de 'u', waardoor de 'ik' 'blij-verdwaasd' raakte. Opmerkelijk is dat er niet 'in', maar '*van* uw oogen' staat. Met 'van' wordt waarschijnlijk 'vanuit' bedoeld. In het gedicht wordt uitgegaan van het idee dat de ogen stralen uitzenden en ontvangen, hetgeen aansluit bij klassieke theorieën omtrent het zien (zie hoofdstuk II). Men zou de regels 3-4 ook zo kunnen lezen dat de ogen van de 'ik' — door middel van de tekening — mee kijken met de ogen van 'Gij' of 'u'.

II (r. 5-10)

> Gij die vervolgdet met gewette stift
> De strakke gratie van 't verstild symbool,
> De stoere kracht van 't zwoegende gebaar;
> Die de aardsche ster van 't kinderlijk gelaat,

([68]) Van Deyssel beschreef Toorop in zijn *Gedenkschriften* als 'de donkerste Nederlander' (Van Deyssel 1962, dl. I, p. 408). Vgl. Kemperink 2001, p. 82-83 over het occulte, mysterieuze en geheimzinnige karakter dat in het *fin de siècle* aan mensen uit het Oosten werd toegeschreven.

Wier stralen onze ontroering bevend zag,
Vingt in den vasten streek der zuivre lijn, —

In regels 5-10 worden Toorops schilderactiviteiten gethematiseerd. Met de regels 'Gij die vervolgdet met gewette stift / De strakke gratie van 't verstild symbool' (5-6) vestigt Boutens de aandacht op Toorops strakke manier van tekenen (die op de tekening vooral naar voren komt in het gedetailleerd getekende meisje). Het woord 'vervolgdet' duidt op de *act* van het tekenen, een proces van voortzetten of natrekken. Boutens benadrukt hier ook het kunstmatige. Een kunstvoorwerp kan worden opgevat als een 'verstild symbool'[69]. Hier kan worden gedacht aan het symbolistische symbool[70]. Het symbool verwijst naar iets vaags dat niet concreet te benoemen valt, het is 'an exact reference to something indefinite'[71]. De regenboog en het meisje op de tekening zijn symbolen van iets hogers. Bij het meisje wordt dat vooral gesuggereerd door haar houding en haar mysterieuze blik. Het meisje staat letterlijk hoger in de tekening en staart naar iets onzichtbaars. De regels 5-6 kunnen ook poëticaal geïnterpreteerd worden: een dichter die met zijn 'stift' woorden, of symbolen, neerschrijft. In het gedicht wordt verderop ook aandacht besteed aan het wetten van de zeis (r. 21). Zo is een verband te leggen tussen de tekenaar (de afbeeldende) die zijn stift wet (r. 5), de dichter (de beschrijvende) die zijn potlood scherpt en de landarbeider die zijn zeis wet (het afgebeelde).

Regels 6 en 7 vertonen parallellie:

De strakke gratie van 't verstild symbool,
De stoere kracht van 't zwoegende gebaar;

([69]) Boutens gebruikt het woord 'symbool' vaker in zijn poëzie (zie VL 266, 463, 721 en 1085).

([70]) Vgl. Dresden 1980, p. 105 en 117.

([71]) Blok 1983, p. 167. Blok citeert William York Tindall, *The literary symbol*. London, 1967.

De vraag is waar deze regels naar verwijzen. Daarop is geen eenduidig antwoord te geven. De 'strakke gratie van 't verstild symbool' kan duiden op de strakke, symbolistische tekenstijl van Toorop. Het 'verstild symbool' kan specifieker ook duiden op de regenboog en/of het meisje ('verstild' door de tekenaar). Het meisje staat stil (vgl. ook 'roerloos' in r. 22) en is contemplatief. Regel 6 kan wellicht zelfs op de gehele tekening slaan. Regel 7 kan duiden op de man die zijn zeis wet en op de ploegende man met zijn paard op de achtergrond. Deze regel kan ook verwijzen naar de kunstenaar zèlf die letterlijk moet zwoegen om een tekening te maken. Regel 10 ('den *vasten streek* der *zuivre lijn*') neemt ook deel in de parallellie met regels 6-7.

Een parafrase van de regels 5-10 kan als volgt luiden: gij (Toorop) die met uw geslepen stift de strakke gratie van het verstilde symbool (de regenboog en/of het meisje) en de stoere kracht van het zwoegende gebaar (de wettende man en de ploegende boer) voortzette of natrok op het papier, en die de stralen van de 'aardsche ster' van het kinderlijk gelaat ving in 'den vasten streek der zuivre lijn' (10). Met de 'aardsche ster van 't kinderlijk gelaat' (8) wordt waarschijnlijk gedoeld op het meisje op de tekening (vgl. ook 'landkind' (23)). Of specifieker: de 'aardsche ster' is het stralende oog in het gelaat van het meisje. De formulering 'aardsche ster' is een oxymoron. Een ster is immers iets hemels. Ster kan ook (voor)hoofd betekenen. De 'stralen' van het gelaat kunnen in verband worden gebracht met de eerdere passage in regels 3-4 over de 'spranken' (vonken, stralen) van de ogen van 'Gij' en het lyrisch 'ik'. De 'stralen' van 'de aardsche ster van 't kinderlijk gelaat' worden 'bevend' gezien door 'onze ontroering' (9). De 'stralen' kunnen eveneens gerelateerd worden aan het stralende licht op de tekening en de stralende 'kimmen' verderop in het gedicht (17). Wellicht slaat 'onze ontroering' op de ontroering van de 'ik' na het zien van het stralende gelaat van het meisje op de tekening. Het beven contrasteert met de de '*strakke* gratie van 't *verstild* symbool' (6) en de '*vasten* streek der zuivre lijn' (10)[72].

In regel 10 wordt nogmaals Toorops werkwijze gethematiseerd. Achter het woord 'lijn' staat na een komma ook een echt lijntje. Toorop werd gezien als de kunstenaar van de lijn. In 1893 maakte hij een programmatische tekening, getiteld *Lijnenspel. Opkomst, met tegenwerking, der nieuwe kunst*, waarop overigens ook een regenboog te zien is[73]. Regel 10 lijkt te suggereren dat de 'Gij' door allerlei dingen uit de werkelijkheid (zoals werkende boeren, een landschap, een regenboog) te 'vangen' in zijn zuivere lijnen iets maakt dat zuiverder is dan de aardse werkelijkheid zèlf.

III (r. 11-15)

> Gij kwaamt, gelukkig pelgrim, naar mijn land,
> Mijn blond-omduind Zeeuwsch eiland, als het ligt
> Voor mij voorgoed in den mystieken glans
> Van al de zonnen die dit leven brengt,
> Jeugd en geluk, en smart, en weêr geluk?...

Opmerkelijk is dat vanaf regel 11 niet meer gesproken wordt van 'onze', maar van 'mij' of 'mijn' (11, 12, 13 en 16). Uiteraard wordt met 'Mijn blond-omduind Zeeuwsch eiland' Walcheren bedoeld, waar Boutens werd geboren[74]. Toorop kwam sinds 1903 vaak in de Walcherse badplaats Domburg om te schilderen. Hij had daar een atelier en woonde er de gehele zomer. Ook Boutens kwam er regelmatig, hij schreef er onder

([72]) De formuleringen 'strakke gratie van 't verstild symbool' (6) en 'den vasten streek der zuivre lijn' (10) zijn samengevoegd te vinden in Boutens' vertaling van Dante Gabriel Rossetti's 'The Portrait' waarin gesproken wordt van '[d]e gratie van de zuivre lijn' (VL 506).

([73]) Zie Gerards en Van Uitert 1994, p. 5-6. Zie ook De Groot en Schapelhouman 2000, p. 61-63.

([74]) Zie De Clerck 1963b en Goud 1998a. In het latere gedicht 'Verbeelde reis' zou Boutens spreken van 'Mijn eigen zeebesloten eilandtuin' (VL 746).

meer zijn gedicht 'Domburgsch uitzicht' (VL 779)[75]. Toorop wordt gezien als een 'pelgrim' die naar het land van de 'ik' gekomen is. Het pelgrim-thema komt zowel bij Boutens als bij Toorop voor[76]. Voor de 'ik' ligt Walcheren voorgoed in 'den mystieken glans / Van al de zonnen die dit leven brengt'. Het woord 'mystiek' is — evenals 'symbool' — een zwaar beladen woord[77]. Wat kunnen die 'zonnen' (14) betekenen? Ik denk dat hierbij niet gedacht moet worden aan concrete hemellichamen als de zon en sterren, maar veeleer aan zonnen in figuurlijke zin. Daarvan was eerder al sprake in dit gedicht: de 'Gij' werd beschreven als een soort zon die vanuit het Oosten naar het Noorden kwam en in regel 8 werd gesproken van de 'aardsche *ster* van 't kinderlijk gelaat'. De in regel 14 genoemde 'zonnen' zijn echter nog minder concreet, vanwege de opsomming die erop volgt: 'jeugd en geluk, en smart, en weêr geluk' (15). De 'zonnen' duiden op intens gelukkige of smartelijke momenten in 'dit leven', dit aardse, sterfelijke leven. Eerst is er sprake van jeugd en geluk, daarna van smart (in de ouderdom), en daarna mogelijk (na de dood) weer van geluk. Maar dat laatste is nog maar de vraag, gezien het vraagteken en de puntjes na regel 15. Daarmee wordt ook de eerste zin, en het eerste deel, van dit gedicht besloten. Er is geen strikte scheiding tussen de twee delen, evenals er geen strikte scheiding bestaat tussen voor- en achtergrond van de tekening.

IV (r. 16-20)

> Dit is het eigen land van mijnen droom;
> Want al de kimmen stralen in den schijn

(75) Zie Sötemann 1985c.

(76) Zie Boutens' 'De Thuiskomst van den Pelgrim', een ongepubliceerd fragment als facsimile afgedrukt voorin VL, dl. II; enigszins gewijzigd komt dit fragment terug in de voorlaatste strofe van 'Verbeelde reis' (VL 746). Zie voor een afbeelding van Toorops tekening *De pelgrim* (1921): Rothuizen 1998, p. 99.

(77) Zie over symbolisme en nieuwe mystiek §7 van dit hoofdstuk.

Van zomeravond, en de voorgrond ligt
In grille schaduw van geweken bui
Waardoor Gods helle boog naar de aarde reikt:

Vanaf regel 16 gaat het gedicht over de tekening, maar zoals ik heb laten zien zijn er al eerder mogelijke verwijzingen naar de tekening te vinden, zoals de zwoegende man en het stralende gelaat van het meisje in regels 7 en 8. Het woord 'Dit' (16) kan poëticaal geïnterpreteerd worden en verwijzen naar het gedicht zèlf. Het is voor de hand liggender, gezien de ondertitel van het gedicht, om 'dit' te interpreteren als een verwijzing naar de tekening. De regel 'Dit is het eigen land van mijnen droom' betekent dan: Toorop schildert het land zoals de 'ik' zich dat droomt. In regel 16 resoneert '*mijn land*, / *Mijn* blond-omduind Zeeuwsch *eiland*' uit regels 11-12. Het lyrisch 'ik' eigent zich het Zeeuwse land (zowel het echte Zeeuwse landschap, als het door Toorop getekende landschap) toe. Het gedicht representeert een gedroomde, visionaire werkelijkheid die op een aantal punten overeenkomt met de tekening. Gedicht en tekening vallen niet volledig samen, ze suggereren mijns inziens allebei wel een zelfde hogere werkelijkheid. Ik kom daarop terug bij mijn bespreking van de relatie tussen gedicht en tekening.

In de regels 17-18 wordt gezegd waarom 'dit' voor de 'ik' het land 'van mijnen droom' is: 'Want al de kimmen stralen in den schijn / Van zomeravond'. De 'ik' ziet het 'land' als een droom vanwege de stralende kimmen (vgl. ook 'sprank aan sprank' (4), 'stralen' (9)). De woordgroep 'al de kimmen' (17) is een echo van 'al de zonnen' (14)[78]. Kim betekent gezichtseinder of horizon. In het gedicht is dus sprake van

([78]) In Boutens' poëzie is vaker sprake van meerdere kimmen, verschieten of horizonnen. Alleen al in *Stemmen* komt het een paar keer voor: 'al de kimmen' (VL 246), 'heuvlende verschieten' (VL 247) en 'al de horizonnen' (VL 266). Vgl. ook de 'verre branden aan de horizonnen' (VL 11); zie hoofdstuk III.

meer dan één gezichtseinder. De 'kimmen' stralen in de 'schijn' van de zomeravond (18). Kennelijk is het avond en is er sprake van een zonsondergang. Wellicht zijn Boutens' 'kimmen' een toespeling op de opeenstapeling van kimmen die Toorop tekende: een kim met een ploegende boer, een kim met koeien, een kim met een golvende achtergrond die in licht baadt, een kim met een regenboog (die weer perspectief biedt op een hógere, onzichtbare kim). Ook kunnen de 'kimmen' verwijzen naar de verschillende perspectieven van de figuren op de tekening, waarnaar verderop in het gedicht verwezen wordt. De man op de voorgrond heeft alleen oog voor zijn zeis en de grond onder hem. De ploegende boer ziet alleen zijn paard en de grond voor zich. De 'kimmen' die het meisje ziet, vallen buiten het blikveld van de toeschouwer van de tekening[79]. Op de tekening is rechtsachter (rondom het gelaat van het meisje) een rood-oranje gloed te zien. Die stralende kimmen staan in schril contrast met de schaduwrijke voorgrond van de tekening. Boutens gebruikt expliciet het woord 'voorgrond' (18), waarmee verwezen wordt naar de voorgrond op de tekening. De voorgrond ligt in de 'grille schaduw van geweken bui', waardoor 'Gods helle boog naar de aarde reikt' (19-20). Op de tekening is bovenaan inderdaad een donkere lucht te zien. Maar uiteraard is niet te zien dat die wegtrekt. Dat kan alleen Boutens in zijn gedicht schrijven. Op de tekening blijft die donkere lucht op dezelfde plek hangen. Op de voorgrond zit de wettende man, door Boutens 'een jong man' (21) genoemd, in de schaduw. Gril kan (volgens Van Dale) huiveringwekkend, huiverig, guur, schel en overmatig licht betekenen. Wanneer

([79]) Dat die 'kimmen' geen échte kimmen hoeven te zijn, maar óók imaginaire kimmen kunnen zijn, blijkt bijvoorbeeld uit Boutens' gedicht 'Op de thuisreis', waarin gesproken wordt over 'de kimmen van 't gemoed' (VL 379).

ik uitga van de laatste betekenis, dan is 'grille schaduw' paradoxaal: een schaduw die overmatig licht is. Het onalledaagse woord 'gril' viel Van Eyck ook op in zijn al eerder geciteerde bespreking: 'Hij ziet de schaduwen als paars, scherp paars, – gril, zegt Boutens'.

In regel 20 wordt met de naar de aarde reikende 'helle boog' van God mogelijk verwezen naar de bijbelpassage (Genesis 9:12-17) over het verbond na de zondvloed (vgl. ook 'geweken bui'), maar de regenboog kan ook gezien worden als symbool van een hogere, onkenbare en niet benoembare werkelijkheid[80]. Het woord 'helle' betekent hier helder verlicht. Zoals ik heb laten zien was 'helleboog' of 'helle boog' voor Toorop een synoniem voor de regenboog, een symbool van het verbond. De regenboog 'reikt' van de hemel 'naar de aarde'. Er wordt dus contact gemaakt tussen het hemelse ('God') en het aardse. Het werk van Toorop en Boutens kan gezien worden als een poging om op aarde een glimp op te vangen van iets hogers.

V (r. 21-24)

Na de dubbele punt aan het einde van regel 20 volgt de passage die is gebaseerd op de voorgrond van Toorops tekening:

> Een jong man wet zijn blikkerende zeis,
> En roerloos naast hem staat in 't avondlicht
> Een landkind rooddoorgloed als van den droom
> Waarin zij leeft en dien zij niet doorgrondt.

De man wet zijn zeis, zoals te zien is op de tekening. Daarmee wordt herinnerd aan de passage aan het begin van dit gedicht, waarin sprake was van de 'gewette stift' (5), het geslepen potlood, van de kunstenaar. De wettende man wordt zo in verband gebracht met de tekenende kunstenaar. Beiden

(80) Zie over de ambiguïteit van de regenboog Landow 1977.

moeten zwoegen en beiden hebben een instrument nodig ('zeis' en 'stift'). Een groot verschil is wel dat de kunstenaar met zijn 'stift' een werkelijkheid schept, terwijl de boer met zijn zeis gras maait of graan oogst, en dus in feite doodt. De zeis is een traditioneel symbool van de dood (het attribuut van de personificatie van de dood). Het is niet onbelangrijk dat vermeld wordt dat die zeis 'blikkerend' is. Het licht weerkaatst of reflecteert op zijn zeis. De man ziet het licht van de zon dus niet direct, in tegenstelling tot het meisje.

Naast de wettende man staat het meisje 'roerloos' (vgl. 'verstild' (6)) in het avondlicht. Terwijl de man in de schaduw zit (zoals op de tekening te zien is, maar niet uit gedicht valt op te maken), staat het meisje in het licht. Ze is een 'landkind' dat 'rooddoorgloed [is] als van den droom'. Ze is dus niet alleen 'rooddoorgloed' van het rode licht van de zon, maar óók van haar droom. Op de tekening is goed te zien dat haar gelaat 'rooddoorgloed' is. Opmerkelijk is dat Boutens niet schrijft dat ze kijkt, maar dat ze droomt. Wàt zij precies ziet of droomt, is een raadsel, zowel voor de toeschouwer van de tekening als voor het meisje zelf[81]. In het gedicht krijgt het gelaat van het meisje ook een prominente plaats. De raadselachtigheid wordt benadrukt door de slotregels: de werkelijkheid waarin zij leeft is als een droom die zij niet doorgrondt. Dit wijst op een kerngedachte van het symbolisme: het levensraadsel is niet te doorgronden of te bevatten.

Eerder heeft het lyrisch 'ik' gezegd: 'Dit is het eigen land van mijnen droom' (16), waarmee hij zowel op het imaginaire landschap op de tekening als op het bestaande Walcherse

([81]) Een vergelijkbaar geval is Millais' *The Eve of St. Agnes* (1863), waarover Scott schrijft: 'Madeline's dream is [...] placed beyond our purview as well. Although we are permitted to participate with Porphyro in his voyeuristic vision of her, we are never allowed to share her vision of him.' (Scott 1994, p. 95).

landschap kan doelen (hier speelt ambiguïteit weer een rol). De droom van de 'ik' kan geïdentificeerd worden met de droom van het meisje. In beide gevallen speelt 'land' een rol (vgl. 'land' (16) en 'landkind' (23)). Beiden zien het land als een droomland, of als een voorafspiegeling van een hogere werkelijkheid. Sterker nog, niet alleen kunnen de dromen van de 'ik' en het meisje aan elkaar gerelateerd worden, maar ook lijkt het erop dat de 'ik' zich identificeert met het meisje zèlf.

Het laatste woord van het gedicht is 'doorgrondt', een echo van 'voorgrond' (18). Er is, zowel in de tekening als in het gedicht, sprake van tweeledigheid: tegelijkertijd wordt de zichtbare, aardse wereld én een droomwereld gezien. Het meisje vormt — evenals de regenboog — een verbinding tussen die twee werelden. Ze kan die droomwereld niet doorgronden, bevatten of begrijpen. Maar ze kan ook déze aardse wereld waarin zij leeft niet doorgronden, evenals de 'ik', althans dat is de suggestie van de parallellie tussen de 'droom' van de 'ik' en het meisje in regels 16 en 23 (in beide regels staat het woord 'droom' geheel aan het einde). Een verdergaande interpretatie van de laatste twee regels kan zijn dat 'den droom' slaat op de tekening zèlf. Zij 'leeft' *in* de tekening en doorgrondt het getekende droomlandschap niet.

6. Relatie gedicht-tekening

In bovenstaande bespreking van het gedicht heb ik zijdelings al gewezen op parallellen tussen de tekening en het gedicht. Ik noem hier nog eens de elementen die zowel op de tekening als in het gedicht te vinden zijn: de regenboog (titel en r. 20); de 'stoere kracht van 't zwoegende gebaar' (7) verwijst mogelijk naar de landarbeider die zijn zeis wet en de ploegende man met zijn paard op de achtergrond; de 'strakke gratie van 't verstild symbool' (6) kan naar de regenboog of het meisje verwijzen en ook naar Toorops manier van tekenen; 'de aardsche ster van 't kinderlijk gelaat' (8) verwijst naar het gelaat van het meisje; 'den vasten streek der zuivre lijn' (10) verwijst naar de potloodlijnen op de tekening, vooral de strakke lijnen die de contouren van het meisje aangeven; 'Dit is het eigen land van mijnen droom' (16) kan naar het getekende landschap verwijzen; 'al de kimmen stralen in den schijn / Van zomeravond' (17-18) en ''t avondlicht' (22) verwijzen naar het oranje-gele licht op de achtergrond van de tekening; 'de voorgrond ligt / In grille schaduw van geweken bui' (18-19) verwijst naar de schaduwrijke voorgrond en de donkere wolken in de lucht; 'Een jong man wet zijn blikkerende zeis' (21) verwijst naar de wettende man; en de laatste regels 'roerloos naast hem staat in 't avondlicht / Een landkind rooddoorgloed als van den droom / Waarin zij leeft en dien zij niet doorgrondt' (22-24) verwijzen naar het meisje dat inderdaad roerloos staat en een rood gezicht heeft. Zowel op de tekening als in het gedicht is de tegenstelling licht — schaduw van belang.

Niet alleen op inhoudelijk of thematisch niveau zijn er overeenkomsten aan te wijzen, maar er zijn ook vormovereenkomsten[82]. Ik zal dit laten zien aan de hand van de meest in het oog springende tweedeling op de tekening: voorgrond (schaduw) — achtergrond (licht). Reeds in de eerste krantenbespreking van de tekening werd gewezen op deze tweedeling: '[...] het stuk is in tweeën gescheiden: een voorgrond

([82]) Vgl. Steiner 1982. Zij onderzoekt overeenkomsten in de vorm en structuur van kunstwerken en literaire teksten. Zij gaat ervan uit dat literaire teksten, evenals schilderijen, spatiële aspecten bevatten. Zie bijv. haar hoofdstuk 'Williams's Brueghel. An interartistic analysis' (p. 71-90), waarin zij ingaat op de structurele overeenkomsten tussen William Carlos Williams' gedicht 'The Hunters in the Snow' uit 1960 en Brueghels schilderij *De terugkomst van de jagers*.

van paarse en blauwe schaduw, een achtergrond van geelgoud licht.'[83] Op de tekening spelen behalve de tweedeling achtergrond — voorgrond nog meer tweedelingen een rol: man — vrouw, actief — passief, arbeid — contemplatie, aarde — hemel (kerk, regenboog), mens — dier (de ploegende man en zijn paard op de achtergrond). Zoals al eerder gezegd zijn deze tweedelingen of tegenstellingen echter ambigu. Er kunnen verbindingen worden gelegd tussen deze tegenstellingen. Zo kan het wetten van de man ook opgevat worden als een soort rustpauze en het staren van het meisje kan opgevat worden als een activiteit. Het hemelse en het aardse worden (tijdelijk) verbonden door de regenboog en het meisje. Zij verbindt de grond (voorgrond) en de hemel (achtergrond) letterlijk. De tweedeling mens — dier kan ook genuanceerd worden: de man en het paard werken samen.

Ook in het gedicht zijn allerlei tweedelingen aan te wijzen: Gij — ik, Oosten — Noorden, 'kleurge pracht' — 'bleeker Noorder zon', 'zwoegende gebaar' en 'stoere kracht' — 'verstild symbool', de man die zijn zeis wet — het roerloze meisje. Ook qua structuur is er sprake van een tweedeling in het gedicht. Het gedicht bestaat uit twee zinnen (r. 1-15 en 16-24). In de eerste zin wordt ingegaan op Toorops komst naar Zeeland en zijn kunstenaarschap. In de tweede zin wordt naar de tekening verwezen (eerst de achtergrond, daarna de voorgrond). De laatste vier regels van het gedicht corresponderen met de man en het meisje op de voorgrond van de tekening. De voorgrond op de tekening bevindt zich onderaan, evenals de beschrijving van de voorgrond zich onderaan in het gedicht bevindt. Het gedicht wordt besloten met het woord 'doorgrondt', een echo van 'voorgrond' (18). Dit woord kan gezien worden als een verwijzing naar de grond op de tekening, alhoewel het uiteraard iets anders betekent,

([83]) *NRC*, 8 maart 1907.

namelijk bevatten of begrijpen. Er bestaat dus een globale overeenkomst tussen de structuur van de tekening en die van het gedicht.

In het laatste gedeelte, waarin wordt verwezen naar de tekening, wordt de tegenstelling tussen schaduw en licht ook letterlijk genoemd: 'al de kimmen stralen in den schijn' (17) en de 'voorgrond ligt / In grille schaduw' (18-19). De wettende man zit in de schaduw op de grond en heeft alleen oog voor zijn zeis. Maar het meisje staat niet in de schaduw. Zij staat met haar gezicht 'in 't avondlicht' (22), haar gelaat is 'rooddoorgloed' (23). Zij is ontsnapt aan de schaduw en staat met haar gezicht in het licht. Die tweedeling voorgrond/schaduw/man — achtergrond/licht/meisje symboliseert het dualistische, platonische wereldbeeld waarin achter of boven deze aardse werkelijkheid een transcendente, onkenbare werkelijkheid bestaat. Van die hogere werkelijkheid kan een enkeling, zoals het meisje, tijdens het aardse leven een glimp opvangen.

Veel elementen in de tekening en het gedicht kunnen op meer manieren worden geïnterpreteerd. Zo kan men zich afvragen of het getekende landschap een echt Walchers landschap is, of dat er sprake is van een landschap dat het meisje droomt[84]. Dat idee wordt versterkt door de parallellie tussen regels 16 en 23 in Boutens' gedicht (het 'land' en de 'droom' van de 'ik' en het meisje lijken overeen te komen).

Op het eerste gezicht zou men dus kunnen zeggen dat Boutens Toorops tekening tamelijk getrouw navolgt of weergeeft, zowel inhoudelijk als structureel. Maar bij nadere beschouwing zijn er ook allerlei verschillen te constateren tussen het gedicht en de tekening. Ik zal daarvan een aantal voorbeelden geven. Op de tekening kan men niet zien dat

([84]) Vgl. het openingsgedicht 'Droom en werkelijkheid' (VL 815) van Boutens' bundel *Achttien verzen bij werken van Willem A. van Konijnenburg* (1933). De eerste regel luidt: 'Dit is geen droom, maar meer dan wakker zijn.'

de wettende man een 'jong man' (21) is, zoals Boutens schrijft. Voorts wordt in het gedicht niet expliciet ingegaan op de houding van de wettende man: hij zit op de grond en zit met zijn rug in de tegengestelde richting van de blik van het meisje. Wél wordt gezegd dat het meisje staat. Op Toorops tekening is te zien dat het meisje kijkt. In het gedicht wordt daarover niets gezegd; er wordt gesuggereerd dat zij droomt (23-24). De tekening bevat tal van kleuren. Weliswaar wordt in de eerste regel al gerept van 'kleurge pracht', maar er wordt in het gedicht slechts één kleur genoemd, namelijk rood (23). Ook valt op de tekening niet te zien dat het avond is, het zou misschien ook om een zonsopgang kunnen gaan. Boutens heeft gekozen voor 'zomeravond' (18) en 'avondlicht' (22) in zijn gedicht. Dat is uiteraard niet zonder betekenis. De avond en de zonsondergang hangen samen met het thema van de dood (gesuggereerd door de zeis, de schaduw en de donkere wolken). De zonsondergang kan staan voor de eindigheid van het aardse leven (vgl. r. 15). Boutens geeft in zijn gedicht geen beschrijving, maar een *interpretatie* van Toorops tekening. Het is een 're-visie' of 're-creatie'[85].

In Boutens' gedicht is sprake van een 'geweken bui' (19), terwijl op de tekening de donkere wolken stil blijven hangen. Dat houdt verband met een essentieel verschil: in het gedicht is sprake van tijdsverloop, terwijl er op de tekening één moment is vastgelegd of 'verstild'. Ook Lessing ging uit van dit verschil in zijn *Laokoön*: schilderkunst is spatieel en dichtkunst temporeel (maar zoals ik hierboven al heb aangegeven, spelen de ruimtelijkheid en structuur ook een (beperkte) rol in Boutens' gedicht). Ik wijs op de volgende woorden die te maken hebben met tijdsverloop in het gedicht: 'kwaamt / Vieren' (1-2), 'vervolgdet' (5), 'Gij kwaamt' (11), 'voorgoed' (13), 'geweken bui' (19). Opvallend is ook dat in

([85]) Vgl. Heffernan 1993, p. 221, noot 27.

het gedicht aanvankelijk sprake is van verleden tijd: 'kwaamt' (1), 'Hervonden' (4), 'vervolgdet' (5), 'zag' (9), 'Vingt' (10), 'kwaamt' (11). Vanaf regel 12 wordt de tegenwoordige tijd gebruikt: 'ligt' (12), 'brengt' (14), 'is' (16), 'stralen' (17), 'ligt' (18), 'reikt' (20), 'wet' (21), 'staat' (22), 'leeft' (24) en 'doorgrondt' (24). Ook de passage over de tekening (vanaf r. 16) is in de tegenwoordige tijd gesteld: 'Dit *is* [...]'. Boutens geeft in de regels daarvoor een voorgeschiedenis aan de tekening (Toorops komst naar Nederland en Zeeland). Ook wordt verteld over Toorops manier van tekenen. Met de regel 'Gij die vervolgdet met gewette stift' (5) wordt geduid op het tekenproces. Er wordt gesuggereerd dat de tekenaar, evenals de boer, moet zwoegen. Heffernan ziet de omzetting van iets gefixeerds in iets narratiefs als een van de kenmerken van ekphrasis[86]. Op de tekening is slechts één moment gefixeerd: het moment waarop een regenboog te zien is. Het gedicht ontsnapt aan deze stilstand door te vertellen wat er aan de tekening voorafging (Toorop die naar Zeeland komt en gaat tekenen) en wat er verder gebeurt (de bui verdwijnt, het meisje droomt). Tegelijkertijd schrijft Boutens dat Walcheren 'voorgoed' in de 'mystieken glans' (13) ligt.

Een verschil is ook dat in Boutens' gedicht veel geëxpliciteerd wordt. Er wordt gesproken van 'symbool' (6), 'mystieken glans' (13) en twee maal van 'droom' (16, 23). Deze woorden staan telkens aan het einde van een versregel, waardoor ze nog eens extra nadruk krijgen. Met die zwaar beladen woorden expliciteert Boutens bepaalde elementen uit de tekening. Toorops tekening zou op het eerste oog beschouwd kunnen worden als een realistische landschapstekening (alhoewel er ook een symbolistische interpretatie te geven is, zoals ik heb laten zien). Door Boutens' gedicht wordt er aan de tekening een expliciete mystieke en symbolistische betekenislaag toegevoegd.

([86]) Heffernan 1993, p. 136.

Een ander belangrijk aspect dat ook wijst op het verschil tussen de verschillende media woord en beeld, is de nadruk in Boutens' gedicht op termen die maken hebben met Toorops kunstenaarschap. In het gedicht wordt expliciet gewezen op het feit dat we te maken hebben met een verwijzing naar een tekening, een volstrekt ander medium dan een gedicht. In de eerste plaats wordt dat al aangeduid in de ondertitel: 'Aan J.Th. Toorop / na het zien van zijn krijtteekening van dien naam'. Er is niet zomaar sprake van een tekening, maar van een 'krijtteekening'. Het materiaal waarmee Toorop tekende, vond Boutens kennelijk belangrijk genoeg om het te noemen in de ondertitel bij zijn gedicht. In de eerste uitgave van het gedicht in de tentoonstellingscatalogus van Krüger stond het zelfs nog specifieker; daar werd in de ondertitel gesproken van een 'waskrijtteekening'.

Niet alleen het materiaal waarmee Toorop tekende was van belang, maar ook de manier waarop hij te werk ging, zoals beschreven in de regels 5-7: 'Gij die vervolgdet met gewette stift / De strakke gratie van 't verstild symbool, / De stoere kracht van 't zwoegende gebaar'. Voorts wordt in regels 8-10 geschreven dat de 'Gij' de 'stralen' van de 'aardsche ster' van het kinderlijk gelaat ving 'in den vasten streek der zuivre lijn'. Van belang zijn vooral de woorden 'vervolgdet' (5) en '[v]ingt' (10). Toorop 'vervolgt' of trekt na wat er eigenlijk al is: "t verstild symbool', hetgeen het hogere symboliseert. Hij probeert dat hogere te 'vangen' in zijn tekening. Een overeenkomst tussen schilder en dichter is dat beiden een stift of potlood als instrument hebben. Maar een dichter schrijft en een tekenaar tekent, alhoewel Toorop ook in zijn tekening enkele kleuraanduidingen heeft geschreven. Bovendien heeft Toorop gezegd dat je moet tekenen alsof je schrijft[87].

Er is sprake van twee fundamenteel verschillende media en werelden: een wereld in beelden (lijnen, kleuren) en een wereld

([87]) Zie Gerards en Van Uitert 1994, p. 23.

in woorden (ritme, klanken). Maar beide werelden suggereren mijns inziens wel een zelfde transcendente wereld. Zowel Boutens als Toorop proberen een onzichtbare én onzegbare werkelijkheid te suggereren door middel van hun kunst. Symbolistische poëzie en beeldende kunst zijn niet het einddoel, maar een 'kenmiddel' of 'instrument' tot iets hogers[88]. Ondanks de verschillende instrumenten, materialen en werkwijzen hebben dichter en tekenaar hetzelfde doel voor ogen. Dat doel wordt gesuggereerd door het raadselachtige meisje, dat zowel op de tekening als in het gedicht een prominente rol speelt. Het meisje is het verbindende element tussen de tekening en het gedicht. Boutens' gedicht en Toorops tekening raken elkaar als het ware in het gelaat van het meisje, vooral in haar starende oog. Haar oog is een 'venster' op een hogere werkelijkheid. Zowel voor de kijker naar de tekening als voor de lezer van het gedicht is het onduidelijk en raadselachtig wat zij ziet of droomt. Opvallend op de tekening is dat de twee mannen een instrument of werktuig hebben: een zeis en een ploeg. Het instrument van het meisje is haar *oog*. De door haar blik gesuggereerde transcendente wereld is onzichtbaar, onzegbaar en niet te doorgronden (vgl. r. 24). Het onzichtbare kan Toorop niet direct tonen, hij kan hooguit iemand laten zien die naar iets kijkt wat wij niet kunnen zien. Boutens probeert het onzegbare te zeggen, maar beseft dat dat onmogelijk is. Hij besluit zijn gedicht met de regels over het meisje die het leven ziet als een droom '[w]aarin zij leeft en dien zij niet doorgrondt'. Door zijn gedicht te eindigen met de woorden 'niet doorgrondt' geeft hij aan dat ook voor hém het door de tekening gesuggereerde levensraadsel niet te doorgronden is. Wat bij Toorop buiten het beeld blijft, blijft bij Boutens buiten het gedicht. Maar zowel het gedicht als de tekening verwijzen wel naar het onzegbare, respectievelijk het onzichtbare.

([88]) Vgl. Sötemann 1985a, p. 112-113.

In onderstaand schema geef ik verschillende instrumenten en werkwijzen van de dichter en de tekenaar weer, beiden streven naar een zelfde doel:

Boutens	Toorop
▼	▼
gedicht	tekening
pen	stift
woorden, klank, ritme	lijnen, kleuren
symbool	symbool
zegbaar	zichtbaar

▼

suggestie, ambiguïteit

▼

transcendentie
(onzegbaar en onzichtbaar)

Wellicht heeft Boutens met zijn gedicht, geschreven na het zien van Toorops tekening, willen benadrukken dat zowel hij als Toorop probeerden dezelfde onzichtbare of onzegbare werkelijkheid te 'vangen'. Murray Krieger heeft ekphrasis in verband gebracht met het onrepresenteerbare: 'to look into *ekphrasis* is to look into the illusionary representation of the unrepresentable'. En: 'The visual emblem and the verbal emblem are complementary languages for seeking the representation of the unrepresentable.'[89] Zowel Boutens als Toorop wilden het onrepresenteerbare representeren. Dat onrepresenteerbare wordt door Boutens 'onbeeldbaar' genoemd in zijn 'Opdracht' in de bundel *Stemmen*, waarin '"Regenboog"' is opgenomen:

> Zoo beeldt zich eindeloos dezelfde ziel,
> Omdat zij haar gelaat onbeeldbaar weet,
> Achter het masker van het oogenblik; (VL 177)

(89) Krieger 1992, respectievelijk p. xv en p. 22.

Ook Toorop heeft op zijn tekening geprobeerd dat 'onbeeldbare' te vangen. Hij kan eveneens slechts 'het masker van het oogenblik' (het landschap, de regenboog, het meisje) weergeven waarachter zich de onafbeeldbare 'ziel' bevindt.

Een materieel verschil tussen de tekening en het gedicht is dat op Toorops tekening allerlei schetslijnen en kleuraanduidingen te zien zijn. De toeschouwer kan dus duidelijk Toorops aanzetten zien. Met andere woorden: men kan zien dat de tekenaar heeft moeten 'zwoegen' (zoals de wettende man en de ploegende boer). De houding van de wettende man lijkt ook op de houding van een tekenaar die zit te tekenen in het veld. Bij Boutens' gedicht is alleen sprake van het gave eindproduct. Bij de dichter lijkt het alsof er alleen sprake is geweest van contemplatie en inspiratie. Eerdere aanzetten tot het gedicht zijn niet meer te lezen (mij zijn geen handschriften van dit gedicht bekend). Boutens heeft tijdens zijn leven de indruk willen wekken dat hij zijn gedichten eerst bedacht en daarna in één keer opschreef. Maar dat is een mythe gebleken. Er zijn handschriften van hem overgeleverd met doorhalingen en varianten[90]. Ook Boutens moest zwoegen. Hij heeft dat ook gezegd in zijn lezing 'Vorm en vormeloosheid in de dichtkunst' (1933): de dichter moet 'worstelen om en met den vorm'[91]. Al lijkt er dus een verschil te bestaan tussen de werkwijze van de schilder en de dichter, uiteindelijk komen ze ook overeen.

Met de verschillende werkwijzen van dichter en schilder en de mogelijke associatie met respectievelijk het starende, contemplatieve meisje en de zwoegende, wettende man kom ik uiteindelijk op het *gender*-aspect dat door Heffernan zo nadrukkelijk bij zijn ekphrasis-concept betrokken wordt. Wat kan er gezegd worden over de *gender*-aspecten in Toorops

(90) Zie Blok 1983, p. 80 e.v.

(91) Boutens 1964, p. 368. Zie verder hoofdstuk VII.

tekening en Boutens' gedicht en vooral over de relatie tussen woord en beeld (die volgens Heffernan door *gender* wordt bepaald)?

Zowel op de tekening als in het gedicht figureren de man en het meisje. In het gedicht lijkt gesuggereerd te worden dat wat de tekenaar doet, overeenkomt met de man die zijn zeis wet. Die suggestie is gebaseerd op het feit dat beiden hun instrument (zeis en stift) wetten (vgl. regels 5 en 21). Op de achtergrond ploegt een boer door het land. Hij trekt rechte lijnen. Die lijnen zouden gerelateerd kunnen worden aan de strakke en 'zuivere' lijnen van Toorop. De tekenaar verricht dus arbeid die geassocieerd kan worden met het mannelijke. Overigens kan ploegen ook gezien worden als een poëticale metafoor voor schrijven, maar Boutens maakt van die mogelijkheid in zijn gedicht geen gebruik. De droom van de 'ik' (16) kan gerelateerd worden aan de droom van het meisje (23-24). Men zou kunnen zeggen dat de 'ik' staat voor de dichter. Zijn activiteit is dan contemplatief en 'vrouwelijk'.

Er is in dit geval dus sprake van drie spanningsvelden: tussen de man en het meisje, tussen de tekening en het woord, en tussen de tekenaar en de dichter. Tegelijkertijd zijn er verbanden te leggen tussen de man, de tekening en de tekenaar enerzijds en het meisje, het gedicht en de dichter anderzijds. Ik vat een en ander samen in een schema:

Actief	Passief
Arbeid	Contemplatie
Zwoegen (wetten, ploegen)	Staren, dromen
Mannelijk	Vrouwelijk
Boer	Meisje
Tekenaar	Dichter

Dit schema is echter te reducerend en te simplificerend. Het doet geen recht aan de complexiteit van de tekening, het gedicht en de relatie daartussen. De noemers (actief, passief, arbeid, enz.) zijn relatief en dienen genuanceerd te worden. De tegenstellingen zijn ambigu. Zo kan, zoals ik al eerder heb aangegeven, het wetten van de zeis worden gezien als een soort rustperiode tussen (of na) de eigenlijke arbeid van de man (het maaien van het koren). De starende blik van het meisje kan ook gezien worden als een actieve daad. De eerste categorieën zouden dan verfijnd kunnen worden door te spreken van 'passief actief' en 'actief passief'.

De tekenaar en de dichter en hun activiteiten lijken op het eerste gezicht te maken te hebben met de man-vrouwverhouding. De dichter is in bovenstaand schema niet 'mannelijk', maar juist 'vrouwelijk', in tegenstelling tot het archetypische schema van het 'mannelijke' woord versus het 'vrouwelijke' beeld. Maar ook hier gaat het (te simpele en reducerende) schema niet op. Zowel een kunstenaar als een dichter dienen beide 'mannelijke' en 'vrouwelijke' kwaliteiten te bezitten. Dat komt overeen met het symbolistische ideaal van de androgyne (tweeslachtige) kunstenaar[92]. Ook de dichter moet zwoegen en 'worstelen om en met den vorm', zoals Boutens het noemde. Voor een kunstenaar als Toorop is contemplatie eveneens van belang (zoals verderop in dit stuk nog zal blijken). Interessant in dit verband is de volgende herinnering van Jeanne Kloos-Reyneke van Stuwe, de echtgenote van Willem Kloos, aan een opmerkelijke uitspraak van Boutens: 'En prachtig was Boutens in zijn geestdriftigen hartstocht, toen wij eenmaal erover spraken, dat er in de kunst een mannelijk èn een vrouwelijk element behoorde te zijn, en wij vroegen of hij bedoelde, dat een kunstenaar 50% mannelijk en 50% vrouwelijk moest zijn... en [hij] in

([92]) Zie daarover Gerards en Van Uitert 1989, p. 13 e.v. en Gerards en Van Uitert 1994, p. 55-56. Zie over de androgyn in de kunst en literatuur van het *fin de siècle* ook Klein 2000, p. 157 e.v. Zie ook Kemperink 2001, p. 203-204 over 'mannelijke' en 'vrouwelijke' eigenschappen van de kunstenaar in het *fin de siècle*.

gloeiende overtuiging riep: Niet de helft, maar 100% mannelijk en voor 100% ook vrouwelijk!'[93]

Is er ten slotte iets te zeggen over wat belangrijker of waardevoller was voor Boutens: het woord of het beeld? Hij heeft niet voor niets een gedicht bij een tekening van Toorop gemaakt. Enerzijds heeft hij daarmee zijn bewondering voor Toorop en diens tekening geuit, anderzijds heeft Boutens er met zijn gedicht iets aan willen tóevoegen. Boutens heeft de tekening geïnterpreteerd in termen van symbolen, mystiek en dromen. Hij heeft niet een zo exact mogelijke weergave of beschrijving van de tekening gegeven. Met zijn gedicht heeft hij de tekening, figuurlijk gesproken, een stem gegeven (het gedicht is opgenomen in de bundel *Stemmen*). Boutens heeft zijn gedicht niet bóven de tekening gesteld. Integendeel, de regel 'Dit is het eigen land van mijnen droom' (16) kan geïnterpreteerd worden als een uiting van de 'ik': dat wat hij op de tekening ziet, heeft hij ook zèlf gedroomd. Zoals Toorop tekent, droomt de 'ik'. Het is voor de dichter echter onmogelijk om die gedroomde werkelijkheid in woorden weer te geven. Het gedicht eindigt als het ware in stilte, met de verwijzing naar het stille, starende meisje dat de wereld die zij ziet en droomt niet kan doorgronden. Toorop kan dat wat niet te doorgronden is, wel tonen of suggereren. Zo bezien zou het beeld boven het woord staan. Een dichter kan geen licht en kleuren afbeelden, hij kan ze hooguit nóemen. Maar ik ben van mening dat er niet gesproken moet worden in hiërarchische termen. Ik zie de relatie tussen het gedicht en de tekening niet als een strijd, maar veeleer als een vorm van congenialiteit. Ik zal die congenialiteit nader illustreren aan de hand van de relatie tussen Toorops kunstopvattingen en Boutens' poëtica.

([93]) Bewaard in de Boutensdocumentatie Van Lier, inv. nr. 2410. Zie ook Kroesbergen 1996, p. 70.

7. Toorops kunstopvattingen

7.1. *Inleiding*

Wat heeft Boutens zo aangesproken in het werk en de ideeën van Toorop? Waarom voelde Boutens zich zo met Toorop verwant dat hij een gedicht wilde maken naar aanleiding van zijn werk? Om deze vragen te kunnen beantwoorden, kan gekeken worden naar Toorops kunstopvattingen. Het is echter lastig om Toorops opvattingen samen te vatten, omdat zijn vele uitlatingen zeer divers zijn. Zijn werk is zeer veelzijdig, het kan gelieerd worden aan tal van stromingen als realisme, impressionisme, symbolisme, pointillisme, divisionisme, neo-impressionisme en luminisme. Blotkamp heeft Toorop omschreven als 'an eclectic artist who was affected by the most diverse influences'[94].

In verband met *De Regenboog* zijn twee aspecten van Toorops kunstenaarschap van belang: zijn symbolistische kant (vooral in de jaren '90 van de negentiende eeuw) en zijn neo-impressionistische kant (vooral in zijn Domburgse werk in het eerste decennium van de twintigste eeuw). Deze periodes zijn niet strikt te scheiden. Het symbolisme werkt door in Toorops gehele œuvre, tot zijn dood in 1928[95]. Ik zal mij slechts tot deze twee aspecten beperken in deze schets van Toorops kunstopvattingen. Het is niet mogelijk om in kort bestek een volledig overzicht te geven van een complexe kunstenaar als Toorop. Zijn œuvre is (nog) niet volledig in kaart gebracht[96]. Ik zal voor dit gedeelte van mijn stuk gebruik maken van kunsthistorische literatuur over symbolisme, nieuwe mystiek en neo-impressionisme én van contemporaine teksten (van rond 1900) daarover. Daarnaast zal ik ook gebruik maken van enkele lezingen van Toorop.

(94) Blotkamp 1986, p. 91.
(95) Zie Kraaij 2001 over Toorops late symbolisme.
(96) Gerard van Wezel werkt aan een œuvrecatalogus van Toorop.

7.2. *Symbolisme*

Het symbolisme is een bijzonder lastige literair- en kunsthistorische term. Het valt buiten het bestek van dit hoofdstuk om uitgebreid in te gaan op de enorme hoeveelheid literatuur daarover[97]. Men kan niet spreken over 'het symbolisme' of 'de symbolisten'. Globaal kan gezegd worden dat symbolistische dichters en kunstenaars op zoek waren naar een hogere, transcendente werkelijkheid. Ze wendden zich af van een realistische of naturalistische weergave van de zichtbare werkelijkheid. Het ging niet om het exact afbeelden van de zichtbare werkelijkheid, maar om de suggestie — door middel van vormaspecten (in poëzie klank en ritme, in de schilderkunst kleuren en lijnen) — van een ideële werkelijkheid. Die gedachte sloot aan bij het opkomen van allerlei bewegingen als het occultisme, spiritisme en de nieuwe mystiek in de laatste decennia van de negentiende eeuw (zie hoofdstuk III). Symbolisten richtten zich op 'het zichtbaar maken van het onzichtbare en het uitdrukken van het onuitsprekelijke'[98]. Thema's als het 'onzegbare' en 'het geheim' waren zeer geliefd. Dat betekent echter niet dat de zichtbare werkelijkheid er helemaal niet meer toe deed. De zichtbare werkelijkheid werd omgezet of verbeeld in een ideële werkelijkheid.

Over Toorops symbolistische werk is het meest uitgebreid geschreven door Bettina Polak in haar studie uit 1955 over het symbolisme in de Nederlandse schilderkunst in de periode 1890-1900[99]. Zij definieerde het symbolistische symbool als

(97) Ik verwijs hier slechts naar Dresden 1980, Dorleijn 1984a en Anbeek 1990, p. 76-94. Zie over Boutens en het symbolisme: Sötemann 1985a. Voor het symbolisme in de Nederlandse beeldende kunst verwijs ik naar Blotkamp e.a. 1978 en Bank en Van Buuren 2000, p. 195-228.

(98) Russoli 1976, p. 17.

(99) Polak 1955, p. 87-151.

'het zichtbare teken [voor] een onzichtbare idee'[100]. Het verwijst naar iets geheimzinnigs, iets raadselachtigs. In symbolistische kunst gaat het niet langer om het zo realistisch mogelijk afbeelden van de zichtbare, alledaagse werkelijkheid, maar om het verbeelden van een artificiële wereld. De vorm van een kunstwerk krijgt een zelfstandige esthetische en symbolische waarde. Bij Toorop gaat het voornamelijk om kleuren, lijnen en een irreële groepering van personen. Het vernieuwende van Toorops werk was dat de lijnen en de kleuren zèlf betekenis kregen.

De 'doorbraak' van het symbolisme in de beeldende kunst in Nederland vond plaats in 1892[101]. In dat jaar waren op een tentoonstelling bij de Haagsche Kunstkring verschillende werken van Toorop te zien: *De tuin der weeën* (1890), *Les Rôdeurs* (1891) en *O Grave, where is thy victory* (1892). Het zijn mysterieuze, raadselachtige en sinistere voorstellingen die weinig meer met de alledaagse realiteit te maken hebben. Naar aanleiding van een andere tentoonstelling dat jaar, bij Arti in Amsterdam, waar werk van Toorop te zien was, schreef Jan Veth in *De nieuwe gids*: '[...] zijn werk van het laatste jaar dat nu in *Arti* was, doet zich voor als een krachtige ontplooiing van die half-ideeële expressie-kunst, tot veelomvattend persoonlijk werk, van zeer zeldzame orde.'[102] Veth besteedde onder meer aandacht aan *De jonge generatie* (1892), een schilderij dat Boutens later in zijn bezit zou krijgen. Over *Les Rôdeurs* schreef Veth: 'Het schilderij is hier geenszins de afbeelding van een brok werkelijkheid, — maar in overvloedige taal van plastiek, een orkest van stemmen, opgevangen uit leven en herinnering, en door den kunstenaar

(100) Polak 1955, p. 21.

(101) Gerards en Van Uitert 1989, p. 6. Zie ook Gerards en Van Uitert 1994.

(102) Veth 1892, p. 453.

herschapen in een geconcentreerd geheel van dramatische macht.'[103]

In 1893 organiseerde de Rotterdamsche Kunstkring een tentoonstelling waar werk van onder meer Toorop en J. Thorn Prikker te zien was. In de inleiding in de begeleidende catalogus schreef R. Stellwagen over 'de kunst die men noemt het symbolisme, de kunst die tegenover de reëele kunst van een vorig tijdvak nog beter heet ideëele kunst'[104]. Men had dus niet langer te maken met realistische of impressionistische kunst. Integendeel, de zichtbare werkelijkheid werd door symbolisten als Toorop herschapen tot een nieuwe, artificiële werkelijkheid.

Niet alleen werd er veel over Toorop geschreven, Toorop hield ook zélf lezingen en inleidingen bij tentoonstellingen van zijn werk. Vooral de lezing die Toorop in 1896 in Groningen hield is interessant. In deze lezing geeft Toorop vier karakteristieken van verschillende schilders die een boom schilderen. Deze typeringen zijn door Kemperink geïnterpreteerd als de realistische, de impressionistische, de symbolistische en de neo-impressionistische schilder[105]. Over de symbolistische schilder zegt Toorop:

> Een derde schilder voelt meer in die boom, blijft er langen tijd voor zitten in kontemplatie. Hij ziet de vormen de kleuren, maar hij ziet ook die boom voor een geincarneerde ziel aan. De mysterie van die boom begint in hem te ontwaken. Het spel van de wind, het licht en al de geluiden in de natuur daaromheen hoort, ziet en vangt hij op en tracht die instinctief op te losschen in zijn innerlijke eigene natuur. Zijn transcendentaal-ik voelen komt voor den dag. De bloesems in die boom schijnen hem geen bloemen meer, maar een zang van Engelen in al die geluiden van de natuur er om heen. Hij heeft er lang voor gezeten en nog

([103]) Veth 1892, p. 455.

([104]) Geciteerd naar Van Halsema 1999, p. 168.

([105]) Zie Kemperink 1988, p. 199.

> niets op papier of doek geplaatst, omdat zijn innerlijk-Ik, zijn leven om hem heen en de natuur, veel te veel wrijvingen hebben. Alles werkt veel te diep en veel te groot in hem. Die boom wordt als een wereld en maakt een geweldige indruk op hem. Alles wat hij heeft bemind, alles waar hij innerlijk voor geleden heeft doemt op. Het is alsof hij de mooiste vizioenen in die boom ziet en die boom lief begint te krijgen met een andere hoogere liefde dan die twee vorige schilders want die electrische stroomingen van liefde tusschen hem en die boom daar in zoo'n omgeving in de natuur doen een mysterie-vonk ontstaan en voelt hij die diep, en de zon is niet meer te zien alles wordt goud en brand in de lucht en de schemering valt, de bladeren slapen en hij heeft nog niets op papier of doek geplaatst[106].

Opvallend in deze passage is de nadruk op allerlei transcendente en mystieke elementen in woorden als 'kontemplatie', 'ziel', 'mysterie', 'transcendentaal-ik', 'vizioenen' en 'mysterie-vonk'. Centraal in dit fragment staat dat in een kunstwerk het hogere tot uitdrukking moet worden gebracht. De kunstenaar kan dit bereiken door middel van verschillende expressiemiddelen als kleuren, lijnen en het op een zodanige wijze afbeelden van elementen uit de werkelijkheid dat ze tegelijk iets hogers suggereren[107]. Daarvan is ook op *De Regenboog* sprake. Het starende meisje wordt zo afgebeeld dat daarmee een hogere, mysterieuze werkelijkheid wordt gesuggereerd.

In een andere lezing gaf Toorop een voorbeeld uit *De tuin der weeën*: 'Een vrouwenfiguur, haar kleed eindigend in leliën, staat verschrikt, bewegingsloos met haar boesem geheel open, als verlaten in dien tuin. De vrouw is hier genomen als symbool van het teere, vrouwelijk-aetherisch spiritueele, van ons smachten naar het ideaal hier op aarde, die hier in

([106]) Geciteerd naar het handschrift (KB Den Haag, sign. TC C 170 a,b 63). Het door mij geziene handschrift wijkt op een aantal plaatsen af van het citaat in Kemperink 1988, p. 199-200.

([107]) Zie Kemperink 1988, p. 201.

dezen tuin, omringd van al deze zinnebeelden, haar lijden moet doorleven, om later [...] tot een hooger sfeer van leven te geraken.'[108] Deze beschrijving is (deels) ook van toepassing op het meisje op *De Regenboog*. Ook zij is bewegingloos en symboliseert het spirituele verlangen naar hogere sferen.

7.3. *Nieuwe mystiek en Toorop*

In hoofdstuk III heb ik al aandacht besteed aan de nieuwe mystiek en Maurice Maeterlinck. Ook Toorop wordt geassocieerd met de nieuwe mystiek. Van Dijk noemt in zijn boek *Maurice Maeterlinck. Een studie* (1897) meteen op de eerste bladzijde al de naam van Toorop[109]. Ook citeert hij uit Toorops Groningse lezing. Hij schrijft naar aanleiding van die lezing: 'Bijna om het andere woord spreekt hij [=Toorop] van "contemplatie, contemplatieve zelfberusting, van vergeestelijking der dingen, van den spiritueel genietenden mensch, van het afzonderingsleven van hoogste wijding en hoogste onthouding van de materie."'[110] Uit dergelijke uitspraken blijkt dat Toorop zich door middel van contemplatie richtte op het geestelijke en het hogere. Ik herinner hier aan mijn eerdere bespreking van de relatie tussen Boutens' gedicht en Toorops tekening *De Regenboog*, waarin ik schreef dat het er op het eerste gezicht op leek alsof de tekenaar werd gerelateerd aan de zwoegende mannen, en de dichter aan het contemplatieve meisje. Uit Toorops uitspraken blijkt nu dat zijn kunstwerken ook door middel van contemplatie zijn ontstaan. Uiteraard moet men hierbij bedenken dat uitspraken

([108]) Geciteerd naar Kemperink 1988, p. 201.

([109]) Boutens bezat een exemplaar van dit boek, zo blijkt uit de lijst van Boutens' bibliotheek (in de Boutensdocumentatie van Van Lier, inv. nr. 1069).

([110]) Van Dijk 1897, p. 4.

van dichters en kunstenaars over het ontstaan van kunstwerken vaak mythologiserend zijn. Het gaat mij echter om Toorops ideeën en niet om de vraag of Toorops kunstwerken werkelijk op die manier tot stand kwamen. Hetzelfde geldt uiteraard voor poëticale uitspraken van Boutens.

Van Dijk brengt Toorops uitspraken ook in verband met het Platonisme, in het bijzonder de passage over de grot, 'waarin wij, arme gevangenen, geboeid neerzitten, met den rug naar het volle licht, d.w.z. naar de volle werkelijkheid, de eenige werkelijkheid: vóor ons zien wij niets dan droeve schaduwbeelden van het achter ons liggend wezenlijke.'[111] Na zijn uiteenzetting over Plato komt Van Dijk terug op Toorop en verbindt diens schilderij *De tuin der weeën* en Maeterlincks *Serres chaudes* aan Plato's grot[112]. Ook de voorstelling van de zittende man in de schaduw en het staande meisje in het licht op *De Regenboog* kan in verband worden gebracht met Plato's grot.

Niet alleen Van Dijk zette Toorops werk in als illustratiemateriaal in zijn verhandeling over de mystiek en Maeterlinck. Ook H.M. van Nes besteedde uitgebreid aandacht aan Toorop in zijn boek *De nieuwe mystiek* uit 1900 (zie ook hoofdstuk III). De nieuwe mystiek richtte zich volgens hem op 'die wereld, welke ligt buiten het bereik van het zinnelijk waarnemingsvermogen.'[113] Tal van literatoren en kunstenaars richtten zich op dat onzichtbare gebied, zoals Maeterlinck, Van Eeden en Toorop. Over de laatste schreef Van Nes:

> Wie nu het onzichtbare zichtbaar wil maken, moet zich bedienen van buitengewone middelen. Herhaling van beweging is er een van. [...] Een geheimzinnige macht moet achter deze gestalten zich bevinden en hen dwingen om zich op deze wijze en in deze richting te bewegen; het zijn de marionetten, welke wij

(111) Van Dijk 1897, p. 7.
(112) Van Dijk 1897, p. 8.
(113) Van Nes 1900, p. 12.

> uit Maeterlinck kennen. In den regel stellen deze figuren menschelijke wezens voor, met iets bovenmenschelijks evenwel; de oogen zijn gesloten of staren zonder iets van het omringende te zien [...]. Allerlei grillige lijnen, die, wel verre van willekeurig, met de meest nauwgezette regelmaat zijn aangebracht, verhoogen het effect van het geheimzinnige en stellen het mysterie voor den geest des beschouwers.
>
> Zoo is het symbolisme van *Jan Toorop*, den grooten vertegenwoordiger van deze kunst, die trouwens reeds, wat het procédé der lijnen betreft, navolging vindt op allerlei affiches en reclamebilletten. Hier is de nieuwe mystiek op het gebied der schilderkunst. (p. 135-136)

Ook citeert Van Nes uit een lezing van Toorop:

> Wanneer wij buiten eenzaam ronddolen omgeven door stille boomen, sereene lucht, en alles kalm is om ons heen en wij in contemplatie verkeeren met reine gedachten, die ons in sferen brengen van het hoogste geluk, dan zingen in mij mystieke stemmen, die essence in zich dragen van al het gedane in ons leven. Hoe hooger wij dat opvoeren, hoe blanker alles wordt; tot het zich eindelijk een uiting zoekt in klanken en lijnen, in kleuren, in vormen of in woorden. (p. 138)

Ook hier komt weer het begrip 'contemplatie' voor. Nadat Van Nes het gedicht 'Aan Jan Toorop' heeft geciteerd van de dichteres Betsy Juta (uit haar bundel *Jonge ranken* (1896), waarvoor Toorop een band ontwierp), besluit hij zijn hoofdstuk over de beeldende kunst en de mystiek met de volgende passage:

> Die mystische geest nu komt uit in het karakter der tegenwoordige schilderkunst zelf. Zij geeft zoo weinig mogelijk aan het oog, zooveel mogelijk aan den geest; zij is geworden tot *afbeeldster van de onstoffelijke wereld*, en is daardoor [...] de andere meer spiritueele kunsten, literatuur en muziek genaderd. (p. 143, curs. Van Nes)

De nieuwe mystiek was rondom 1900 in de mode. Toorops werk werd daarmee in verband gebracht. Boutens' vroege poëzie is ook te relateren aan de nieuwe mystiek, zoals ik in het vorige hoofdstuk heb laten zien aan de hand van 'Ik sloot de blinkevenstren van mijn Ziel'. Ook de eerder geciteerde passage van Boutens over de ziel die 'onbeeldbaar' (VL 177) is, is te verbinden met wat Van Nes over Toorop schrijft. Uit de citaten van Van Nes blijken tal van parallellen met Boutens' poëzie: het trachten te zeggen van het onzegbare, het suggereren van het onzienlijke, de klank van 'mystieke stemmen'. Wellicht valt dat laatste in verband te brengen met de titel van Boutens' bundel *Stemmen*, waarin '"Regenboog"' staat.

7.4. *Neo-impressionisme in Domburg*

Toorop vertoefde vanaf 1898 regelmatig, en vanaf 1903 ieder jaar, in de zomer in Domburg waar hij ook zijn atelier had. Daar raakte hij geïnspireerd door de zee, de Zeeuwse boeren en vooral het bijzondere Zeeuwse licht. Ook andere kunstenaars, zoals Mondriaan, kwamen naar deze badplaats[114]. Na zijn symbolistische periode, waarin Toorop vooral raadselachtige en sinistere schilderijen en tekeningen maakte met veel grillige lijnen, ging hij vanaf ongeveer 1898 over naar het neo-impressionisme (een geïntensiveerde vorm van impressionisme)[115]. Het is echter problematisch om van 'periodes' te spreken, omdat bij Toorop het symbolisme blijft doorwerken. Er zijn tal van raakvlakken tussen zijn vroegere symbolistische werk en zijn latere neo-impressionistische werk. Zowel symbolisten als neo-impressionisten streefden 'een vereenvoudiging van de verschijningsvormen van de stoffelijke wereld na in hun beeldtaal, om op deze wijze de essentiële ordeningskrachten van de natuur bloot te kunnen leggen.'[116]

(114) Zie Spaander en Van der Velde 1994.

(115) Zie Kemperink 1988, p. 203-204 over Toorop en het neo-impressionisme.

(116) Wendermann 1996, p. 22.

Een groot verschil is echter wel dat neo-impressionistische kunst de zichtbare werkelijkheid als uitgangspunt heeft, terwijl Toorops symbolistische kunstwerken veeleer aan de fantasie ontsproten zijn[117]. Toorop wisselde voortdurend tussen zeer verschillende stijlen en maakte soms van beide stijlen in één kunstwerk gebruik, zoals in *De Regenboog*. Het stilistische verschil tussen symbolisme en neo-impressionisme werd duidelijk beschreven in een bespreking van Toorops schilderij *Duinen en zee bij Zoutelande* (1907): 'Hij stilizeert hier alleen met de kleur en met het licht, in plaats van met lijnen; hij wil de natuur zooals zij zich aan hem voordoet, het licht dat op de duinen, aan het zeestrand, onder den kleurigen hemel golft en alles doet schitteren — hij wil dit alles boven den voorbijgaanden indruk uitheffen, en tot iets absoluuts terugbrengen.'[118] Deze combinatie van het impressionistisch afbeelden van de natuur en het licht én het tot 'iets absoluuts' willen verheffen vinden we ook terug in *De Regenboog*.

7.5. *Vergelijking van Boutens' poëtica met Toorops kunstopvattingen*

Op welke punten zijn Boutens en Toorop nu verwant in hun opvattingen over kunst en literatuur? Het is uitermate lastig om hun opvattingen met elkaar te vergelijken. Boutens heeft zich buiten zijn poëzie vrijwel nooit over literatuur uitgelaten,

([117]) Recent heeft Vouilloux erop gewezen dat de theorievorming rondom het impressionisme en het literaire impressionisme tot nu toe tekort schiet. Het gaat volgens hem niet langer op om te denken dat wat men ziet ook direct kan worden weergeven op een doek of in een impressionistische tekst. Volgens hem moet men niet blijven steken bij obsolete theorieën uit de 19e eeuw, zoals bijvoorbeeld Ruskins idee van 'the innocent eye' (Vouilloux 2000, p. 71-72). Mijn benadering is echter historisch; het gaat mij om de ideeën van Toorop en zijn tijdgenoten.

([118]) Geciteerd naar Wendermann 1996, p. 33 (oorspr. in de *NRC* van 25 december 1907).

met uitzondering van zijn lezing 'Vorm en vormeloosheid in de dichtkunst' uit 1933 (zie hoofdstuk VII). Uit zijn poëzie zijn enkele aspecten van zijn symbolistisch getinte poëtica te destilleren. Boutens wil in zijn poëzie niet de alledaagse, zichtbare werkelijkheid afbeelden. Ook gaat het niet om een romantische expressie van emoties en gevoelens, maar veeleer om de suggestie van een transcendente werkelijkheid. Ik noem hier nog eens beknopt de kernen van Boutens' poëtica, zoals door Sötemann beschreven: het gedicht schept een eigen werkelijkheid, poëzie is een 'instrument' of een 'kenmiddel', het einddoel is onbereikbaar, de dichter is zich bewust van het *échec* (in het gedicht kan niet alles worden gezegd)[119].

Sötemann heeft in 1988, op verzoek van het tijdschrift *Word & Image*, een poging gedaan om zijn poëtica-model[120] toe te passen op de beeldende kunst. Dit artikel kan behulpzaam zijn bij de vergelijking tussen Boutens en Toorop. Sötemann benadrukt dat het niet mogelijk is om een poëtica te reconstrueren op basis van schilderijen en tekeningen. Wél kan uitgegaan worden van uitspraken van kunstenaars. Uit enkele van Toorops uitspraken is gebleken dat hij niet zozeer gericht was op het louter afbeelden van de alledaagse realiteit, maar veeleer op het herscheppen daarvan, of op het scheppen van een nieuwe werkelijkheid. De voorstellingen waren veelal mystiek en geheimzinnig van aard. In zijn Domburgse,

([119]) Zie Sötemann 1985a.

([120]) Sötemann onderscheidt in zijn model vier poëtica's: een pragmatische, mimetische, expressieve en een autonomistische poëtica. Daarin staan achtereenvolgens het publiek, de werkelijkheid, het gevoel en het kunstwerk centraal. Sötemann baseert zich daarbij op Abrams' *The mirror and the lamp* (zie Abrams 1960), maar een groot verschil is dat bij Sötemann de poëticaconcepten niet synchroon, maar diachroon (dus niet periodegebonden) zijn (zie Sötemann 1985, p. 95-104 en 119-130 en Van den Akker 1985, p. 53-56).

neo-impressionistische periode was de zichtbare realiteit wél het uitgangspunt. Hij schilderde landschappen met veldwerkers. Maar ook die — ogenschijnlijk — realistische taferelen bevatten vaak symbolistische elementen, zoals ik heb laten zien aan de hand van *De Regenboog*.

Sötemanns karakteristiek van een symbolistische kunstopvatting kan gedeeltelijk worden toegepast op Toorop: '[the] work of art, separated from its maker, is the potential incorporation of the metaphysical secret', '[the] work of art creates its own reality', '[the] work of art must be clear but not simple' en '[the] artist [is] often obsessed by possibilities and limitations of language'[121]. Al deze aspecten zijn eerder aan de orde gekomen. Op Toorops symbolistische werken wordt uitdrukking gegeven aan een onkenbaar, metafysisch geheim. Op *De Regenboog* wordt dat vooral gesuggereerd door het meisje dat staart naar iets onzichtbaars. Boutens schrijft daarover in zijn gedicht dat zij de 'droom' waarin zij leeft niet kan doorgronden. Voorts creëert Toorop in zijn werken nieuwe werkelijkheden die niet overeenkomen met de aardse realiteit; al zijn zijn neo-impressionistische werken wel gebaseerd op de werkelijkheid, er zijn altijd on-aardse elementen in te ontdekken. Zijn werk is 'helder', maar niet simpel. Om weer *De Regenboog* als voorbeeld te nemen: er is sprake van een 'heldere' tekening van een landschap met een man en een meisje, maar de betekenis van het tafereel is niet simpel of eenduidig. Het laatste aspect (over de begrensdheid van de taal) is niet aan de orde gekomen in de voorgaande citaten van Toorop. Hij heeft zich er wel over uitgelaten in zijn aantekeningen, waar hij onder meer schrijft over beeldende kunst en muziek:

> Kleuren hebben zooals iedereen weet even zoo goed hunne expressie als lijnen of klanken. [...] De mystieke expressie van

([121]) Sötemann 1988, p. 302.

> klanken. Ik spreek en bedoel hier de christelijke mystiek, die wij bijv. om iets te noemen bijv. Palestrina of in Bach [...] is een gewaarwording wat wij zeer gebrekkig in woorden kunnen uitdrukken [...] Het is het begrip van tekortkoming, t'gevoel van diepen weemoed door de plotselinge uitwerking eener hoogere reine bovenzinnelijke macht, die ons geweldadig herinnert aan onze door zichtbare werkelijkheids en wereldsgezindheid miskende en verloochende hoogere roeping[122].

Dit citaat kan in verband gebracht worden met het symbolistische en mystieke thema van de 'onzegbaarheid' dat bij Boutens voortdurend voorkomt. De door Toorop genoemde 'tekortkoming' kan in verband gebracht worden met het symbolistische *échec*. Dat het einddoel onbereikbaar is, wordt in de tekening benadrukt doordat het meisje de tekening "uit" kijkt. Toorop kan de onkenbare werkelijkheid hooguit afbeelden door een meisje te tekenen dat kijkt naar iets wat voor de toeschouwer onzichtbaar blijft. Boutens eindigt zijn gedicht met de mededeling dat het meisje haar droom niet kan doorgronden.

Er is ook enige overlap met de 'poëtica' van romantische beeldende kunst, wat betreft de volgende kenmerken die Sötemann noemt: "metaphysical' function of art', 'anti-rationalistic', 'primacy of suggestive symbolic image'. Maar het meest overwegend zijn toch de hiervoor genoemde symbolistische kenmerken. Boutens en Toorop zullen elkaar vooral herkend hebben in hun hang naar een hogere, transcendente werkelijkheid. Beiden waren op zoek naar het 'raadsel' of het 'geheim' dat onoplosbaar bleef. Ondanks deze overeenkomst, zijn er ook allerlei verschillen tussen Boutens' gedicht en Toorops tekening, zoals ik eerder heb laten zien. Er is geen sprake van een volledige overeenkomst tussen hun werk en hun opvattingen.

([122]) Toorop-archief, KB Den Haag, sign. TC C 170 a,b, 1, verso.

8. Besluit

In dit hoofdstuk heb ik veel divers materiaal bij elkaar gebracht. Het uitgangspunt was de relatie tussen Boutens en Toorop aan de hand van één beeldgedicht. Mij is gebleken dat het zin heeft om de tekening te betrekken bij de bestudering van een beeldgedicht van Boutens. Ik heb laten zien dat Boutens wel degelijk gebruik maakte van de picturale elementen uit Toorops tekening (in tegenstelling tot wat Korteweg schreef). Ik heb gewezen op overeenkomsten én verschillen tussen woord en beeld. Maar in plaats van een term als 'strijd' te gebruiken (zoals Mitchell en Heffernan), spreek ik liever van 'spanning' tussen woord en beeld. Ik zie de relatie tussen Boutens' gedicht en Toorops tekening als een uiting van congenialiteit. Uiteraard speelt daarbij een rol dat Boutens en Toorop tijdgenoten en vrienden waren. Er kan gesproken worden van verwantschap tussen de dichter en de kunstenaar op het vlak van hun literatuur- en kunstopvattingen, al zijn er ook grote verschillen tussen beiden. Zo was Toorop, in tegenstelling tot Boutens, geïnteresseerd in sociale kwesties, zoals blijkt uit zijn vele afbeeldingen van arbeiders, boeren en mijnwerkers[123].

Om meer te kunnen zeggen over Boutens' visie op de relatie tussen woord en beeld, zouden ook Boutens' andere beeldgedichten onderzocht moeten worden. Ook de relatie tussen Boutens en Toorop verdient nadere bestudering. Ik doel daarmee niet alleen op vragen als: wanneer zagen zij elkaar, maar meer op vragen als: waarover spraken zij en waarom waren zij zo gefascineerd door elkaars werk? Ik heb slechts een tipje van de sluier kunnen oplichten van hun intrigerende relatie.

([123]) Zie daarover Perry 1999.

De thematiek van de regenboog is complex. Het symbool van de regenboog werd zowel door Toorop als Boutens ingezet om iets te zeggen over de houding van de mens tegenover de aardse werkelijkheid en een onkenbare metafysische wereld, waarvan soms iets doorschemert in het hier en nu. Daarmee stonden zij middenin hun tijd waarin mysticisme en vergeestelijking hoogtij vierden.

Hoofdstuk V

DE BLIK GERICHT OP DE ANDER. OVER 'OOG IN OOG' (1910)

1. Inleiding

Het lyrisch subject sluit in Boutens' poëzie niet altijd de ogen, zoals in 'Ik sloot de blinkevenstren van mijn Ziel' (hoofdstuk III). De 'venstren' van de ziel zijn in Boutens' gedichten vaak geopend en kijken bijvoorbeeld naar een kunstwerk (hoofdstuk IV), de sterrenhemel (hoofdstuk VI) of de zee, zoals in 'Domburgsch uitzicht'. Ook wordt er veelvuldig gekeken naar een ander, die meestal wordt aangesproken met 'u' of 'gij'. Er wordt niet alleen naar, maar vooral ín de ogen van de ander gekeken. Vaak wordt de ander alleen door het noemen van de ogen aangeduid, zonder het gelaat verder te beschrijven. De ogen van de ander staan vrijwel altijd centraal. In de ogen van die ander kan de 'ik' een verwante ziel zien. Door middel van het kijken in de ogen van de ander, en dus in de ziel van die ander, kan het soms lukken om een glimp op te vangen van een goddelijke werkelijkheid. Ook kan de 'ik' zichzelf in sommige gevallen weerspiegeld zien in de ogen van de ander. De 'ik' kan in de ogen van de ander dus vier dingen zien: de ander in fysieke zin, de ziel van de ander, de weerspiegeling van zichzelf en het goddelijke. In dit hoofdstuk staat het gedicht 'Oog in oog' (VL 470) uit de bundel *Carmina* (1912) centraal. Voordat ik op dat gedicht nader inga, bespreek ik eerst het thema van de zoektocht naar — en het proberen te zien van — de ander in Boutens' poëzie.

2. De zoektocht naar de ander

In Boutens' poëzie wordt vaak een verlangen verwoord naar een onbereikbare 'u', 'God' of een transcendente werkelijkheid. Dit blijkt uit Boutens' gedichten, zijn weinige poëticale uitspraken en de secundaire literatuur over Boutens' poëzie. Het is onmogelijk om die hogere werkelijkheid tijdens het aardse leven te bereiken. 'God' is in principe 'onzienlijk', een bijbels woord dat in Boutens' poëzie herhaaldelijk voorkomt[1]. Boutens gebruikt het woord 'onzienlijk' ook in zijn vertaling *Platoons Phaidoon* (79b-c) in verband met de ziel[2]. Met onzienlijk wordt iets anders bedoeld dan met onzichtbaar. Het wordt gebruikt om aan te duiden dat iets of iemand niet gezien kán worden door het menselijk oog[3]. De dichter kan hooguit een glimp van het transcendente opvangen. Dat kan onder meer door te kijken naar de sterrenhemel, de zee of door te kijken in de ogen van een ander. Het gehele œuvre van Boutens kan wel omschreven worden als een zoektocht naar die ander. Dit is duidelijk te vinden in bundels als *Liederen van Isoude* (1921) en *Strofen uit de nalatenschap van Andries de Hoghe* (1919, 1932). Blok omschreef in zijn studie over de laatste bundel het hoofdthema daarvan als volgt: 'het vinden van een ander als weggenoot op het pad omhoog en de liefde voor de godheid buiten èn in de ander'[4]. Ook in andere bundels is het thema van de zoektocht naar de geliefde en zielsverwant (en het goddelijke in die ander)

(1) Zie Kolossensen 1:15-16, 1 Timotheüs 1:17, Hebreeën 11:27 en Romeinen 1:20. In Boutens' poëzie komt 'onzienlijk' onder meer voor in VL 461, 484, 545, 649, 705, 749, 866, 911 en 1052.

(2) Boutens, *Verzamelde werken*, dl. V, p. 216.

(3) Mulder 1948, p. 26.

(4) Blok 1983, p. 370. Van Alphen 1993a heeft bezwaar tegen deze metafysische interpretatie, hij pleit voor een homoseksuele interpretatie. Vgl. wat ik over deze discussie schreef in hoofdstuk I, §3.

te vinden. Vaak komt daarbij het aspect van het 'oog in oog'-kijken aan de orde. Ik wijs op de volgende passages: 'oog in oog' (VL 129, 363, 470), 'oog in oogen' (VL 606), 'van oog tot oog' (VL 141), 'oog terug uit oogen' (VL 225), 'of mijn oog uw oog niet vindt' (VL 473), 'stralen oogen in uw oogen' (VL 643), 'mijn oogen rusten in uw oogen' (VL 1074), 'Mijn oog [zoekt] den spiegel van uw oog, / Maar vindt geen wederblik of -teeken' (VL 1126), 'Als dan mijn oog zich heft, ziet 't onverwacht / Zichzelf in oogen soms' (VL 74) en 'Kijken ons oogen in elkaêr gerezen' (VL 344).

Reeds in Boutens' debuutbundel *Verzen* (1898) komt in 'Al dat lachen' het besef dat de onbereikbare en onzienlijke 'u' naar het lyrisch 'ik' kijkt aan de orde:

> Mij troost klaar weten, dat over mij zijn
> Open als vaste-sterreschijn
> Uw oogen ver, niet te bereiken,
> Maar die niet wijken. (VL 25)

De 'ik' weet dat de 'u' naar hem kijkt, maar de ogen van de 'u' (die als vaste sterren zijn en niet wijken) zijn niet te bereiken en kunnen niet door de 'ik' gezien worden. Dit zou een vorm van intersubjectiviteit genoemd kunnen worden. De 'u' kan terugkijken, waardoor hij een subject wordt. Ook in latere gedichten is dit thema te vinden, bijvoorbeeld in 'Nox serena' uit *Carmina* (1912):

> Naar waar 'k boven heemlenver
> Teeder naar mij voel gericht
> In uw wolkeloos gezicht
> Klare dubbele oogester, (VL 471)

De 'ik' kan de 'u' niet zien, maar voelt wel dat de ogen van de 'u' vanuit de hemel naar de 'ik' gericht zijn. De ogen van de 'u' worden vergeleken met een dubbelster. Ze zijn in heldere nachten — wanneer de sterren dus te zien zijn — wel in de verte zichtbaar, maar de afstand is te groot om ze van nabij te kunnen zien. Wanneer de hemel bewolkt is of bij daglicht zijn de ogen van de 'u' niet te zien, maar toch:

Of de wolk staat voor de ster,
Of de dag den hemel blindt,
Of mijn oog uw oog niet vindt,
Veilig weet ik u en ver. (VL 473)

Hier is er weer sprake van dat de 'ik' weet dat de 'u' er is. Alhoewel de 'ik' de 'u' dus niet altijd kan zien, weet of voelt hij wel dat de 'u' naar hem kijkt en dat de 'u' in de verte aanwezig is. Vergelijk ook: 'Maar door de wolken weet ik Uw gelaat' (VL 297).

In het gedicht 'Herkenning' uit de bundel *Praeludiën* (1902) is een mooie passage te vinden waarin het kijken naar de duizelingwekkende sterrenhemel vergeleken wordt met het kijken in de ogen van een ander:

En als mijn oogen naar de heemlen gaan,
Zien ze uit die spieglende doorzichtigheid
Zich zoo verdiept en duizendvoudig weêr,
Of daar nachteeuwig, wemel-stilgestold
In vuurkristallen, boven de' afgrond trilt
Dezelfde doodnabije gouden-huivring die
Koelijzig ziel en worteldiep doorsneed,
Toen wij in avondlijke helderheên
En duizeldicht neigen van oog in oog,
Naar onbereikt geluk weêrspiegelden
Elkanders ademlooze oneindigheid... (VL 129)

De 'ik' ziet, wanneer hij naar de sterrenhemel kijkt, zijn ogen 'duizendvoudig' weerspiegeld. Alhoewel in deze passage geen sterren genoemd worden (wel wordt eerder in het gedicht van sterren gesproken), worden ze gesuggereerd door de woorden die met het licht, de nacht en eeuwigheid te maken hebben: 'spieglende doorzichtigheid', 'nachteeuwig', 'wemel-stilgestold', 'vuurkristallen'. Interessant is dat de hemel een 'spieglende doorzichtigheid' genoemd wordt. Dit is een oxymoron: de sterrenhemel is tegelijkertijd spiegelend (licht weerkaatsend) én doorzichtig (licht doorlatend). De woordgroep 'spieglende doorzichtigheid' kan ook in verband gebracht worden met de beschrijving van ogen als 'blinkevenstren' (VL 11): de ogen blinken (spiegelen) en zijn tegelijkertijd doorzichtige vensters (zie hoofdstuk III). Ook de aanduiding 'wemel-stilgestold' is een oxymoron: de sterren staan stil én wemelen. Dezelfde 'huivring' die de 'ik' overvalt wanneer hij naar de nachtelijke sterrenhemel kijkt, ervaart hij ook tijdens het 'duizeldicht neigen van oog in oog': wanneer de 'ik' probeert om de ogen van de 'u' te zien. De 'ademlooze oneindigheid' (vgl. de oneindigheid van het heelal) van de 'ik' en de 'u' wordt in de ogen weerspiegeld. Een dergelijke situatie is ook te vinden in het gedicht 'Oogenblik': 'Dat mijner oogen / Ademlooze afgrond / Staart in den peilloozen / Helderen nacht van uw / Oogenlicht' (VL 484).

Ook in *Vergeten liedjes* (1909) staan gedichten waarin het 'oog in oog'-thema aan de orde komt. Bijvoorbeeld in de volgende strofe uit het gedicht 'Nacht':

> Mijn broeder die mij nooit bedroog,
> Wij zien elkander oog in oog —
> De ziel herkent van verre,
> Voorgoed in haar bezit gerust,
> Gelukkig en gelukbewust,
> Haar oogen in uw sterren! (VL 363)

De ziel van de 'ik' herkent in de sterren van 'broeder Nacht' zijn eigen ogen.

De blik waarmee twee verwante zielen contact maken, wordt ook wel omschreven als de 'kus' van de ziel, die van een andere orde is dan de lichamelijke kus. In het gedicht 'Kussen' staat:

> Roode lippen, blanke leden
> Wijken uit hun eng omhelzen

Naar de koele heldre grenzen
Waar zich oog en oog ontmoeten
In der zielen kus. (VL 369)

Het lichamelijke en warme 'omhelzen' wordt gesteld tegenover de 'koele heldre grenzen' waar de ogen elkaar 'ontmoeten' (dus niet versmelten) in de kus der zielen. Maar uiteindelijk lukt het in dit gedicht toch niet elkaar wérkelijk — van ziel tot ziel — te ontmoeten, zo blijkt uit de derde strofe van dit gedicht: 'Toch, ons zielen konden nimmer / Tot elkaêr in oogen reiken'. In dit gedicht is het niet mogelijk om 'oog *in* oog' te kijken, er wordt dan ook gesproken van het ontmoeten van 'oog *en* oog'. De 'koele heldre grenzen' tussen de 'ik' en de ander kunnen niet worden overschreden. Het motief van de zielekus staat in een lange traditie die teruggaat op een epigram van Plato: 'Ik zoende Agathoon, mijn ziel rees naar mijn lippen', waarop eindeloos gevarieerd is[5]. Dit epigram is ook door Boutens vertaald: 'Agathoon kuste mijn mond — / daar rees mij de ziel op de lippen; / Want de armzalige kwam om in hem over te gaan'[6].

3. Bespreking van 'Oog in oog'

3.1. *De tekst*

Oog in oog

"Iam habetis quod numquam vidistis."

Zal ik nooit met onbetogen
oogen

(5) Zie Claes 1992, p. 113 en Guépin 1991, p. 416 e.v.

(6) Door Boutens in handschrift geschreven in een exemplaar van zijn vertaling *Platoons Phaidros* (1909), afkomstig uit de nalatenschap van Boutens' vriend en mecenas E.E. Menten, bewaard in het Letterkundig Museum te Den Haag. Ook in andere gedichten komt dit thema voor, bijv. in 'Kussen' (VL 829) en in Boutens' vertaling van sonnet XIII van Louise Labé: 'Terwijl zijn kus al inniger me omsloot / Tot op zijn lippen mij de geest ontvlood' (VL 987).

Het geluk zien in der dagen licht?
Zaalger tranen teêr verwischte
misten
Slui'ren hun verwaasd gezicht…

Lief, toch keek ik zonder schroom in
droomen
Door de paarlen poorten in Gods stad,
Minde uit der millioenen blije
reien
Klaarderoogen de oogen die 'k aanbad.

Maar als hier in dags azuren
uren
Naakt uw ziel ten spiegel stijgt,
Floersen zilte neevlen de ooge-
bogen
Van de ziel die naar u overneigt…

Zal een man met wakkere oogen
mogen
God zien vóor zijn aardschen dood? —
Wat onze oogen nog door waden
raden,
Is reeds hier der zielen eenig brood![7]

3.2. *Het motto*

Dit gedicht verscheen voor het eerst in augustus 1910 in het tijdschrift *Groot Nederland*[8]. Boutens nam het op in zijn bundel *Carmina* (1912). Het Latijnse motto 'Iam habetis quod

(7) Geciteerd naar de eerste druk van *Carmina* (1912), p. 105-106. In de *Verzamelde lyriek* wordt de oorspronkelijke typografie niet gevolgd (zie VL 470).

(8) P.C. Boutens, 'Vier gedichten'. In: *Groot Nederland* 8 (1910), dl. II, p. 121-136. 'Oog in oog' bevindt zich als tweede gedicht op p. 124-125. De andere gedichten waren: 'Nachtelijk bezoek' (VL 468-469), 'Nox serena' (VL 471-473) en 'Terra — vallis nimis amoena' (VL 465-467).

numquam vidistis' betekent: 'Jullie bezitten nu reeds wat jullie nooit hebben gezien.' De aanhalingstekens suggereren dat het een citaat is. De bron van dit citaat heb ik echter niet kunnen achterhalen. Opmerkelijk is dat Boutens bij de motto's boven zijn gedichten gewoonlijk geen aanhalingstekens gebruikte[9]. Het is de vraag of het wel een citaat is. Wellicht heeft Boutens — die classicus was en privédocent Latijn en Grieks — het motto zelf bedacht. Zowel de bundel als de afdeling met vertalingen hebben een Latijnse titel: *Carmina* (liedjes) en 'Undique' (van alle kanten, overal vandaan)[10]. Ook sommige gedichten in deze bundel hebben een Latijnse titel[11].

De titel en het motto van het hier centraal gestelde gedicht gaan over het zien. Het gedicht heeft een expliciete visuele thematiek. Het gaat om een poging iets ('het geluk', de ziel van 'Lief', 'God') te zien dat onzienlijk is. Alhoewel het motto niet letterlijk in de bijbel te vinden is, zijn er wel passages te vinden met een vergelijkbare strekking. Zo geeft Christus, wanneer Filippus (een van zijn discipelen) hem vraagt 'Heere, toon ons den Vader' het volgende antwoord: 'Die Mij gezien heeft, die heeft den Vader gezien' (Johannes 14:8-9). En elders zegt Christus, na zijn opstanding, tegen de ongelovige Thomas: 'Omdat gij Mij gezien hebt, Thomas, zo hebt gij geloofd; zalig zijn zij, die niet zullen gezien hebben, en nochtans zullen geloofd hebben.' (Johannes 20:29). In de eerste brief van Petrus staat over God geschreven: 'Denwelken gij niet gezien hebt, en nochtans liefhebt, in Denwelken gij nu, hoewel Hem niet ziende, maar gelovende, u verheugt met een onuitsprekelijke en heerlijke vreugde' (1 Petrus 1:8). Augustinus schrijft in *De civitate Dei* (boek XXII, hoofdstuk 29):

(9) Zie VL 441, 446, 460, 471, 479, 643, 665, 692, 694, 696, 697, 706, 713, 743, 838.

(10) Zie over de afdeling 'Undique': Goud 1995.

(11) 'Amor vindex' (VL 460), 'Terra — vallis nimis amoena' (VL 465) en 'Nox serena' (VL 471).

'De Heer Jesus heeft gezegd: "Ziet toe dat gij geen van deze kleinen gering acht, want ik zeg u, dat hun engelen in de hemelen altijd het aangezicht van mijn Vader zien, die in de hemelen is." [Mattheus 18:10] Zoals zij dus zien, zullen wij ook zien, maar nu zien wij zo nog niet.'[12] De laatste regel doet denken aan Boutens' motto.

Ondanks een zekere overeenkomst tussen de hier geciteerde bijbelpassages en het motto is daarmee niet gezegd dat dit motto en het gedicht uitsluitend christelijk geïnterpreteerd moeten worden.

3.3. *Globale monstering*

Het gedicht heeft een strakke, klassieke structuur. Het bestaat uit vier kwatrijnen die rijmen en een regelmatig vijfvoetig, trocheïsch metrum hebben. Ook het motto heeft, evenals de meeste regels in het gedicht, tien lettergrepen en (voor het grootste deel) een trocheïsch metrum. De relatie tussen motto en gedicht wordt daardoor versterkt.

Er is een grote klankdichtheid in 'Oog in oog'. Niet alleen zijn er door het binnenrijm klankovereenkomsten, maar er zijn ook allerlei andere assonanties en alliteraties in het gedicht te vinden. De typografie, die deze klanken als het ware visualiseert, hangt daarmee samen. Telkens is er sprake van een binnenrijm aan het einde van de regels 1 en 3 in de vier kwatrijnen. Het rijmschema kan als volgt beschreven worden: aa-b-cc-b. Deze vorm van binnenrijm wordt 'dobbelsteert' genoemd[13]. Het tweede rijmwoord wordt op een volgende regel als een apart woord geplaatst. Daardoor krijgen deze woorden een echo-effect. Ook krijgen de apart geplaatste woorden ('oogen', 'misten', 'droomen', 'reien', 'uren', 'bogen', 'mogen' en 'raden') extra nadruk. Door het apart plaatsen

(12) Augustinus 1983, p. 1191 (vert. G. Wijdeveld).
(13) Bronzwaer 1993, p. 124.

van de woorden op de volgende regel ontstaat er veel wit in dit gedicht. Ook zorgt deze typografie ervoor dat aan de rechterkant van het gedicht, dus aan de kant van de regeleindes, een letterlijke verdichting — of 'mist' — van klanken en woorden ontstaat. Lodewijk van Deyssel schreef in zijn 'Aantekeningen bij de lectuur van P.C. Boutens': 'Een goed voorbeeld van een zelden bij Boutens voorkomend klankenspel biedt het gedicht *Oog in oog* in *Carmina* [...]. In het gedicht *Oog in oog*, — door de samenstelling van dit gedicht dus, door déze woorden, en door déze schikking dier woorden, bereikt de dichter een zekere schoonheid [...].'[14]

De titel 'Oog in oog' kan iconisch worden geïnterpreteerd. Met 'iconisch' bedoel ik dat de vorm van de lettertekens en de betekenis een zekere mate van gelijkenis vertonen[15]. Het woordenpaar (twee maal het woord 'oog') kan gezien worden als icoon voor de twee ogen van het ogenpaar. Het woord 'oog' kan ook zelf iconisch worden geïnterpreteerd. De letter 'o' heeft de ronde vorm van de iris of de pupil. De letter 'o' komt zeer frequent voor in het gedicht, vooral in de laatste strofe. De titel 'Oog in oog' kan op twee manieren worden geïnterpreteerd. Ten eerste kan het betekenen dat de 'ik' kijkt naar de ander (van aangezicht tot aangezicht) en vice versa. Ten tweede kan de 'ik' ook zijn eigen oog (of ogen) zien in het spiegelende oog (of de ogen) van de ander. Zoals we nog zullen zien in de derde strofe, waarin een 'spiegel' (10) wordt genoemd, kunnen beide betekenissen tegelijkertijd een rol spelen. Ook past de herhaling 'Oog in oog' in de zojuist besproken binnenrijmen van het gedicht, met name 'onbetogen oogen' en 'ooge-bogen'.

In het gedicht staan veel woorden die te maken hebben met zien: 'onbetogen oogen' (1), 'zien' (2), 'gezicht' (4), 'keek'

(14) Van Deyssel 1978a, p. 241.

(15) Bronzwaer 1993, p. 25.

(5), 'Klaarderoogen' (8), 'oogen' (8), 'spiegel' (10), 'ooge-bogen' (11), 'wakkere oogen' (13), 'zien' (14), 'oogen' (15). Deze woorden vormen een semantisch veld rondom 'zien'. Het woord 'oogen' komt vaak voor (in regels 1, 8, 11, 13 en 15), ook min of meer verborgen in woorden als 'onbet*ogen*' (1), 'ooge-b*ogen*' (11) en 'm*ogen*' (13). Daarnaast zijn er nogal wat woorden die te maken hebben met het bedekken van de blik of het verhullen van het object: 'misten' (3), 'Slui'ren' (4), 'verwaasd' (4), 'Floersen' (11), 'neevlen' (11), 'waden' (15). Irons spreekt in dit verband van 'veiled vision'[16].

Opvallend zijn de parallellen op structureel en semantisch niveau tussen de eerste en de vierde strofe. Er worden twee retorische vragen gesteld:

> Zal ik nooit met onbetogen oogen / Het geluk zien in der dagen licht? (1-2)

> Zal een man met wakkere oogen mogen / God zien vóor zijn aardschen dood? (13-14)

Het subject is verschoven van 'ik' naar 'een man'. In plaats van 'met onbetogen oogen' (1) staat in strofe vier 'met wakkere oogen' (13). En in plaats van 'het geluk zien' wordt er in de vierde strofe gesproken van 'God zien'. Ook op het gebied van de klanken in de rijmwoorden is er een parallel aan te wijzen tussen de eerste en de vierde strofe. In de eerste strofe is er in de eerste regel sprake van de 'o'-klank en in regels 2-4 van de 'i'-klank. In strofen 2 en 3 zijn er drie rijmklanken. In strofe 4 is er, evenals in de eerste strofe, weer sprake van twee rijmklanken: de 'o'- en de 'a'-klank. Door deze overeenkomsten zou men kunnen spreken van een cyclische structuur van het gedicht.

Er is in het gedicht sprake van een 'ik' (1, 5, 8), een aangesproken 'Lief' (5), die ook wordt aangeduid als 'u' (10, 12), en van 'God' (6, 14). Zoals gezegd, probeert de 'ik' iets

(16) Irons 1997, p. 51.

te zien in dit leven, terwijl hij beseft dat 'het geluk', de ziel van de aangesproken 'Lief', of 'God' in dit aardse leven eigenlijk niet direct te zien is. Hooguit kan een glimp worden opgevangen van het hogere via het zien van de geliefde. Het subject verschuift in de loop van het gedicht van 'ik' naar 'een man' en 'onze oogen'. Ook het object verschuift van 'het geluk' naar 'God' en uiteindelijk probeert het lyrisch subject iets te zien dat slechts geraden kan worden. De wijze van zien verandert in het gedicht, zoals te zien is in onderstaand overzicht:

Regels	Subject	Wijze van zien	Object
1-2	'ik'	'met onbetogen oogen'	'het geluk'
5-6	'ik'	'in droomen'	'Gods stad'
7-8	['ik']	'[met] Klaarderoogen'	'de oogen die 'k aanbad'
9-10	['ik']	'in dags azuren uren'	'uw ziel'
12	'[mijn] ziel'	'[door] zilte neevlen'	'uw ziel'
13-14	'een man'	'met wakkere oogen'	'God'
15-16	'onze oogen'	'door waden'	'wat', 'brood'

In de allerlaatste regels is niet precies duidelijk wat het object is. Dat wat de ogen in dit aardse leven zien, is 'brood' voor de ziel. Ook wordt in dit gedicht niet duidelijk of het bekeken object naar de 'ik' terug kan kijken. Er kan slechts naar geraden worden. Ik zal 'Oog in oog' nu strofe voor strofe interpreteren.

3.4. *Interpretatie strofe voor strofe*

Strofe I

Zal ik nooit met onbetogen
                    oogen
Het geluk zien in der dagen licht?
Zaalger tranen teêr verwischte
                    misten
Slui'ren hun verwaasd gezicht...

De eerste twee regels betreffen zoals gezegd een retorische vraag: 'Zal ik nooit met onbetogen oogen / Het geluk zien in der dagen licht?' (1-2). 'Onbetogen ogen' zijn onbedekte, niet gesloten ogen. Dit komt overeen met 'wakkere oogen' (13). De passage 'in der dagen licht' (2) — letterlijk: in het licht van de dagen — verwijst naar het aardse leven (vgl. r. 14). Geparafraseerd kan de vraag als volgt luiden: zal ik nooit met open ogen het geluk kunnen zien tijdens dit leven?

Daarop volgen twee raadselachtige versregels die minder helder van structuur zijn: 'Zaalger tranen teêr verwischte misten / Slui'ren hun verwaasd gezicht…' (3-4). Vóór deze regels (die het antwoord zijn op de gestelde vraag) zou men kunnen toevoegen: 'Nee, want'. De klanken en de complexe syntaxis vertroebelen of verhullen de betekenis. In deze regels assoneren 'l*i*cht', 'verw*i*schte m*i*sten' en 'gez*i*cht'. Bovendien is er bij 'verwi*scht*e mi*st*en' sprake van acconsonantie door de overeenkomstige 'st'-klanken. Ook komen de klanken van de medeklinkers in 'verwischte' (3) en 'verwaasd' (4) overeen. In '[z]aalger tranen' en 'verwaasd' assoneert de 'a'-klank. In regel 3 is sprake van een genitiefconstructie: teder weggeveegde misten van zalige tranen. De misten van de zalige tranen versluieren 'hun verwaasd gezicht'[17]. Het woord 'hun' slaat op de 'oogen' uit de eerste regel. Enerzijds zijn de misten van de tranen weggewist en dus opgelost, terwijl ze anderzijds het 'gezicht' tóch sluieren. Er is sprake van een dubbele versluiering: de misten sluieren het 'gezicht' dat reeds verwaasd is. Ik interpreteer 'gezicht' hier als het waarnemingsvermogen of de blik. De 'onbetogen oogen' die in regel 1 zijn genoemd, zijn inmiddels bedekt (gesluierd) met een

([17]) In het (zowel in de bundel als in de voorpublicatie in *Groot Nederland*) op 'Oog in oog' volgende gedicht 'Nox serena' (VL 471-473) komt het rijmpaar 'weggewischt'-'mist' ook voor: 'Heel der wereld liefde en haat / Heeft uw adem weggewischt / Als een ijlen leêgen mist / Voor de rust van uw gelaat' (VL 472).

(weliswaar 'verwischte') mist van tranen. De blik is door de tranen vertroebeld geraakt. Veel woorden in regels 3-4 hebben de connotatie van bedekken, verhullen, in tegenstelling tot het woord 'onbetogen'. In het gedicht komen nog meer woorden voor die te maken hebben met nevels en mist die de blik vertroebelen: 'Floersen' (11), 'neevlen' (11) en 'waden' (15). In Boutens' poëzie is vaker sprake van tranen die het gezicht bedekken, vertroebelen of verblinden[18]. De strofe wordt besloten met drie puntjes, waardoor er geen scherpe afgrenzing is met de volgende strofe. De puntjes zijn ook te vinden aan het einde van de derde strofe, waarin ook sprake is van een vertroebeling van de blik.

Strofe II

> Lief, toch keek ik zonder schroom in
> droomen
> Door de paarlen poorten in Gods stad,
> Minde uit der millioenen blije
> reien
> Klaarderoogen de oogen die 'k aanbad.

Deze strofe wordt geopend met het aanspreken van een 'Lief' door het lyrisch subject; hier is sprake van een apostrof. Vervolgens zegt de 'ik': 'toch keek ik zonder schroom in droomen / Door de paarlen poorten in Gods stad' (5-6). De 'ik' is zich er dus van bewust dat hij kan kijken in zijn dromen. Het woord 'toch' duidt op een tegenstelling met strofe 1. De 'ik' kijkt 'zonder schroom' in 'Gods stad', terwijl men daar eigenlijk niet naar kán kijken. De alliterende 'paarlen poorten' verwijzen naar Openbaring 21:21: 'En de twaalf poorten waren twaalf paarlen, een iedere poort was

([18]) Zie VL 162, 213, 545, 599, 650, 693, 765, 850, 854, 1047, 1068. Het omgekeerde komt ook voor: 'Door de kleurgebroken bogen / Van de tranen die gij zondt, / Worden ziende weêr mijn oogen / Als in nieuwen morgenstond' (VL 357). Zie ook hoofdstuk II.

elk uit een paarl; en de straat der stad was zuiver goud; gelijk doorluchtig glas.' 'Gods stad' verwijst naar het nieuwe Jeruzalem, zoals in de Openbaring beschreven. De 'ik' heeft in zijn droom het nieuwe Jeruzalem van God gezien; gesproken kan worden van een visionaire droom. 'Gods stad' verwijst mogelijk ook naar Augustinus' *De civitate Dei*[19]. Vermeldenswaardig is nog dat openbaring in het Grieks *apokalypsos* is en betekent: weghalen van de sluier of doek[20]. In deze strofe is dan ook geen sprake van sluiers, misten of nevels, in tegenstelling tot de andere drie strofen van het gedicht. De 'paarlen poorten' waar de 'ik' in zijn droom naar of doorheen kan kijken, kunnen ook gezien worden als metaforen voor de innerlijke ogen, de ogen van de ziel. Elders in Boutens' poëzie worden ogen vergeleken met vensters of poorten (zie hoofdstuk II). Er is een verband te leggen tussen de 'poorten' (6) en de 'ooge-bogen' (11) in de derde strofe.

Dan volgen de regels: '[ik] Minde uit der millioenen blije reien / Klaarderoogen de oogen die 'k aanbad' (7-8). Hier is wederom sprake van een genitiefconstructie. Deze regels kunnen als volgt geparafraseerd worden: toch beminde ik uit 'blije reien' van miljoenen — dansende en zingende menigten — met 'klaarder' ogen de ogen die ik aanbad. Het opmerkelijke woord 'Klaarderoogen' interpreteer ik als *genitivus absolutus* (vgl. woorden als 'gewapenderhand' en 'zienderogen')[21]. De ogen van de 'ik' zijn tijdens het dromen 'klaarder': helderder dan helder[22]. Slechts met zulke uitzonderlijk heldere ogen is het mogelijk om een glimp op te vangen van de ogen van de geliefde. Uit deze regels blijkt dat de 'ik' door

([19]) Zie Augustinus 1983, vooral boek XXII, hoofdstuk 29 over het zien van God.

([20]) Sötemann 1985b, p. 209.

([21]) Zie Komen 1994, *passim*.

([22]) Vgl. 'Al *helderder* in avondlijke *klaarheid* / Kijken ons oogen in elkaêr gerezen' (VL 344, mijn curs.).

middel van het zien van de ogen de ander bemint. Hier wordt 'oog in oog' gekeken. De beschrijving van de 'millioenen blije reien' lijkt op een droom of visioen van het hiernamaals, waarin miljoenen dansen. Wie zijn die miljoenen? Engelen, goden, zielen van overleden mensen? De 'ik' herkende in al die miljoenen de ogen van de door hem aanbedene. Wat overdag ('in der dagen licht', zoals in strofe 1 staat) niet mogelijk is, lukt wél in dromen. Dan kan de 'ik' de ogen zien van de onbereikbare geliefde.

'Klaarderoogen' lijkt een echo van 'zaalger tranen' uit de eerste strofe. In een ander gedicht van Boutens komen de woorden 'klaarder oogen' los naast elkaar voor. Daarin wordt gesproken van de 'klaarder oogen' van de ziel die 'straks' het 'louter wonder' zullen zien 'aan nevellooze bogen' (VL 389). Klare ogen (deze formulering komt ook vaak voor bij Boutens, zie bijv. VL 95) zijn heldere, onbedekte en niet troebele ogen (zoals in r. 3-4). Klaarder ogen zijn helderder ogen. Wellicht zijn die ogen 'klaarder' omdat ze 'God', of het absolute, al wel hebben gezien. De mens op aarde kan dit goddelijke nog niet zien, maar heeft er wel besef van (vgl. het motto en de laatste strofe). De 'ik' kan in zijn droom een glimp opvangen van de ogen van de door hem beminde die 'God' al wel gezien heeft. De gedroomde ogen van de herkende beminde ander zijn *intermediair* tussen de 'ik' en 'God' of het absolute[23]. Maar in sommige uiterst zeldzame gevallen kan de mens ook overdag een glimp opvangen van de beminde 'u', zoals in de volgende strofe te lezen valt. Van Halsema heeft erop gewezen dat — evenals bij Leopold — in Boutens' poëzie '[...] de Christusfiguur bij herhaling de gedaante aan[neemt] van de vreemdeling die, onherkend aanwezig in

([23]) Vgl. wat ik in hoofdstuk IV schreef over het meisje op Toorops tekening *De Regenboog*. Ook zij is een intermediair tussen het aardse en het transcendente. Maar het blijft raadselachtig wát zij ziet.

de menigte, plotseling dwars door de menigte heen contact maakt met de uitverkoren gelijkgezinde in een onstoffelijke gemeenschap.'[24] Wellicht is van een dergelijke situatie ook sprake in 'Oog in oog'.

Strofe III

Maar als hier in dags azuren
uren
Naakt uw ziel ten spiegel stijgt,
Floersen zilte neevlen de ooge-
bogen
Van de ziel die naar u overneigt...

Deze strofe wordt geopend met het woord 'Maar' (9), parallel met 'toch' (5) in strofe 2. In de vorige strofe was sprake van een droomwerkelijkheid, maar nu gaat het over de dag en het hier en nu: 'hier in dags azuren uren' (9), evenals in de eerste strofe waar staat: 'in der dagen licht' (2). Met 'azuren uren' wordt gedoeld op een bijzondere, stralende dag, waarop de azuurblauwe, onbewolkte hemel te zien is[25]. Het woord 'uren' wijst ook op de tijd en de tijdelijkheid van het aardse leven. De azuren lucht kan gezien worden als een wand (of een 'vlies'): wat zich daaráchter bevindt is niet te zien. In een ander gedicht wordt de hemel letterlijk een blauwe muur genoemd: 'dit blankdoorblonken / Blindend dak van blauwe muren' (VL 401). Wellicht kan met 'azuren uren' ook de kleur van de zee (die de hemel weerspiegelt) bedoeld zijn, alhoewel de zee niet letterlijk in het gedicht wordt genoemd[26]. Ik kom daar nog op terug.

([24]) Van Halsema 1994, p. 17.

([25]) Het woord 'azuur' komt vaker voor bij Boutens (zie bijv. VL 124, 244 en 1109). Vgl. ook 'straklazuren' in 'Domburgsch uitzicht' (VL 779); zie daarover Sötemann 1985c, p. 219-220.

([26]) Volgens het *WNT* kan 'azuren' zowel betrekking hebben op de kleur van de hemel als op de kleur van het water (dl. II, I, kol. 792).

Opmerkelijk is de parallel met de 'azuren uren van den tropendag' in J.H. Leopolds gedicht 'Oinou hena stalagmon' ('Eén druppel wijn')[27]. Leopolds gedicht verscheen, evenals Boutens' 'Oog in oog', voor het eerst in 1910[28]. Waarschijnlijk is er sprake van toeval en kwamen beide dichters onafhankelijk van elkaar en vrijwel tegelijkertijd op deze vondst. Het woord azuur was geliefd bij dichters als Baudelaire, Mallarmé en Valéry. Mallarmé schreef een gedicht met de titel 'L'Azur'[29]. Azuur is naast de kleur van de hemel en de zee, ook een symbool voor het absolute. De passage 'in dags azuren uren' is parallel aan 'in der dagen licht' (2) uit de eerste strofe. De z-klank uit 'azuren' komt drie maal terug in de woorden 'ziel' (10, 12) en 'zilte' (11). De u-klank uit 'azuren uren' geeft ook nog eens extra nadruk aan de 'u' in deze strofe.

Wat staat er precies in deze raadselachtige regels? Hoe moet men zich het 'ten spiegel' stijgen (in regel 10) van een ziel voorstellen? 'Ten' is een samenvoeging van 'te' en 'den'. 'Te' is volgens Van Dale een 'aanduiding dat een beweging in zekere richting plaatsheeft en daardoor een doel bereikt wordt: in de richting van een doel dat wordt bereikt (terwijl *naar* niet de implicatie heeft dat het doel wordt bereikt)'. De formulering doet denken aan ten top of ten hemel stijgen. Moeilijk voorstelbaar is het 'stijgen' van de ziel in een

([27]) Leopold 1982, p. 125.

([28]) 'Oinou' verscheen eerst als privédruk (tussen juli en oktober 1910), daarna in het *Gedenkboek 'De nieuwe gids' 1885-1 october-1910* (in okober 1910 verschenen). 'Oinou' moet voor 31 juli 1910 gedateerd worden (zie Leopold 1983, dl. 2, p. 54). Zie over dit gedicht onder meer Van Halsema 1999, p. 135-166.

([29]) Boutens heeft dit gedicht zeker gekend. Hij bezat een exemplaar van Stéphane Mallarmé, *Poésies*. Édition complète. 3me édition. Paris, Nouvelle Revue Française, 1913 (nu in bezit van de erven Boutens). Boutens bezat ook de uitgave uit 1899 (in 1972 geveild bij J.L. Beijers te Utrecht).

spiegel. Dit is wel voorstelbaar wanneer de spiegel tegelijkertijd een afgrond is (zie hoofdstuk II over ogen als spiegels en afgronden). In de eerste plaats kan het 'stijgen' letterlijk geïnterpreteerd worden: de ziel komt omhoog in de spiegel. Maar ik prefereer de interpretatie dat de ziel in de spiegel te voorschijn komt of verschijnt. In Boutens' 'Ode aan Sapfo' staat een vergelijkbare passage: 'Met der maten zwellende vluchten rijst uw / Ziel in uw oogen' (VL 427). Daar is dus sprake van het rijzen (vgl. stijgen) van de ziel in de ogen. Een volgende vraag is: wat is dat voor een spiegel? Wellicht duidt die spiegel op de ogen van de 'u' die als een spiegel zijn (de ogen spiegelen of weerkaatsen het beeld van de ander), een beeld dat vaak voorkomt bij Boutens zoals ik in hoofdstuk II heb laten zien. Wanneer de 'u' een liggende figuur is, dan zou de ziel wel kunnen stijgen in de spiegel der ogen. Regels 9-10 kunnen worden gelezen als: wanneer 'hier' (dus tijdens dit aardse leven) overdag uw naakte (dus niet door misten, nevels of floersen verhulde) ziel in de spiegel van uw ogen verschijnt (of zich laat zien), dan worden mijn ogen bedekt met een floers van 'zilte neevlen'[30]. Deze zilte (zoute) nevels kunnen worden geïnterpreteerd als tranen. Nevel heeft, behalve de letterlijke betekenis van een door verdichting zichtbaar geworden waterdamp (zoals de mist uit de eerste strofe), ook de figuurlijke betekenis van een 'sluier, iets dat iets anders bedekt, verbergt, voor ons onzichtbaar maakt' (Van Dale). Een floers is eveneens een bedekkende sluier (vgl. regels 3-4)[31]. Boutens maakt van het zelfstandig naamwoord 'floers' een werkwoord 'floersen', hetgeen verhullen of een floers voor de ogen krijgen kan betekenen[32]. Hier is dus

(30) Vgl. 'Maar neevlen dicht en kimmewijd / Hielden uw blik betogen.' (VL 363).

(31) Vgl. Leopold: 'moeten wij over elkander staan / met trillende oogen en iets als floersen / tusschen ons' (Leopold 1982, p. 106).

(32) Vgl. 'floerst den spiegel van hun oog' (VL 66).

weer, evenals in de eerste strofe, sprake van een vertroebeling van de blik (die samenhangt met ontroering), eerst door 'misten', nu door 'neevlen' (tranen). De 'ziel die naar u overneigt' duidt op de ziel van de 'ik' die contact wil maken (overneigen naar) met 'uw ziel'. Maar dit lukt niet. Het 'floersen' werkt enerzijds tégen bij het proberen te zien van de 'u' of de 'Lief'. Anderzijds werkt het mee, want het is noodzakelijk: het goddelijke licht is verblindend. Een directe heldere blik op de 'u' met 'onbetogen' (of 'wakkere', zoals in de volgende strofe) ogen is niet mogelijk, behalve in dromen zoals in de vorige strofe staat[33].

Het woord 'spiegel' kan ook anders worden geïnterpreteerd. Wanneer men zich bij de interpretatie van deze strofe niet strikt beperkt tot dit gedicht, maar er ook andere gedichten uit Boutens' œuvre bij betrekt, is het mogelijk om 'spiegel' als een zeespiegel te zien. Weliswaar komt de zee niet letterlijk voor in dit gedicht, maar er zijn wel woorden die de zee suggereren: de eerder genoemde 'azuren uren' en 'zilte neevlen'[34]. De ziltheid van de nevelen kan slaan op de nabijheid van de zee. Er is dan sprake van een andere situatie dan ik hiervoor schetste. Het 'ten spiegel' stijgen van de ziel zou dan betekenen dat de naakte ziel van de 'u' omhoog komt vanuit of verschijnt in de waterspiegel. De naaktheid van de ziel kan dan in verband worden gebracht met een naakte bader[35].

([33]) Vgl. Blok: 'De godheid maakt het mogelijk reeds in dit leven als in spiegels het eeuwige weerkaatst te zien. Onmiddellijk zien is de mens echter niet gegeven.' (Blok, 1983, p. 170).

([34]) Het woord 'waden' (15) in de vierde strofe kan ook nog op de zee duiden. Weliswaar betekent het daar in de eerste plaats bedekkende gewaden of sluiers, maar men zou het ook als werkwoord 'waden' (door ondiep water lopen) kunnen interpreteren: de 'oogen' moeten waden door sluiers, misten en nevels om te kunnen zien.

([35]) Vgl. 'Na-middag' (VL 376) waarin een 'naakte zwemmer waad[t]' in de 'spiegelende oneindigheid' van de zee. In 'Hymnos aan de zee' wordt

De ziel van de 'ik' neigt over naar de 'u'. Overneigen betekent overhellen of overbuigen (een dergelijke situatie wordt beschreven in 'Oogenblik': 'wanneer gij - / [...] / Neêr naar mijn aangezicht / Neigt uw onzienelijk / Aangezicht' (VL 484)). Er is sprake van een poging om contact te maken tussen de ziel van de 'ik' en de 'u'. Deze strofe wordt, evenals de eerste strofe (waar de blik vertroebeld is door tranen), besloten met puntjes die de wazigheid en de raadselachtigheid van de situatie suggereren. Het contact tussen de zielen kan slechts tot stand komen wanneer het een stralende dag is ('azuren uren'). Dat contact kan alleen gelegd worden door middel van de ogen waarin de ziel te zien is. Alleen dan kunnen de 'ik' en de 'u' elkaar 'oog in oog' zien. Maar het contact komt niet tot stand, want de ogen zijn vertroebeld door de tranen. Wellicht is er in deze strofe sprake van een 'ik' die naar de zee kijkt en daarin — maar dan slechts wazig — de weerspiegeling van een verwante, goddelijke ziel ziet, waarnaar de 'ik' zich neigt of waarover hij zich buigt. Ook is het mogelijk dat de 'ik' in zijn eigen spiegelbeeld de ogen en de ziel van de 'u' en 'God' ziet[36]. Het zien van het eigen spiegelbeeld kan in verband worden gebracht met de Narcissusmythe[37]. De bron van de mythe is te vinden in Ovidius' *Metamorphosen* (boek III). Narcissus zag zijn eigen spiegelbeeld in het water, maar dacht dat hij een ander zag en werd daarop verliefd. Hij keek naar de weerspiegeling van zijn eigen ogen die hij zag 'als een dubbele ster'[38]. Uiteindelijk sterft

ook een verbinding gelegd tussen de naakte ziel en de zee: 'Naakt als ziel tot ziel / Kom ik, Zee, tot U.' (VL 151). Vgl. ook 'Zielschitternaakte bader, / Daar is geen drift te waden' (VL 93).

([36]) In 'Perelaar' (VL 765) spreekt het lyrisch 'ik' zijn ziel (die hij herkent in de bloesemwitte perelaar) met 'u' aan: 'Herkent ge uzelf weêrspiegeld, ziel'.

([37]) Zie Dresden 1980, p. 74 en Irons 1997, p. 90-91.

([38]) Ovidius 2001 (vert. M. d'Hane-Scheltema), p. 82.

Narcissus. Boutens heeft jarenlang gewerkt aan een gedicht met de titel 'Narcissus', maar hij heeft het nooit voltooid[39].

Om deze tweede interpretatie van 'spiegel' iets aannemelijker te maken, maak ik een kleine excursie naar andere gedichten van Boutens waarin de zee wordt vergeleken met een spiegel. In 'Branding' (VL 187-188) staat: 'Daar is meer rust in uw rusteloosheid, glansbewogen spiegel, diepe hartontroerde zee'. In de vijfde strofe van dat gedicht wordt de zee gezien als een alziend oog: de zee '[weet] in één helle' oogopslag en hartediep de' oneindgen hemel, / wolk en zon en maan en sterren'. De zee weerspiegelt in dat gedicht dus de gehele kosmos, en daarmee ook de oneindigheid van God. Boutens schreef dit gedicht in Domburg en droeg het op aan Jan Toorop. Boutens schreef hem in een brief: '[ik] zend hierachter een vers waarvan de gedachte tot mij kwam toen we samen hoog op de duinen zaten en van zoo dichtbij neerkeken in den vloed als in de oogen van een vrouw.'[40] De zee

([39]) Boutens schreef over zijn gedicht in wording 'Narcissus' in brieven aan Lodewijk van Deyssel van 28 november 1904 en 10 november 1905 (zie Blok 1983, p. 139) en aan Jacques Kakebeeke van [3] juni 1906 en 5 mei 1907 (zie Goud 1998c, p. 37 en p. 40). Volgens Anton van Herzeele zou het nagelaten 'Zoo heeft Aprils goudenste bloem verteld' (VL 1130) een fragment van 'Narcissus' zijn (Blok 1983, p. 139, n. 6). De 'Opdracht' van *Stemmen* werd als proefvel gedrukt door Joh. Enschedé onder de titel 'Opdracht van "Narcissus"' (zie Van Faassen 1993, p. 134). In een brief aan mevr. A. Willemse-Bijlsma van 7 april 1907 schreef Boutens: 'De "Opdracht" is oorspronkelijk bedoeld voor "Narcissus", maar heeft met dat gedicht zelf niets meer uit te staan dan met de overige verzen die in dien zelfden tijd ontstonden. Zoo gaat het nu vooraf aan den bundel "Stemmen", waarin N[arcissus] misschien opgenomen wordt.' (in Letterkundig Museum, Den Haag). In *Carmina* komt de naam 'Narkissos' voor in 'Genade' (VL 422). Zie ook Bank en Van Buuren 2000, p. 498 over Boutens en de Narcissusmythe naar aanleiding van 'Amor inevitabilis' (VL 95-96).

([40]) Het briefje d.d. 5 oktober 1903 bevindt zich op de achterzijde van het typoscript van 'Branding' dat berust in de Toorop-collectie in de Koninklijke Bibliotheek te Den Haag, sign. TC C 156 IV 2.

wordt dus vergeleken met de ogen van een vrouw. In het al aangehaalde gedicht 'Na-middag' (VL 376) komt de 'spiegelende oneindigheid' van de zee voor. In 'Zomeravondzee' (VL 713) staat: 'Eindlijk komt mijn oog te rust / In den onbegrensden lust / Van het waatren plein dat breidt / Spiegelend de oneindigheid / Van den glimlachopen hemel [...]'. Ook hier is sprake van een vergelijking van de zee met een spiegel. Een mooie ondersteuning is vooral de volgende passage uit het gedicht 'Oogenblik': 'Onder de spiegels van / Oogen en zeeën / Zocht ik u.' (VL 483). Zowel ogen als zeeën worden hier dus als spiegels gezien. Daaronder of daarachter bevindt zich de onbereikbare 'u'. De ogen en de zee kunnen tegelijkertijd gezien worden als spiegels en als transparante vensters (vgl. wat ik eerder schreef over 'blinkevenstren' en 'spieglende doorzichtigheid'), waarachter zich een transcendente werkelijkheid bevindt, waarin de 'u' gezocht wordt. In Boutens' œuvre worden ogen meer dan eens als zeeën of meren beschreven[41].

In 1889 schreef Boutens als gymnasiast een opstel getiteld 'De zee'. Hij schreef daarin dat het hart zichzelf in de zee herkent:

> Hoe komt het toch, dat het zien der zee zulk een invloed op ons uitoefent, ons zoo week stemt, zoo ontvankelijk voor indrukken maakt? Want dit alles doet zij. Nimmer heb ik de duinen betreden, of een eerbiedige huivering overviel mij, wanneer ik haar *blauwen spiegel* voor het eerst zag, nooit heb ik mij aan haar oevers neergezet of ik ben sentimenteel geworden, sentimenteel in den goeden zin des woords, nooit ook heb ik haar een bezoek gebracht, of ik ben rijker van haar weergekeerd. Het komt, omdat ons hart met haar sympathiseert, *omdat het in haar een beeld ziet van zich zelf.* (mijn curs.)[42]

([41]) Zie bijv.: 'uw oogen die als spiegels waren / Van meren' (VL 664), 'de zeeën uwer oogen' (840).

([42]) Dit opstel staat in een schrift dat zich bevindt in de Boutensdocumentatie van mevr. van Lier, inv. nr. 108. Zie over dit opstel ook Goud 2001b, p. 27-28.

In Boutens' latere werk zal het 'hart' vooral door de 'ziel' vervangen worden. Waarschijnlijk kende Boutens het sonnet 'Van de zee' van Willem Kloos (in 1888 in *De nieuwe gids* gepubliceerd), waarin de volgende regels staan: 'De Zee, de Zee klotst voort in eindelooze deining, / De Zee, waarin mijn Ziel zichzelf weerspiegeld ziet.'[43] Ook in het sonnet 'L'homme et la mer' van Baudelaire staat dat de zee het spiegelbeeld is van de ziel: 'La mer est ton miroir; tu contemples ton âme / Dans le déroulement infini de sa lame, / Et ton esprit n'est pas un gouffre moins amer.' (vertaling: 'Zij is je spiegelbeeld, haar tijdeloze baren / Doen jou de roerselen van eigen ziel ontwaren; / Je geest is even grondeloos en even wrang')[44].

Een derde mogelijkheid is om 'spiegel' te interpreteren als 'hemelspiegel'. Dit woord komt weliswaar niet voor in het *WNT*, maar wél in Boutens' œuvre. In het gedicht 'Aubade' wordt gesproken van een 'luchtespiegel' (VL 86). In Boutens' vertaling van Plato's *Phaidros* (voor het eerst verschenen in 1909, een jaar voor 'Oog in oog') staat:

> Doch van de overige zielen steekt de ziel die het best den god volgt en hem meest gelijkt, het hoofd van den wagenmenner op in de buitengelegen streek, en wordt in de omwenteling mede rondgevoerd, terwijl zij verontrust wordt door hare paarden en met moeite het bestaande ziet. Een andere weêr steekt nu-eens uit en zinkt dan-weêr onder, en daar hare paarden haar overmogen, ziet zij het éene wel, het andere niet. Al de overige zielen nu reikhalzen wel naar boven en volgen, maar onmachtig als zij zijn, worden zij onder *den hemelspiegel* mede rondgevoerd, elkander vertredend en op elkander stootend, daar de éen tracht de ander vóor te komen. (248a-b, mijn curs.)[45]

([43]) Kloos 1995, p. 51.
([44]) Baudelaire 1995, p. 48-49 (vert. Peter Verstegen).
([45]) Boutens, *Verzamelde werken*, dl. V, p. 296-297.

Eerder in *Phaidros* 247c werd gesproken van 'den rug des hemels' en 'de bovenhemelsche streek'. Wanneer de 'spiegel' uit 'Oog in oog' geïnterpreteerd wordt als 'hemelspiegel', dan betekent 'ten spiegel stijgen': ten hemel stijgen. Blok heeft laten zien dat in de 'Eerste Strofe' (met de beginregels 'Aan sombren spiegel van zwoele wake / drijven, geloken leliën, mijn oogen' (VL 1037)) de beelden van 'hemelspiegel', 'waterspiegel' en het beeld van de beminde als spiegel samengesmolten zijn[46].

In de bijbel wordt de hemel vergeleken met een 'gegoten spiegel' (Job 37:18). Bij de spiegel kan ook gedacht worden aan 1 Korinthiërs 13:12: 'Want wij zien nu door een spiegel in een duistere rede, maar alsdan zullen wij zien aangezicht tot aangezicht' (zie verder paragraaf 4). In de volgende strofe wordt expliciet gesproken over het zien van God.

Strofe IV

Zal een man met wakkere oogen
mogen
God zien vóor zijn aardschen dood? —
Wat onze oogen nog door waden
raden,
Is reeds hier der zielen eenig brood!

In regels 13-14 wordt een vergelijkbare retorische vraag gesteld als in de eerste strofe. De eerder gestelde vraag (regels 1-2) wordt, in andere bewoordingen, herhaald. Opvallend is de verschuiving van het subject 'ik' naar het algemenere 'een man', te interpreteren als de mens in het algemeen. De 'wakkere oogen' verwijzen terug naar de 'onbetogen oogen' (1). Die wakkere ogen zijn tegengesteld aan de in de tweede strofe beschreven situatie waarin de 'ik' in dromen (met gesloten, maar met 'klaarder' ogen) de ogen van 'u' wel kan zien.

(46) Blok 1983, p. 237-238.

In de vierde strofe wordt niet naar de slaap, maar naar de dood verwezen. Het antwoord op de vraag of de mens tijdens zijn aardse leven 'God' zal mogen zien is (evenals in de eerste strofe) uiteraard: nee. God is immers onzienlijk. In een later gedicht spreekt Boutens over 'Gods nooit aanschouwd gelaat' (VL 728). Pas na de dood kan de mens 'God' zien. 'God zien' verwijst terug naar 'het geluk zien' in de eerste strofe, al betekent het niet hetzelfde. Het woord 'God' verwijst naar een hogere werkelijkheid die onkenbaar is voor de mens tijdens zijn aardse bestaan, hooguit kan hij er een glimp van opvangen. Blok schrijft over het woord 'God' in Boutens' poëzie: 'het begrip blijft vaag, juist omdat die naam het werkelijk absolute aanwijst.'[47]

De laatste twee regels van het gedicht luiden: 'Wat onze oogen nog door waden raden, / Is reeds hier der zielen eenig brood!' (15-16). Vóór deze regels zou (na de gestelde vraag in 13-14) 'Nee, maar:' kunnen worden gedacht. Niet alleen is in deze strofe 'ik' vervangen door 'een man', maar ook wordt er nu dus gesproken over 'onze oogen'. Het gaat niet meer om de 'ik' alleen. De nadruk op het woord 'oogen' in regel 15 wordt versterkt door het twee regels eerder genoemde woord 'oogen' en wellicht ook door de vele woorden in deze strofe met de letter 'o'. Onze ogen, de ogen van de stervelingen, kunnen 'het geluk' of 'God' hier — tijdens dit aardse bestaan — niet zien. Ze kunnen slechts raden, gissen of vermoeden door 'waden'. Het woord 'waden' is hier ambigu, het valt op twee manieren te interpreteren. In de eerste plaats kan 'waden' het meervoud zijn van 'wade', een kleed dat iets bedekt[48]. Hier is dus wederom sprake van een woord dat duidt op iets verhullends, bedekkends. God is niet te zien,

([47]) Blok 1983, p. 303

([48]) Vgl. Leopold: 'alsof een wâ was / voorgehangen / voor oog-opleven' (Leopold 1982, p. 95).

maar men kan er wel naar raden. Hier is het object dus niet meer in te vullen, het is slechts te raden. Alhoewel het minder voor de hand ligt, kan 'waden' óók als werkwoord geïnterpreteerd worden. Zoals ik al eerder heb aangegeven zou dit mede kunnen duiden op de aanwezigheid van de zee (in verband met de 'spiegel' in strofe 3). Waden betekent door ondiep water lopen. Hier zou het dan betekenen dat de ogen moeten raden naar 'God' door te waden door sluiers, nevels en misten. Het is in dit aardse leven wel mogelijk om een glimp op te vangen van het goddelijke, bijvoorbeeld in de ogen van een geliefde, in de sterrenhemel, de zee of in het eigen spiegelbeeld[49].

De laatste regels parafraseer ik als volgt: dat wat onze ogen proberen te raden, is in dit aardse bestaan voedsel voor de ziel. Hier wordt een verbinding gemaakt met het motto (vgl. 'reeds hier' en 'iam'): de mens bezit hier al wat hij nog niet gezien heeft. Wat we nog niet hebben gezien ('het geluk', 'God', de ziel van 'u'), bezitten we hier al wel door het bestaan ervan te vermoeden. Dat besef is het geestelijke brood voor de ziel. We kunnen 'God' pas echt zien na de aardse dood. Het gedicht wordt besloten met het woord 'brood', dat rijmt op 'dood' uit regel 14. Het gaat hier niet om het dagelijkse brood dat het lichaam voedt, maar om het geestelijke brood om de ziel mee te spijzigen. Het brood wordt geassocieerd met het leven en is dus tegengesteld aan de dood. In dit gedicht symboliseert het brood mijns inziens het leven na de aardse dood. Dit brood voor de ziel is in verband te brengen met de bijbel. Tijdens het Laatste Avondmaal zegt Christus dat het brood zijn lichaam is (Mattheus 26:26). Hij is het 'Brood des levens', zoals in het Johannes-evangelie staat: 'Mozes heeft u niet gegeven het brood uit den hemel; maar

([49]) Vgl.: 'en 'k zag in bloem of stralend kinderoog / den onmiskenbaren vertrouwden schijn / van uw verlichte schaduw, […]' (VL 1092).

Mijn Vader geeft u dat ware Brood uit den hemel. Want het Brood Gods is Hij, Die uit den hemel nederdaalt, en Die der wereld het leven geeft. Zij zeiden dan tot Hem: Heere, geef ons altijd dit Brood. En Jezus zeide tot hen: Ik ben het Brood des levens; die tot Mij komt, zal geenszins hongeren, en die in Mij gelooft, zal nimmermeer dorsten.' (Johannes 6:32-35). In deze passage wordt gerefereerd aan het Oude Testament (Exodus 16:15-31), waarin beschreven wordt hoe het manna, brood dat uit de hemel viel, voedsel was voor het Joodse volk dat door de woestijn trok. In Boutens' poëzie is het woord 'manna' meer dan eens te vinden[50]. Bijvoorbeeld: 'Ook ik was waar Gods manna viel, / Dat dieper voedt dan 't daaglijksch brood / De zoete nooddruft van de ziel.' (VL 719). Ook in deze passage gaat het dus om brood voor de ziel. In zijn laatste gedicht 'Het geheim' (VL 924-925) staat: 'de manna-stralende genade / Van het in den slaap gevonden rijm'. Evenals het manna is het rijm voor de dichter een Godsgeschenk[51].

Ten slotte stel ik een poëticale lezing van de regels 15-16 voor. Het woord 'hier' (een herhaling van 'hier' uit regel 9) kan letterlijk worden geïnterpreteerd als: hier, in dit gedicht. Wat onze ogen 'door waden raden' is reeds in dit gedicht 'brood' voor de ziel. Brood is dan een metafoor voor woorden, of voor dit gedicht[52]. De lezer staat 'oog in oog' met dít gedicht. Door middel van dit gedicht kan de lezer 'het geluk'

(50) Zie Mulder 1948, p. 10-11 over het gedicht 'Maartsche sneeuw' (VL 405-406), waarin sneeuw met manna ('hemelsche spijs') wordt vergeleken.

(51) Zie Sötemann 1985b, p. 206-207

(52) Ook bij latere dichters komt deze poëticale brood-metafoor voor, zoals bij Gerrit Kouwenaar (zie Kusters 1983, p. 38) en bij Pierre Kemp: 'op mijn tong proef ik elk woord als brood van licht.' (zie Kusters 1991b, p. 41-42). Een mooi voorbeeld is ook Ida Gerhardts gedicht 'Het vers van Gorter', waarin zij onder meer schrijft: 'Het vers van Gorter heeft de geur van graan' en 'Het voedt als brood' (Gerhardt 1995, p. 416).

of 'God' raden. In die zin kan ook het motto begrepen worden. De lezer van het gedicht heeft hier al (in woorden) wat hij nog niet gezien heeft.

4. Het zien van God: *De visione Dei*

Uit de bovenstaande interpretatie van 'Oog in oog' is gebleken dat de bijbel een van de belangrijke interteksten van dit gedicht vormt. De 'paarlen poorten' verwijzen naar de Openbaring en vooral in de vierde strofe zijn mogelijke verwijzingen naar de bijbel te vinden. Het 'oog in oog'-thema kan gerelateerd worden aan de complexe bijbelse en theologische problematiek rondom het zien van God. Het valt buiten het bestek van deze studie om daar uitvoerig op in te gaan, ik zal slechts enkele aspecten aanstippen.

In de bijbel wordt benadrukt dat het voor de mens onmogelijk is om God te zien, want God is immers onzienlijk. In Johannes 1:18 staat: 'Niemand heeft ooit God gezien'. Anderzijds lijkt het voor enkele uitverkoren toch mogelijk te zijn om God te zien of te spreken, zoals blijkt uit de oudtestamentische verhalen over Jakob en Mozes. Jakob zegt, na een 'worsteling' met God: 'ik heb God gezien van aangezicht tot aangezicht' (Genesis 32:30)[53]. Van Mozes wordt verteld dat hij 'van aangezicht tot aangezicht' met God gesproken heeft (Exodus 33:11). Maar hij heeft God niet gezien, want God zegt immers tegen Mozes: 'Gij zoudt Mijn aangezicht niet kunnen zien; want Mij zal geen mens zien, en leven.' (Exodus 33:20). In Exodus 34:5-9 staat dat God verschijnt aan

(53) Wellicht liet Boutens zich door onder meer dit bijbelverhaal inspireren voor het gedicht 'Oogenblik' (ook in *Carmina*, VL 483-485). In strofe 9 wordt gespoken van 'uw onzienelijk / Aangezicht'. Het woord 'worstelhijgt' uit strofe 11 lijkt te verwijzen naar de worsteling van Jakob met God.

Mozes op de berg Sinaï. Mozes ontvangt de tien geboden. Na de ontmoeting met God glinstert het gelaat van Mozes: 'Als nu Aäron en al de kinderen Israëls Mozes aanzagen, ziet, zo glinsterde het vel zijns aangezichts' (Exodus 34:30; vgl. ook Exodus 34:35)[54]. Paulus schrijft in het Nieuwe Testament: 'Door het geloof heeft hij [=Mozes] Egypte verlaten, niet vrezende den toorn des konings; want hij hield zich vast, als ziende den Onzienlijke.' (Hebreeën 11:27). Het motief van het zien van de onzienlijke of iets onzienlijks heeft Boutens meer dan eens in zijn gedichten verwerkt. Zo staat in 'Amor vindex' (eveneens in *Carmina*):

> De zieneren wier eenzaamheid,
> Buiten het laag gerucht gerezen,
> Op stille bergen heeft gebeid
> Tot blind verlangen zag bewezen
> Den glans van uw onzienlijk licht,
> En die hun volk bij 't keeren in de dalen
> Verblindden met den weêrschijn uwer stralen
> Op hun verheerlijkt aangezicht, (VL 461)

Een beroemde passage over het zien van God is 1 Korinthiërs 13:12: 'Want wij zien nu door een spiegel in een duistere rede, maar alsdan zullen wij zien aangezicht tot aangezicht; nu ken ik ten dele, maar alsdan zal ik kennen, gelijk ook ik gekend ben.' Met 'door een spiegel' wordt vermoedelijk bedoeld: door middel van een spiegel. De passage over het 'ten spiegel' stijgen van de ziel in 'Oog in oog' kan, zoals gezegd, in verband gebracht worden met deze bijbelpassage. In 2 Korinthiërs 3:18 staat een vergelijkbare passage: 'En wij allen, met ongedekten aangezichte de heerlijkheid des Heeren als in een spiegel aanschouwende, worden naar hetzelfde beeld in gedaante veranderd, van heerlijkheid tot heerlijkheid, als van des Heeren Geest.' Blok heeft gewezen op een

([54]) Zie ook Mulder 1948, p. 24-25.

mogelijk verband tussen 2 Korinthiërs 3:18 en de zevende en negentiende strofe (VL 1047 en 1063) uit de *Strofen uit de nalatenschap van Andries de Hoghe*, waar ook wordt gesproken van een 'spiegel'[55].

Ook buiten de bijbel is geschreven over het (willen) zien van God. Augustinus besteedde er aandacht aan in diens al eerder aangehaalde *De civitate Dei* (*De stad van God*, boek XXII, 29). Een theologisch geschrift dat geheel over deze problematiek gaat, is Nicolaas van Cusa's *De visione Dei* (*Het zien van God*) uit 1453[56]. Ik zal hier niet de gehele tekst van Cusa bespreken, maar enkele passages uit zijn geschrift lichten die in verband gebracht kunnen worden met Boutens' hiervoor besproken gedicht 'Oog in oog': het zien van God, de verhulling van God en Christus als voedsel voor de ziel.

In *De visione Dei* probeert Cusa een antwoord te vinden op de vraag hoe we in dit leven God kunnen zien. Volgens Cusa moet de mens daartoe leren zien zoals God ziet. Cusa benadrukt dat God álles ziet. Zijn geschrift (dat gericht was aan de benedictijnen van Tegernsee) liet hij vergezeld gaan van een paneel met daarop Gods alziende oog geschilderd[57]. Hij wijst erop dat de Griekse benaming voor God, *Theos*, afgeleid is van het Griekse *theasthai* (zien, schouwen)[58]. Cusa schrijft:

> Wat anders, Heer, is Uw zien, als Ge mij met liefdevol bezorgde blik aankijkt, dan dat Gij door mij gezien wordt? Door mij aan te kijken geeft Gij dat ik U zie, "Gij die de verborgen God zijt". Niemand is in staat U te zien, tenzij in de mate dat Gij ervoor zorgt dat Gij gezien wordt. Uw gezien worden (door ons) is

(55) Blok 1983, p. 266 en 319.

(56) Ik maak gebruik van de vertaling van Bocken en Decorte, aangeduid met Cusa 1993. Zie over deze tekst ook Stock 1984, p. 209-211 en Beierwaltes 1988.

(57) Cusa 1993, p. 38-39.

(58) Cusa 1993, p. 41.

> niets anders dan dat Gij diegene ziet die U ziet. In dit beeld van U zie ik hoezeer Gij, Heer, erop uit zijt "Uw gelaat te tonen aan allen die U zoeken". Nooit immers sluit Gij Uw ogen, nooit wendt Gij Uw blik in een andere richting[59].

Het zien door God van de mens komt dus overeen met het zien van de mens door God. Deze dubbele beweging zit ook besloten in de titel *De visione Dei* die op twee manieren kan worden geïnterpreteerd[60]. Elders schrijft Cusa over de alziende blik van God:

> [...] Uw blik ziet in zich alles, omdat hij oog en levende spiegel is, meer nog, omdat hij de oorzaak is van al wat zichtbaar is. [...] Uw oog, Heer, bereikt alles zonder dat Uw blik van richting verandert. [...] O hoe wonderbaar is Uw blik, die Theos is, voor allen die hem trachten te doorvorsen![61]

Evenals Boutens gebruikt Cusa hier het beeld van de spiegel. Cusa spreekt ook van het 'spiegelende oog'[62].

In het hoofdstuk 'Het zien van aanschijn tot aanschijn' gaat Cusa onder meer in op de kwestie van de verhulling van God. Paradoxaal is dat God verhuld en onzichtbaar is, maar tegelijkertijd juist door die verhulling zichtbaar. Cusa schrijft:

> In alle gezichten ziet men het gezicht der gezichten: verhuld en raadselachtig. Onverhuld ziet men het niet zolang men niet boven alle gezichten uit binnentreedt in een afgelegen verborgen stilte, waar van wetenschap of begrippelijke voorstelling van een gezicht niets rest. Beneden deze verduistering, nevel, duisternis, ofwel onwetendheid, waarin wie Uw gelaat zoekt behoedzaam binnentreedt wanneer hij elke wetenschap en elk begrip achter zich laat, kan Uw gelaat alleen maar verhuld gevonden

(59) Cusa 1993, p. 49.
(60) Cusa 1993, p. 27.
(61) Cusa 1993, p. 63-64.
(62) Cusa 1993, p. 63.

> worden. Deze verduistering nu onthult precies de aanwezigheid van het gelaat boven alle verhulling[63].

Deze passage zou in verband kunnen worden gebracht met de sluiers, nevels en waden in Boutens' 'Oog in oog'.

Vervolgens schrijft Cusa dat het zonlicht het gelaat van God is. Wanneer de mens probeert daarin te kijken, raakt hij verblind en ziet hij alleen duisternis:

> Wanneer hij zich in deze duisternis bevindt, die een verduisteren <van het oog> is, en weet dat hij in duisternis vertoeft, dan weet hij ook dat hij in de nabijheid van het gelaat van de zon gekomen is. Deze verduistering in het oog ontstaat immers uit de verblindende helderheid van het zonnelicht. Hoe groter hij dus die verduistering weet, des te waarachtiger bereikt hij in die verduistering het onzichtbare licht[64].

Een derde interessant aspect van *De visione Dei* is dat er vaak in termen van smaken en proeven wordt gesproken. Ik citeer de volgende twee passages:

> In Uw allerheiligste evangelie, dat hemels voedsel is, ligt immers, zoals in het manna, het spijzen van elk hongerig verlangen verborgen. Alleen wie er in geloof van eet, kan deze verrukking smaken[65].

> O Jezus, meest verfijnde voedsel van de geest, wanneer ik U binnen de muur van het paradijs aanschouw, komt Gij mij als de bewonderenswaardige tegemoet. Gij zijt het mens geworden Woord van God, en de vergoddelijkte mens[66].

Beide passages vertonen enige overeenkomst met de vierde strofe van Boutens' 'Oog in oog', waarin wordt gesproken over 'der zielen eenig brood'. Dat wat de mens in dit leven kan

(63) Cusa 1993, p. 55.
(64) Cusa 1993, p. 55-56.
(65) Cusa 1993, p. 114.
(66) Cusa 1993, p. 122.

raden van 'God' is voedsel voor de ziel. Cusa noemt het evangelie 'hemels voedsel' en Christus 'voedsel van de geest'.

Een groot verschil tussen Boutens en Cusa is evenwel dat het Cusa wél lukt om God te zien. Bij Boutens kan er slechts naar geraden worden. 'God' blijft verhuld en is niet te zien in het aardse leven. Een ander belangrijk verschil is dat het bij Cusa om een theologische tekst gaat die van een volstrekt andere aard is dan Boutens' gedicht. Het woord 'God' in Boutens' poëzie is niet eenduidig en valt niet samen met de God uit de bijbel en theologische geschriften. Niettemin zijn er enkele motieven aan te wijzen die zowel in Cusa's tekst als in Boutens' gedicht voorkomen (het zien van God, ogen als spiegels, versluiering, en voedsel voor de ziel). Daarmee is echter niet gezegd dat Cusa's tekst een bron geweest moet zijn voor Boutens. Wel kan gezegd worden dat Boutens' gedicht in een christelijke traditie staat van denken over het zien van God.

5. Besluit

In dit hoofdstuk heb ik 'Oog in oog' centraal gesteld. In dit gedicht is sprake van een blik gericht op de ander. Uit dit gedicht blijkt dat het alleen in dromen mogelijk is om de ogen van de 'u' te zien. Tijdens het aardse leven (met wakkere, onbedekte ogen) is het niet mogelijk om 'oog in oog' te kijken met de 'u' of 'God'. Het beeld van de 'u' blijft verborgen door sluiers, nevels en waden. Ik heb gewezen op mogelijke verbanden met enkele passages uit de bijbel en Nicolaas van Cusa's *De visione Dei*. Zoals gezegd betekent dat niet dat Boutens' gedicht een christelijk gedicht zou zijn, laat staan een gedicht met een eenduidige strekking. Integendeel, veel blijft duister en raadselachtig.

In Boutens' œuvre zijn veel gedichten te vinden waarin het gaat om het willen zien van de (onbereikbare) ander. In ieder gedicht is sprake van andere woordcombinaties, betekenislagen en interpretatiemogelijkheden. Het is moeilijk om op basis van de interpretatie van enkele gedichten algemene uitspraken te doen over de thematiek van de blik gericht op de ander in Boutens' œuvre, omdat het niet eenduidig vast te stellen is op welke wijze de 'u' of 'gij' geïnterpreteerd kan worden. Het kan bijvoorbeeld gaan om een (overleden) geliefde, een godheid in de ander of Christus. Meerduidigheid behoort tot de kenmerkende aspecten van Boutens' symbolistische poëzie. De in dit hoofdstuk behandelde thematiek — van het willen zien van de ander en tegelijkertijd beseffen dat de ander niet direct gezien kan worden — breng ik in verband met Boutens' poëtica. Een belangrijk aspect daarvan is het suggereren van het onzegbare en het onzichtbare. Uit de gedichten die gaan over het willen zien van de 'u' blijkt dat die 'u' niet direct gezien kán worden. Maar door erover te schrijven wordt die 'u' of 'gij' zichtbaar in taal. Boutens probeert in zijn poëzie het onmogelijke mogelijk te maken in een wereld van woorden.

HOOFDSTUK VI

DE BLIK GERICHT OP DE STERREN. OVER 'STERREN. VOOR J.TH. TOOROP' (1917)[1]

1. Inleiding

Dat veel dichters gefascineerd zijn door de sterren blijkt wel uit de bloemlezing *Dichters over sterren* (1949) die werd samengesteld door M.G.J. Minnaert, destijds hoogleraar in de sterrenkunde aan de universiteit van Utrecht. Op het omslag ervan staat: 'Terwijl de astronoom met zijn verstand op de sterrenhemel reageert, bovenal trachtend door te dringen in de feitelijke werkelijkheid daarvan, vertolkt de dichter een persoonlijke houding tot de wereld der sterren, zij spreken tot hem een symbolische taal.' Sterren symboliseren een hogere, onbereikbare, goddelijke werkelijkheid. Het kijken naar de sterren is een uiterste vorm van waarnemen. Verder kijken dan de uiterstverre sterren en melkwegstelsels is onmogelijk. Door de uitvinding van de telescoop werd het weliswaar mogelijk om steeds verder te kijken, maar de menselijke blik op het heelal blijft principieel beperkt. Voor de dichter is het wel mogelijk om — in de verbeelding — verder te schouwen.

In Boutens' poëzie komen het heelal, de melkweg, nevels, kometen en vooral sterren meer dan eens voor. Ik zal mij in dit hoofdstuk niet richten op álle gedichten waarin Boutens spreekt over de sterren. Ik zal uitgaan van één gedicht, en wel 'Sterren'. Hierin wordt de kosmische, omhoog gerichte blik

(1) Dit hoofdstuk is een enigszins bewerkte versie van Goud 2000b.

gethematiseerd. Voordat ik de tekst ga analyseren, zal ik kort ingaan op de rol van sterren in het werk van Jan Toorop, aan wie het gedicht opgedragen is (zie over Boutens en Toorop ook hoofdstuk IV). Vanuit het gedicht zal ik enige lijnen trekken naar de klassieke kosmologie, in het bijzonder Plato's *Timaios*. Ten slotte zal ik wijzen op enige parallellen en verschillen met J.H. Leopolds gedicht *Cheops* (1915).

2. Jan Toorop en sterren

Op 8 september 1913 schreef Boutens op een briefkaart vanuit de Zeeuwse badplaats Domburg aan zijn vriend Anton van Herzeele:

> Er zijn twee dingen die het mij bijzonder spijt dat je niet hebt medegemaakt: den serenen sterrenhemel van gisteravond, en een Johannes portretje van J.Th. Toorop: een zeventienjarige jongen slapende aan den schouder van Christus. Ik krijg het natuurlijk van T. ten geschenke, als hij zijn grooter werk er naar heeft afgemaakt. Het is maar een voorstudie[2].

Het grotere werk waar Boutens op doelde is *Het laatste avondmaal* (1914), waarop inderdaad een op Christus' schouder slapende Johannes is te zien[3]. Wellicht hebben Boutens en Toorop sámen naar de sterrenhemel gekeken[4]. De gecombineerde fascinatie van Boutens voor de sterrenhemel en het werk van Toorop lijkt vooruit te wijzen naar een gedicht dat hij vier jaar later zou publiceren. In september 1917 verscheen

(2) Deze briefkaart berust in de Boutensdocumentatie van mevr. Van Lier, inv. nr. 475.

(3) Zie Van der Grinten e.a. 1978, p. 146. Waar de door Boutens genoemde voorstudie gebleven is, is mij niet bekend.

(4) Uit Miek Janssens *Herinneringen aan Jan Toorop* blijkt dat ook Toorop gefascineerd was door de sterren (zie Janssen [1933], p. 4).

in *De nieuwe gids* Boutens' gedicht 'Sterren' met de opdracht 'Voor J.Th. Toorop'[5]. 'Sterren' is, voor zover mij bekend, niet speciaal geschreven bij een werk van Toorop. Er bestaan wel enige werken van Toorop waarop sterren zijn afgebeeld, zoals bijvoorbeeld *Twee vrouwen* (1893), *De zang der tijden* (1893), *Dalende geloven* (1894) en *De zaaier* (1895)[6]. Latere voorbeelden zijn de tekening *Het dal der rozen* (1913)[7] en Toorops illustratie *De Ziel* bij een gedicht van Miek Janssen in haar bundel *Aan den einder* (1915)[8]. Daarop staan sterren afgebeeld. Een andere interessante tekening met sterren van Toorop bevindt zich in een uniek exemplaar van Boutens' vertaling *Platoons Phaidros* (1909), afkomstig uit de nalatenschap van Boutens' vriend en mecenas E.E. Menten (1882-1970)[9]. Daarin staat een tekening van de hand van Toorop waarop twee figuren te zien zijn, vermoedelijk Socrates en Plato (zie afbeelding 7). Op de achtergrond zijn sterren afgebeeld. Het blijft gissen of Boutens deze tekening op het oog had met zijn opdracht bij 'Sterren'. Duidelijk is dat zowel voor Toorop als

(5) *De nieuwe gids* 32 (1917), dl. II, nr. 9 (september), p. 464-465.

(6) Bij de eerste twee genoemde werken staan de sterren op de lijsten afgebeeld. Zie voor een afbeelding van *Twee vrouwen*: Bax e.a. 1999, p. 89. Voor de andere voorbeelden: Polak 1955, afb. 37, 42 en 45.

(7) Zie voor een afbeelding: Janssen [1920], t.o. p. 25.

(8) Janssen [1915], tegenover p. 19. Met dank aan Gerard van Wezel die mij op deze tekening wees.

(9) Dit exemplaar bevindt zich in het Letterkundig Museum te Den Haag (zie het *Jaarverslag 1998* van het Letterkundig Museum, p. [44]). In het exemplaar schreef Boutens een drietal citaten, waarvan er twee over sterren gaan. Het eerste luidt: 'Vroeger verreest gij in 't land van de menschen als ster van den morgen, / Nu uit het land van de doôn straalt in den avond uw ster.' (een vertaling van een epigram van Plato, Boutens nam het ook op in zijn *Spel van Platoon's Leven*; zie Blok 1983, p. 69). Het derde is een vertaling van Sapfo: 'De maan is onder; / En de Pleiaden. / Rond middernacht is 't. / Voorbij gaat de ure — / En ik, eenzaam slaap ik!' (zie ook VL 426 en 958).

voor Boutens sterren iets te maken hebben met een hogere werkelijkheid. Al eerder had Boutens Plato's Ideeën met de sterrenhemel in verband gebracht, en wel in een brief van 1 augustus 1905 aan zijn vriend Jacques Kakebeeke: '[Platoons] ideeën zijn, zooals men beweert, gevallen. Maar voor mij zijn zij gestegen; zij zijn van dezelfde onbegrijpelijkheid en helderheid als bv. de melkweg.'[10]

Boutens nam 'Sterren' op in zijn bundel *Zomerwolken* (1922) en handhaafde de opdracht. In deze bundel staan nog twee andere gedichten opgedragen aan Toorop: 'Ad virginem matrem. Voor Jan Toorop / naar aanleiding van een zijner Madonna-teekeningen' (VL 678-679) en 'Afneming van het kruis. Aan J. Th. Toorop' (VL 696)[11]. *Zomerwolken* bevat ook een portret van Boutens door Toorop uit 1921[12]. De criticus Willem Evers schreef daarover: 'Den dichter met den ver-starenden blik, waarin ook de droomer uitziet, met de fijne beweeglijke aangezichtslijnen, in de gesloten mond iets van berusting na smart, over het gelaat vreugde-om-schoonheid, getemperd door leed-om-het-onbereikbare, gaf ons Toorop. Klassiek, maar van modernen tijd, zóó zag hij hem.'[13]

Ik vat de opdracht bij 'Sterren' op als een blijk van congenialiteit en verwantschap. Boutens wilde daarmee aangeven dat hij en Toorop op één lijn zaten wat betreft bepaalde

([10]) Geciteerd naar Goud 1998c, p. 35.

([11]) Deze gedichten werden voor het eerst gepubliceerd in respectievelijk de catalogus van de Toorop-tentoonstelling van mei-juni 1921 bij Kunstzaal Kleykamp te Den Haag en in het Toorop-nummer van *Wendingen* (1918), nr. 12 (nov.-dec.), p. 30.

([12]) De 25 luxe-exemplaren van *Zomerwolken* bevatten een portret uit 1914 door W.A. van Konijnenburg, aan wie Boutens het gedicht 'De ziener' opdroeg in deze bundel. Zie Peperkamp en Fokkema 1993, p. 74-75.

([13]) In *De Rotterdammer* van 14 november 1925 (knipsel Letterkundig Museum, Den Haag).

opvattingen over kunst en werkelijkheid. Men zou de woorden 'wij' en 'ons' in het gedicht biografisch kunnen interpreteren als 'Boutens en Toorop': gelijkgestemde kunstenaars die streven naar een hogere werkelijkheid en deze trachten te bereiken door middel van hun dicht- en schilderkunst, wetend dat het goddelijk geheim nooit te ontraadselen is. Zo bezien heeft de opdracht naast een amicale ook een poëticale implicatie.

3. Bespreking van 'Sterren'

3.1. *De tekst*

Sterren

Voor J. Th. Toorop

Waar bleef de lamp der maan, die uit den waas-verblonden
  Avond de laatste vaag van somber zonbloed zoog,
En drijvend op den dauw tot bleeke glorie rondde,
  En met haar dunnen dag de doffe weerld betoog?...

Wij treden buiten 't huis. Onder de zomerboomen
  Staat de volwassen vloed van zwart-geronnen nacht:
Het donker neemt ons in als afgrond zonder droomen
  Den slaap-verdoolden geest die droom uit droom verwacht...

Daar schuift voor nieuw visioen het roerloos loover open
  Waar onze holle weg verzwenkt naar 't ruime veld:
Van lichtval sluierijl staan wanden overdropen,
  Wier hemelsche verschiet naar duistre kimmen helt.

Nafonkelingen van eêlsteenen regenbogen
  Verweenen voor 't gelaat der weggedeinsde nacht,
En breken aan oneindigheids onzichtbre togen,
  En vloeien af door nieuwer bogen vlotte pracht...

Heeft hemels medelij ons smachten opgenomen
  Naar 't stralende juweel van haar kristallen hart?

Is eindelijk haar traag verbazen neêrgekomen
Om deel te nemen in de weelden onzer smart?

Geheven door den doop van helle duizelingen,
Weiflen onze oogen voor den uiterstverren zoom
Waar naar Gods klaar geheim de stille sferen zingen
Aan de overzij van ongemeten aetherstroom.

Rond spiegeleffen wrong van melkwegs binnenzeeën
Wier scheemrend bodemzand in hellen baaiert smelt,
Uit al de voren van de zongeploegde steeën
Dringt gouden brand van bloei in daverstil geweld...

Tuinen vergrondeloosd naar labyrinthen gangen–
Een aangelaaide orkaan in harmonie gezwicht–
Een vuren hagelslag in 't storten ondervangen–
Een vlammen ondergang in talmend evenwicht–

O blinde moeder, Aard, wat hebt gij ons voldragen
Tot de gevoeligheid van dezen zienden nood
Die niet berusten kan binnen uw blauwe dagen,
Die niet meer droomen wil in uwen donkren schoot?

Als bleeke kinderen achter gesloten ramen
Houdt ge ons een kleinen tijd met levens speelgoed zoet,
En raadt de wanhoop niet, waarmede onze oogen vâmen
De lokkende eindloosheid die om uw woning vloedt–:

O moeder van ons hart, dat wil wel zijn uw eigen
En trouw en blijgerust in zijn gebondenheid,
Maar altoos weêr vervalt tot dit eenzelvig zwijgen
Dat om vermoed geluk 't geluk van nu beschreit.[14]

([14]) Geciteerd naar de eerste druk van *Zomerwolken* (1922), p. 18-21. De tekst is identiek aan de voorpublicatie in *De nieuwe gids*, met uitzondering van regel 41 waar eerst een komma stond na 'eigen'. Deze komma heeft Boutens niet overgenomen in de eerste en de tweede druk van *Zomerwolken* (1922, 1933[2]). De versie van dit gedicht in de *Verzamelde lyriek* (VL 645-646) vertoont enige varianten ten opzichte van de tijdschriftpublicatie en de bundel: in r. 1 staat 'waasverblonden' in plaats van 'waasverblonden', in r. 26 'baaierd' in plaats van 'baaiert'. Deze aanpassingen zijn

3.2. *Globale monstering*

Het gedicht bestaat uit elf kwatrijnen. Telkens is er sprake van gekruist rijm, waarbij vrouwelijk en mannelijk rijm worden afgewisseld. De regels met mannelijk rijm springen in. De versregels tellen 13, respectievelijk 12 lettergrepen. Metrisch is er sprake van zesvoetige jamben, oftewel alexandrijnen, met hier en daar betekenisversterkende antimetrieën (in regels 2, 5, 6, 13, 22, 29). Het gedicht kent dus een strakke klassieke vorm. De syntaxis en de semantiek zijn verre van eenvoudig. Opvallend zijn de vele neologismen, zoals de samengestelde adjectieven 'waas-verblonden (1), 'zwart-geronnen' (6), 'slaapverdoolden' (8) en 'zongeploegde' (27), of een deelwoord als 'vergrondeloosd' (29). Het uitgangspunt van het gedicht wordt gevormd door een wij-situatie ('Wij' (5), 'ons' (7), 'onze' (10), 'ons' (17), 'onzer' (20), 'onze' (22), 'ons' (33), 'ons' (38), 'onze' (39), 'ons' (41)). Ik onderscheid de volgende semantische velden die in de analyse en interpretatie terug zullen komen: sterren/heelal/oneindigheid[15]; aarde[16]; licht/donker[17];

overgenomen uit deel II van Boutens' *Verzamelde werken* (p. 269-270) dat in 1948 verscheen. Ze zijn dus niet geautoriseerd door Boutens.

([15]) 'maan' (1), 'zonbloed' (2), 'nacht' (6), 'lichtval sluierijl' (11), 'hemelsche verschiet' (12), 'Nafonkelingen van eêlsteenen regenbogen' (13), ''t gelaat der weggedeinsde nacht', (14), 'oneindigheids onzichtbre togen' (15), 'nieuwer bogen' (16), 'hemels medelij' (17), ''t stralende juweel van haar kristallen hart' (18), 'den doop van helle duizelingen' (21), 'den uiterstverren zoom' (22), 'stille sferen' (23), 'de overzij van ongemeten aetherstroom' (24), 'melkwegs binnenzeeën' (25), regels 25-32, 'lokkende eindloosheid' (40).

([16]) 'doffe weerld' (4), 'huis' (5), 'blinde moeder, Aard' (33), 'uw blauwe dagen' (35), 'uwen donkren schoot' (36), 'achter gesloten ramen' (37), 'levens speelgoed' (38), 'uw woning' (40), 'moeder van ons hart' (41), 'gebondenheid' (42), 'geluk van nu' (44).

([17]) 'lamp der maan' (1), 'waas-verblonden / Avond' (1-2), 'laatste vaag van somber zonbloed' (2), 'bleeke glorie' (3), 'dunnen dag' (4), 'doffe weerld' (4), 'zwart-geronnen nacht' (6), 'donker' (7), 'lichtval' (11), 'sluierijl' (11), zien/visioen[18] en smart/wanhoop[19]. Er zijn tal van tegenstellingen aan te wijzen in dit gedicht: zon–maan, dag–nacht, licht–duisternis, huis–ruim veld, eindige wereld–oneindig heelal, blind–zien, hier–daar, geluk van nu–vermoed geluk.

Het gedicht is te verdelen in vier segmenten: I, II-III, IV-VIII, IX-XI. De eerste strofe is een inleidende strofe waarin het gaat over de overgang van de avond naar de nacht. Vervolgens wordt in strofen II en III beschreven hoe 'wij' naar buiten gaan en kijken naar het verschiet. In strofen IV tot en met VIII wordt een kosmisch visioen beschreven. De middelste strofe VI vormt zowel structureel als inhoudelijk de kern van het gedicht. Ten slotte volgen strofen IX tot en met XI, waarin wordt teruggekeerd naar de aarde en waarin het besef wordt uitgesproken dat de menselijke blik, verlangend naar de oneindige kosmos rondom de aarde, beperkt is.

3.3. *Interpretatie strofe voor strofe*

Strofe I

Waar bleef de lamp der maan, die uit den waas-verblonden
  Avond de laatste vaag van somber zonbloed zoog,
En drijvend op den dauw tot bleeke glorie rondde,
  En met haar dunnen dag de doffe weerld betoog?...

In deze strofe wordt de overgang van de avond naar de nacht beschreven, met gebruikmaking van woorden die verschillende lichteffecten aanduiden: 'lamp der maan' (1), 'waas-

'duistre' (12), 'Nafonkelingen' (13), 'stralende' (18), 'kristallen hart' (18), 'doop van helle duizelingen' (21), 'scheemrend' (26), 'hellen baaiert' (26), 'zongeploegde steeën' (27), 'gouden brand' (28), 'vuren' (31), 'vlammen' (32), 'blauwe dagen' (35), 'donkren' (36), 'bleeke' (37).

(18) 'nieuw visioen' (9), 'onze oogen' (22), 'blinde' (33), 'zienden nood' (34), 'gesloten ramen' (37), 'onze oogen' (39).

(19) 'verweenen' (14), 'medelij' (17), 'smachten' (17), 'smart' (20), 'nood' (34), 'wanhoop' (39), 'beschreit' (44).

verblonden' (1), 'vaag' (2), 'zonbloed' (2), 'bleeke glorie' (3), 'dunnen dag' (4), 'doffe' (4). Er zijn verschillende tegenstellingen aan te wijzen: dag — nacht, licht — donker, zon — maan. Maar het gaat niet zozeer om de scherpe tegenstellingen, maar veeleer om de vage grens tussen avond en nacht. De avond is 'waas-verblond', met andere woorden: verblond of verbleekt door een waas. Er is sprake van mist of nevel. De 'laatste vaag van somber zonbloed'[20] (2) — de laatste streep somber rood zonnelicht — wordt door de 'lamp der maan' (een traditioneel beeld van de maan[21]) weggezogen. Hier kan gedacht worden aan het *gothic* beeld van een bloedzuigende vampier: de maan als vampier die licht wegzuigt. Het woord 'vaag' is in deze regel uiteraard een zelfstandig naamwoord dat veeg of streep betekent. Maar de betekenissen van het adjectief 'vaag' resoneren hier ook mee: onbepaald, onduidelijk, niet scherp omlijnd.

De regels 3 en 4 hebben een parallelle structuur. Beide regels hebben als onderwerp 'de lamp der maan'. De maan drijft 'op den dauw'. Druppels komen in dit gedicht terug, bijvoorbeeld als tranen, gesuggereerd in de woorden 'overdropen' (11), '[v]erweenen' (14), 'vloeien' (16), 'doop' (21) en 'beschreit' (44). Hoe moet dit drijven van de maan 'op den dauw' worden voorgesteld? Dauw bestaat uit druppels die zich op bijvoorbeeld planten afzetten[22]. Daarop kan de maan

([20]) Zie over bloedmetaforen bij zonsondergang en de opkomst van de maan: Van Hemeldonck 1977, p. 51, 82.

([21]) Zie Van Hemeldonck 1977, p. 78-79, 90. Een parallel is te vinden in Boutens' sonnet 'Mysterieuze bloemelamp' dat hij in 1899 in *De gids* publiceerde, maar nooit herdrukte (zie Blok 1971, p. 107). Vgl. ook in Boutens' 'Bewustwording': 'De maan zelf hing een doffe roode lamp' (VL 123). Gorter spreekt van de 'maanlamp' in de *Mei* (Gorter 2002, p. 21).

([22]) In de klassieke oudheid dacht men dat de maan, en de haar toegeschreven dauw, een gunstige invloed had op het plantenleven (vgl. Van Hemeldonck 1977, p. 88).

niet drijven. Maar dauw kan ook betekenen: 'een lage nevel [die] over de velden hangt'[23]. Een dergelijk atmosferisch effect wordt hier wellicht gesuggereerd: avondnevel waar de maan wazig doorheen schemert. Dauw kan daarnaast ook gezien worden als een symbool van iets goddelijks[24].

Vervolgens staat er dat de maan 'rondde' tot 'bleeke glorie'. De bleke glorie kan opgevat worden als een flauwe kring of krans van licht rondom de maan. De maan 'betoog' — overdekte of bedekte[25] — met haar 'dunnen dag' de 'doffe weerld'. De betekenis van 'dunnen' is hier vermoedelijk: ijle[26]. De 'dunnen dag' interpreteer ik als het ijle licht van de maan. Het woord 'dag' is hier niet in zijn dagelijkse betekenis gebruikt[27]. Het woord 'rondde' (3) zou kunnen duiden op een volle maan, alleen dan is de ronde vorm van de maan

([23]) Zie *WNT* III, II, kol. 2310.

([24]) Dauw kan gezien worden als symbool van de Heilige Geest. In de bijbel wordt dauw onder meer geassocieerd met woorden (Deuteronomium 32:2: 'Mijn leer druipe als een regen, mijn rede vloeie als een dauw'). Blok schreef in verband met Boutens' bundel *Strofen uit de nalatenschap van Andries de Hoghe*: '*Dauw* heeft in de *Strofen* de betekenis van "hogere troost", door God of een godheid geschonken [...].' (Blok 1975, p. 161). Van Halsema heeft 'dauw' in J.H. Leopolds onvoltooide gedicht 'Er is een ademen, een dauwen' (waarin ook sprake is van een avondhemel met opkomende maan) in verband gebracht met pneuma-voorstellingen van de Stoïci. Volgens Van Halsema kan 'dauw' in Leopolds gedicht een 'beeld [...] zijn van een goddelijke uitvloeiing'. Verderop schrijft Van Halsema dat de sterrenhemel de plaats is 'waar het pneuma zich in zijn zuiverste vorm manifesteert.' Zie Van Halsema 1989, resp. p. 369 (n. 8) en p. 374.

([25]) Als verleden tijd van het verouderde werkwoord 'betien' (*WNT* II, II, kol. 2226): 'Iemand of iets met iets overtrekken, bedekken, bekleeden' (betekenis 3).

([26]) *WNT* III, II, kol. 3654: 'Van nevels enz. Weinig dicht, niet zeer ondoorzichtig' (betekenis A, 3) en: 'Van de lucht, een verschiet enz. IJl.' (betekenis A, 4).

([27]) Vgl. Blok 1983, p. 186 e.v. over de betekenismogelijkheden van woorden als 'dag' en 'nacht' bij Boutens.

geheel te zien. Een andere mogelijkheid is dat 'rondde' duidt op de lichtkring (de glorie) rondom de maan. De wereld van de dag wordt negatief beschreven als een doffe wereld. Eerder werd ook al gesproken van 'somber zonbloed' (2). De aardse wereld is dus dof en somber. En misschien verwijzen deze woorden ook wel naar de gemoedsgesteldheid van degenen die verderop in het gedicht met 'wij' worden aangeduid.

In deze strofe vraagt het lyrisch 'ik' (of 'wij') zich af waar de maan bleef (of gebleven is) die de genoemde lichteffecten teweeg zou brengen (wegzuigen van zonbloed, een nevelige avondsfeer). Door allerlei karakteristieken van de maan te noemen wordt de afwezige maan voor het geestesoog gebracht. Van meet af aan speelt Boutens in dit gedicht met de begrippen licht en duisternis, (on)zichtbaarheid en (on)zegbaarheid. In deze strofe wordt een beeld van de maan opgeroepen, terwijl de maan niet (meer) zichtbaar is.

Strofe II

Wij treden buiten 't huis. Onder de zomerboomen
  Staat de volwassen vloed van zwart-geronnen nacht:
Het donker neemt ons in als afgrond zonder droomen
  Den slaap-verdoolden geest die droom uit droom verwacht...

In deze strofe wordt voor de eerste keer gesproken van 'wij'. Ze bevonden zich eerst in een huis en 'treden' naar buiten[28]. Opvallend is dat nu sprake is van een tegenwoordige tijd, terwijl in de vorige strofe sprake was van een verleden tijd. De rest van het gedicht is ook gesteld in de tegenwoordige

(28) Van Halsema is van mening dat de versregel 'Nu dat wij naar buiten treden' in Leopolds gedichtenreeks 'Morgen' (1897) via het Grieks met 'extase' kan worden verbonden. Zie Van Halsema 1999, p. 189-190. In Leopolds gedicht gaat het ook over 'wazen, half beschaduwde lanen', die verwant lijken aan de derde strofe van 'Sterren', vooral de 'wanden' en de 'holle weg' die '[v]an lichtval sluierijl' zijn. Het is echter de vraag of in Boutens' 'Sterren' ook van extase gesproken kan worden.

tijd. Wellicht treedt de lezer met de tweede strofe in een in het verleden te situeren gebeurtenis die verteld wordt in het *praesens historicum*. Een groep, aangeduid met 'wij' (5), gaat naar buiten om een nachtwandeling te maken[29]. 'Huis' (5) betekent hier in eerste instantie letterlijk een huis. Maar 'huis' kan ook staan voor het lichaam, het stoffelijk omhulsel waarin de ziel huist[30]. Als derde mogelijkheid zie ik dat 'huis' staat voor de aarde. Men wil de aarde ontstijgen en opstijgen naar het omringende heelal. Deze huis-metafoor keert terug in de voorlaatste strofe waar gesproken wordt over 'gesloten ramen' (37) en 'woning' (40).

In de tweede zin wordt gezegd dat het onder de bomen volstrekt duister is. Het bleke maanlicht schijnt daar niet. 'Wij' ervaren de duisternis onder de bomen als een 'volwassen vloed van zwart-geronnen nacht' die onder de bomen 'staat'. Het woord 'vloed' wijst vooruit naar het werkwoord 'vloedt' (40) in de voorlaatste strofe. Er is sprake van een paradoxale situatie: een 'vloed' (dynamisch) die 'staat' (statisch)[31]. De duisternis vormt een obstakel. De nacht is zo duister dat hij lijkt te staan als een zwarte ondoordringbare

([29]) S. Eringa geeft een biografische interpretatie: 'Heel mooi schildert Boutens het nachtelijk natuurtafereel in *Sterren* [...], wanneer hij met zijn vriend Toorop door een donkre laan wandelt en in eens uitkomt op een maan-beschenen weide' (Eringa 1927, p. 35).

([30]) Vgl. 'Dat uit haar droeve huis mijn ziel is uitgetrokken' (VL 137).

([31]) Een vergelijkbaar beeld is te vinden in Boutens' 'Strofen. Geschreven na een wandeling naar den waterval van den Sinichbach', waarin onder meer staat: 'Den schuimen val die hing gespreid / In stroomende onbeweeglijkheid' (VL 268). Zie hierover ook Van Halsema 1989, p. 322-324. In Van Deyssels *Een liefde* (1887) komt ook het beeld voor van de nachtelijke duisternis als een vloed: 'En haar [=Mathildes] oogen flikkerden en vlamden tegen den nacht, die van buiten op haar toegolfde als een klimmende dampende vloed [...]. De zwarte vloed kwam van verre, van allen kant.' (Van Deyssel 1978b, dl. II, p. 113). Met dank aan prof.dr. J.D.F. van Halsema die mij hierop wees.

muur. De betekenis van 'Onder' en 'Staat' wordt versterkt door de antimetrische positie van deze woorden in regels 5 en 6 én door de herhaling van de *on*-klank in deze strofe: '*On*der' (5), '[...]-ger*on*nen' (6), 'd*on*ker' (7), '*ons*' (7), 'afgr*on*d' (7), 'z*on*der' (7), vrijwel allemaal woorden met een negatieve connotatie (behalve 'ons'). Het woord 'vloed' (6) komt qua klank sterk overeen met 'bloed' (2); het 'zonbloed' (2) is inmiddels geronnen tot een vloed van 'zwart-geronnen' nacht[32].

De nachtelijke duisternis wordt vervolgens beschreven aan de hand van een vergelijking na een dubbele punt na 'nacht' (6) in regels 7 en 8. Het 'donker' (7) neemt 'ons' in zoals een 'afgrond zonder droomen' (7) een 'slaap-verdoolden geest' inneemt 'die droom uit droom verwacht' (8)[33]. Een afgrond is een onpeilbare diepte. Het heelal wordt gezien als een onpeilbare diepte, een beeld dat vaker voorkomt bij Boutens[34]. Ook kan de afgrond gezien worden als een metafoor voor de onpeilbaarheid van de ziel[35]. De overgang van daglicht naar de zwarte duisternis van de nacht kan de overgang van het leven naar de dood symboliseren. De 'zwart-geronnen nacht' (6) en de 'afgrond' (7) staan zo bezien voor de dood. Het woord 'afgrond' wijst vooruit naar 'vergrondeloosd' (29) in de achtste strofe.

Strofe III

9 Daar schuift voor nieuw visioen het roerloos loover open
10 Waar onze holle weg verzwenkt naar 't ruime veld:

([32]) Het beeld van een zonsondergang die wordt geassocieerd met stollend bloed komt ook voor in Rimbauds 'Le bateau ivre' en Baudelaires 'Harmonie du soir' (zie Rimbaud 1987, p. 159).

([33]) Zie over deze passage ook Irons 1997, p. 87.

([34]) Vgl. 'Oogenblik': 'Dat mijner oogen / Ademlooze afgrond / Staart in den peilloozen / Helderen nacht van uw / Oogenlicht' (VL 484). In 'Nox serena' staat: 'Dat in goddelijk geduld / Nimmer vraagt en nooit verwijt, / Met verrukking hemelwijd / Onzer oogen afgrond vult...' (VL 472).

([35]) Zie Von der Thüsen 1997, p. 125, noot 97 en Doppler 1985.

11 Van lichtval sluierijl staan wanden overdropen,
12 Wier hemelsche verschiet naar duistre kimmen helt.

In de derde strofe wordt de overgang beschreven van de zwarte duisternis onder de bomen naar het licht van het 'hemelsche verschiet' (12). Het 'roerloos loover' (9) van de 'zomerboomen' (5) uit de vorige strofe schuift open, daar waar de holle weg 'verzwenkt naar 't ruime veld', als het ware overlopend in de kosmische ruimte. Dit levert een 'nieuw visioen' (9) op. Het woord 'visioen' is van belang; hier — en in de volgende strofen tot en met strofe 8 — is sprake van een visionaire blik die niet gericht is op de aardse werkelijkheid maar op een hogere werkelijkheid. Wanneer er sprake is van een 'nieuw visioen' (9), moet er ook sprake zijn van een vorig visioen, dit is volgens mij de duistere 'afgrond' uit de tweede strofe. In plaats van een duister visioen is er nu sprake van een visioen van licht.

Na ''t ruime veld', dat contrasteert met het beklemmende gevoel onder de bomen, volgt een dubbele punt, waarna in regels 11 en 12 het 'nieuw visioen' beschreven wordt in termen van licht. De 'wanden' zijn 'sluierijl' van de 'lichtval'. Ze zijn 'overdropen' van dit licht. Hier is, evenals in regel 6, weer sprake van de paradoxale situatie van het 'staan' van iets dynamisch ('lichtval', 'overdropen'). Het woord 'lichtval' (11) contrasteert met 'duistre' (12). En 'overdropen' verwijst terug naar 'dauw' (3) uit de eerste strofe. Wat zijn dit voor 'wanden' (11)? Gedacht kan worden aan de wanden van de holle weg (10). Maar ik ga ervan uit dat die weg na de dubbele punt in regel 10 verlaten is en dat men zich inmiddels op het 'ruime veld' bevindt. De 'overdropen' 'wanden' kunnen geassocieerd worden met het bijbelverhaal over de doortocht van het Joodse volk door de Rode Zee. In Exodus 14:22 staat: 'En de kinderen Israëls zijn ingegaan in het midden van de zee, op het droge; en de wateren waren hun een muur, aan hun rechter- en aan hun linkerhand.' In Boutens' gedicht

'Patet via' (VL 365) wordt een dergelijk beeld opgeroepen: 'Daar stuit en staat in steilen wand / De stroom van 't wereldsche gerucht'. Ook in 'Sterren' kan sprake zijn van een doortocht naar het Beloofde Land van de groep die wordt aangeduid met 'wij' en 'ons'. In het gedicht is geen sprake van wanden van water zoals in de bijbel, maar van wanden van licht. De wanden zijn 'sluierijl' en overdropen van 'lichtval'. Het is moeilijk om zich daar iets concreets bij voor te stellen. De wanden zijn door de lichtval 'sluierijl'; een sluier is iets verhullends of bedekkends, ijl betekent los, dun, van geringe dichtheid (vgl. 'dunnen' (4))[36]. De wanden zijn wazig en ijl (hier kan gedacht worden aan Rodenko's 'vlies'; vgl. hoofdstuk I). Ze verhullen én onthullen tegelijk. Deze wanden doen ook weer denken aan het 'huis' (5) uit de tweede strofe. In dit gedicht zal nog vaker gesproken worden in termen van een huis of een gebouw: 'ramen' (37) en 'woning' (40). 'Wier' (12) verwijst naar de 'wanden' (11). Deze 'wanden' kunnen ook metaforisch geïnterpreteerd worden als de scheiding tussen het leven op aarde en de hogere werkelijkheid. Deze scheiding kan niet opgeheven worden, behalve door de dood. Hooguit kan men zeer sporadisch een glimp — zoals in het visioen in dit gedicht — opvangen van wat zich achter deze scheiding tussen het hier en nu en een transcendente werkelijkheid bevindt[37]. Het 'hemelsche verschiet' van deze wanden helt 'naar duistre kimmen' (12). Verschiet

([36]) Zie voor de antieke voorstelling van de sterrennacht als gekleed met mantel en gesluierd en de weerslag daarvan in de poëzie: Van Hemeldonck 1977, p. 76-77.

([37]) Het beeld van de verhullende wand of muur komt vaak voor in *Zomerwolken*: 'Zoo dunne wanden scheidden / Ons van het voorbereiden / Van 't groot toekomstig levensfeest.' (VL 670); 'Achter den muur der dichtgestorte kim verloren' (VL 698). Vgl. daarentegen 'de starre wand' in Boutens' 'Doodenmasker voor Hugo von Hofmannsthal' (VL 758); zie daarover Goud 1997a.

betekent: het verste deel van het gezichtsveld, en 'kim' betekent ook gezichtseinder. Het hogere bevindt zich dus uiterst ver weg, verder dan men kan zien met het fysieke oog.

Strofe IV

Nafonkelingen van eêlsteenen regenbogen
   Verweenen voor 't gelaat der weggedeinsde nacht,
En breken aan oneindigheids onzichtbre togen,
   En vloeien af door nieuwer bogen vlotte pracht…

In deze strofe volgen meer "beschrijvingen" van wat men te zien krijgt in het visioen uit de vorige strofe. Ook hier is weer sprake van woorden die met licht en schittering te maken hebben: 'Nafonkelingen', 'eêlsteenen regenbogen' en 'pracht'. 'Nafonkelingen' is antimetrisch, hetgeen de betekenis ervan benadrukt. Er is hier geen sprake van een normale regenboog bij daglicht, maar van náfonkelingen van regenbogen van edelstenen in de nacht. Deze edelstenen kunnen duiden op fonkelende sterren die een regenboog-achtig licht veroorzaken. Het nafonkelen kan ook in verband gebracht worden met het feit dat het licht van de sterren vele lichtjaren oud is, het sterrenlicht fonkelt dus na. Ook om de maan kan een regenboog verschijnen. Deze nafonkelingen 'verweenen' voor het 'gelaat der weggedeinsde nacht' (14). Deze verwenende nafonkelingen kunnen worden gezien als tranen van licht. Elders dichtte Boutens over 'slui'rend lichtgeween' (VL 545). De nacht heeft een 'gelaat' en wordt dus gepersonifieerd. Gedacht kan worden aan een gelaat met sterren als ogen[38]. Het beeld van sterren als ogen komt meer dan eens voor bij Boutens (zie hoofdstuk II). Van Dale geeft bij 'gelaat' als dichterlijke betekenis: het aanschijn der hemellichten, vooral van de zon en de maan. De zwarte donkerte van de nacht (de duistere afgrond uit de

([38]) Zie over het 'zienvermogen' van de sterrennacht: Van Hemeldonck 1977, p. 77 en p. 80 over 'wenende sterren'.

tweede strofe) is inmiddels 'weggedeinsd'. Het stralende licht is daarvoor in de plaats gekomen.

Regels 15 en 16 hebben een parallelle constructie. Hier wordt gesproken alsof het over golven in een kosmische zee gaat die breken aan of op de kust. Onderwerp van deze twee zinnen is 'Nafonkelingen [...]' (13). Deze nafonkelingen 'breken aan oneindigheids onzichtbre togen'. Bij 'togen' kan gedacht worden aan bogen of hemelgewelven die zo hoog zijn dat ze onzichtbaar zijn. De nafonkelingen 'vloeien af door nieuwer bogen vlotte pracht'. Het 'breken' van de nafonkelingen kan gezien worden als een vorm van lichtbreking: de lichtstralen worden gebroken, ze veranderen van richting. Er ontstaan nieuwe bogen die 'vlotte pracht' teweeg brengen. 'Vlot' betekent hier vermoedelijk: onvast, ongestadig, vluchtig. Deze 'pracht' is dus voortdurend aan verandering onderhevig. Telkens ontstaan er nieuwe 'bogen'.

Van belang zijn de woorden oneindigheid en onzichtbaar in regel 15. De oneindigheid van het heelal (tegengesteld aan de begrensdheid van de aarde en de beperkte blik van de mens) speelt in dit gedicht een belangrijke rol. Het verlangen naar een hogere, oneindige en onzichtbare wereld — onkenbaar voor de mens — is een van de kernthema's van dit gedicht. De 'togen' zijn niet te zien, maar door de 'nafonkelingen' die er op breken weet men dat ze er zijn.

Strofe V

Heeft hemels medelij ons smachten opgenomen
  Naar 't stralende juweel van haar kristallen hart?
Is eindelijk haar traag verbazen neêrgekomen
  Om deel te nemen in de weelden onzer smart?

In deze strofe worden twee vragen gesteld die te maken hebben met opwaartse en neerwaartse richtingen ('opgenomen' en 'neêrgekomen'). Degenen die met 'ons' worden aangeduid vragen zich af of 'hemels medelij' 'ons smachten' heeft opgenomen naar het 'stralende juweel van haar kristallen hart' (17-18). De woorden 'juweel' en 'kristallen' slaan terug op 'eêlsteenen' (13). Men zou sterren kunnen zien als flonkerende edelstenen. Mogelijk wordt met 'haar kristallen hart' (18) het middelpunt van het heelal bedoeld. Het Griekse woord kosmos betekent zowel orde als sieraad. Een tweede vraag in deze strofe luidt: 'Is eindelijk haar traag verbazen neêrgekomen / Om deel te nemen in de weelden onzer smart?' (19-20). De smart van 'ons' is dus niet negatief, maar positief, want het is een weelde. Weelde (dat assoneert met 'juweel' (18)) is onder meer een omstandigheid waarin men iets aangenaams of kostbaars heeft. Smart betekent leed, verdriet, of sterk ongeduldig verlangen. Er is dus sprake van een oxymoron.

Opmerkelijk in deze strofe is het twee maal voorkomen van 'haar' ('haar kristallen hart' (18) en 'haar traag verbazen' (19)). Waar verwijst 'haar' naar? Het kan in deze strofe alleen verwijzen naar 'hemels medelij'. Maar hemel is mannelijk, en medelijden is onzijdig. Er zou dus eigenlijk 'zijn' moeten staan. Het is zeer onwaarschijnlijk dat Boutens een fout heeft gemaakt. Een mogelijke oplossing kan zijn om 'hemels medelij' te zien als een vrouwelijke allegorisering. Dat zou een hemelse spiegeling kunnen zijn van moeder Aarde die in de negende strofe aan de orde komt. Het 'kristallen hart' kan gezien worden als het hemelse tegendeel van de 'donkren schoot' (36) van moeder Aarde. Mogelijk wordt impliciet gerefereerd aan Maria. Deze interpretatie vindt enige ondersteuning in een andere verwijzing naar Maria in de bundel *Zomerwolken*, namelijk in 'Ad virginem matrem', met de opdracht 'Voor Jan Toorop / naar aanleiding van een zijner Madonna-teekeningen' (VL 678).

Strofe VI

21 Geheven door den doop van helle duizelingen,
22 Weiflen onze oogen voor den uiterstverren zoom

Waar naar Gods klaar geheim de stille sferen zingen
Aan de overzij van ongemeten aetherstroom.

Deze strofe vormt, structureel gezien, de kern van het elf strofen tellende gedicht. Ook thematisch gezien lijkt mij dit een van de belangrijke passages van het gedicht. Het zien speelt een prominente rol. De ogen zijn omhoog gericht. Het gaat hier niet om het alledaagse kijken, er is sprake van een visionaire blik die (in de verbeelding) verder reikt dan fysiek mogelijk is. De 'oogen' zijn geheven 'door den doop van helle duizelingen' (de doop of dompeling van het helle sterrenlicht)[39]. Hier wordt mogelijk teruggegrepen op de van licht 'overdropen' wanden (11). Het woord 'oog' of 'ogen' komt vaker voor in dit gedicht, vaak verborgen in andere woorden: 'z*oog*' (2), 'bet*oog*' (4), 'regenb*ogen*' (13), 't*ogen*' (15), 'b*ogen*' (16), en gewoon als 'oogen' (39). De ogen weifelen (aarzelen) 'voor den uiterstverren zoom', de uiterst verre grens van het heelal[40]. Die 'zoom' kan ook opgevat worden als de grens van de menselijke beperkte blik, daarachter ('aan de overzij') gaat de onzichtbare en onkenbare ruimte verder[41].

([39]) Vgl. wat Blok schreef over 'vlammendoop' in Boutens' 'Vier-en-twintigste Strofe' (VL 1069): 'Deze formulering, die teruggaat op Mattheus 3:11, is van gnostische herkomst. [...] De Strofe wijst hier terug naar de 'Zevende Strofe' (r. 15), waar de doop met water en de doop met vuur worden beschreven. Beide vormen van doop vinden we nog terug in de 'Achttiende Strofe' in het woord *vlammendauw* (r. 6). Hoe Boutens deze gnostische opvatting heeft leren kennen, heb ik niet kunnen achterhalen.' (Blok 1983, p. 339-340; zie p. 179-181 over de sterren-symboliek in de *Strofen*). Zie over Boutens en de gnostiek ook Blok 1975.

([40]) In 1933 heeft Boutens in zijn lezing 'Vorm en vormeloosheid in de dichtkunst' (1933) de onbegrensdheid van de dichterlijke verbeeldingskracht gesteld tegenover de 'begrensdheid van het heelal, waarover dezer dagen zooveel gerekend en gepraat wordt' (Boutens 1964, p. 363). Zie verder hoofdstuk VII.

([41]) In een ander gedicht spreekt Boutens van de 'schemerkoele zoomen' als '[d]remplen tusschen dood en leven' (VL 667).

Dat sluit ook aan op de laatste drie strofen van dit gedicht. Opvallend is de antrimetrie in 'Weiflen' aan het begin van regel 22. Daardoor krijgt deze regel extra nadruk. In die 'uiterstverren zoom' zingen de 'stille sferen' (stil zingen is paradoxaal, alhoewel het naast geluidloos zingen ook zacht zingen kan betekenen) 'naar Gods klaar geheim'. De zingende 'stille sferen' zijn in verband te brengen met de harmonie der sferen (vgl. 'harmonie' in r. 30)[42]. De sferen zijn stil, omdat deze hemelse muziek niet te horen is voor aardse stervelingen (vgl. ook 'daverstil' in r. 28)[43].

De sferen bevinden zich '[a]an de overzij van ongemeten aetherstroom'[44]. Nogmaals wordt hier het uiterst verre en onbereikbare benadrukt. Nog verder weg dan de 'ongemeten aetherstroom', namelijk aan de overzijde daarvan, zingen de stille sferen. Deze 'aetherstroom' is niet te meten. 'Aether' (afgeleid van het Griekse *aithèr*) betekende in de klassieke oudheid de hogere lucht of hemel[45]. Volgens Aristoteles was aether het vijfde element, waaruit de bovenmaanse sferen en de hemellichamen waren opgebouwd. In Boutens' vertaling van Plato's *Phaidoon* staat: '[...] de aarde zelf ligt rein in een reinen hemel, waarin de sterren zijn en welken aither noemen de meesten van hen die gewoon zijn over zoodanige dingen te verhandelen.' (109b)[46]. In de negentiende eeuw

(42) Zie Wildiers 1983, p. 46-47.

(43) Ook de sterren kunnen muziek voortbrengen in Boutens' poëtisch universum, zoals blijkt uit 'Herkenning', waarin onder meer gesproken wordt over ''t zingen van de sterren' en ''t Sterrenlied' (VL 131).

(44) Hier kan een verband gelegd worden met het openingsgedicht 'Opdracht' van *Zomerwolken*, waar staat: 'Aan de' *overkant* van 't leven, in uw hof' (VL 637, mijn curs.). De 'overzij' roept ook associaties op met de klassieke voorstelling van het oversteken van de Styx naar de Hades, de onderwereld.

(45) Zie over de geschiedenis van het aether-concept vanaf de klassieke oudheid: Cantor en Hodge (ed.) 1981.

(46) Boutens, *Verzamelde werken*, dl. V, p. 252-253.

werd aether gezien als een onzichtbare middenstof waarin het licht zich voortplantte. Deze geheimzinnige problematiek inspireerde tal van literatoren[47]. Ook Boutens heeft het kennelijk niet onberoerd gelaten. Er zijn tal van parallellen te vinden in zijn poëzie, zoals: 'aan de randen van den aetherstroom' (VL 86), 'het schaduwduistre doomen / Der onpeilbare aetherstroomen' (VL 667) en 'den blinden tocht door d'ongepeilden aether / voorbij de eilanden van de sterren en / de vage sluieren der nevelvlekken' (VL 1056).

Opmerkelijk is de formulering 'Gods klaar geheim' (23); het onkenbare, goddelijke geheim is een vaak voorkomend thema in Boutens' poëzie, bijvoorbeeld in 'Het geheim'[48]. Het adjectief 'klaar' betekent hier: helder, eenvoudig, of simpel. Andere voorbeelden hiervan uit Boutens' poëzie zijn onder meer: 'Gods licht geheim' (VL 664), 'Gods simpele geheimenis' (VL 882), 'Gods eenvoudig wonder' (VL 886). Dit thema valt te verbinden met Boutens' bekende uitspraak: 'wanneer ooit Gods geheim in zijn sublieme simpelheid zal worden geraden, [is] het een dichter [...], die het verlossende woord zal mogen spreken.'[49] Men moet daarbij niet strikt denken aan een christelijke God. In *Zomerwolken* komen weliswaar veel gedichten voor met bijbelse onderwerpen[50] en het woord 'God' komt frequent voor, maar daarnaast komen ook de aanduidingen 'god' en 'goden' voor[51]. Het doel van het aanschouwen van de sterren is het trachten contact te maken met een hogere, goddelijke werkelijkheid.

([47]) Zie Beer 1996.

([48]) Zie Sötemann 1985b.

([49]) Boutens 1964, p. 365. Zie verder hoofdstuk VII.

([50]) 'Rei van vrouwen in Jozefs hof', 'Paasch-avond', 'Pietà', 'Kerst-kind', 'Kerstlied', 'Ad virginem matrem', 'Afneming van het kruis', 'Verloren zoon'.

([51]) Voor 'God': VL 638, 653, 664, 666, 677, 678, 683, 689, 692, 695, 698, 707; 'goden' (VL 706) en 'een god' (VL 709).

De sterren symboliseren het erachter liggende onbereikbare Absolute.

Strofe VII

Rond spiegeleffen wrong van melkwegs binnenzeeën
 Wier scheemrend bodemzand in hellen baaiert smelt,
Uit al de voren van de zongeploegde steeën
 Dringt gouden brand van bloei in daverstil geweld...

De melkweg wordt hier beschreven als een wereld met 'binnenzeeën' (25) en 'steeën' (27)[52]. In de sterrenkunde was het gebruikelijk (in de negentiende en begin twintigste eeuw) om melkwegstelsels in termen van zeeën en eilanden te beschrijven (vgl. ook wat ik eerder schreef over het 'breken' en 'vloeien' in regels 15 en 16)[53]. Een 'wrong' (25) is een geheel door draaiing bij elkaar gevoegd, het melkwegstelsel is spiraalvormig. Het woord 'wrong' doet ook denken aan wrongel (gestremde melk), daarmee valt een verband te leggen met de mythologische oorsprong van de melkweg[54]. De 'wrong' is 'spiegeleffen' (25), waarmee gedoeld kan worden op de schijfvormigheid van de melkweg. Het 'scheemrend bodemzand' (26) van 'melkwegs binnenzeeën' (25) smelt 'in hellen baaiert' (26)[55]. Het 'scheemrend bodemzand' kan in

(52) Dit is ook elders bij Boutens te vinden, bijv.: 'de sterdoorstraalde steden / Van Gods blauwe oneindigheden' (VL 210).

(53) Zie over de 'island-universe theory' van William Herschel: Meadows 1969, p. 159. Arthur Eddington schreef: 'Een telescoop laat er ons veel meer zien — een archipel van eiland-melkwegstelsels, de een zich rijend achter de ander zoover als onze blik reikt. Deze eiland-melkwegstelsels zijn het die zich aan ons voordoen als spiraalnevels.' (Eddington 1933, p. 16).

(54) Volgens de mythologie is de Melkweg ontstaan uit de melk uit de borst van Juno, toen Hercules zijn lippen van de hem toegereikte borst afwendde (zie Goudsmit 1902, p. 173).

(55) In 'Dans' (VL 750-752) komt 'hellen baaierd' voor in combinatie met 'zonnen uwer ogen' en 'den afgrond uwer oogen'. Ook wordt er gesproken van de 'melkweg' en 'verre nevelkolken'.

verband worden gebracht met de nafonkelingen van de edelstenen uit strofe 4 en de juwelen en kristallen uit strofe 5. Er is dan sprake van schemerende sterren (als zandkorrels) in de melkweg. Dit zand smelt, wellicht door de 'gouden brand' (28). 'Baaiert' (26) duidt op de chaos waaruit de kosmos, volgens de Griekse mythologie, is ontstaan ('hellen baaiert' (26) wijst overigens terug naar 'helle duizelingen' (21)). De melkweg wordt voorts beschreven in landbouwtermen als 'voren' in 'zongeploegde steeën' waaruit 'gouden brand van bloei' dringt. Met 'gouden brand van bloei' wordt gedoeld op de sterren[56]. Het woord 'bloei' wijst vooruit naar de 'Tuinen' waarover in de volgende strofe gesproken wordt. '[D]averstil geweld' (28) is een oxymoron, waarmee de tegenstellende krachten in het heelal gesymboliseerd worden (vgl. ook de paradoxale zingende stille sferen uit de vorige strofe). De enjambementen (r. 25-26 en 27-28) kunnen gezien worden als betekenisversterkende vormaspecten die het 'vloeiende' karakter van de melkweg symboliseren.

Strofe VIII

Tuinen vergrondeloosd naar labyrinthen gangen–
Een aangelaaide orkaan in harmonie gezwicht–
Een vuren hagelslag in 't storten ondervangen–
Een vlammen ondergang in talmend evenwicht–

Ook in deze strofe wordt beschreven wat in de kosmos gezien wordt. De strofe bestaat uit vier elliptische zinnen, ze worden telkens besloten met een liggend streepje, hetgeen niet

([56]) Het beeld van 'bloeiende' sterren komt vaker voor bij Boutens: '[...] 't roerloos bloeien / Der sterrenflonkrende eeuwigheid' (VL 198); 'duizelbloei van sterren' (VL 809). Ook het beeld van 'ploegen' en 'voren' komt meer dan eens voor: 'Alom, uit al de donkre voren, / Straalden de sterren de einders blond' (VL 649); vgl. ook de 'Dertiende Strofe' (VL 1056) waarin gesproken wordt over een komeet die 'zijn vreemde vore rond den haard / der zon [trok]'.

als een afsluiting van de zin gezien moet worden, maar veeleer als tekens van het vloeiende, oneindige karakter van het heelal. De tuinen zijn of worden 'vergrondeloosd', dat wil zeggen van hun grond of bodem ontdaan. Die grond valt te koppelen aan het bodemzand van de binnenzeeën uit de vorige strofe, en ook aan andere termen in dit gedicht die te maken hebben met tuinen en landbouw: 'voren' (27), 'zongeploegde' (27) en 'bloei' (28) uit de vorige strofe en ook de 'afgrond' (7) uit de tweede strofe. De kosmische tuinen worden getransformeerd tot 'labyrinthen gangen' (29), waarbij 'labyrinthen' een adjectief is. Gedacht kan worden aan een labyrinthisch systeem met vele gangen die het oneindige heelal symboliseert, waarin oneindig rondgedoold kan worden (vgl. 'verdoolden' uit regel 8)[57]. Het 'vergrondeloosde' karakter van het hier beschreven heelal kan in verband worden gebracht met de uitspraak van Lucretius dat 'nergens in 't heelal een bodem is', met andere woorden dat het heelal oneindig is[58].

Daarna volgen er drie parallel beginnende regels waarin telkens sprake is van chaotische, bewegende toestanden ('aangelaaide orkaan' (30), 'vuren hagelslag' (31), 'vlammen ondergang' (32)) die overgaan in ordelijke, stilstaande toestanden: 'harmonie' (30), 'ondervangen' (31) en 'evenwicht' (32). Bij 'aangelaaide orkaan' kan gedacht worden aan aanstormende kometen en bij 'vuren hagelslag' aan een sterrenregen. Regels 30, 31, 32 zijn te lezen als uitbreidingen van

([57]) Vgl.: 'Ganz wesentlich zum Minotaurus gehört ferner immer das bekannte kretische *Labyrinth* [...]. Und zwar ist es vermuthlich ein Bild des gestirnten Himmels gewesen, des Himmels mit seinen ins Unendliche verschlungenen Windungen und Bahnen, in denen sich Sonne Mond und Sterne doch so sicher bewegen.' (Preller 1875, bd. II, p. 124).

([58]) Zie Van Halsema 1999, p. 20-21. Van Halsema relateert dit aan het 'boren door het bodemlooze' in *Cheops*. Ik kom verderop terug op andere mogelijke verbindingen tussen 'Sterren' en *Cheops*.

'gouden brand' (28) (vgl. de afgeleide adjectieven 'vuren' (31) en 'vlammen' (32)). Het woord 'harmonie' uit regel 30 verwijst terug naar de 'stille sferen' (23): de harmonie der sferen. De kosmos vertoont een harmonische orde. Degenen die worden aangeduid met 'wij' en 'ons' zijn op zoek naar deze hemelse orde, die niet te bereiken is tijdens het aardse bestaan, zoals nog zal blijken uit de bespreking van de volgende strofen. In de kosmos zijn de woelingen tot evenwicht gebracht, in tegenstelling tot de voortdurende aardse chaos (het leven)[59].

Strofe IX

33 O blinde moeder, Aard, wat hebt gij ons voldragen
34 Tot de gevoeligheid van dezen zienden nood
35 Die niet berusten kan binnen uw blauwe dagen,
36 Die niet meer droomen wil in uwen donkren schoot?

In deze strofe wordt 'teruggekeerd' van het heelal naar de aarde. De tegenstelling 'blind' versus 'ziend' speelt hier een rol. De 'blinde moeder, Aard' (33) wordt aangeroepen door degenen die in 'zienden nood' (34) zijn. '[Z]ienden nood' interpreteer ik als de noodzakelijke behoefte aan vérder

(59) Hier is wederom een parallel met het gedeelte over de kosmos in Boutens' lezing 'Vorm en vormeloosheid in de dichtkunst', waarin Boutens onder meer zegt: 'Zoo is het leven dus, denk ik dan, niet een overgangstoestand van buitenaf voor ons geregeld, maar de strijd en drang zelf van een uit elkaêr gevallen onderdeel van den grooten kosmos, dat uit zijn chaos hier zich weêr op zijn reeds vroeger bereikt peil van volmaaktheid streeft te herstellen. De wil tot dat herstel komt mij dan voor alle leven in zijn éene drift samen te vatten, en in geen andere voorstelling beleef ik zoo diep den eenheidsdrang van alle schepsels. Onder hen heeft buiten kijf de mensch zich het hoogst opgewerkt uit den microchaos, en het is ons gelukt dezen tot een eenigszins geregelden maatschappelijken mikrokosmos in te richten, waarin het bestaan niet slechts dragelijk, maar zelfs een beperkt geluk kan worden. Een beperkt geluk.' (Boutens 1964, p. 363). Zie verder hoofdstuk VII.

willen zien dan de beperkte aardse blik toestaat en tegelijkertijd beseffen dat men niet verder kán zien[60]. Regels 35 en 36 hebben een parallelle structuur, met 'zienden nood' als onderwerp. De 'zienden nood' kan niet berusten 'binnen uw blauwe dagen' (35) (het leven op aarde) en wil niet meer dromen 'in uwen donkren schoot' (36)[61]. 'Wij' willen verder zien/schouwen buiten de aarde. Er is sprake van een traditionele personificatie van de aarde: 'moeder, Aard'. Er wordt gesproken in termen van zwangerschap: moeder Aarde heeft 'ons' 'voldragen'. Het (beperkte) leven op aarde wordt voorgesteld als dromen in haar donkere schoot. De donkere schoot is te vergelijken met de duisternis onder de bomen uit de tweede strofe. Het aardse leven is een voorstadium, een soort voorleven, van het echte leven waarin geen sprake meer is van die 'zienden nood'. 'Wij' verlangen naar het nieuwe leven in een hogere werkelijkheid. Op aarde heeft men slechts een beperkte blik, daarom wordt moeder Aarde 'blind' genoemd.

Strofe X

37 Als bleeke kinderen achter gesloten ramen
38 Houdt ge ons een kleinen tijd met levens speelgoed zoet,
39 En raadt de wanhoop niet, waarmede onze oogen vâmen
40 De lokkende eindloosheid die om uw woning vloedt–:

In deze strofe wordt het beperkte leven op aarde beschreven met behulp van een vergelijking: moeder Aarde, die in de vorige strofe blind werd genoemd (r. 33), houdt 'ons' als 'bleeke kinderen achter gesloten ramen'[62]. De bleke kleur van de kinderen suggereert een leven van binnen

(60) Vgl. ook 'ziende nooddruft' (VL 1072).

(61) Vgl. i.v.m. 'blauwe dagen': 'azuren uren' in 'Oog in oog' (zie hoofdstuk V).

(62) Ramen en vensters komen vaak voor in Boutens' poëzie. Zie bijvoorbeeld 'Nu is het werk volbracht' (VL 1087) en het commentaar daarbij van Blok 1983, p. 396-397.

zitten[63]. Ook kan de bleekheid duiden op de sterfelijkheid van de kinderen (en de mens in het algemeen). De blik door het gesloten raam is beperkt. Een raam is enerzijds doorzichtig, anderzijds is het een grens: er is geen direct contact mogelijk met wat er zich achter bevindt. Ook wordt de blik ingeperkt door het kader van het raam. Degenen die met 'ons' worden aangeduid, worden 'een kleinen tijd' (het leven op aarde) zoet gehouden met 'levens speelgoed'. De aarde raadt de 'wanhoop' niet waarmee hun ogen de 'lokkende eindloosheid' van het heelal en de sterrenhemel 'vâmen' (vademen) die 'om uw woning vloedt'. Vademen kan omvatten betekenen, maar voor hand liggender is in dit geval: in vademen meten, peilen van de diepte van de eindeloze kosmische zee die om de aarde 'vloedt'. '[U]w woning' (40) verwijst terug naar het 'huis' (5), en 'vloedt' (40) verwijst terug naar 'vloed' (6). Men zou kunnen spreken van een cyclische vorm van het gedicht, omdat wordt teruggekeerd naar de huismetafoor (vgl. wat ik eerder schreef over strofe II). De 'lokkende eindloosheid' verwijst naar 'oneindigheids' (15), 'uiterstverren zoom' (22) en 'de overzij van ongemeten aetherstroom' (24). De oneindigheid van het heelal staat tegenover de eindigheid en beperktheid van de aarde.

Strofe XI

41 O moeder van ons hart, dat wil wel zijn uw eigen
42 En trouw en blijgerust in zijn gebondenheid,
43 Maar altoos weêr vervalt tot dit eenzelvig zwijgen
44 Dat om vermoed geluk 't geluk van nu beschreit.

Inmiddels zijn we aangekomen bij de laatste strofe van het gedicht. Met 'moeder van ons hart' (41) wordt terug verwezen

(63) Vgl. het in hoofdstuk II geciteerde sonnet 'Zooals een koning' (VL 55), waarin sprake is van een bleke koning in zijn huis en van een bleek kind dat binnen zit te treuren.

naar 'blinde moeder, Aard' (33), en dus niet naar het buitenmenselijke 'kristallen hart' (18) uit de vijfde strofe. 'Ons hart' wil zijn 'uw eigen / En trouw en blijgerust in zijn gebondenheid' (41-42); het zou dus wel trouw en gebonden willen zijn aan moeder Aarde. Maar altijd weer 'vervalt' ons hart tot 'dit eenzelvig zwijgen / Dat om vermoed geluk 't geluk van nu beschreit' (43-44). Het 'vermoed geluk' verwijst naar het geluk buiten deze aarde waarnaar verlangd wordt, met het 'geluk van nu' kan het beperkte aardse geluk worden bedoeld. Dit aardse geluk wordt 'beschrei[d]' omdat het verlangen naar de hogere, metafysische werkelijkheid blijft bestaan en vooral vanwege het besef van de onbereikbaarheid van het hogere geluk, sterren zijn daarvan de symbolen.

Het gedicht kan als volgt worden geparafraseerd. Aan het begin van de nacht gaat een groep (op zijn minst twee personen) aangeduid met 'wij' en 'ons' naar buiten. Ze ondervinden onder de bomen een duisternis als een afgrond. Wanneer daarna een holle weg leidt naar het ruime veld zien zij een visioen. Dit visioen bestaat uit sterrenlicht. Voorts zijn hun ogen gericht op de uiterst verre grens van het heelal waar de sferen zingen 'naar Gods klaar geheim' aan de overzijde van 'ongemeten aetherstroom'. Dit gebied is zó ver weg dat het niet te bereiken is voor de mens, het is onkenbaar en onzichtbaar. Degenen die aangeduid worden met 'wij' en 'ons' kunnen gezien worden als een groep van gelijkgestemden die weet hebben van een hoger, metafysisch geheim. Ze verlangen naar openbaring van Gods geheim dat tijdens dit leven op aarde niet te kennen is. Dit 'klaar geheim' wordt niet geopenbaard. In strofen 7 en 8 wordt een visionaire blik beschreven die gericht is op de kosmos. Daarna wordt teruggekeerd naar moeder Aarde, die blind genoemd wordt. De 'ziende nood' van de groep kan en wil niet langer berusten in de donkere schoot van de aarde. De aarde heeft hen als kinderen achter gesloten ramen gehouden, daarom wordt de aarde blind genoemd. Zij kunnen niet verder schouwen, terwijl dat verlangen wél bestaat. De blik vanaf de aarde is beperkt. Ze worden tijdens hun leven zoet gehouden met 'levens speelgoed'. Met andere woorden: het leven op aarde is slechts een spel, het ware leven — in een hogere, onkenbare werkelijkheid — moet nog komen. De aarde raadt de wanhoop niet waarmee hun ogen in de 'lokkende eindloosheid' die om de aarde is, willen blikken. Hun hart wil wel trouw en gebonden zijn aan het aardse bestaan. Maar hun hart vervalt telkens weer tot 'dit eenzelvig zwijgen' en ze schreien om het 'geluk van nu' (het aardse geluk), vanwege het 'vermoed geluk' buiten de aarde.

4. 'Sterren' en Plato

In 'Sterren' wordt een wereld gesuggereerd die zich vérder dan de sterren bevindt en die voor de mens onbereikbaar is. Dit kan gerelateerd worden aan de filosofie van Plato. Ik zou ook nog op andere klassieke teksten kunnen wijzen die gaan over het kijken naar de goddelijke sterrenhemel[64], maar in Boutens' geval ligt Plato het meest voor de hand. Bekend is dat de classicus Boutens een aantal dialogen van Plato heeft vertaald, en dat zijn poëzie is doortrokken van platonische noties. Blok schrijft in zijn studie over Boutens' *Strofen uit de nalatenschap van Andries de Hoghe*: 'Blijkens de *Strofen* voelde Boutens zich verwant aan wat men Plato's visie op de wellevenskunst zou kunnen noemen: de voorwaarden die vervuld moeten zijn, wil de ziel omhoog kunnen stijgen tot de aanschouwing van het absolute, van God. In die wellevenskunst

([64]) Van Halsema wijst bijv. op Manilius, Cicero en Seneca (Van Halsema 1989, p. 375).

staat voor Boutens Plato's liefdesopvatting centraal, en in verband dáármee diens opvattingen over de schoonheid [...]. Dat de aardse verschijnselen niet meer zijn dan afspiegelingen van de eeuwige ideeën, is een belangrijk aspect van deze visie. Maar verder dan deze inzichten maakt Boutens van Plato geen gebruik, dit blijkt althans niet. Van Plato's dialectisch vorsen naar de zijns-grond van het bestaande geen spoor. Ook kosmologische noties, zoals die in de *Timaios* worden gegeven, treffen we bij Boutens niet aan.'[65] Toch kan ik mij er niet aan onttrekken dat er wel degelijk een verband bestaat tussen 'Sterren' en de gedeeltes over de kosmos in Plato's *Timaios*. Boutens heeft deze tekst nooit vertaald, maar de bevriende dichter Jan Prins (pseudoniem van C.L. Schepp, 1876-1948) heeft er wel een vertaling van gemaakt, deze verscheen in 1937. Prins nam op latere leeftijd lessen Grieks en Latijn bij Boutens[66]. Dit mondde onder meer uit in zijn *Timaios*-vertaling. Prins liet zijn vertaling voorafgaan door een sonnettenreeks over de *Timaios*. Deze sonnetten gaf hij de opdracht: 'Aan P.C. Boutens, mijn leermeester.' Ongetwijfeld kende Boutens de *Timaios* al goed voordat Jan Prins met zijn vertaling begon.

In de *Timaios* wordt uiteengezet dat de kosmos is ontstaan uit chaos: 'Want daar God wilde, dat zooveel mogelijk alles goed en niets slecht zou zijn, nam Hij al het zichtbare, dat niet in rust verkeerde maar zonder orde of regel zich bewoog, ter hand, en bracht het tot orde uit wanorde, daar Hij gene volstrekt beter achtte dan deze.' (30a)[67]. De mens streeft naar kosmische harmonie. Om daartoe te komen is het noodzakelijk om naar het heelal te kijken. Door middel van het aanschouwen van het firmament én door middel van poëzie

(65) Blok 1983, p. 205-206.
(66) Zie De Clerck 1969, p. 88 en Sötemann 1998, p. 189.
(67) Plato 1937, p. 50.

zou men deze harmonie kunnen benaderen. Volgens Plato is het oog het belangrijkste instrument om de sterrenhemel te kunnen zien en om zo te komen tot het filosoferen:

> Het gezicht dan is ons het meest van dienst geweest, doordat van geheel het betoog, dat wij thans houden over het Al, geen woord zou zijn uitgesproken, als wij sterren noch zon noch hemel zagen. [...] Wij voor ons echter willen verklaren, dat hierin de reden is gelegen, waardoor God ertoe kwam, ons met gezichtsvermogen te begiftigen, dat wij de kringloopen van het Denken aan den hemel zouden waarnemen, om daarvan gebruik te maken voor de omloopen onzer eigene overdenkingen, die met hun verstoringen toch aan die andere onverstoorbare verwant zijn, en dat wij, door onze leering daaruit met de wezenlijke onfeilbaarheid van redeneering bedeeld, in navolging van Gods volslagen dwalinglooze kringloopen den onzen, aan dwaling onderhevig, vastheid mogen verleenen. (47a-c)[68]

De Plato-deskundige C.J. de Vogel heeft over deze passage geschreven: 'Hoofdregel voor het menselijk leven en denken is: *dat de mens in zijn lichaam en in zijn geest de orde van de cosmos moet reproduceren* door de regelmatige bewegingen van de hemellichamen na te volgen. Daarom is het gezichtsvermogen voor de mens de meest kostbare en zegenrijke gave [...].'[69] Deze gedachte lijkt mij van essentieel belang voor Boutens' gedicht. Maar in 'Sterren' wordt ook duidelijk gemaakt dat het tijdens het leven op aarde — aangeduid met 'een kleinen tijd' (38) en 'levens speelgoed' (38) — onmogelijk is om die kosmische harmonie volledig te bereiken. Daarvoor is de mens te beperkt. Hooguit kan er tijdens zijn leven sprake zijn van een benadering van die kosmische harmonie. Er wordt immers gesproken van een tegenstelling

([68]) Plato 1937, p. 71-72.
([69]) De Vogel 1968, p. 147-148 (curs. van De Vogel).

tussen het 'geluk van nu', dat beperkt is, en het 'vermoed geluk' (44) dat onbereikbaar is.

In de *Timaios* staan nog tal van andere passages die gerelateerd kunnen worden aan Boutens' 'Sterren'. Zo wordt van de sterren gezegd dat zij een 'goddelijk geslacht' zijn die een 'versierend bestiksel' van de hemel vormen. Het zijn 'goddelijke en eeuwige wezens' (40a-b)[70]. In 'Sterren' wordt een verlangen uitgedrukt naar contact met die goddelijke sterrenwezens. Alleen door middel van contact met de sterren kan uiteindelijk contact gemaakt worden met 'God'. De sterren fungeren als een soort intermediair. Het paradoxale is echter dat het contact met de sterren en 'God' nooit volledig kan zijn; het uiteindelijke doel is — tijdens het aardse leven — onbereikbaar. Voorts zegt Plato in de *Timaios* dat elke ziel een ster toebedeeld krijgt (41d-e) en dat na de dood de ziel, mits men 'goed' heeft geleefd, terugreist naar de ster waartoe hij behoort (42b)[71]. De sterren waarnaar gestaard wordt in 'Sterren' kunnen gezien worden als plaatsen waar de zielen van overledenen voor eeuwig als goden in opperste gelukzaligheid voort leven. Erwin Pfeiffer schreef hierover in zijn *Studien zum antiken Sternglauben* (1916): 'Es ist weitverbreiteter Glaube, daß die Luftseele nach dem Tode eines Menschen in die Höhe steige zum gestirnten Himmel; die Sterne erscheinen dann als die Seelen unserer Verstorbenen, oder man teilt die abgeschwächte Vorstellung, die Seelen wohnten auf Sternen und schauten auf die Erde nieder.'[72] Boutens heeft in een ander gedicht sterren omschreven als 'Oogen van de dooden' (VL 690). Er wordt dus niet alleen náár de sterren gekeken, de sterren kijken ook terug. Sötemann heeft in zijn interpretatie van Boutens' laatste gedicht,

([70]) Plato 1937, p. 61.
([71]) Plato 1937, p. 63-64.
([72]) Pfeiffer 1916, p. 113.

'Het geheim', gewezen op 'de klassieke opvatting dat de melkweg de weg der zielen vormt naar het verblijf der goden, of de verblijfplaats zelf van de zielen.'[73] Dat klassieke beeld resoneert zeker ook in 'Sterren' mee.

5. 'Sterren' en poëtica

In de laatste strofe staat de woordgroep 'dit eenzelvig zwijgen' (43). Deze woordgroep kan geïnterpreteerd worden als een impliciete verwijzing naar het dichten en dit gedicht in het bijzonder. Zwijgen is een van de centrale noties in Boutens' symbolistisch getinte poëtica[74]. In zijn poëzie komen vaak woorden voor als 'onzegbaar', 'onuitsprekelijk', 'naamloos', 'ongekend', die tezamen een semantisch veld van 'het geheim' vormen. Van Alphen brengt het zwijgen bij Boutens in verband met de homo-erotische thematiek[75]. Maar van homoerotiek is in 'Sterren' geen sprake. Ik denk hier veeleer aan een symbolistische, mystieke betekenis van zwijgen.

De formulering 'dit eenzelvig zwijgen' lijkt op 'dit eenzelvig denken' in J.H. Leopolds gedicht 'Oinou hena stalagmon' ('Één druppel wijn') uit 1910[76]. Deze reflexieve woordgroep van Leopold is ook poëticaal geduid[77]. Misschien kan gesproken worden van een intertekstuele verwijzing van Boutens naar Leopold. Boutens gaf immers in 1912 Leopolds

(73) Sötemann 1985b, p. 208.

(74) Voor enkele voorbeelden uit Boutens' poëzie waarin het zwijgen of de stilte poëticaal geïnterpreteerd kunnen worden, zie: VL 189, 297, 305, 333, 542, 1054. Vgl. ook 'dit luid zwijgen' (VL 532), 'dit lang zwijgen' (VL 1075) en 'dit gaaf zwijgen' (VL 1093).

(75) Van Alphen 1993a, i.h.b. p. 90.

(76) Leopold 1982, p. 127.

(77) Zie Kamerbeek 1952. Zie over dit gedicht zeer uitvoerig: Van Halsema 1999, p. 135-166. Zie over Leopold en de symbolistische 'conventie' dat poëzie over poëzie gaat: Dorleijn 1984a.

Verzen uit — tegen Leopolds zin in — en bewonderde diens poëzie zeer. In zijn inleiding tot die editie omschreef Boutens Leopolds poëzie als 'hoorbaar peinzen' en 'bijna-zwijgen'[78]. Volkomen zwijgen zou ideale poëzie zijn. Het goddelijke geheim valt niet te raden en is onzegbaar, daarom komen woorden als 'zwijgen' en 'stilte' zo vaak voor in Boutens' poëzie.

Er staan in 'Sterren' meer woorden die poëticaal geïnterpreteerd kunnen worden: 'dauw' (3), 'eêlsteenen' (13), ''t stralende juweel' (18), 'kristallen' (18), 'geheim' (23), 'stille sferen zingen' (23), 'daverstil' (28), 'harmonie' (30), ''t geluk van nu' (44). En ook de sterren kunnen geïnterpreteerd worden als poëticale symbolen. Die symboliek is ook in andere gedichten van Boutens te vinden. Zo wordt in 'Nacht-stilte' (VL 374) de goddelijke taal (stilte) — die op aarde neerdaalt vanuit 'overluchtsche streken' — vergeleken met 'klaar' sterrenlicht en tegenover de 'smet van taal of teeken' gesteld. Daarin hebben sterren dus een poëticale betekenis. Bij de poëticale duiding van sterren valt tevens te denken aan Plotinos' beeld van de hemel als een boekrol met de sterren als tekst[79]. In 'Liedje van de straat' spreekt Boutens over ''t eindloos boek der sterren' (VL 773). De sterrenconstellaties kunnen gezien worden als woordenconstellaties in een gedicht. In 'In den nacht' worden sterren beschreven als 'stralende gedichten' (VL 185). Boutens is echter niet zo ver gegaan als Mallarmé in *Un coup de dés* (1897), waarin de typografische plaatsing van de woorden een sterrenbeeld lijkt te vormen[80].

Het zal de mens, en zelfs een dichter als Boutens, nooit lukken om de goddelijke werkelijkheid (die zich voorbij de

(78) Leopold 1983, dl. 2, p. 91. Zie ook Goud 2003a.

(79) Kusters 1995, p. 47.

(80) Zie Van den Bergh 1994, p. 108 en Van der Sijde 1998, p. 157. Vgl. ook Christin 2000.

sterrenhemel bevindt) te kunnen zien en te beschrijven. Dit kan verbonden worden met een fragment uit Plato's *Phaidros* (in Boutens' vertaling): 'Want de zielen die onsterfelijk genoemd worden, *treden*, wanneer zij zich bij den top bevinden, *naar buiten* en stellen zich op den rug des hemels, en nadat zij daar plaats hebben gevat, voert de omwenteling haar rond, en zij aanschouwen *wat buiten den hemel is*. De *bovenhemelsche streek* heeft nog niemand der dichters hier bezongen noch zal die ooit bezingen naar waarde.' (247b-c, mijn curs.)[81]. Alan Scott heeft over deze passage geschreven: 'The destiny of the soul is not to look upon the sensible heaven but upon the "superheavenly place", which is not possible for physical eyes but only for the soul.'[82] Die 'bovenhemelsche streek' wordt wellicht bedoeld in regel 24 in 'Sterren' waar gesproken wordt van de 'overzij van ongemeten aetherstroom'. Wat voorbij die 'overzij' is, valt niet te zien of te bezingen. In Boutens' poëzie wordt het onzegbare vaak verbonden met het onzichtbare. Zo ook in 'Sterren' ('onzichtbre', 'blinde', 'zienden nood'). Het goddelijke geheim valt niet in woorden te zeggen en is onzienlijk voor mensenogen. Het kan hooguit worden gesuggereerd.

6. Literaire context: J.H. Leopold over sterren

Boutens was, zoals eerder gezegd, niet de enige literator die gefascineerd was door de sterrenhemel[83]. Zo begint bijvoorbeeld Louis Couperus zijn roman *De berg van licht* (1905-1906) met een lange passage over de sterrenhemel, waarin woorden

(81) Boutens, *Verzamelde werken*, dl. V, p. 296.

(82) Scott 1991, p. 8.

(83) Zie Minnaert 1949, Meadows 1969, Van Dijk e.a. 1993 en Fens 1994.

voorkomen als 'kristallen sterren', 'hemelafgrond', 'uitvloeiende Melkweg', 'sluier' en 'gouden zand'[84]. Sterren komen ook vaak voor in de gedichten van Guido Gezelle, zoals bijvoorbeeld in het volgende citaat: 'O ondoorgrondbre sterren, / die 'k niet overkerren, / die 'k niet overkijken kan'[85]. In de poëzie van J.H. Leopold spelen sterren eveneens een belangrijke rol. Van Halsema heeft uitvoerig geschreven over de invloed van het antieke sterrenmysticisme op Leopolds onvoltooide gedichten. Hij schrijft: 'De sterrenhemel is [...] de plaats waar het pneuma zich in zijn zuiverste vorm manifesteert: nergens kan men de macht van de alomtegenwoordige godheid beter zien dan daar. In staat gesteld, de onvergankelijke regelmaat van de sterren aan de hemel te zien, kan het menselijk oog aan de menselijke rede de wetenschap doorgeven van een voorzienigheid die alles regeert. De sterrenhemel is zo de "sensibilis deus", "die sinnlichste Erscheinungsform Gottes", waar de mens God kan zoeken en vinden. Door hemelbeschouwing kan de mens tot kennis komen van [...] de onveranderlijke wet van God.'[86] Het oog is in het sterrenmysticisme een belangrijk zintuig: 'In de verinnerlijkte openbaringsvoorstelling zijn het het oog van de ziel of de deuren der kennis [...] geworden die opengaan; daarna ligt de werkelijke werkelijkheid open.'[87] Over de sterren schreef Leopold in *Stoïsche wijsheid* (1904): 'De Stoïci zagen de sterren voor bezielde wezens aan van goddelijke natuur, bestaande uit het ijlste en zuiverste (levens)-vuur.'[88] Van Halsema's opmerkingen naar aanleiding van Leopold en de sterren zijn volgens mij ook van toepassing op Boutens' gedicht 'Sterren'.

([84]) Couperus 1993, p. 7.
([85]) Geciteerd naar Schulte Nordholt 1982, p. 77.
([86]) Van Halsema 1989, p. 374-375.
([87]) Van Halsema 1989, p. 388-389.
([88]) Leopold 1916, p. 56, n. 1.

Boutens was, zoals gezegd, een groot bewonderaar van Leopold en voelde zich zeer verwant met hem. Zijn bewondering blijkt niet alleen uit zijn uitgave van Leopolds *Verzen* (1912), maar ook uit Boutens' eigen gedichten. Daarin is af en toe 'de stem van Leopold' verneembaar, aldus Blok[89]. Als voorbeeld noemt hij de 'Dertiende Strofe', met de beginregel 'Zooals de sterrekundge den komeet' (VL 1056), die volgens hem is geïnspireerd op Leopolds *Cheops*. Er zijn trouwens tal van overeenkomsten tussen Boutens' 'Dertiende Strofe' en 'Sterren', waarop ik hier verder niet inga[90].

Ik zie óók parallellen tussen 'Sterren' en *Cheops*, dat in januari 1915 verscheen in *De nieuwe gids*. Daarin wordt beschreven hoe de overleden farao Cheops een reis door de kosmos maakt en ervaart dat er in het heelal als geheel geen eenheid is. De pyramide was een symbool van de kosmische orde, maar dat blijkt na de hemelreis een desillusie te zijn[91]. Vooral die reis door de kosmos zal Boutens kunnen hebben geïnspireerd voor zijn gedicht over de sterren. Het lange, complexe gedicht *Cheops* bevat grote passages over de kosmos, vooral de derde strofe[92]. De strofen 7 en 8 van 'Sterren' vertonen in woordgebruik veel overeenkomsten met deze strofe uit *Cheops*. Maar niet alleen in dit gedeelte van *Cheops* zijn parallellen te vinden met Boutens' 'Sterren', ook in andere passages. Ik geef hier een overzicht van woorden die (soms in andere vorm) ook voorkomen in *Cheops* (eerst geef ik het woord in 'Sterren', daarna het woord in *Cheops* tussen haakjes): 'somber zonbloed' ('sombere aether', 'sombren gloed'),

(89) Blok 1983, p. 20-21 en 162. Omgekeerd zijn bij Leopold ook reminiscenties aan Boutens te vinden, zie Van Halsema 1989, p. 322-324.

(90) Ik wijs hier alleen op de volgende passage: 'den blinden tocht door d'ongepeilden aether / voorbij de eilanden van de sterren en / de vage sluieren der nevelvlekken' (VL 1056).

(91) Zie Van Halsema 1999, p. 9-41.

(92) Leopold 1982, p. 145-152.

'vloed', 'vloeien' en 'vloedt' ('vloeien'), 'verzwenkt' ('zwenken'), 'sluierijl' ('byssussluier'), 'wanden' ('glinsterwanden'), 'hemelsche verschiet' ('bliksemend verschiet'), 'Nafonkelingen [...] verweenen' ('snikkend licht'), 'juweel' ('juweel' (2x)), 'kristallen hart' ('kristal'), 'uiterstverren zoom' ('het uiterst', 'vale zoom'), 'sferen zingen' ('planetenkoor', 'sfeer'), 'aetherstroom' ('stroomend', 'aether'), 'ongemeten' ('des ongemetenen'), 'wrong' ('verwrongen'), 'spiegeleffen' ('spiegelvlak'), 'daverstil geweld' ('bulderende zonnen', 'daverend'), 'brand' ('brand'), 'Tuinen' ('hoven'), 'vergrondeloosd' ('bodemlooze'), 'labyrinthen' ('labyrinth'), 'talmend' ('natalmende'), 'schoot' ('moederschoot', 'schoot').

Het is uiteraard zo dat deze woorden uit hun verband zijn gehaald en in de context van de gedichten andere connotaties hebben. Het beschrijven van de complexe relaties tussen deze twee gedichten is een studie op zich. Maar uit dit lijstje blijkt wel een zekere overeenkomst in het idiolect van beide dichters, met de beperking dat beide gedichten over de sterrenhemel gaan. Er is echter ook een essentieel verschil. Terwijl Cheops na zijn hemelreis niet meer gelooft in een ordelijke, metafysische kosmos en dus ook niet meer in de symbolische waarde van de pyramide die de kosmos zou moeten weerspiegelen, is er in 'Sterren' wel sprake van een geloof in een hogere, kosmische orde. Boutens was ervan overtuigd dat er wel een samenhang en kosmische orde bestond. Bij Leopold is sprake van modernistische twijfel aan orde, terwijl Boutens juist verzekerd was van een hogere werkelijkheid. Boutens' 'Sterren' kan gezien worden als een antwoord op *Cheops*, dat anderhalf jaar eerder eveneens in *De nieuwe gids* gepubliceerd was.

7. Besluit

Het spreekt vanzelf dat ik lang niet alles in het gedicht 'Sterren' heb opgehelderd, er blijven raadselachtige open plekken

— of zwarte gaten — in dit kleine ‘heelal’ van woorden. Een dergelijke gecompliceerde tekst zal altijd weer nieuwe betekenismogelijkheden oproepen. Toch meen ik enkele belangrijke thema’s in ‘Sterren’ te hebben aangewezen die ook te vinden zijn in de rest van Boutens’ œuvre: de visionaire blik die in de verbeelding verder reikt dan fysiek mogelijk is, de tegenstelling tussen de alledaagse werkelijkheid en een hogere, transcendente werkelijkheid, de onbereikbaarheid van de hogere werkelijkheid, de onmogelijkheid van het ontraadselen van het goddelijk geheim en de onzegbaarheid daarvan. Ook ná 1917 heeft Boutens zich uitgelaten over de kosmos in zijn poëzie, en zelfs daarbuiten in zijn lezing ‘Vorm en vormeloosheid in de dichtkunst’ uit 1933. Daarop ga ik in het volgende hoofdstuk uitvoerig in.

HOOFDSTUK VII

KOSMOS, CHAOS EN POËZIE. OVER BOUTENS' LEZING 'VORM EN VORMELOOSHEID IN DE DICHTKUNST' (1933)

1. Inleiding

Op 8 oktober 1933 sprak Boutens zijn rede 'Vorm en vormeloosheid in de dichtkunst' uit tijdens de vergadering van de Koninklijke Vlaamse Academie voor Taal- en Letterkunde te Gent. De tekst, die Boutens niet publiceerde, werd herontdekt door Karel de Clerck en door hem in 1964 uitgegeven[1]. Het is een van weinige keren dat Boutens zich heeft uitgelaten over poëzie[2]. Hij was namelijk van mening dat een dichter zich niet óver poëzie zou moeten uitspreken. Een verzoek van een uitgever om een bundel kritieken en letterkundige beschouwingen samen te stellen, wees hij dan ook af. 'Het was van kinds af, en blijft nog steeds, mijn gevoelsovertuiging [...] dat door een levend kunstschepper kritiek en beschouwing het duidelijkst uitgesproken worden in zijn eigen geestesvoortbrengselen' (359), zo zegt Boutens aan het begin van zijn lezing[3]. Desalniettemin zal hij in de loop van

([1]) Zie De Clerck 1964 en Boutens 1964 (in dit hoofdstuk zal ik naar deze postume uitgave verwijzen met de paginanummers tussen haakjes).

([2]) Zie over andere lezingen van Boutens: De Clerck 1969, p. 119-124, Goud 1997b, 2000a en 2000d.

([3]) Al in 1909 schreef Boutens aan Gerard van Hulzen dat hij geen literaire kritieken wilde schrijven. In 1912 schreef Boutens aan Willem Kloos: 'Wat mijne meeningen omtrent kunst en literatuur aangaat, die liggen

zijn betoog explicieter dan ooit zijn visie geven op de dichtkunst en de rol van de dichter.

Vaak wordt in de secundaire literatuur de volgende passage uit Boutens' lezing aangehaald: 'wanneer ooit Gods geheim in zijn sublieme simpelheid zal worden geraden, [is] het een dichter [...], die het verlossende woord zal mogen spreken' (365)[4]. Dit is inderdaad een belangrijke uitspraak die verbonden kan worden met Boutens' symbolistische poëtica, zoals Sötemann heeft laten zien[5]. Maar de lezing bevat nog veel meer passages die licht kunnen werpen op Boutens' poëtica. De intrigerendste passage is wel die over de kosmos (363). Deze passage, waaraan tot nu toe nog maar weinig aandacht is besteed, zal in dit hoofdstuk centraal staan[6]. Boutens' visie op de kosmos dient als fundament van zijn opvattingen over poëtica, dichterschap en maatschappij. In dit stuk zal ik drie vragen trachten te beantwoorden: ten eerste wat de kosmos-passage betekent, ten tweede hoe deze passage verbonden kan worden met Boutens' poëticale lezing over ritme en metrum, ten derde welke opvattingen over de positie van de dichter in de maatschappij uit Boutens' lezing gedestilleerd kunnen worden. Mijn analyse van Boutens' lezing is onderverdeeld in de volgende drie aspecten: kosmologie, poëtica en maatschappij.

opgesloten in mijn eigen literaire productie, en het komt mij persoonlijk voor dat dit de beste wijze is om ze uit te spreken.' (zie De Clerck 1964, p. 354-355, n. 9-10).

([4]) Zie Sötemann 1985a, p. 112, Van den Akker 1990, p. 38, Anbeek 1990, p. 86-87, Fokkema 1999, p. 34-35. Blok citeert uitvoeriger uit de lezing (Blok 1983, p. 434-435), maar geeft geen analyse van deze passage.

([5]) Zie Sötemann 1985a, waarin ook op andere passages uit Boutens' lezing wordt ingegaan.

([6]) Zie summier over deze passage: De Clerck 1969, p. 131-132, 150-151 en Van der Vleuten 1993, p. 95-97.

2. Kosmologie

Ik citeer hier integraal de passage over de kosmos uit Boutens' lezing:

> Dikwijls, wanneer ik na lang verdiept gebleven te zijn in de vormenverscheidenheid hier, uitkijk naar de oneindigheid van wereldreeksen, die ons omringt, en waarvan wij zelf een klein onderdeel uitmaken, verwonder ik mij over de oude overlevering, welke het leven op aarde voor wil stellen als een onderdeel eener vastgeregelde wereldorde, die uit een vroegeren chaos zou zijn voortgekomen. De aanblik van de hemelruimten met haar onverstoorde eentonigheid van lichtende bollen die op het gezichtsveld geen vormen oproepen dan die van cirkels en rechte bindlijnen, wekt in mij telkens weer de voorstelling dat veeleer binnen een grooten, reeds een hoogere orde bereikenden wereldgang enkel een plaatselijke chaotische katastrofe het leven hier op aarde zou hebben mogelijk en noodzakelijk gemaakt. Zoo is het leven dus, denk ik dan, niet een overgangstoestand van buitenaf voor ons geregeld, maar de strijd en drang zelf van een uit elkaêr gevallen onderdeel van den grooten kosmos, dat uit zijn chaos hier zich weêr op zijn reeds vroeger bereikt peil van volmaaktheid streeft te herstellen. De wil tot dat herstel komt mij dan voor alle leven in zijn ééne drift samen te vatten, en in geen andere voorstelling beleef ik zoo diep den eenheidsdrang van alle schepsels. Onder hen heeft buiten kijf de mensch zich het hoogst opgewerkt uit den microchaos, en het is ons gelukt dezen tot een eenigszins geregelden maatschappelijken mikrokosmos in te richten, waarin het bestaan niet slechts dragelijk, maar zelfs een beperkt geluk kan worden. Een beperkt geluk. Want van alle hier aanwezige wezens heeft de mensch tevens alleen het vermogen bemachtigd van zich in den geest buiten dit leven te stellen, dat alle andere geheel in beslag neemt en in zich bindt. Wij alleen zijn in staat, ieder individueel, ons zelf en ons leven te oordeelen en ons te voelen als wezens van een hoogere tot buiten dit leven reikende soort. Zoo is ons een persoonlijke vervolmaking buiten het aardsche bestaan uit, bij wege

> van dit leven, als mogelijke plicht bewust geworden, en zijn wij tot een dualiteit uiteengevallen. Met de rede, het gezonde dagelijksche verstand, hebben wij ons zoo goed als het gaat in te richten en thuis te maken in de stoffelijke wereld der verschijnselen, en met onzen hoogeren geestelijken aanleg bewegen wij ons in onbegrensde gebieden, waar de willekeur der gedachtevluchten alleen door uitputting wordt begrensd. Zelfs de begrensdheid van het heelal, waarover dezer dagen zooveel gerekend en gepraat wordt, zou ons niet aan banden kunnen leggen. Het is duidelijk dat dit tweeledige bestaan in den mensch om praktische redenen zoo scherp mogelijk behoort gescheiden gehouden te worden, en aan den anderen kant zal niemand kunnen bestaan zonder tot een persoonlijke synthese dier uitersten te geraken. (363-364)

Opvallend aan de passage is in de eerste plaats het visuele aspect: Boutens spreekt over het 'uitkijken' naar de 'oneindigheid van wereldreeksen', over de 'aanblik van de hemelruimten' en het 'gezichtsveld'. Het gaat hier om een uiterste vorm van kijken, maar verder kijken dan naar de oneindigheid van het heelal is onmogelijk (vgl. wat ik schreef over 'Sterren' in hoofdstuk VI). Men kan zich afvragen of hier naar het heelal gekeken wordt met het fysieke oog, of dat er sprake is van mystiek schouwen. Omdat Boutens verderop in de lezing spreekt van een 'metafysischen opgroei' denk ik dat hier geschouwd wordt, maar dat neemt niet weg dat het fysieke kijken vooraf kan gaan aan het schouwen.

Met de 'oude overlevering' die het leven op aarde voorstelt als een uit chaos ontstane orde verwijst Boutens naar verschillende scheppingsmythes. Zo staat in Plato's *Timaios*: '[God] nam [...] al het zichtbare, dat niet in rust verkeerde maar zonder orde of regel zich bewoog, ter hand, en bracht het tot orde uit de wanorde'[7]. Ook in andere klassieke teksten

(7) Plato 1937, p. 50 (30a). In verband met het kijken naar de oneindige kosmos is ook de reeds in het vorige hoofdstuk geciteerde passage

staat dat de aarde is ontstaan uit chaos. Lucretius schrijft in *De rerum natura*: 'Er was toen alleen maar een razende chaos'[8]. In Ovidius' *Metamorphosen* valt eveneens te lezen dat alles ontstaan is uit 'Chaos, een primaire ongevormde massa'[9]. In het eerste bijbelboek staat dat de aarde voor de schepping 'woest en ledig' was (Genesis 1:2).

Boutens wijkt, opmerkelijk genoeg, af van deze klassieke visie op de schepping. Voor hem is het leven op aarde geen geordend onderdeel van de uit chaos ontstane kosmos. Integendeel, het is een 'uit elkaêr gevallen onderdeel' van de kosmos, veroorzaakt door een 'chaotische katastrofe' die het leven op aarde heeft veroorzaakt. De aardse wereld is dus geen uit chaos ontstane orde, maar uit orde ontstane chaos. De chaos op aarde heerst volgens Boutens nog steeds, alhoewel de mens zich heeft op weten te werken uit de 'microchaos' en het hem is gelukt om 'een *eenigszins* geregelden maatschappelijken mikrokosmos in te richten' (mijn curs.). De term 'mikrokosmos' duidt traditioneel op de mens die de macrokosmos weerspiegelt. Boutens doelt niet alleen op de mens, maar op de maatschappij als 'mikrokosmos'. Omdat de mens zich heeft opgewerkt uit de chaos kan het bestaan op aarde volgens hem een 'beperkt geluk' worden genoemd. Het geluk is beperkt omdat er nog geen volkomen harmonie bereikt is, zoals die ooit bestaan heeft in de oorspronkelijke volmaaktheid. De woorden 'vormeloosheid', 'chaos' en 'vormenverscheidenheid' (dat een iets positievere betekenis heeft) kunnen gerelateerd worden aan elkaar, evenals 'vorm', 'vastgeregelde wereldorde', 'eentonigheid [...] van cirkels en rechte bindlijnen' en 'hoogere orde'. Op aarde is volgens Boutens

47a-c uit de *Timaios* relevant, waarin staat dat door te kijken naar de sterren de mens zich realiseert dat er sprake is van een hogere, goddelijke orde (zie Plato 1937, p. 71-72 en De Vogel 1968, p. 147-148).

(8) Lucretius 1984, p. 182 (boek V, vs. 436).

(9) Ovidius 2001, p.16 (boek I, vs. 7).

sprake van een 'wil tot [...] herstel' naar de oorspronkelijke orde. Hij ziet het leven als 'de strijd en drang zelf van een uit elkaêr gevallen onderdeel van den grooten kosmos, dat uit zijn chaos hier zich weêr op zijn reeds vroeger bereikt peil van volmaaktheid streeft te herstellen.' Het leven in het algemeen wordt door Boutens dus gezien als 'chaos'. Daarbij kan specifieker ook gedacht worden aan oorlogen en crises. De Eerste Wereldoorlog lag nog vers in het geheugen. In 1929 was er sprake van de Beurskrach die de crisis van de jaren '30 inluidde. De werkloosheid nam in die jaren enorm toe; daaraan refereert Boutens in zijn lezing wanneer hij zegt dat hij, ondanks zijn bezwaren tegen schrijven over poëzie, de vele critici niet zou willen afschaffen omdat dan de werkloosheid enorm zou stijgen (361). In 1933 nam Hitler de macht over in Duitsland. Behalve maatschappelijke 'chaos' zal Boutens, gezien het onderwerp van zijn lezing, vooral ook hebben willen duiden op literaire 'chaos' (zie daarover de volgende paragraaf).

Boutens stelt in de kosmos-passage voorts dat de mens zich enerzijds met de rede en zijn 'gezonde dagelijksche verstand' richt op de 'stoffelijke wereld der verschijnselen' (de zichtbare, fysische wereld). Anderzijds heeft de mens een 'hoogeren geestelijken aanleg', zijn verbeelding, waarmee hij zich kan richten op 'onbegrensde gebieden, waar de willekeur der gedachtevluchten alleen door uitputting wordt begrensd.' Die 'onbegrensde gebieden' zijn te koppelen aan de 'oneindigheid van wereldreeksen' uit het begin van de kosmos-passage. Er is daardoor bij de mens sprake van 'dualiteit' of een 'tweeledig bestaan'. Dit dualisme is kenmerkend voor het platonisme[10]. Paradoxaal is dat de mens volgens Boutens enerzijds die 'uitersten' (rede en verbeelding) gescheiden moet houden en anderzijds moet komen tot een

(10) Zie hierover bijv. Fresco 1998, p. 13.

'persoonlijke synthese' daarvan. De onbegrensdheid van de menselijke verbeelding wordt slechts door 'uitputting' beperkt, maar niet door een eventuele 'begrensdheid van het heelal' waarover volgens Boutens zoveel werd gerekend en gepraat. De mens is in staat zich 'in den geest *buiten* dit leven te stellen'. Ook spreekt Boutens van 'een persoonlijke vervolmaking *buiten* het aardsche bestaan uit' en 'wezens van een hoogere tot *buiten* dit leven reikende soort'. Met dit tot driemaal gebruiken van het woord 'buiten' benadrukt Boutens zijn buiten-menselijke (of buiten-aardse) standpunt. Het uiteindelijke doel van de dichter is: zich niet meer richten op de aardse werkelijkheid, maar op een hogere werkelijkheid. Die hogere werkelijkheid is oneindig en onbegrensd, evenals de menselijke geest, en reikt verder dan het fysische heelal. Boutens stelt de onbegrensdheid van de menselijke verbeelding tegenover de 'begrensdheid van het heelal'. Met dat laatste verwijst Boutens naar de actuele wetenschappelijke discussie over de kosmos.

Boutens was niet de enige die dat op die dag in Gent deed. Uit het verslag van de vergadering blijkt namelijk dat vóór Boutens de Vlaamse schrijver Herman Teirlinck een inleidende lezing hield, getiteld 'Een star in het licht van Boutens'. Teirlinck sprak daarin over J.W.F. Werumeus Bunings *Mária Lécina* (1932), een gedicht dat door Teirlinck gezien werd als een ster, in het licht van Boutens. Opmerkelijk is dat Teirlinck in zijn lezing ook over de kosmos spreekt. Hij haalt zelfs Einstein aan:

> Einstein, de dichter der hemelsmekaniek, heeft ergens geschreven: "De eenling voelt de nietigheid van alle menschelijke doelen en verzuchtingen, hij voelt het sublieme van de wonderbare orde die zich in de natuur en tegelijk in de wereld der gedachten veropenbaart. Hij voelt zijn individueel bestaan als in een soort gevang opgesloten en wil den samenhang van het Heelal als een zinrijke eenheid ervaren. Dat is het meest volkomen

> religieus gevoel, het meest reine, het meest vrije. Dat is kosmische Godsvrucht. Zij is de sterkste en edelste bezieling voor hen, die de geheimen van het leven zoeken te onthullen. Welk een diep geloof in het vernuft van den wereldbouw en welk een machtig verlangen om het te doorgronden moesten bij Kepler en Newton niet levendig zijn om hen in hunne jarenlangen, eenzamen arbeid te steunen! Het is de cosmische Godsvrucht die, midden de sceptische onverschilligheid der tijdgenooten, zulkdanige haast bovenmenschelijke krachten voedt". Van die cosmische Godsvrucht is poëzie de vizioenaire extase. Terwijl de taaiste zoekers doolen, heeft zij, aan 't eind van hare bevende voelhorens, het ware licht geraden en menigmaal geraakt. Zij zingt met blinde oogen, maar haar blinkend wezen is naar het opperste mysterie gekeerd, en haar zang rijst boven den oogst der menschen gelijk den leeuwerik rijst, boven de vruchten van de aarde[11].

De bron van het volledige citaat van Einstein heb ik niet kunnen achterhalen, wel trof ik in diens essay 'Cosmic religion' uit 1931 de volgende zin aan: 'What a deep faith in the rationality of the structure of the world and what a longing to understand even a small glimpse of the reason revealed in the world there must have been in Kepler and Newton to enable them to unravel the mechanism of the heavens, in long years of lonely work!'[12] De zinnen ervoor en erachter corresponderen echter niet met het citaat van Teirlinck. Wellicht heeft Teirlinck een compilatie van verschillende Einstein-citaten gemaakt. Het is mij niet bekend of Boutens en Teirlinck hun lezingen op elkaar afgestemd hebben. Het is in ieder geval opvallend dat twee literatoren in 1933 in een lezing over poëzie tevens spreken over de kosmos. Er zijn enige parallellen tussen de kosmos-passage uit Boutens' lezing en het Einstein-citaat van Teirlinck, vooral daar waar het gaat

([11]) Teirlinck 1933, p. 809-810.
([12]) Einstein 1931, p. 52-53.

om 'het sublieme van de wonderbare orde' en 'den samenhang van het Heelal' (Teirlinck) en de 'hoogere orde' waarover Boutens spreekt. Ook zijn er parallellen tussen 'het sublieme', 'de geheimen van het leven' en 'kosmische Godsvrucht' uit het Einstein-citaat en de eerder geciteerde zin waarin Boutens spreekt over 'Gods geheim in zijn sublieme simpelheid'.

Een van de vragen die de kosmos-passage bij mij oproept, is waar Boutens precies op doelt wanneer hij spreekt over 'de begrensdheid van het heelal, waarover *dezer dagen* zooveel gerekend en gepraat wordt' (363, mijn curs.). Het is een van de weinige uitspraken van Boutens over de actualiteit. Men kan zich afvragen of en in hoeverre Boutens van de wetenschappelijke stand van zaken op de hoogte was. Wellicht heeft Boutens hierover iets gelezen in kranten of tijdschriften. Het is ook mogelijk dat dergelijke onderwerpen ter sprake kwamen aan de borreltafel bij de Haagse sociëteit De Witte, waarvan Boutens lid was. De relatie tussen literatuur en de natuurwetenschappen is een complexe relatie. Ik heb niet de pretentie om hier een volledig beeld van de wetenschappelijke stand van zaken over het heelal van rond 1933 te geven. Ik zal slechts kort ingaan op enkele populairwetenschappelijke publicaties over de (on)begrensdheid van het heelal uit de jaren '20 en '30 in het Nederlandse taalgebied.

Het denken over de oneindigheid van het heelal is niet typisch twintigste-eeuws[13]. Het al of niet oneindig zijn van het heelal heeft de mens al sinds de klassieke oudheid bezig gehouden. Lucretius schrijft in *De rerum natura*: 'Doch het heelal laat zich nergens / grenzen stellen in breedte noch diepte, want dan moest het zeker / eindig zijn. Want men kan

([13]) Zie Rucker 1986, p. 11-59 voor een overzicht van het denken over oneindigheid.

nergens de grens van een ding zien tenzij dan / iets dat er om is het afsluit, waarbuiten de aard onzer zinnen / niet verder toelaat het ding te vervolgen.' (boek I, vs. 958-962)[14]. In de zestiende eeuw stelde de Italiaanse geleerde Giordano Bruno de theorie dat het heelal oneindig was opnieuw aan de orde[15]. De vraag of het heelal wel of niet begrensd is, is dus een eeuwenoud dilemma. Maar vooral in de jaren '20 en '30 van de twintigste eeuw werd hier veel over geschreven.

De beroemdste wetenschapper uit die jaren die zich met de begrensdheid van het heelal bezighield was Albert Einstein. Hij dacht dat de ruimte gekromd en onbegrensd, maar eindig was (zoals een bol geen grenzen heeft, maar wel eindig is). Over de ideeën van Einstein werd, vooral vanaf 1919, veel geschreven in kranten en tijdschriften[16]. Nederlandse literatoren als Lodewijk van Deyssel en Herman Gorter waren gefascineerd door Einstein. De eerste publiceerde twee korte stukken over hem in *De nieuwe gids* in 1922 en 1927[17]. Gorter schreef in 1925 een gedichtenreeks met de titel 'Overpeinzing na het lezen van Einstein's theorie'[18]. Ik citeer een fragment uit het tweede gedicht uit deze reeks:

> [...] Elk planeet is een deel
> Van een ontzaglijk heerlijker geheel,
> Het prachtig uitgewogen zonnestelsel,
> Dat zelf weer is een deel van een vertelsel

(14) Lucretius 1984, p. 62.

(15) Zie daarover Koyré 1957, p. 40 e.v.

(16) Zie over de populariteit van Einstein: Pais 1995, p. 189 e.v. Zie over de Nederlandse receptie van Einstein: Klomp 1997.

(17) Zie Prick 1977, p. 514, n. 57.

(18) Gorter 1952, p. 110-120. De reeks is een onderdeel van Gorters bundel *De arbeidersraad* (1925). Gorter gebruikt Einsteins ideeën als inzet voor zijn communistische ideaal.

Nog grooter. Zoo misschien eindeloos voort!
Of misschien toch met eene grens omboord?[19]

In 1923 verscheen de Nederlandse vertaling van Charles Nordmanns boek *Einstein en het heelal*. Dit boek werd niet alleen door wetenschappers gelezen, maar bijvoorbeeld ook door Jan Toorop[20]. Nordmann besteedt een hoofdstuk aan de vraag of het heelal oneindig is[21]. Einsteins antwoord daarop is volgens Nordmann:

> Neen. Voor den relativist kan het Heelal niet oneindig zijn. Is het dan begrensd, afgebakend door ik weet niet wat? Neen, het is onbegrensd. Iets kan zeer wel onbegrensd zijn zonder daarom oneindig te wezen. Bijvoorbeeld: iemand kan de aarde in alle richtingen om trekken zonder ergens door een grens te worden tegengehouden. Het oppervlak der aarde, en elk bolvormig oppervlak, is tegelijk eindig en onbegrensd[22].

In de kosmos-passage verwijst Boutens vermoedelijk ook naar de theorieën over de uitdijing van het heelal. Vier jaar eerder, in 1929, ontdekte Hubble dat verafstaande sterrenstelsels zeer snel van ons af bewegen. Het heelal werd niet langer gezien als een statisch, maar als een dynamisch, uitdijend heelal[23]. De grenzen werden dus voortdurend verlegd. Rond 1933 werden in Nederland veel populair-wetenschappelijke boeken over het heelal gepubliceerd waarin aandacht werd besteed aan de theorie van het uitdijende heelal. Zo verscheen in 1931 *Het geheimzinnig heelal* van James Jeans (in het Nederlands vertaald door S.L. van Oss)[24]. In 1933, dus in

(19) Gorter 1952, p. 111.
(20) Zie Janssen [1933], p. 42.
(21) Nordmann 1923, p. 117-128.
(22) Nordmann 1923, p. 123.
(23) Zie Hawking 1990, p. 20.
(24) Jeans 1931, vooral p. 58 e.v.

hetzelfde jaar als waarin Boutens zijn lezing hield, verscheen de Nederlandse vertaling van Arthur Eddingtons boek *Het uitdijend heelal.* Eddington schrijft over de paradoxale (on)begrensdheid van het heelal onder meer het volgende:

> Wanneer wij in een bolvormige ruimte steeds door in dezelfde richting gaan, komen wij tenslotte weer in ons uitgangspunt terug, wij zijn "de wereld om" geweest. [...] Zoo kan men aan het gesloten zijn van de ruimte denken op dezelfde wijze als aan het gesloten zijn van een oppervlak, en in het algemeen genomen bestaat er bij beiden hetzelfde verband met de kromming. Het totale oppervlak van de aarde is eindig, en op dezelfde wijze is de totale inhoud van de bolvormige ruimte eindig. Zij is "eindig maar onbegrensd"; wij bereiken nimmer een grens, maar, dankzij de terugkeer-eigenschap kunnen wij nooit verder dan een begrensde afstand van ons beginpunt af zijn.
> In de theorie, waarvan ik hier een beschrijving geef, worden de melkwegstelsels verondersteld in een gesloten ruimte van deze soort verspreid te zijn. Daar er geen grens is — geen punt waar wij de gesloten ruimte kunnen binnentreden of verlaten — vormt dit een in zichzelf besloten, eindig heelal[25].

Eddington wijst erop dat de eerste toespeling op een uitdijend heelal afkomstig was van de Nederlandse sterrenkundige Willem de Sitter. De Sitter publiceerde veel over het uitdijende heelal, juist in de periode rond 1933[26]. In 1934 verscheen zijn boek *Kosmos* waarin hij zijn theorieën van het uitdijende heelal uiteenzette. Dit was de Nederlandse vertaling van de eerder in het Engels verschenen versie, een bundeling van in 1931 gehouden lezingen in Amerika. J.D. van der Waals jr.

([25]) Eddington 1933, p. 52.

([26]) Twee voorbeelden: 'Het uitdijende heelal'. In: *Hemel en dampkring* 28 (1930), p. 273-285 en 'Over het uitdijend heelal en den tijd: rede, gehouden op de vereenigde vergadering der beide afdeelingen op 10 april 1933'. In: *Jaarboek der Koninklijke Akademie der Wetenschapen 1932-1933.*

besprak de Engelse uitgave in 1932 in *De gids*[27]. Deze recensie kan Boutens gelezen hebben. Hij publiceerde zelf vaak gedichten in *De gids* en zal dit tijdschrift regelmatig ingezien hebben.

In het zesde hoofdstuk van *Kosmos* zet De Sitter zijn theorie over het uitdijende heelal uiteen. Hij schrijft: 'Ons eigen melkwegstelsel is slechts één van een groot aantal, en waarnemingen van ieder van de andere uit zouden precies hetzelfde effect vertoonen: alle stelsels zijn bezig zich te verwijderen, niet van een bepaald middelpunt maar *van ieder ander*: het geheele stelsel van melkwegstelsels dijt uit.' (p. 183, curs. van De Sitter). Voorts zegt hij dat er in 1917 grofweg sprake was van twee modellen van het heelal. Model A betrof een statisch heelal met eindige dichtheid, dit was het model van Einstein. Model B betrof een leeg, expanderend heelal met gemiddelde dichtheid nul. De Sitter concludeert 'dat het werkelijke heelal noch statisch noch leeg is.' (p. 201). Het was dus nog niet geheel duidelijk op welke wijze het heelal uitdijde. De volgende opmerking lijkt aan te sluiten bij wat Boutens' zegt over de discussie in zijn tijd omtrent de begrensdheid van het heelal: 'De interpretatie van het uitdijend heelal, het ontwerpen van een beeld of een model ervan in onze geest, wat gemakkelijk was of scheen te zijn, toen wij wisten of meenden te weten dat het heelal eindig was, is niet zulk een eenvoudige zaak nu wij zelfs niet weten of de kromming positief, nul of negatief is, of het heelal eindig of oneindig is. Het klinkt tamelijk vreemd van een oneindig heelal dat nog steeds uitdijt te hooren spreken.' (p. 209).

Er werd dus rond 1933 inderdaad veel gerekend en gepraat over de (on)begrensdheid van het heelal, zoals blijkt uit de publicaties van Nordmann, Jeans, Eddington en De Sitter. Een belangrijk aspect is dat in de genoemde publicaties niet

([27]) Van der Waals 1932.

duidelijk verwoord kan worden hoe het heelal uitdijt en hoe de onbegrensdheid van het heelal voorgesteld moet worden. Het is iets wat eigenlijk niet voor te stellen is. Vergelijkingen met bollen en cirkels schieten te kort. De theorieën over een instabiel, uitdijend heelal corresponderen niet met Boutens' ideaal van een klassiek, stabiel en oneindig heelal waarin sprake was van een 'hoogere orde'. In een uitdijend heelal kan geen sprake meer zijn van een volkomen orde, het is dan immers aan voortdurende verandering onderhevig. In het kosmos-fragment spreekt Boutens immers van 'onverstoorde eentoonigheid van lichtende bollen die op het gezichtsveld geen vormen oproepen dan die van cirkels en rechte bindlijnen'. In het moderne, uitdijende heelal verliepen de lijnen niet meer recht, maar juist gekromd.

Ten slotte wil ik nog ingaan op Boutens' opmerking over de 'chaotische katastrofe [die] het leven hier op aarde zou hebben mogelijk en noodzakelijk gemaakt' (363). Die opmerking is eveneens te verbinden met contemporaine wetenschappelijke theorieën uit die tijd. In 1932 verscheen van de al genoemde astronoom Arthur Eddington het boek *De wetenschap en het onzienlijke* in een Nederlandse vertaling (de oorspronkelijke titel luidde *Science and the unseen world*). Daarin schrijft Eddington ook over een katastrofe:

> Deze weinig voorkomende catastrophe moet onze zon hebben getroffen — een catastrophe voor de zon, maar voor ons de oorzaak van ons bestaan hier op aarde. Een ster, die door de ruimte reisde haalde toevallig de zon in, en hoewel ze niet werkelijk botsten, naderden zij elkaar toch wel zoo dicht dat er een sterke getijde-golf ontstond. Bij deze stoornis vlogen stukken materie uit de zon; daar zij hun roteerende beweging behielden vielen zij niet weer terug op de zon maar gingen zij een baan rond de zon beschrijven en condenseerden zij zich tot kleine bollen — de planeten.
>
> Door deze en dergelijke gebeurtenissen ontstond hier en daar in het heelal iets dat niet paste in het regelmatige plan der

> natuur, nl. een brok materie, klein genoeg en dicht genoeg om af te koelen[28].

Is hier sprake van toeval? Of zou Boutens deze tekst, een jaar verschenen voordat hij zijn lezing hield, hebben gekend? Overigens werd in de negentiende eeuw ook al van een katastrofe-theorie gesproken: 'there was the catastrophist idea [...] that the planets were formed by explosive ejectio ı from the Sun.'[29]

Ook Jeans spreekt in zijn boek *Het geheimzinnig heelal* (1931) van een 'ongeval' in verband met het ontstaan van ons zonnestelsel. In het eerste hoofdstuk — getiteld 'De stervende zon' — behandelt hij de uitzonderlijke positie van de aarde, en vooral het leven daarop, in het heelal. De aarde is ontstaan door een 'zeldzame' botsing tussen twee sterren (p. 1). Jeans wijst erop dat het heelal voor het grootste deel 'leeg' en 'koud' is. 'In zulk een heelal zijn we neergezet, zoo niet bij vergissing, dan toch op zijn minst als gevolg van wat men eigenlijk een *ongeval* mag noemen.' (p. 3, mijn curs.). Verderop schrijft Jeans: 'Wij, levende wezens staan, zoo te zeggen, min of meer buiten de gewone orde van zaken.' (p. 5). Die 'gewone orde van zaken' is de kosmische orde, eigenlijk heeft het leven daarin geen plaats. Dit valt te relateren aan Boutens' 'hoogere orde'. Jeans schrijft dat de zon uiteindelijk zal sterven, evenals het heelal: '[...] het algemeene natuurkundig beginsel dat bekend is onder den naam van de tweede wet van de thermodynamica [voorspelt] dat er maar één einde is voor het heelal — een "warmtedood", waarbij alle energie over het geheele heelal gelijkmatig verdeeld zal zijn, waarbij alle substantie in het heelal dezelfde temperatuur zal hebben; het leven zal dan niet meer mogelijk zijn.' (p. 12). Het heelal zal uiteindelijk afkoelen tot het absolute nulpunt. Er is dan

([28]) Eddington 1932, p. 12-13.
([29]) Meadows 1969, p. 160.

uiteindelijk sprake van een ultiem thermisch evenwicht[30]. Verderop schrijft Jeans dat de thermodynamica ons leert 'hoe alles in de natuur naar een eindtoestand *streeft* ten gevolge van een proces dat men aanduidt als de "vermeerdering der entropie". [...] Als dit punt is bereikt dan is er geen werking in de natuur meer mogelijk en het heelal is dood.' (p. 133, mijn curs.). Met die situatie is Boutens' streven naar een 'vroeger bereikt peil van volmaaktheid' (een situatie dus vóór de chaotische katastrofe) wellicht in verband te brengen. Een essentieel verschil is wel dat Boutens streeft naar een *vroegere* toestand. Een ander probleem is dat de toename van entropie een toename van *wanorde* betekent. Boutens streeft echter naar een toename van *orde*. Boutens lijkt dus (ten opzichte van de thermodynamica) een omgekeerd proces te willen: naar een ordelijke, vroegere ideale toestand. In de volgende paragraaf zal ik aandacht besteden aan de poëticale duiding van de termen 'orde' en 'chaos'.

3. Poëtica

Ik zal nu ingaan op de relatie tussen de kosmos-passage en de rest van Boutens' poëticale lezing. Met de titel 'Vorm en vormeloosheid in de dichtkunst' plaatste Boutens zich in een discussie die vanaf 1931 speelde in de Nederlandse literaire wereld: het 'Vorm of vent'-debat[31]. Aan dit debat ging de volgende geschiedenis vooraf. In 1924 verscheen de bloemlezing *Nieuwe geluiden. Een keuze uit de poëzie van na den oorlog (1918-1923)*, bijeengebracht en ingeleid door Dirk Coster. Coster had zich bij zijn selectie vooral laten leiden door de levensbeschouwelijke inhoud van de gedichten. De dichter

(30) Zie Kusters 1999, p. 40 en Kusters 2001, p. 343.

(31) Zie hierover uitgebreid Oversteegen 1969.

en criticus M. Nijhoff verzette zich hiertegen. Volgens Nijhoff diende poëzie autonoom te zijn en bestond er geen relatie tussen poëzie en de werkelijkheid[32]. Hij publiceerde, eveneens in 1924, een bundel met de veelzeggende titel *Vormen* (herdrukt in 1925 en 1931). Voor Nijhoff waren vormaspecten als rijm, metrum en ritme van groot belang[33]. Als reactie op Costers bloemlezing verscheen in 1930 D.A.M. Binnendijks *Prisma. Bloemlezing uit de Nederlandsche poëzie na 1918*. Binnendijk schreef in zijn inleiding: 'De aanwezigheid van [...] vormkracht nu heeft [...] gediend als criterium voor deze bloemlezing. Want in de vormkracht accentueert zich het moderne kunstbewustzijn: poëzie is geen ontroerend spreken, maar een van de aanleiding en den schrijver losgeraakt gewas, een natuurlijk organisme, een bloem.'[34] Het gedicht was volgens Binnendijk dus autonoom. Binnendijk richtte zich bij zijn keuze niet op de levensbeschouwelijke inhoud, maar juist op de *vorm* van de poëzie. Hij sloot zich daarmee aan bij Nijhoffs visie op poëzie.

In 1931 reageerde Menno ter Braak op Binnendijks *Prisma*. Voor Ter Braak was de persoonlijkheid van de schrijver, de 'vent', van veel groter belang dan de 'vorm'. Deze polemiek mondde uit in het 'Vorm of vent'-debat en was de oorzaak van het ontstaan van het tijdschrift *Forum* (1932-1935), het tijdschrift van Ter Braak en consorten. De dichter J.C. Bloem heeft in 1932 de discussie kernachtig beschreven en er de naam aan gegeven in zijn essay 'Vorm of vent'[35]. Het feit dat Boutens in zijn lezing voortdurend de term 'schoonheid' hanteert, kan wellicht gezien worden als een reactie op Ter Braaks *Démasqué der schoonheid* (1932), waarin de hoge opvatting

(32) Zie Van den Akker 1985, dl. I, p. 185 e.v.

(33) Zie Van den Akker 1985, dl. I, p. 150.

(34) Binnendijk 1930, p. 19-20.

(35) Bloem 1995, p. 181-194.

van poëzie werd aangevallen. Ter Braak schreef daarin over 'de super-aestheten, die het belang der onderscheidingen zozeer met absolute belangrijkheid hebben verward, dat zij tot zelf-vergoddelijking overgaan door de "goddelijke poëzie" tegenover de chaotische natuur te stellen of de Dichter als de Uebermens te vereren. [...] Voor hen is de natuur een voorlopige chaos, waaruit de Dichters de orde der kunst puren; [...] de woorden "chaos" en "orde" geven dit verhaal de oudtestamentische autoriteit ener aesthetische Heilige Schrift.' [36] Wellicht had Ter Braak met zijn beschrijving van dergelijke 'super-aestheten' dichters als Boutens voor ogen, die inderdaad een jaar later in zijn lezing de begrippen 'chaos' en 'orde' zou gebruiken om zijn literatuuropvattingen te verduidelijken. Boutens pleit in zijn lezing voor de 'gebonden vorm', evenals Nijhoff. Afgezien van de overeenkomsten in hun opvattingen over het vakmanschap van de dichter moet gezegd worden dat er ook grote inhoudelijke verschillen bestaan tussen beide dichters. Terwijl Boutens zich richt op een metafysische werkelijkheid, richt Nijhoff zich meer op de aardse werkelijkheid.

Voordat Boutens in zijn lezing begint met zijn eigenlijke onderwerp, levert hij (als gezegd) scherpe kritiek op dichters die als literatuurcritici optreden. Een dichter moet geen oordeel uitspreken over het werk van anderen, maar zijn opinie over dat werk stilzwijgend gebruiken als toetssteen van zijn eigen werk. Zijn ideaal brengt Boutens als volgt onder woorden:

> Wat in de werken van tijdgenooten naar zijn inzicht prijzenswaard of verwerpelijk is, komt vanzelf hem ten goede bij de onverbiddelijke zelfkritiek die hij heeft toe te passen op zijn persoonlijk werk, wanneer die zelfkritiek tenminste niet eenzijdig daarop steunt, maar hij zich tegelijk van nature bewust blijft in mededinging te zijn met de beste kunstvoortbrengers van

(36) Ter Braak 1950, p. 596-597.

> alle tijden. Allesbehalve eenzijdig toch staat de dichter als man van het oogenblik tusschen verleden en toekomst. (359).

Boutens ziet de ideale dichter als schakel tussen het verleden en de toekomst. Een dichter moet zich volgens hem niet zozeer meten met zijn tijdgenoten, maar veeleer met de allergrootsten uit de wereldliteratuur vanaf de klassieke oudheid:

> Heeft hij [=de dichter, M.G.] niet het oogenblik van overgang, dat hij beleeft, in de eerste plaats als zuivere klok in verklankte schoonheid door te geven en het zoo te redden en te behouden voor de toekomst? En is het niet duidelijk dat de min of meer diepe echo die zijn toon uit het verleden oproept, de draagkracht van den klank in de toekomst zal bepalen? Wanneer hij zuiver dichter is, dus overtuigd mag zijn dat hij op deze en geen andere wijze verplicht is zich aan zijn medemenschen te openbaren, kan meêdoen aan dagelijksche militante kritiek voor hem niets anders dan noodelooze tijdverspilling beduiden. (359-360).

De dichter moet zich volgens Boutens niet bezighouden met iets als laags als 'dagelijksche militante kritiek', maar hij moet — als 'zuivere klok' — trachten om de 'schoonheid' zoals die verdicht is sinds de klassieke oudheid, te verklanken en door te geven. De 'toon' van de hedendaagse zuivere dichter moet als een 'diepe echo' uit het verleden klinken en tot in de toekomst reiken. Daarom is het eigen werk, dat in een historisch continuüm past, belangrijker dan de tijdgebonden kritiek. Een dichter moet zich distantiëren van het heden, niet engageren. Het adjectief 'zuiver' zal nog vaak terugkeren in zijn lezing[37]. Uit deze passage blijkt bovendien dat Boutens veel waarde hecht aan de klank van een gedicht, hij komt daar later nog op terug.

Boutens gaat verder met zijn kritiek op de literatuurcritici. Het dichterschap is volgens hem een 'roeping', de dichter is

(37) Zie over het concept 'zuiverheid': Van der Laarse e.a. 1998 en Labrie 2001.

'voorbeschikt en geboren' (360). Hij haalt ook het gezegde 'poëta nascitur, non fit' (361) aan: een dichter wordt geboren, niet gemaakt. Het schrijven van kritieken heeft derhalve geen enkele zin. De taak van de dichter is om zijn roeping te volgen en gedichten te schrijven. Op deze regel is wel een uitzondering te maken: 'De eenige aanleiding die er voor hem bestaat om onmiddellijk kritisch in het openbaar in te grijpen zal de met redenen te omkleeden waardeering moeten zijn van het niet of niet-voldoende erkende werk van een oudere, een tijdgenoot of een jongere, waarin hij anderen zal overtuigen van zijn gegronde schoonheidsaandoening.' (360) In plaats van het schrijven van negatieve kritieken kan de dichter wel positieve steun bieden aan dichters die bij hem een 'schoonheidsaandoening' teweeg hebben gebracht. Hierbij valt te denken aan Boutens' uitgaven van werk van onder meer J.H. Leopold, Alfred Douglas en Arij Prins. Ook kan hier gedacht worden aan de Andries de Hoghe-mystificatie[38]. Met die uitgaven kan de dichter zijn 'schoonheidsaandoening' overbrengen aan het publiek. 'Want niet om te laken of te verguizen is de dichter hier aanwezig, maar om van de schoonheid getuigenis te geven overal waar die te vinden is, en zoo den schat zijner schoonheidsbehoeftige medemenschen te vermeeren' (360), aldus Boutens. Overigens was die groep zeer select, want Boutens' uitgaven betroffen vaak luxe uitgaven in kleine oplagen.

Hij vervolgt zijn kritiek met erop te wijzen dat 'tegenwoordig [...] alle dichters over alle dichters schrijven en oordeelen' (361). Hij spreekt denigrerend van 'dagbladdictatuurtjes en dichterschooltjes' (361). Vrijwel alle dichters waren

([38]) Boutens deed zich in 1919 voor als bezorger van de *Strofen uit de nalatenschap van Andries de Hoghe* (herdrukt en uitgebreid in 1932). Uit Bloks onderzoek is gebleken dat Boutens deze gedichten zèlf geschreven had (zie Blok 1983).

in het interbellum tegelijkertijd ook critici. Boutens en Leopold vormden de weinige uitzonderingen hierop. Er waren voortdurend polemieken tussen dichters en critici uit verschillende, vaak verzuilde, kampen (socialisten, liberalen, protestanten, katholieken, enzovoort)[39]. Boutens vindt dat de hedendaagse dichters zich te veel richten op actuele kwesties, zij zouden meer moeten beseffen dat zij slechts in de schaduw staan van hun grote klassieke voorgangers. Hij zegt: 'Zouden wij niet beter doen, in eerlijken deemoed te belijden, dat wij allen op zijn hoogst genomen voorhands min of meer verdienstelijke poëta[e] minores zijn en bescheiden in stilte werkende wegbereiders, naar wij hopen van grooteren, wien wij niet waardig mogen zijn de schoenzolen te ontbinden?' (361)[40]. Hij keert zich tegen de critici die van de dichtkunst 'een zaak van partijtjespolitiek en mode' (361) maken. Met de 'partijtjespolitiek' verwijst hij naar de vele literaire polemieken in die tijd (zoals bijv. het 'vorm of vent'-debat). Volgens Boutens zou de 'eerste eenvoudige taak' van de critici moeten zijn: 'het publiek op te voeden in het begrip der schoonheid en het de moeilijke kunst van lezen voortdurend opnieuw bij te brengen.' (362). Maar daaraan komt 'het heirlegertje van kritiekschrijvers' niet toe. Boutens omschrijft de hoofdtaak van de dichters nog eens als volgt:

> Laten wij inzien dat prijzen ons hoofdwerk behoort te wezen, en dat onze prijs niet veel beduidt wanneer wij dien niet staven door de gelijkwaardigheid aan te toonen van het geprezene met de hooge kunstvoorbeelden die zich, als onze heerlijkste erfenis uit het verleden, in onvergankelijkheid hebben gehandhaafd. Als een stralende gordel van duurzaam gekristalliseerde

(39) Zie over de katholieke literatoren: Sanders 2002.

(40) Deze zin verwijst naar de bijbelpassage over Johannes de Doper, die zich onwaardig achtte om Christus' schoenriemen te ontbinden (Marcus 1:7, Lucas 3:16, Joh. 1:27). Johannes de Doper was de 'wegbereider' van Christus.

> sneeuw omkronen zij dit ons lage dal met de gevoelsverheffingen der eeuwen, en een goed bergklimmer en gids te zijn in die moeilijk bereikbare gebieden is een redelijke eisch aan elk die leiding nemen wil. (362)

Dichters zouden, idealiter, alleen het literaire werk moeten prijzen dat gemeten kan worden met 'hooge kunstvoorbeelden'. Ze zouden zich moeten spiegelen aan de literaire erfenis, die een 'stralende gordel van duurzaam gekristalliseerde sneeuw' vormt rondom 'dit ons lage dal', waarmee het hedendaagse (literaire) leven bedoeld wordt. Boutens refereert hier aan de Parnassos, de Griekse berg die is gewijd aan Apollo en de Muzen, en de symbolische woonplaats van de dichters. Ook kan gedacht worden aan de Helikon, de klassieke dichtersberg, waarnaar het tijdschrift *Helikon* voor poëzie ook genoemd was (het eerste nummer verscheen in 1931). De oppositie 'hoog' versus 'laag' speelt in de gehele lezing een rol. De metafoor van het beklimmen van het onbereikbare hooggebergte staat voor een ervaring van het sublieme, en een illusie van oneindigheid[41]. Het werk van de klassieke voorgangers wordt voorgesteld als 'moeilijk bereikbare gebieden', om die te kunnen bereiken moet men een 'goed bergklimmer en gids' zijn. De classicus Boutens vertaalde werk van tal van klassieke auteurs, zoals Homerus, Plato, Aischylos, Sapfo en Sofokles. Ten tijde van zijn lezing werkte hij aan zijn vertaling *Homeros' Odyssee* (in 1937 voltooid). Boutens fungeerde dus zélf als een 'bergklimmer en gids' — of als iemand die leiding neemt — om de weg te wijzen naar de 'moeilijk bereikbare' klassieken[42]. Met zijn besneeuwde bergtop-metafoor verwijst

([41]) Zie hierover Hope Nicolson 1959 en Kusters 1996.

([42]) Overigens is dit beeld van Boutens' op de klassieken gerichte dichterschap te eenzijdig, want hij vertaalde ook werk van Paul Verlaine, Charles Baudelaire, Oscar Wilde, Alfred Douglas en Leopold Andrian en had grote bewondering voor tijdgenoten als Paul Valéry, Thomas Mann en

hij óók naar de moderne dichtkunst, zoals de symbolisten. Kusters brengt 'de fascinatie door [de] nog nooit door mensenvoeten betreden, maagdelijke, witte, ijzige en onherbergzame gebieden, tot onze wereld behorend, maar tegelijkertijd ook een onmenselijk domein' in verband met de 'lege transcendentie' in het werk van dichters als Rimbaud, Baudelaire en vooral Mallarmé, die door Nijhoff een 'Pool-reiziger naar het poëtisch-absolute' werd genoemd[43]. Bij Boutens is geen sprake van 'lege transcendentie', maar van een goddelijke transcendentie. In verband met het poëtische beeld van 'duurzaam gekristalliseerde sneeuw' kan nog gezegd worden dat kristal een typisch symbolistisch symbool is voor de poëzie, het symboliseert zuiverheid[44]. Er bestaat een lange literaire traditie waarin woorden met 'sneeuw' vergeleken worden. Zo staat in Homerus' *Ilias:* 'op de vlokken gelijkend, zijn woorden van wintersche sneeuwbui' (in Boutens' vertaling, boek III, vs. 222).[45]

Na de kritiek op de hedendaagse critici komt Boutens op zijn eigenlijke onderwerp: het vermeende verschil tussen metrum en 'rhythme' (362). Boutens zegt dat de 'jongeren' het doen voorkomen alsof de 'oudere dichters' alleen gebruik maakten van 'metrum' en de 'jongeren' van 'rhythme'. Hij noemt geen namen, wellicht duidt hij op de inleidingen van Coster en Binnendijk in hun bloemlezingen *Nieuwe geluiden*

Hugo von Hofmannsthal, met wie hij ook contact had. Zie hierover Goud 1995, 1997a, 1997b en 1998b.

([43]) Kusters 1989a, p. 10.

([44]) Vgl. bijv. het 'trilkristal' in Leopolds 'Regen' (zie Sötemann 1985, p. 167 en 169-170). Kusters schrijft over Faverey: 'De kristallen waarover het hier gaat, zouden gedichten kunnen zijn: in de symbolistische traditie waarin Hans Faverey werkte, is dat geen vreemde gedachte te noemen en zelfs wel een vertrouwd beeld. Men denke aan Valéry en zijn 'énigmes de crystal'.' (Kusters 1997b, p. 217).

([45]) Boutens, *Verzamelde werken*, dl. VII, p. 52. Zie over deze traditie: Schrijvers 1983.

en *Prisma* waarin ook over het 'rhythme' van de poëzie na 1918 wordt gesproken[46]. Een andere mogelijkheid is dat Boutens reageert op wat Nijhoff schreef over ritme en metrum in zijn bespreking van Boutens' *Alianora* (1924): 'het ritme is, met de andere elementen vergeleken, wat het zwakst is in Boutens' poëzie, maar dit wordt zodanig door de suggestieve klank vergoed, zodanig overbloeid door een zuivere zinsbouw en een altijd breed rijm, *met zulk een vaste hand zijn de metrische en strofische schema's opgesteld en volgehouden*, dat men waarlijk van een meester spreken kan [...]' (mijn curs.)[47]. Volgens Boutens is van de tegenstelling tussen metrum en ritme geen sprake: 'alle dichters [uiten] zich juist rhythmisch'. Hij meent dat '*metrum* niets dan een schoolmeestersterm is, in gebruik bij de verdienstelijke opstellers van boekjes over versleer of metriek, waarin de rhythmen der dichters in bizonder gebrekkige benadering zoo nauwkeurig mogelijk grafisch worden nagebeeld.' (362). Het metrum is volgens Boutens dus een gebrekkig hulpmiddel om het dichterlijke 'rhythme' te imiteren[48]. Het dichterlijke 'rhythme' is volgens Boutens te complex om gevat te kunnen worden in een vereenvoudigd metrisch tekensysteem. Boutens legt uit dat hij wil spreken over de uiterlijke vorm van de dichtkunst, 'niet omdat

(46) Zo schrijft Coster (1924) in zijn inleiding dat de 'geregelde en traditioneele schema's der metriek' niet meer voldeden voor de nieuwste Nederlandse dichtkunst (p. XXI-XXIII). Binnendijk benadrukt in zijn inleiding in *Prisma* (1930) dat de moderne dichters van na 1918 het 'rhythme' zeer belangrijk vinden (p. 8-9). Al eerder schreef hij in zijn stuk 'Poëzie en rhythme' (1928) dat de 'rhythmische vormkracht' een essentieel punt van de poëzie van na 1918 is (p. 151).

(47) Nijhoff 1982, dl. II, p. 240 (oorspr. in *NRC*, 29 november 1924).

(48) Vgl. wat Verwey schreef in *Ritme en metrum* (1931): 'Metrum is niets, ritme is alles.' (p. 9); 'Ritmen zijn werkelijkheden, metra zijn schemata.' (p. 22); 'De metra zijn eigenlijk ontzettende dooden. Niemand ziet ze, we zien niets dan ritmen. Maar zij zijn de wiskunde achter de ritmen, de onverbiddelijke, onlichamelijke wetmatigheid.' (p. 81).

de vorm mij de belangrijkste kant van welke kunst ook voorkomt, maar uit eigenbaat, omdat ik daar juist zelf meê verlegen zat.' (362) Direct op deze zin volgt de reeds geciteerde kosmos-passage (363-364). Deze directe opeenvolging dwingt er haast wel toe om de kosmos-passage te interpreteren als een poëticale metafoor. Ik kom daar aan het einde van deze paragraaf op terug.

Na de kosmos-passage gaat Boutens in op de bijzondere rol die voor de dichters is weggelegd. Hij zegt: 'Het ligt voor de hand dat de krachtigst aangelegde geesten hooger, dieper, verder, zekerder en bewuster [in] die metafysische wereld zijn doorgedrongen dan de groote massa' (364). Boutens rekent tot die krachtige geesten 'alle godsdienststichters en groote wijsgeeren, die gepoogd hebben een oplossing te vinden voor allen aanvaardbaar'. Maar hun 'openbaringen en stelsels' zijn zo verschillend gebleken dat van een 'algemeen metafysischen opgroei in één richting' nooit sprake is geweest. Daarnaast zijn 'op hetze[l]fde gebied, [...] alle dichters van alle landen en tijden op hun eigenaardige wijze bezig.' (364). Uiteindelijk is de díchter dus het best in staat om in die metafysische wereld door te dringen en dit, voor zover mogelijk, te verwoorden in zijn poëzie.

Boutens spreekt vervolgens over de opvlucht vanuit de aardse werkelijkheid naar de hogere schoonheid:

> Boven alle anderen aangedaan door de schoonheidsontroering die uitgaat van de levensverschijnselen zelf, belijden zij [=de dichters] de telkens vernieuwde opvlucht uit de verschijnselen hier bij wege van de schoonheid als de dadelijkste en zekerste oogenblikkelijke benadering van het doel dat wij allen zoekende zijn. Zooals een bloem gedwongen is te bloeien, een vogel te zingen, even natuurlijk noodzakelijk uiten zij zich in het schoone woord; want het is hun bestaansnoodwendigheid dat deze wereld zich ontwikkele van schoonheid, door schoonheid naar schoonheid. (364)

De 'opvlucht' (eerder sprak Boutens van 'opgroei') vanuit de aardsc werkelijkheid naar de hogere schoonheid is het uiteindelijke doel waarnaar de dichters streven[49]. Ook dit aspect kan gerelateerd worden aan het platonisme[50]. Er zijn volgens Boutens drie verschillende soorten van 'schoonheid': de schoonheid in de levensverschijnselen op aarde, het gedicht ('het schoone woord') en de hogere werkelijkheid. Die hogere schoonheid kan alleen benaderd worden door middel van het gedicht[51]. Het gedicht is een 'kenmiddel' of een 'instrument' (zoals Sötemann schrijft) om iets op te vangen van die hogere, transcendente schoonheid. Aan het einde van zijn lezing zal Boutens terugkomen op deze drie soorten schoonheid: 'van schoonheid door schoonheid naar hoogere schoonheid.' (370). Die hogere schoonheid is tijdens dit leven onbereikbaar, de dichter kan er hooguit een glimp van opvangen[52]. Op de onmogelijkheid van het volledig verwoorden van die hogere goddelijke schoonheid komt Boutens terug in de volgende (vaak aangehaalde) uitspraak over de dichters:

([49]) Vgl. ook Boutens' P.E.N.-rede uit 1931: 'Wir [=de dichters, M.G.] die wir uns zur Religion der Schönheit bekannt haben, die wir wissen, dass alles hinfällt und vergeht und dass nur die Schönheit unzerstörbar ewig sich behauptet [...]' (Boutens 1931, p. 676). In 1924 verklaarde Boutens in een lezing voor de Londense P.E.N.-club: 'I am only a simple poet, a member of that strange class of obstinate beings, who confess that in this world where everything is uncertain and wavering, beauty is the only certain reliable and eternal thing.' (geciteerd naar Goud 1997b, p. 20).

([50]) Vgl. ook Boutens' uitspraak: 'Ik heb altijd geleefd in die hoogere, duurzame wereld, die achter ons armzalige menschenbestaan is.' (in de *NRC* van 21 februari 1930). In Boutens' vertaling van Plato's *Phaidros* staat: 'De bovenhemelsche streek heeft nog niemand der dichters hier bezongen' (247c). In het gedicht 'Nacht-stilte' spreekt Boutens van 'overluchtsche streken' (VL 374). Zie hierover ook Fresco 1998, p. 32-33.

([51]) Vgl. Sötemann 1985a, p. 112.

([52]) In de 'Vijf-en-twintigste Strofe' spreekt Boutens van een 'niet te benaderen schoonheid' (VL 1071).

> Terwijl zij zoo den schijn krijgen de vele eindoplossingen, door anderen langs allerlei wegen manmoedig aangedurfd, eigenzinnig te miskennen en te versmaden, is hun leven ééne in toewijding overgegeven verzekerdheid dat, wanneer ooit Gods geheim in zijn sublieme simpelheid zal worden geraden, het een dichter is, die het verlossende woord zal mogen spreken. (365).

Boutens heeft dus een zeer hoge opvatting van het dichterschap: alléén de dichter, en niet de wijsgeer of de theoloog, is in staat om iets te zeggen over het goddelijke geheim. Maar 'Gods geheim' zal nooit worden geraden tijdens dit aardse leven, zelfs niet door dichters, zij kunnen hooguit iets suggereren. Deze zin is een kernzin in Boutens' poëtica. De woorden 'geheim', 'sublieme simpelheid', 'het verlossende woord' hebben te maken met het metafysische verlangen van de dichter. In Boutens' poëzie komen parallelle formuleringen voor, zoals bijvoorbeeld 'Gods simpele geheimenis' (VL 882). Het Latijnse *simplex* betekent enkelvoudig, slechts uit één bestanddeel bestaande. Het Nederlandse woord 'simpel' is daarvan afgeleid en betekent onder meer eenvoudig ('eenvuldig') en kan in zijn oorspronkelijke, niet-pejoratieve betekenis in verband gebracht worden met het mystieke verlangen naar éénwording met het goddelijke. De woordgroep 'het verlossende woord' doet denken aan Christus, de Verlosser. De dichter die zich identificeert met Christus is zeker geen ongebruikelijk beeld. Ik ga ervan uit dat het 'sublieme' hier 'verheven' betekent en dat het te maken heeft met goddelijke schoonheid. Het sublieme in de literatuur wordt door Ph.H. Breuker beschreven als 'een thematisering van het als innerlijk dualistisch ervaren bewustzijn dat op zoek is naar de grenzen van het kenbare of oneindige.'[53] Over de grenzen

([53]) Breuker 1996, p. 3. Breuker besteedt in zijn interessante oratie over het sublieme in de poëzie van de Friese dichter Obe Postma ook enige aandacht aan de relatie tussen de poëzie van Postma en Boutens (p. 13-16).

van het kenbare en het oneindige heeft Boutens inderdaad gesproken in de kosmos-passage (en ook over het dualistische). In zijn poëzie tracht hij iets zichtbaar te maken van die onkenbare en onbereikbare hogere schoonheid. Dat is echter alleen mogelijk in 'zuivere' poëzie die geschreven is in de 'gebonden vorm'. Daarover gaat de rest van Boutens' lezing.

Boutens spreekt over 'den onbedrieglijken toon van zijn zuiver stemgeluid' en 'den vlekkeloozen gebonden vorm'. Over die vorm zegt Boutens:

> Deze vorm die uit den aard zijner gebondenheid zijn eigen wetten in zich draagt, en waarin alle wetteloosheid klaarblijkelijk is uitgesloten, wordt geen enkel dichter bij dwang van buitenaf opgelegd, maar hij zal haar óf zelf scheppen óf van anderen naar eigen behoefte gewijzigd overnemen als den eenig voorgeschreven vorm die op het oogenblik met den inhoud van zijn boodschap overeenstemt. (365)

Boutens haalt voorts de leus 'vorm en inhoud zijn in dichtkunst één' aan — Willem Kloos schreef 'Vorm en inhoud bij poëzie zijn één' in zijn voorwoord bij de gedichten van Jacques Perk — en noemt dit een 'vanzelf sprekende waarheid' (365)[54]. Hij veroordeelt echter de dichters die deze leus hebben aangegrepen om allerlei 'dichterlijke vrijheden' te bezigen. Hij noemt dergelijke dichters 'indringers die zich van haar [=de schoonheid] uiterlijke vormen hebben meester gemaakt, schijnkunstenaars' (365). Boutens is een uitgesproken tegenstander van de vrije dichtkunst. Hij pleit niet voor dichterlijke vrijheid, maar voor de 'gebonden dichtvorm': 'Bij wege van dezen gebonden vorm alleen behaalt de zuivere dichter meteen de als onvermijdelijk gevoelde, glasheldere, aandachtbindende bondigheid zonder welke hij geen werk als voleindigd uit handen zou kunnen geven. Immers bij de

([54]) Zie Van den Akker 1985, dl. I p. 63 en p. 207 e.v. over vorm en inhoud in de poëtica van Kloos.

oudste volken al is het menschelijk geheugen de proef en toets voor alle geslaagde dichtkunst.' (365) Een goed gedicht is dus kennelijk een gedicht dat in het geheugen blijft hangen, en daarbij is een 'glasheldere' vorm essentieel.

In een volgende passage spreekt Boutens over het stadium vóórdat de dichter iets op papier heeft gezet:

> Wanneer nu de dichter datgene wat hij allang, buiten allen klank van woorden om, binnen zich heeft hooren zingen, zal gaan vastleggen in zijn uiteindelijke gebondenheid, maakt eerder de veelheid dan de beperktheid van middelen en wegen zijn taak ingewikkeld en bezwaarlijk. Weinig maar in aantal, zeker, zijn de beschikbare, stijgende of dalende versvoeten, maar hun samenstelling tot kortere of langere ademtochten van regels, zwaarder of lichter gesteund door de stremmende of overvlietende rijmen, biedt eindelooze mogelijkheden. Alle vormen die van den aanvang aan in onze taal bij de dichters gangbaar waren, staan ons van huis uit ten dienste [...] (366).

Boutens' uitspraak sluit vrijwel geheel aan bij wat de Vlaamse dichter Karel van de Woestijne in 'De geschiedenis van een gedicht' (1905) heeft gezegd: 'het gedicht, de schepping, ontstaat uit een rythmus die men zich-zelven oplegt, uit een zin der maat, uit een gevóel der maat, die, bij analogie en verband, het beeld verwekken, en, ja, de gedachte.'[55] Elders schreef Van de Woestijne in zeer plastische bewoordingen over het ritme: 'dien soms pijnlijken hartstocht [...], die zich in het vers, buiten alle beteekenis der woorden om, uit in wat ik er den bloedstroom, den polsslag van noemen zal, dat er de spierbeweging en den zenuwschok van uitmaakt, en dat is: de Rhythmus, de spontane onwillekeurige levensreflex van deze gekorenen [...] die Dichter zijn.'[56] Van de Woestijnes

([55]) Geciteerd naar Oversteegen 1969, p. 56. Zie ook Sötemann 1985a, p. 115 over Van de Woestijne en ritme.

([56]) Geciteerd naar Oversteegen 1969, p. 56.

passage 'buiten alle betekenis der woorden om' lijkt zich als een echo te herhalen in Boutens' formulering 'buiten allen klank van woorden om' (366), alhoewel klank en betekenis verschillende dingen zijn. Dus juist de gebonden vorm zorgt voor 'eindelooze mogelijkheden' om dat wat de dichter, zonder woorden, in zich heeft horen klinken om te zetten in taal. De 'eindelooze mogelijkheden' van de vorm van het gedicht vallen in verband te brengen met de 'oneindigheid van wereldreeksen' (363) in het heelal en de 'onbegrensde gebieden' van de 'hoogeren geestelijken aanleg' (363) waarover Boutens eerder sprak in de kosmos-passage. Boutens zegt verder over het ritme:

> Eenig en alleen dus uitgaande van wat hij te zeggen heeft, zal de dichter moeten beginnen zich te binden aan een vrijwillig gekozen rhythme, d.i. aan den maatgang dien hij voor het overbrengen van zijn aandoening den geschikten oordeelt, en hij zal zich daar, van het begin tot het einde onverbiddelijk aan moeten houden om tot een schoongebonden geheel te geraken. Immers, geen enkel volmaakt gedicht is u of mij bekend, voor zoover ik bezinnen kan, dat b.v. gemengd of samengesteld zou zijn uit strofenbouw, vrij vers en rhythmisch proza tegelijk. (367)

Het gekozen ritme is van groot belang voor het 'overbrengen' van de 'aandoening' van de dichter in zijn gedicht. Die 'aandoening' is echter niet volledig uit te spreken of in woorden te vatten; het is onzegbaar. Het betreft geen expressieve gevoelsuitstorting zoals bij Kloos het geval was[57]. Boutens doelt op een door de 'hoogere schoonheid' veroorzaakte aandoening. Daarvan is de dichter slechts een doorgeefluik. Het valt hooguit te suggereren met behulp van poëtische middelen als ritme en klank.

([57]) Zie over Kloos' expressieve poëtica: Van den Akker 1985, dl. I, p. 60-73.

Aansluitend hierop spreekt Boutens over het verschil tussen de Romeinen en de Grieken, ten gunste van de laatsten: 'De Romein zegt zich volledig uit alsof hij bezig is over alles het laatste woord te zeggen; de Griek spreekt van uit een volheid die nimmer uit te zeggen is.' (367). En: 'Al die eeuwen ons vooruit, voelde hij [de Griekse dichter] al met ons, hoe veel een dichter juist in *verzwegenheid* kan bereiken uit te drukken, en dat alle wetten, ook die van het rhythme, het schoonst gehoorzaamd worden door hem die ze in hoogste instantie verstaat te *overtreden*. Zoo komen wij tot wat ik noemen wil: "het verdiepte rhythme".' (368)[58]. Boutens identificeert zich met de oude Grieken. Het lijkt erop dat hij de Romeinen associeert met de 'jongeren' die zich overal over willen uitspreken. Het zich niet volledig uitzeggen en de term 'verzwegenheid' kunnen verbonden worden met Boutens' eigen poëzie. Er blijft altijd iets onzegbaars, iets geheims over dat niet in woorden te vatten is. In het ritme van de poëzie ligt een bepaalde betekenis besloten die niet uit te drukken is, maar alleen gesuggereerd kan worden. Dat aspect wordt ook gethematiseerd in Boutens' poëzie, bijvoorbeeld: 'Dat 'k u dit zingen kon / Zoo, zonder woorden, als ik 't heb gevoeld' (VL 113), 'woordelooze helderheid' (VL 189) en ''t Lied dat alles bijna / Zegt!' (VL 242). Het mooiste voorbeeld daarvan is zijn laatste gedicht 'Het geheim' (924-925)[59].

Nogmaals spreekt Boutens over het stadium van het gedicht vóórdat het op papier komt: 'Juist omdat inhoud en vorm niet wel anders dan één kunnen worden in het zichzelf opgelegde rhythme, zal hij [=de dichter, M.G.] dat vasthouden

([58]) Vgl. het poëticale begin van Boutens' gedicht 'Verbeelde reis': 'Avondgedachten uit haar ingekeerde rust / Ontwaken op een *dieper-dan-bewust / Rhythme* van doelvertrouwd verlangen, / Dat kluistert in zijn hoorlooze' inzet haar gevangen, / Tot ik den maatbestorven dwang en gang herken, / En weet waar 'k ben'. In een volgende strofe spreekt hij van 'den aanhef van een nooit voltooid gedicht' (VL 743, mijn curs.).

([59]) Zie Sötemann 1985b.

zooveel hij kan en worstelen om en met den vorm, tot hij volkomen behaald en geschapen heeft wat hij in den geest in *onuitgesproken* volmaaktheid, in *onzienlijke* gevormdheid reeds voorbezat.' (368, mijn curs.). Eerst komen dus de 'onuitgesproken volmaaktheid' en de 'onzienlijke gevormdheid', wat men zich daar ook bij moet voorstellen, daarna de inhoud[60]. Men moet er uiteraard rekening mee houden dat de dichter hier een mythisch beeld schept van het ontstaan van poëzie.

De eindeloze mogelijkheden van de vorm worden volgens Boutens vooral veroorzaakt doordat de dichter afwijkt van het 'rhythme':

> Daarbij zal hij ondervinden dat telkens weêr allerlei onder- en tegenstroomingen, die hij in het algemeene rhythme heeft in te schikken, den maatgang aan de oppervlakte hardnekkig willen verstoren, en hij zal tusschen den nadruk van hoofdrhythme en tegen- en nevenrhythmen voortdurend moeten kiezen en alle geleidelijk opvoeren tot een saamversmolten eenheid waarin al die uiteenloopende elementen elkaêr in het einde blijken te steunen en te dragen. Hier komt zijn meesterschap over den vorm volledig en uiteindelijk aan den dag [...]. (368).

De 'tegen- en nevenrhythmen' vormen tegendelen die tezamen een eenheid vormen. Iedere inbreuk op het 'hoofdrythme' zal zich volgens Boutens 'als schoonheidswinst juist aan de overtreden wet van het hoofdrhythme bewijzen'. Volgens Boutens is het niet in wetten vast te stellen, hoe de wetten mogen worden overtreden: 'op dit gebied blijkt maar één gedragsregel te gelden, die de wijzen van nature aannemen:

([60]) Vgl. wat Paul Valéry in maart 1933 schreef over het ontstaan van *Cimetière marin*: 'Quant au *Cimetière marin*, cette intention ne fut d'abord qu'une figure rythmique vide, ou remplie de syllabes vaines, qui me vint obséder quelque temps.' (Valéry 1957, p. 1503). Zie ook Sötemann 1985a, p. 115 en De Roder 2001, p. 32 en 118.

dat hij die zich in overgegeven begrijpen onderschikt aan de algemeenheid eener wet, als onaanschendbaar individueel karakter het eerst en zuiverst boven die wet zal komen te staan.' (368) Een afwijking van of inbreuk op het 'hoofdrhythme' kan dus juist zorgen voor een hogere mate van schoonheid en zuiverheid in de poëzie[61].

Boutens illustreert dit aan de hand van zijn ervaringen bij het lezen van poëzie. Hierbij komen verschillende zintuiglijke aspecten aan de orde (klank, smaak en het zicht):

> Het moet u menigmaal gegaan zijn als mijzelf bij het lezen en het geleidelijk *doorproeven* van een uitnemend gedicht. Het heeft u van den aanvang bekoord en laat niet los u te bekoren door talrijke schijnbaar losstaande hoedanigheden, door *taalmuziek* hier en daar, door een enkel verrassend *beeld*, door de *echowerking van een opvallend rijm*, door ontelbare kleinigheden... en dan eindelijk gaat het opeens voor u open. Onder een plotseling invallend licht als van een laten zomeravond *ziet* gij het opengaan als een zomeravondzee. Alle onderstroomingen en tegenstroomingen worden tegelijk *zichtbaar* in donker-doorschenen verdieptheid, en alle worden zij samengevat en opgelost in het *ruischen* en strooken der gelijkmatige flonkerende bovenbranding. (369, mijn curs.).

De 'schijnbaar losstaande hoedanigheden' zijn te relateren aan de 'vormenverscheidenheid' (363) uit de kosmos-passage. Uiteindelijk wordt een geordende eenheid gezien in het gedicht, waarin alle (schijnbaar losstaande of ongeordende) onderdelen een plaats krijgen in de poëtische orde. Boutens vergelijkt de ritmes in het gedicht met verschillende golven en stromingen. Uiteindelijk lossen alle onder- en tegenstromingen op in een 'gelijkmatige' orde, hetgeen in verband kan worden gebracht met het streven naar het 'peil van volmaaktheid',

([61]) Vgl. Boutens' inleiding bij zijn vertaling *Homeros' Odyssee* (1937), waar hij vrijwel hetzelfde zegt.

het harmonische evenwicht waarover Boutens sprak in de kosmos-passage. Boutens lijkt hier te refereren aan zijn gedicht 'Zomeravondzee' uit de bundel *Bezonnen verzen* uit 1931 (VL 713-715), waarin de zee de oneindigheid van de hemel weerspiegelt. De golven symboliseren de ritmes en klanken van poëzie. Vaak is de zee bij Boutens een poëticale metafoor, waarbij woorden die met klank te maken hebben, als ruisen, murmelen en fluisteren, een rol spelen[62].

De 'jongeren' (weer worden geen namen genoemd) overdrijven de 'rhythmewerking' en geraken in 'hopelooze vormeloosheid' door de ouderen niet meer na te volgen (369)[63]. Boutens pleit echter niet voor klakkeloze imitatie, maar juist ook voor het áfwijken van de klassieke vormen. Anders zou er sprake zijn van 'eentonige eenvormigheid' (369). De dichter moet dus een harmonieuze middenweg zien te vinden tussen 'eentonige eenvormigheid' en 'hopelooze vormeloosheid'. Boutens benadrukt aan het slot van zijn lezing nog eens dat de dichter een 'zuivere schoonheidsdienaar' moet zijn (369). Want, zo zegt Boutens, 'de drang die in hem herleeft, is dezelfde als die die leefde in zoovele dooden en

(62) Zie bijv. 'De middag waast den hemel blank, / De zee ligt als een diep en wit geheim / Dat fluistert aan de blonde bank / Zijn zilvren rijm' (VL 376), 'O te luistren naar de zee, / Tot de ziel ga fluistren meê: / Tot heur zwijgen / 't Wonderwoord / Uit zijn diepten stijgen / Hoort! // [...] // Licht verwoorden het de twee / Die behoorden 't lied der zee: / 't Lied dat blij na / Droef berecht, / 't Lied dat alles bijna / Zegt!' (VL 241-242).

(63) Vgl. Boutens' uitspraak in zijn interview in *De wereldkroniek* van 24 februari 1940: 'Zij [de jongeren] bereiden hun werk niet voldoende voor. En met voorbereiden bedoel ik: studeeren. Als men een kunstenaar wil zijn, dan moet men niet volstaan met trotsch en tevreden te wezen met de talenten, die men om niet heeft gekregen. Dan moet men de allergrootsten, Homerus, Shakespeare, Dante kennen, en goed kennen. De dichter mag nooit vergeten, dat hij met ieder woord dat hij schrijft dezen concurrentie aan gaat doen, dat hij alleen een goed kunstenaar is als hij het werk van zijn voorgangers voortzet.' (geciteerd naar De Clerck 1969, p. 137).

ouderen, om telkens weêr opnieuw dit leven te blijven opvoeren van schoonheid door schoonheid naar hoogere schoonheid.' (370). Deze trits kwam al eerder voor in de lezing (364), maar nu is er het adjectief 'hoogere' toegevoegd aan de derde soort van 'schoonheid'. Een glimp hiervan op te vangen en vast te leggen in 'zuivere' poëzie in de 'gebonden vorm' is het hoofddoel van de dichter.

Ik keer terug naar de vraag die ik aan het begin stelde: hoe kunnen Boutens' poëticale passages over ritme en metrum verbonden worden met de kosmos-passage? De directe overgang van Boutens' opmerking dat zijn eigenlijke onderwerp 'metrum en rhythme' is en dat hij zal praten over 'den uiterlijken vorm der dichtkunst' (362) naar de kosmos-passage (363-364) dwingt er wel toe, het fragment over chaos en orde te interpreteren als een metaforisch gedeelte dat te maken moet hebben met het hoofdonderwerp: vorm, metrum en ritme. Van der Vleuten — de enige die tot nu toe is ingegaan op de kosmos-passage — schrijft dat de formele structuur van Boutens' poëzie gezien kan worden als 'een openbaring van een andere, mystieke eenheidservaring' en dat rijm en andere formele kenmerken kunnen fungeren 'als verbeelding van een metafysische orde'[64]. Op de kwestie van het ritme, en het afwijken daarvan, gaat hij echter niet in. Het is verleidelijk om de termen 'vorm' met 'orde' en 'vormeloosheid' met 'chaos' te verbinden. Kosmos betekent in het Grieks 'orde'. Het woord 'kosmos' kan poëticaal geïnterpreteerd worden. Het gedicht, waarin orde en ritme een rol spelen, is te zien als een microkosmos waarin de macrokosmos (een 'hoogere orde') weerspiegeld wordt[65]. De dichter dient in het scheppen van

(64) Van der Vleuten 1993, p. 97.

(65) Vgl. Plato's *Timaios* 47d-e over 'Harmonie' en 'Rhythme' (Plato 1937, p. 72).

poëzie te streven naar orde en evenwicht, om zo tegenwicht te bieden aan de aardse chaos. Opmerkelijk is echter dat de dichter volgens Boutens ook moet afwijken van de vorm. Kan de 'chaos' (of de 'chaotische katastrofe') waarover Boutens in de kosmos-passage spreekt, worden gezien als een metafoor voor dit afwijken van de regels in poëzie? Ik denk niet dat die afwijkingen gezien moeten worden als 'chaotisch'. Er zou dan immers sprake zijn van onberedeneerde, toevallige afwijkingen die geen functie of betekenis zouden hebben. Het is echter de dichter, die met 'zijn meesterschap over den vorm' (368), uiteindelijk beslist op welke plaatsen en op welke wijze in de poëzie afgeweken wordt. De poëzie van Boutens kan moeilijk in verband worden gebracht met 'chaos', integendeel. Ik denk dat 'chaos' voor Boutens een uiterst negatieve term was. Maar hij besefte ook dat louter volgens de regels geordende poëzie dode dichtkunst zou opleveren. Door hier en daar af te wijken van de regels houdt hij zijn poëzie levend en verrassend.

Te denken valt hierbij aan de zogenaamde *clinamen*-theorie in Lucretius' *De rerum natura*[66]. Volgens Lucretius vallen alle atomen in het heelal recht naar beneden, maar soms wijkt een atoom af van die rechtlijnige richting. Dat wijkende deeltje veroorzaakt dan een botsing met andere atomen, waardoor leven kan ontstaan. Dit komt enigszins overeen met de eerder genoemde theorie dat botsende sterren ons huidige zonnestelsel veroorzaakt hebben.

Ik zal een voorbeeld geven van een afwijking van de poëtische vorm uit de dichterlijke praktijk van Boutens. In een interview met G. Stuiveling heeft Boutens het volgende gezegd over 'onvolkomen rijm' naar aanleiding van de kritiek op zijn rijmprent uitgegeven bij het huwelijk van prinses Juliana en prins Bernhard in 1937:

([66]) Lucretius 1984, p. 75 (boek II, vs. 216 e.v.).

> Het is voor mijn gevoel allemaal even duidelijk: als iemand zegt, ik begrijp regel vier of regel tien niet, dan komt dat omdat hij iets in regel zeven of twee-en-twintig niet begrijpt. In een goed gedicht staat immers alles precies op zijn plaats, het staat er juist zóo als het er móet staan, en het hangt allemaal onverbrekelijk samen. Ze hebben ook gezegd: dat eerste couplet rijmt niet, dat heeft onvolkomen rijm —: herfst, sterft, erf... Maar als men een onvolkomen rijm gebruikt, een assonantie, heeft dat toch zeker een bedoeling, bewust of onbewust? Voor wie lézen kan, geven die klanken van herfst, die zich gestadig verzuiveren tot stèrft en tenslotte tot èrf, immers duidelijk het helderder-worden weer van ons troebele gevoel: eerst bij het woord "erf" is de volle louterheid bereikt van den zielsdiepen toon, die in dit gedicht klinkt[67].

Het zogenaamde 'onvolkomen rijm' — te vergelijken met het afwijken waarover Boutens in zijn lezing van vier jaar eerder sprak — zorgt dus juist voor een hogere mate van poëtische schoonheid. De 'zielsdiepen toon' waarover Boutens in het interview spreekt, doet denken aan het 'verdiepte rhythme' uit zijn lezing. Het 'helderder-worden' van 'ons troebele gevoel' kan gezien worden als een ordening in de chaos. Boutens' uitspraken in het interview dat alles in een goed gedicht 'precies op zijn plaats' staat en dat alles 'onverbrekelijk samen' hangt, kunnen worden verbonden met de kosmos-passage uit de lezing over een streven naar orde en samenhang[68].

4. Kunstenaar en maatschappij

Boutens' lezing bevat een aantal passages waarin hij zich uitlaat over de relatie tussen de kunstenaar en de maatschappij.

([67]) Stuiveling 1937. Zie VL 920 voor de strofe waarover Boutens hier spreekt.

([68]) Zie over coherentie in poëzie Peperkamp 1995.

Boutens' hooggestemde ideeën over poëzie monden uit in een uiterst elitaire en anti-maatschappelijke houding. Op het eerste gezicht lijkt het alsof Boutens zich niet uitspreekt over zijn tijd, maar zoals gezegd staan er tal van uitspraken in die te relateren zijn aan Boutens' eigen tijd. Zoals Van den Akker en Dorleijn schreven: 'Een auteur doet *altijd* en *per definitie* uitspraken over de wereld, ook, of misschien wel: juist als hij het tegendeel verklaart.' [69]

De opmerkelijkste passage in dit verband is wel die waarin Boutens zich in zeer krasse bewoordingen uitspreekt over de tegenstelling tussen de 'zuivere' kunstenaar en diens 'onzuivere' tijdgenoten:

> Zijn eigen raswaardigheid schrijft hem voor het onwaardige als niet bestaand te negeeren, of hij zou er last van moeten krijgen als van tamme najaarsvliegen, die niet ophouden u te kwellen en niet rusten vóór gij ze afmaakt, omdat zij u nu eenmaal tot hun onwilligen moordenaar hebben uitverkoren. Op zichzelf noodzakelijk kan zulk een daad enkel worden in een tijd waarin de vliegen van den wansmaak, gehitst en aangemoedigd door een verdorven publiek, het gelaat der schoonheid zelf zouden trachten te bevuilen en te verduisteren; dan nog zal de schoone geest van den getergden schoonheidsdienaar u onmiskenbaar verraden, dat hij bezig is een noodzakelijk, hem persoonlijk onbegeerlijk werk te doen. (360)

Boutens bedrijft hier cultuurkritiek. Hij ziet zichzelf, en de ideale kunstenaar, als een 'schoonheidsdienaar' die het 'gelaat der schoonheid' wil laten zien, althans een glimp daarvan. Tegenover het 'zuivere' en het 'schoone' stelt Boutens het 'onwaardige', 'najaarsvliegen', 'vliegen van den wansmaak' en 'een verdorven publiek' die het gelaat van de schoonheid willen 'bevuilen'. Dit zijn allemaal zeer negatief geladen woorden. Boutens' woordkeus in deze passage lijkt opmerkelijke

([69]) Van den Akker en Dorleijn 1991, p. 524.

overeenkomsten te vertonen met het discours van het in die periode oprukkende Italiaanse fascisme en Duitse nationaal-socialisme (evenals zijn eerdere opmerkingen over de 'zuivere' dichter)[70]. Hiermee is uiteraard niet gezegd dat Boutens er fascistische of nationaal-socialistische ideeën op nahield. Maar uit zijn bewoordingen blijkt wel een radicale, elitaire houding[71].

Verderop in zijn lezing vergelijkt hij de positie van de dichter in de maatschappij met die van de paria:

> Door den doem van dezen tegelijk één- en alzijdigen aanleg als onbegrepen paria geboren in een maatschappelijke ordening die van haar kant veroordeeld is altijd meer in het af- dan in het oplevende steun te vinden, geniet de dichter hier een hachelijke, vogelvrije onafhankelijkheid, en een duurzaam bevredigend vergelijk is over en weêr vrijwel uitgesloten. Om nu de boodschap zijner zending aannemelijk te maken, om in een onverschillige wereld enkelen meê te sleepen of meê te troonen op zijn weg ter hoogere schoonheid, heeft hij geen dwangmiddel beschikbaar, niets dan de klem der bekoorende overreding, den onbedriegelijken toon van zijn zuiver stemgeluid, den vlekkeloozen gebonden vorm waarin hij zich uit. (365)

Al in 1911 Boutens schreef over de paria-gedachte in de inleiding bij zijn vertaling van Oscar Wilde's *De Profundis* (1911): 'Het is niet de maatschappij die Wilde tot paria heeft gemaakt. Zij kon het niet. Omdat hij kunstenaar, dat is maatschappelijk reeds een paria was. [...] De kunstenaar staat buiten de maatschappij in wier midden hij leeft. [...]

([70]) Vgl. De Groot 1998.

([71]) Zie over Boutens' houding in de Tweede Wereldoorlog: De Clerck 1969, p. 140-142. Hij meldde zich aan bij de Kultuurkamer, om zo zijn werk voor het Willem Kloos-fonds (een ondersteuningsfonds voor schrijvers) te kunnen voortzetten. Boutens wees een pensioen en een prijs van de Duitsers af.

Hij is de opperste individualist.'[72] In een interview ter gelegenheid van zijn zestigste verjaardag in de *NRC* van 19 februari 1930 zei Boutens: 'De kunstenaar, als zoodanig, is maatschappelijk een paria, een avonturier. Zijn werk kan met geen maatschappelijken standaard gemeten worden.' Ook in zijn Vondel-lezing uit 1937 vergeleek Boutens de kunstenaar met de paria: 'De groote kunstenaar zal ten eeuwigen dage een maatschappelijke paria blijven, omdat uit den aard der zaak geen samenleving, geen maatschappij, geen overheid met den besten wil van de wereld zijn juiste waarde ooit stoffelijk zal kunnen bepalen en zeker stellen.'[73] De uitspraken van Boutens staan niet op zichzelf. In de jaren 1925-1932 speelde een discussie in de Nederlandse literaire wereld over de dichter als maatschappelijke paria, ingezet door Geerten Gossaert[74]. De gedachte van de kunstenaar als paria is tevens te verbinden met het symbolisme. Daarin is sprake van een aristocratische, anti-maatschappelijke kunstopvatting. Kunst is voor ingewijden, niet voor de massa. Hierbij valt bijvoorbeeld ook te denken aan het gedachtegoed van de Duitse dichter Stefan George[75].

Daarmee kom ik op de volgende, al eerder geciteerde, passage uit Boutens' lezing: 'Het ligt voor de hand dat de *krachtigst aangelegde geesten* hooger, dieper, verder, zekerder en bewuster [in] die metafysische wereld zijn doorgedrongen dan de *groote massa*.' (364, mijn curs.) Alleen de krachtigste 'geesten' kunnen dus doordringen in de metafysische wereld. De massa zal dit nooit kunnen bereiken. Dirk Coster herinnerde zich de volgende uitspraken van Boutens: 'De massa

([72]) Wilde 1911, p. VII-VIII. Zie over Boutens' Wilde-vertalingen ook Goud 1998b.

([73]) Geciteerd naar De Clerck 1969, p. 124.

([74]) Zie De Gier 1998 en Van den Braber 2002, p. 119-133.

([75]) Zie Breuer 1995.

heeft behoefte aan het grote individu, dat hun tranen als edelstenen draagt.' En: 'Wij moeten altijd eerst met de maatschappij afrekenen, anders rekent de maatschappij met ons af.' [76] Boutens' cultuurkritische uitspraken kunnen gezien worden in het licht van filosofen en cultuurhistorici die voor de ondergang van de westerse beschaving waarschuwden, zoals Oswald Spenglers *Der Untergang des Abendlandes* (1918) en José Ortega y Gassets *La rebellión de las masas* (1930)[77].

Boutens' radicale uitspraken over de maatschappij kunnen volgens Peperkamp worden gezien als een 'uiterste consequentie van zijn symbolistisch getinte poëtica'[78]. Ik zal Boutens' opvattingen over de maatschappij trachten te relateren aan de hiervoor besproken kosmos-passage. Daarin zegt Boutens dat de mens zich heeft opgewerkt uit de 'microchaos' en dat het gelukt is om 'een eenigszins geregelden maatschappelijken mikrokosmos in te richten'. Hij noemt dit een 'beperkt geluk'. Het is wel duidelijk dat Boutens zich niet kan vinden in die maatschappelijke 'mikrokosmos'. Hij zoekt zijn heil 'buiten dit leven' en 'buiten het aardsche bestaan' om zo te komen tot een volkomen geluk. De dichter moet vérder reiken dan de maatschappij. De kunstenaar dient buiten de maatschappelijke ordening te staan. In het aardse leven en dus ook in de maatschappij — een 'microchaos' — is geen plaats voor de dichter. Die moet streven naar een hoger bestaan, naar een hogere orde. Boutens zag de maatschappelijke orde waarschijnlijk als een soort pyramide met aan de top de dichter, die de enige was die contact zou kunnen krijgen met het goddelijke. Ik herinner nog eens aan zijn al vaak geciteerde uitspraak dat alleen een dichter in staat zou kunnen zijn om 'Gods geheim in zijn sublieme

([76]) Coster 1951.

([77]) Zie Van den Akker 1994, p. 77.

([78]) Peperkamp 1993, p. 29.

simpelheid' te kunnen raden. Om dit hoge doel te kunnen nastreven moet de dichter zich wel buiten de maatschappij stellen. Dit alles wordt echter gerelativeerd door het feit dat Boutens tal van literair-politieke functies bekleedde, zoals het presidentschap van de Nederlandse P.E.N.-club en de Vereeniging van Letterkundigen. Ook was hij beheerder van het Willem Kloos-fonds. Daarmee vervulde Boutens in zekere zin toch een maatschappelijke rol. Bovendien schreef hij een aantal gelegenheidsgedichten — zoals bijvoorbeeld de genoemde rijmprent bij het huwelijk van prinses Juliana en prins Bernhard in 1937 — die een functie hadden in de Nederlandse samenleving[79].

Zeven jaar na zijn lezing, in februari 1940, gaf Boutens in een interview met G.H. Wallagh op de vraag 'Maar meent U dan niet, dat de dichter een kind van zijn tijd is en dat de maatschappelijke orde of wanorde van invloed is op zijn poëzie?' het volgende antwoord:

> Het lijkt me twijfelachtig. Wanneer ik de geschiedenis naga, dan zie ik dat alle groote kunstenaars leefden in een wereld van schoonheid en dat ze op grond van hun aanleg tegenover de maatschappij stonden. Je kunt natuurlijk tegen de maatschappij zijn of er voor, maar van huis uit, gaat een kunstenaar niet mee met de mode. Alleen wat *hij* goed vindt en schoon, wat hij als schoon beleeft en ondergaat, zal hij weergeven in zijn kunst. Ik geloof niet dat er ooit groote dichters zijn geweest, die verrukt waren over wat ze in de maatschappij zagen. Dat is altijd zoo geweest. [...] Het is en blijft voor alle tijden nu eenmaal zoo: hoe persoonlijker de kunstenaar staat tegenover zijn omgeving, hoe meer hij opvalt en zich onderscheidt. Kunst kan alleen en moet een schepping zijn en wanneer de kunstenaar het niet op een heel bijzondere manier ziet, is het de moeite niet waard. Daar komt natuurlijk bij — en dat is het noodlot van alle kunst

([79]) Vgl. Nap en Van der Vleuten 1993, p. 110-111 en Van der Vleuten 1993, p. 88. Zie over Boutens' gelegenheidswerk: De Clerck 1958.

> in alle tijden — dat maar een heel klein gedeelte van het menschdom vermag het te apprecieeren en te doorgronden[80].

Boutens' antwoord komt overeen met wat hij in 1933 in Gent gezegd had. Hij bleef bij zijn anti-moderne, elitaire standpunt.

5. Besluit

Het uitgangspunt in dit hoofdstuk werd gevormd door een nog nauwelijks bestudeerde passage van Boutens over het kijken naar de kosmos. Boutens stelt de dichterlijke verbeelding, die oneindig is, tegenover de mogelijke begrensdheid van het heelal. De passage over de kosmos is voor hem een opstap om uiteindelijk te spreken over 'rhythme' in poëzie en over de uitzonderlijke positie van de kunstenaar in de maatschappij. Zoals ik heb laten zien gebruikt Boutens in zijn poëticale lezing noties die ook een rol speelden in kosmologische publicaties uit de jaren '20 en '30 van de twintigste eeuw. In tal van populair-wetenschappelijke publicaties werd geschreven over de (on)eindigheid en (on)begrensdheid van het heelal. Ook andere literatoren, zoals Van Deyssel, Gorter en Leopold, waren gefascineerd door deze materie. Uit het vorige hoofdstuk is gebleken dat ook ín Boutens' poëzie tal van passages te vinden zijn die gaan over de sterren en het heelal. Er is sprake van een uitgebreid discours over de kosmos, waar ook Boutens' lezing en poëzie deel van uitmaken. Een ander aspect, waar ik in dit hoofdstuk niet op in ben gegaan, is dat er omgekeerd publicaties van natuurwetenschappers te vinden zijn waarin naar literaire teksten wordt verwezen. Zo citeerde de wiskundige C.H. van Os in zijn artikel 'De evolutiën der ruimte' gedichten van Boutens[81]. Deze

(80) Wallagh 1940.
(81) Van Os 1928, p. 371 en 381.

intrigerende wisselwerking tussen literatuur en wetenschap verdient mijns inziens nader onderzoek.

Een ander actueel thema waar Boutens in zijn lezing impliciet op inhaakt, is het 'Vorm of vent'-debat. Boutens kiest voor de vorm door te spreken over het 'rhythme' in poëzie, alhoewel hij ook zegt dat de uiterlijke vorm van poëzie niet het belangrijkste aspect is. Het gaat hem uiteindelijk om de suggestie van een hogere schoonheid door middel van poëzie. De passage over de kosmos, waarin 'orde' en 'chaos' centraal staan, is ook poëticaal te interpreteren en is tevens te zien als een cultuurkritisch commentaar op zijn eigen 'chaotische' tijd waarover hij zich ook in andere lezingen en interviews kritisch uitliet.

De paradoxale uitkomst van dit hoofdstuk is dat Boutens in zijn lezing, waarin hij juist een vurig pleidooi houdt voor een volstrekt afzijdige opstelling van de dichter, op drie punten raakt aan zijn eigen tijd. Zijn lezing was in 1933 hoogst actueel vanwege niet de miskennen banden met contemporaine discussies op het gebied van wetenschap, dichtkunst en maatschappij.

Hoofdstuk VIII

DE VISIONAIRE BLIK. OVER 'VIZIOEN' (1942)

1. Inleiding

In Boutens' gedichten komen vaak visionaire passages voor. Daarmee bedoel ik dat er in het hier en nu plotseling een glimp wordt opgevangen van een transcendente wereld, bijvoorbeeld in de vorm van een persoon, een landschap of een zeegezicht. In dergelijke visionaire ogenblikken — wanneer een 'hogere' werkelijkheid de aardse werkelijkheid lijkt binnen te dringen of er doorheen lijkt te schemeren — is het alsof de zichtbare aardse en een onzienlijke transcendente werkelijkheid tijdelijk samenvallen. In Boutens' poëtische visioenen speelt licht een belangrijke rol. Bovendien gaat het daarbij dikwijls om een plotseling en kortstondig moment. Een essentieel verschil met de in de vorige hoofdstukken besproken gedichten — waarin de ogen achtereenvolgens werden gericht op het innerlijk, een kunstwerk, de ander of de kosmos — is dat er geen sprake is van een actieve blik (daaronder versta ik ook het sluiten van de ogen, zoals in hoofdstuk III behandeld). Er wordt plotseling iets geopenbaard of getoond aan de waarnemende instantie. Boutens zelf gebruikt in sommige gedichten expliciet het woord 'openbaring'[1].

Er is al eerder door anderen zijdelings gewezen op het visionaire karakter van Boutens' poëzie. Zo schreef De Clerck:

(1) Zie bijv. 'Openbaring' (VL 189-190) en 'Verbeelde reis', waar gesproken wordt van 'openbarings oogenblik' (VL 745).

> De visioenen die hij [...] aanschouwt, vertonen zo'n verscheidenheid, dat zelfs de meest gedetailleerde beschrijvingen ervan de waarheid niet kunnen benaderen. Eigenlijk zijn deze buitentijdse ervaringen onuitsprekelijk. Hoe Boutens ook tracht een aannemelijke voorstelling te geven van het gebied achter de "waazge schemerkimmen", op de lezer blijft toch steeds een gevoel van onvoldaanheid drukken. Moeilijk kan hij de dichter volgen "langs paden die de lichte dag niet speurt" of langs "schemerbergen" die door "zilvren neevlen" dringen[2].

De Clerck koppelt het visionaire aspect dus aan het poëticale: de visionaire ervaring is niet te beschrijven en niet uit te spreken (Rodenko en Sötemann zouden spreken van het 'échec'). De Clerck suggereert in het bovenstaande dat Boutens, voorafgaand aan het dichten, visioenen heeft gezien. Mij gaat het echter alleen om wat er in Boutens' gedichten staat. Wat Boutens werkelijk heeft gezien, valt niet te achterhalen.

Irons typeerde *Naenia* (VL 157-171), een reeks gedichten die Boutens schreef bij de dood van zijn leerling Willem van Tets in 1900, als 'visionary poetry'[3]. Als voorbeeld citeer ik de achtentwintigste strofe:

> Deinst gistren eeuwenver? — Waar de getijden
> Van toekomst en verleên aan horizon
> In Schoonheids trillend vizioen verglijden
> Ver achter enge baan van maan en zon,
> Voel ik U levend opgelegd verblijden,
> Een nieuw bezit, een eeuwig recht dat 'k buiten de aarde won.
> (VL 165)

In een trillend visioen van 'Schoonheid' voelt de 'ik' iets van de (overleden) 'U'. Dat visioen staat buiten de tijd en de aarde en zelfs vérder dan de maan en de zon[4]. Volgens Irons

(2) De Clerck 1961-1962, p. 1400.

(3) Irons 1997, p. 18.

(4) Vgl. 'Buiten 't wisselspel van zon en maan' in 'Het geheim' (VL 924); zie Sötemann 1985b, p. 212.

is in *Naenia*, vooral in de strofen 48-50, sprake van een verblindend visioen van de 'U'[5]. In die strofen speelt licht een belangrijke rol: 'lijfloos licht', 'Aetherisch Manna', 'Trilvloeibre Gloed', 'Sluier van diepe klaarheid dicht', 'Lichtschaduw', 'Schoonheids licht eindraadsel', 'stille zuivre zon' (VL 170-171).

Blok heeft gewezen op enkele visionaire passages in de *Strofen uit de nalatenschap van Andries de Hoghe* (1919). In de 'Zestiende Strofe' staat:

> [...] en stralend eenzaam
> schouwden mijn oogen u als nooit tevoren,
> als zonk de wereld van ons als een kleed
> en gij alleen bleeft met me in 't gouden licht
> verroereloosd tot eeuwig aangedenken... (VL 1059)[6]

Via het werkwoord 'schouwen', vaak gebruikt in mystieke teksten, kom ik terecht bij het bekendste gedicht van Boutens waarin het visionaire naar voren komt, 'Domburgsch uitzicht', waarvan de eerste strofe luidt:

> Opeens, met één blik te overbruggen, valt verslonken
> De straklazuren Roompot tot een kronkelkreek
> Voor 't land van Schouwen als verheerlijkt opgeblonken
> En stralend aangedreven uit zijn nevelstreek: (VL 779)

Sötemanns interpretatie heb ik reeds in hoofdstuk I aangehaald. Hij heeft erop gewezen dat 'Schouwen' zowel op het Zeeuwse eiland Schouwen als op het in de geest waarnemen van een transcendente werkelijkheid duidt. Het uitzicht wordt getransformeerd tot visioen[7]. Ook het plotselinge speelt in dit

(5) Irons 1997, p. 23.

(6) Zie Blok 1983, p. 307. Vgl. ook 'Nu is het werk volbracht' (VL 1087), waarin wordt gesproken van 'een teêr-doorgrondlijk vastgelegd vizioen' en Blok 1983, p. 396-397 daarover.

(7) Zie Sötemann 1985c, p. 224; vgl. Goedegebuure 2001.

gedicht een rol; het gedicht opent *in medias res* met het woord 'Opeens'.

De dichter en criticus M. Nijhoff besteedde in zijn bespreking van *Bezonnen verzen* een interessante passage aan het zien in Boutens' poëzie, waarin hij Boutens vergeleek met J.C. Bloem:

> Boutens' verzen hebben geen ruimte, geen horizontale wijdheid, gelijk die van Bloem; zij staan steil recht-op, als ik zo zeggen mag, zij zijn een verticale doorsnede van één ding, *gezien op één moment*, maar gezien met top en wortel, met een einde en oorsprong insluitende volledigheid. "Opeens, met één blik te overbruggen". [...] Elk zijner beelden vertoont zulk een organische *tezamengeziendheid*. (mijn curs.)[8]

Ik vind 'tezamengeziendheid' een prachtige vondst van Nijhoff. Ik ben het echter niet helemaal eens met Nijhoffs bewering dat Boutens' poëzie geen ruimte of horizontale wijdheid zou kunnen hebben. Wellicht bedoelt Nijhoff met 'horizontale wijdheid' de uitgebreidheid van tijd. Bij Boutens gaat het veeleer om het zeldzame ogenblik waarin de eeuwigheid geopenbaard wordt[9].

Van der Weij heeft aandacht geschonken aan het — tijdens Boutens' leven ongepubliceerd gebleven — prozagedicht 'Herinnering' uit 1896 (VL 1117-1119)[10]. In deze tekst staat een visionaire passage, waaruit ik citeer:

(8) Nijhoff 1982, dl. II, p. 730.

(9) Vgl. de versregels 'Weg uit den ban van ruimte en tijd' (VL 773) en 'Uit den ban van duur en tijd' (VL 853). Ook zijn er bij Boutens gedichten te vinden waarin het gaat om het moment waarop tijd en eeuwigheid elkaar raken: 'Wie zag het eindge, die / Niet met oneindigheid, / Wie zag het tijdlijke, / Die niet met eeuwigheid / Zijn oogen bett'e?' (VL 236), 'Waar tijd en eeuwigheid elkaêr beroeren' (VL 348), 'O kort en onbegrensd beleven / Van eeuwigheid en oogenblik!' (VL 395), 'Als tijd door eeuwigheid geraakt' (VL 552). Vgl. ook 'Oogenblik' (VL 483-485).

(10) Boutens stuurde 'Herinnering' mee in een brief van 27 juli 1896 aan Lodewijk van Deyssel (zich bevindend in het Van Deyssel-archief; met dank aan dr. Harry G.M. Prick die mij de stukken ter inzage gaf). Het is opgedragen 'aan W.v.IJ.'. Achter deze initialen schuilt Boutens' studievriend

> In de oogenblikkelijke belichtingen van den flitsenden bliksem stak de dom af op den wand van den achterhemel, die leek een seconde lang dàn doorsmeurd met dik rood en geel licht als een brandlucht, — stak hij af helgrijs en roze en zeegroen. [...] En de wijding der verrukking, die we vergeefs gezocht hadden op aarde, daalde tot ons als een zacht-stralende lamp lichtend neer uit de donkere wolkverwelven. (VL 1118).

Aan het eind van het visioen staat: 'In éen blik was de avonddag weer terug als van achter opgetrokken gordijnen, en de hemel weer als tevoren en de stad en de rivier en het menschleven brekend uit om nog te zien de zon en den avond vóor de nacht.' (VL 1119). Opmerkelijk is dat de aardse werkelijkheid na het visioen van achter gordijnen tevoorschijn komt. Het visioen is dus als een gordijn dat tijdelijk voor de aardse werkelijkheid is geschoven. In andere gevallen is het juist zo dat de aardse werkelijkheid opengaat als een gordijn en dat daaráchter een andere, hogere werkelijkheid te zien is[11]. Van der Weij wijst op de verhoogde intensiteit in het visionaire gedeelte van de tekst van stijlmiddelen als herhalingen, synesthesieën, oxymorons en woordkoppelingen die in dienst staan van 'een vervorming en uitvergroting van de werkelijkheid, waarin heden en verleden in elkaar overvloeien', zoals ook te vinden in de prozagedichten van Van Deyssel[12].

In enkele gedichten van Boutens wordt het visionaire geëxpliciteerd door het voorkomen van het woord 'visioen' (Boutens schrijft meestal 'vizioen')[13]. Zo is in het reeds

Wouter van IJzeren (1870-1936; zie over hem Goud 2001a, p. 8-9). In de Boutens-editie van Polak luidt de opdracht ten onrechte 'aan W.v.M.' (VL 1117).

([11]) Vgl.: 'Achter schemeren gordijnen / Leeft een goddelijk verschijnen / Niet door oogen waargenomen' (VL 542). Vgl. ook het in hoofdstuk I geciteerde gedicht 'In den Schouwburg'.

([12]) Van der Weij 1997, p. 380.

([13]) Zie VL 165, 280, 563, 614, 880, 890, 936, 1027, 1087. In het ongepubliceerde gedicht 'Valkenisse' wordt gesproken van een 'vertastbaard visioen' (zie Blok 1983, p. 103).

besproken gedicht 'Sterren' (zie hoofdstuk VI) te lezen: 'Daar schuift voor nieuw visioen het roerloos loover open' (VL 645). Daarop volgt een visionaire blik op de kosmos. In Boutens' laatste bundel *Tusschenspelen* (1942) staat in het gedicht 'Rekenschap': ''t Werd één vizioen, dat trekt geen duur / Met dag of nacht, met eeuw en duur' (VL 880). Ook bevindt zich in deze bundel een gedicht met de titel 'Vizioen' (VL 890). Alleen al vanwege de titel is het Boutens' meest expliciete visionaire gedicht. Ik stel 'Vizioen' in dit hoofdstuk centraal. Er is nog nauwelijks over geschreven. Het wordt slechts terloops genoemd door Irons en Blok in hun analyses van de bundel *Tusschenspelen*. Volgens Irons gaat 'Vizioen' over 'the evening of love's fulfilment'. Blok neemt dit over, hij spreekt van 'de avond van liefdesvervulling'[14]. Deze karakteriseringen zijn uiterst summier en weinig verhelderend. Ik geef in dit hoofdstuk een analyse en interpretatie van 'Vizioen'. Daarvóór ga ik in op enkele algemene kenmerken van visioenen en visionaire literatuur. Na mijn interpretatie zal ik een antwoord proberen te geven op de vraag in hoeverre 'Vizioen' voldoet aan deze kenmerken.

2. Visionaire literatuur

Er bestaat een lange traditie van visionaire literatuur. Visioenen komen al voor bij de klassieken en in de bijbel. In de Middeleeuwen schreven mystici, zoals Hildegard von Bingen en Hadewijch, visionaire teksten. Dantes *Goddelijke komedie* bevat visioenen van het paradijs. Romantici en symbolisten zagen zichzelf als visionaire kunstenaars en als zieners[15].

(14) Zie Irons 1997, p. 88 en Blok 1993, p. 59.

(15) Zie Lieb 1991 over bijbelse visioenen; Stuip en Vellekoop (red.) 1986 over visioenen bij o.a. de klassieken, Dante en Hadewijch; Schilling 1998 over Von Bingen; Bays 1964 over romantici en symbolisten als zieners.

Er kunnen verschillende soorten visioenen worden onderscheiden in verschillende periodes. Ernst Benz spreekt in zijn studie *Die Vision. Erfahrungsformen und Bilderwelt* (1969), die een uitvoerige introductie op het verschijnsel biedt, onder meer van lichtvisioenen, droomvisioenen, profetische visioenen en leervisioenen. Bij al die verscheidenheid is er toch een aantal terugkerende kenmerken aan te wijzen die ook voorkomen in Boutens' 'Vizioen': licht, een plotselinge openbaring, de onzegbaarheid van het geziene en (daarmee samenhangend) de bijzondere stijl waarin visioenen beschreven worden.

In lichtvisioenen wordt het goddelijke, hemelse licht geschouwd. Het licht is meer dan louter een symbool van God: 'es manifestiert das Wesen Gottes selbst.'[16] Het zien van het hemelse licht is verblindend. Naar aanleiding van de lichtvisioenen die de achttiende-eeuwse theosoof Emanuel Swedenborg beschreven heeft, merkt Benz op dat deze visioenen gepaard gaan met de bevrijding van hinderpalen, innerlijke reiniging, het doordringen in het ándere, het opklaren en helder worden: 'Das Erlebnis der Erleuchtung — mit einer Lichterscheinung verbunden — tritt also zusammen mit einer Befreiung von hindernden Gedanken, einer inneren Reinigung und einem Geschenk des Eindringens in das wahre Wesen der Dinge [...] auf. Der Nebel, die Unklarheit ist verschwunden: er sieht die Dinge in ihrer ursprünglichen Form und Idee, und diese Schau ist von einem ekstatischen Glücksgefühl begleitet.'[17] Benz wijst er elders op dat het goddelijke licht samenvalt met de liefde en Christus[18].

Bij visionaire ervaringen valt ook te denken aan epifanie, een woord waarmee traditioneel de verschijning of openbaring

([16]) Benz 1969, p. 326.
([17]) Benz 1969, p. 101.
([18]) Benz 1969, p. 330-331.

van Christus werd aangeduid, maar algemener 'a manifestation in and through the visible world of an invisible life'[19]. Epifanie wordt ook wel omschreven als 'den Einbruch Gottes in die Welt' en 'das plötzlich eintretende u[nd] ebenso rasch wieder verschwindende Sichtbarwerden der Gottheit'[20]. Van belang is het plotselinge en kortstondige aspect, zoals Maaike Meijer heeft opgemerkt in verband met enkele gedichten van M. Vasalis: 'De andere werkelijkheid wordt *plotseling* gezien of ervaren. De visionaire blik dringt zich op, dwars door het gewone kijken heen.'[21]

De ervaring van het zien van het goddelijke licht is onuitsprekelijk. Visionairen benadrukken vrijwel altijd dat wat zij ervaren in hun visioenen niet in woorden uit te drukken is[22]. Dit is bijvoorbeeld ook bij Hadewijch te vinden. In haar *Vizioenen* wordt het 'aanschijn' van God of de Minne 'onseggheleke scoene' genoemd[23]. De menselijke taal is niet toereikend om de ontmoeting met het transcendente onder woorden te brengen. Ook bij Boutens is de gedachte te vinden dat de taal ontoereikend is. Zijn ideaal is een woordeloos gedicht 'zonder smet van taal of teeken' (VL 374). Paradoxaal genoeg gebruikt de dichter toch deze ontoereikende taal.

Met de onzegbaarheid van de visionaire ervaring hangt volgens Benz een bepaalde, oorspronkelijke stijl samen[24]. Omdat visionaire literatuur volgens hem 'eine gewaltige sprachschöpferische Bedeutung' heeft, dus in staat is om nieuwe taal te scheppen, lijkt een stijlonderzoek naar visionaire

(19) Nichols 1987, p. 2. Zie ook Tigges 1999.

(20) Schulz 1984, p. 333.

(21) Meijer 1988, p. 23.

(22) Benz 1969, p. 313 e.v.

(23) Reynaert 1981, p. 191.

(24) Benz 1969, p. 413 e.v.

literatuur hem zeer gewenst[25]. Helaas gaat hij daar niet verder op in. Door een aantal literatuurwetenschappers is daar wel een en ander over geschreven. Irons heeft gewezen op parallellen tussen Boutens' poëzie en aspecten van mystiek taalgebruik zoals paradoxen, licht-symbolisme en de ontoereikendheid van de taal[26]. Van de Watering heeft erop gewezen dat in mystieke en aan mystiek verwante (visioenen)literatuur, van de middeleeuwen tot en met de twintigste eeuw, overeenkomsten bestaan in woorden, beelden, voorstellingen, stijlfiguren en procedures[27]. Vooral stijlfiguren als paradox en oxymoron zijn kenmerkend. Dorleijn ziet stijlfiguren als paradox en oxymoron en vormgevingsprincipes als duisterheid, meerlagigheid, concentratie en informatiedichtheid als mogelijke kenmerken van een 'autonomistische traditie'[28]. Volgens hem is er een verband tussen mystiek en moderne poëzie, omdat beide 'in woorden het onuitsprekelijke proberen uit te drukken en daarom gebruik moeten maken van talige ongerijmdheden'[29]. Welburn, die visionaire literatuur vooral in verband brengt met verbeelding, schrijft: 'In order to comprehend the "visionary" use of the imagination [...] we must take into account not only the power of the image, but also the difficult issues that arise when poetry *touches upon the limits of imagery or representation.*' (mijn curs.)[30]. Goedegebuure heeft onlangs gewezen op ongrammaticaliteiten en neologismen in een gedicht van Kees Ouwens die 'de onmogelijkheid en de ongerijmdheid van het visioen kracht bijzetten'[31].

(25) Benz 1969, p. 415.
(26) Irons 1997, p. 41-42 en 89-90.
(27) Van de Watering 1979, p. 87. Zie ook Meijer 1988, p. 21-45.
(28) Dorleijn 1989b, p. 52.
(29) Dorleijn 1989b, p. 66, n. 48.
(30) Welburn, 1989, p. 15.
(31) Goedegebuure 2001, p. 272.

3. Bespreking van Boutens' 'Vizioen'

3.1. *In den keerkring*

'Vizioen' werd voor het eerst in 1942 gepubliceerd in de door J.F. van Royen gedrukte bundel *In den keerkring. Zeven gedichten van P.C. Boutens* (Den Haag, Kunera Pers), in een oplage van 210 exemplaren. Het was de derde uitgave van de Nederlandsche Vereeniging voor Druk- en Boekkunst[32]. Van Royen was niet alleen de drukker, maar ook de samensteller van het bundeltje (uiteraard in samenspraak met Boutens). In het Van Royen-archief bevinden zich twee typoscripten van dit gedicht, waarboven de titel 'Liedje' staat[33]. Mogelijk is de titel 'Vizioen' bedacht door Van Royen. Mevrouw A.F.A. van Royen-Saltet herinnerde zich het volgende over de samenwerking tussen Boutens en haar man: 'Boutens, die boven de meesten [van de gedichten, M.G.] niets, of zooiets als "Liedje" had gezet, keurde v[an] R[oyen]'s voorstel tot betiteling goed, ook voor het geheel "In den keerkring".'[34] Mij is geen voorpublicatie van dit gedicht in een tijdschrift bekend. Boutens nam 'Vizioen' op in zijn laatste bundel *Tusschenspelen* (1942)[35].

In *In den keerkring* staan de volgende zeven gedichten (die allen werden opgenomen in *Tusschenspelen*): 'Sonnet', met de openingsregel 'Nu er geen plaats bleek voor uw oud karkas' (VL 885), 'Hymne I': 'Met mijn oude oogen heb ik het gezien' (VL 888-889), 'Vizioen' (VL 890), 'Merel' (VL 898), 'Rosa

(32) Zie over de totstandkoming van *In den keerkring*: Hammacher 1947, p. 173-176.

(33) Het Van Royen-archief bevindt zich in Museum Meermanno-Westreenianum/Museum van het Boek te Den Haag. Eén van de twee typoscripten bevat correcties in het handschrift van Boutens.

(34) Een afschrift van haar herinneringen bevindt zich in de Boutens-documentatie van mevr. Van Lier, inv. nr. 2410.

(35) Zie over *Tusschenspelen*: Polak 1953, De Clerck 1963a en Blok 1993.

sub rosa' (VL 897), 'Hymne II': 'Eén is op de waatren ons voorgegaan' (VL 886-887) en 'Kerstboodschap' (VL 891-892). Enkele van deze gedichten hebben een christelijke thematiek, in het bijzonder 'Eén is op de waatren ons voorgegaan' en 'Kerstboodschap'. Het visionaire aspect speelt niet alleen in 'Vizioen' een rol, maar ook in de andere gedichten in *In den keerkring*. Wellicht heeft Van Royen zijn keuze van visionair getinte gedichten mede laten bepalen door de actualiteit van de Tweede Wereldoorlog. In het openingsgedicht ('Sonnet') staat:

> Nu er geen plaats bleek voor uw oud karkas
> In den gemeenen kuil waar ligt verbloed
> Uw stout jong Holland, dat gij saam voorgoed
> Opgingt in heuvlen welig lentegras —
>
> Zit neêr, en overleef, en vind den moed
> Door uwer oogen duistrend vensterglas
> Uit te zien op den onverweerbren was
> Van alles wat gij nog beleven moet, (VL 885)

In 'Hymne I' is te lezen:

> Met mijn oude oogen heb ik het gezien,
> Mijn moedervolk, volk van mijn eigen land,
> Zoo helder als nog nooit vóordien,
> Waar in uw oog het hart stond van uw hart
> In bloei getrokken door de felste smart —:
> O eeuwig zaad, o sprankel diamant! (VL 888)

Over dit gedicht schreef Johan Polak: 'Op aangrijpende wijze brengt de tot ziener geworden dichter onder woorden, hoe hij een ondeelbaar ogenblik heeft ingezien dat zijn lotsverbondenheid met het moedervolk groter is dan ooit door de smart en het lijden waarin zijn eigen land betrokken is tengevolge van oorlog en bezetting.'[36]

([36]) Polak 1953, p. 84.

Een visionair moment is ook te vinden in de slotstrofe van 'Kerstboodschap':

O Nebo, Nebo, waar ik even stond
En zag verdroomd de diepe versche voren
Om moeder aardes kleinen groenen bal
Voltrokken in haar eindlijke eindigheid,
Land waar de zon niet meer kan ondergaan —
En waar ik zelf geen woonplaats vinden zal. (VL 892)

Na dit gedicht volgt in *In den keerkring* een passage uit Deuteronomium 34:1 en 4 (in de Statenvertaling) over Mozes die vanaf de berg Nebo het beloofde land ziet[37]. Maar hij zal dat land zelf nooit bereiken, zoals God tegen Mozes zegt: 'Ick hebbe 't u met uwe oogen doen sien, maer gij en sult daer henen niet overgaen.' Dit bijbelcitaat is ook in verband te brengen met 'Hymne I' ('Met mijn oude oogen heb ik het gezien').

3.2. *De tekst*

Vizioen

  Tusschen dag en donker
In de waterklare schemering:
  Alle schijn verzonk er,
Of de weerld van weêrszij openging:

  Of een bader de oogen
Uit het blindvergudsend nat
  Opsloeg in een alvermogen
Als geen menschenoog tot nu bezat:

  Al de steile bergen vlakken
Naar één overzichtig dal;
  Alle muren krakken
Onder stilst bazuingeschal:

(37) Zie hierover ook Van Halsema 2000, p. 94.

De aarde hangt doorschijnend
In haar vollen melkwegkrans,
In elkaêr verdwijnend
Al berekening en kans,

Elk klein-eigenzuchtig
Doel tot eeuwger middel klaart
Naar één einddoorluchtig
Aan geen ziener geopenbaard

Wit dat even opschijnt
In zijn onaanrandbre pracht,
Als de bliksemstraal den top lijnt
Van den leedverstormden nacht...

Wie kan deelen of verkiezen
Waar alom de liefde zelf verbloedt,
Die door eindeloos verliezen
Overwinnen moet?[38]

3.3. *Globale monstering*

De in 'Vizioen' gebruikte interpunctie is opmerkelijk. Er staan veel dubbele punten in het gedicht (na regels 2, 4, 8 en 12). Dit procédé is ook te vinden in 'Het geheim' (VL 924-925), waarover Sötemann schrijft dat elke fase voortvloeit uit de voorafgaande[39]. Daarvan lijkt in 'Vizioen' ook sprake te zijn. De eerste zes strofen vormen één zin. De zevende, laatste, strofe staat los van de rest van het gedicht. Het metrum

(38) Ik citeer het gedicht naar *Tusschenspelen*. Den Haag, 1942, p. 84-85. In de *Verzamelde lyriek* (VL 890) staat in regel 6 'blindvergu*t*send' in plaats van 'blindvergu*d*send' (mijn curs.). Zowel in *In den keerkring* als in *Tusschenspelen* staat 'blindvergudsend'. In *In den keerkring* springen de regels niet in.

(39) Zie Sötemann 1985b, p. 205. Er zijn overigens meer parallellen tussen 'Vizioen' en 'Het geheim': de openbaringsthematiek, het kosmische, allusies aan de bijbel. Zie ook Blok 1983, p. 320 over Boutens' gebruik van de dubbele punt.

is trocheïsch, afwisselend drie- en viervoetig, soms vijfvoetig. De regellengte varieert sterk: van 5 tot 9 lettergrepen. In regel 10 en 19 is sprake van antimetrie: daar valt de nadruk op het geaccentueerde woord 'één', de tweede lettergreep. Er is sprake van gekruist rijm.

Er is geen expliciet lyrisch 'ik' in dit gedicht. De lyrische instantie is verborgen. Ook wordt geen 'u' aangesproken. Wel wordt — in een vergelijking — gesproken van een 'bader' (5) in de tweede strofe. In dit gedicht is er geen 'ik' die ergens actief of bewust naar kijkt. Er is veeleer sprake van iets wat zich toont of openbaart.

Ik onderscheid drie semantische velden, namelijk rondom 'licht', 'zien' en 'water'. Tot het veld 'licht' behoren de woorden en woordgroepen: 'Tusschen dag en donker' (1), 'waterklare schemering' (2), 'schijn'[40] (3), 'doorschijnend' (13), 'vollen melkwegkrans' (14), 'klaart' (18), 'einddoorluchtig' (19), 'wit dat even opschijnt' (21) en 'bliksemstraal' (23). In het veld 'zien' passen: 'oogen' (5), 'blindvergudsend' (6), 'opsloeg' (7), 'menschenoog' (8), 'overzichtig' (10) en 'ziener' (20). Tot het veld 'water' behoren: 'waterklare' (2), 'verzonk' (3), 'bader' (5) en 'blindvergudsend nat' (6).

Tegenstellingen komen vaak voor in het gedicht: dag – nacht, licht – donker, schijn – wezen, gesloten – open, onzichtbaar – zichtbaar. Het gaat echter vooral om de grensgebieden daartussen, zoals de schemering in de eerste strofe. Een van de belangrijke thema's van het gedicht is grensoverschrijding. De grenzen die worden gesteld aan het alledaagse, aardse leven worden in dit gedicht (actief of passief) doorbroken: de bader uit de vergelijking in de tweede strofe breekt door de waterspiegel heen; de bergen en muren — die het volle zicht benemen — vallen weg in de derde strofe. Het

([40]) Overigens is 'schijn' ambigu, het is óók te interpreteren als bedrieglijke schijn, zie verder mijn interpretatie hieronder.

doorbreken van de waterspiegel en het wegvallen van bergen en muren staan niet op één lijn: het doorbreken van de waterspiegel is actief, het wegvallen van de muren en de bergen overkomt de (verborgen) lyrische instantie en wordt dus passief ondergaan. Ook de grenzen van het benoembare of de taal worden doorbroken; vandaar de oxymorons, paradoxen, ingewikkelde syntaxis en woorden als 'blindvergudsend' en 'leedverstormd'. Dit hangt samen met Boutens' poëtica en de in de vorige paragraaf genoemde kenmerkende stijl van visionaire literatuur. Grensoverschrijding of het wegvallen van (aardse) grenzen is te verbinden aan het thema van de openbaring, waarvan in het gedicht twee maal sprake is: in de eerste strofe staat dat het leek alsóf de wereld openging en in de zesde strofe gaat het over 'wit' dat nu toe aan geen ziener geopenbaard was (20). Opvallend zijn ook de vele woordparen: berekening en kans (16), doel en middel (18), delen en verkiezen (25) en verliezen en overwinnen (27-28).

3.4. *Interpretatie strofe voor strofe*

Strofe I

1 Tusschen dag en donker
2 In de waterklare schemering:
3 Alle schijn verzonk er,
4 Of de weerld van weêrszij openging:

Het gedicht begint *in medias res*. Het eerste woord 'Tusschen' roept associaties op met de titel van de bundel *Tusschenspelen*. Deze bundel bevat gedichten 'die op de grens van leven en dood worden gezongen', aldus Blok[41]. Het gedicht opent met zo'n grenssituatie: tussen 'dag' en 'donker'. Het is opvallend dat Boutens kiest voor 'tusschen dag en donker' en niet

([41]) Blok 1993, p. 58.

voor 'tussen dag en nacht'[42] of 'tussen licht en donker'. De woorden 'dag' en 'donker' allitereren. Bij de tegenstelling tussen dag en donker speelt ook de tegenstelling tussen leven (dag/licht) en dood (nacht/duisternis) een rol. Tussen 'dag' en 'donker' bevindt zich de schemering[43]. Maar in dit gedicht is geen sprake van gewone schemering, maar van 'waterklare schemering' (2). Het adjectief 'waterklaar', dat Boutens vaker gebruikte, betekent klaar, helder of doorzichtig als water[44]. De woordcombinatie 'waterklare schemering' is een oxymoron (vgl. bijv. ook 'klare nevelen' (VL 287) en 'kristallijne schemering' (VL 1058)). Schemering is immers niet helder of doorzichtig, maar 'half, flauw of zwak licht' en de 'tijd tusschen licht en donker'[45], zoals in de eerste versregel ook staat. Waarom is déze schemering toch 'waterklaar'? Wellicht vanwege de aanwezigheid van water, zoals blijkt uit 'verzonk' (3) en de 'bader' (5) en het 'blindvergudsend nat' (6) in de tweede strofe?

De derde regel maakt de situatie nog raadselachtiger: 'Alle schijn verzonk er'. Het woord 'er' is de enige aanduiding van de plaats waar het visioen zich afspeelt, maar het is niet duidelijk waar 'er' naar verwijst. Nadrukkelijk wordt gezegd dat het gaat om álle schijn (vgl. 'al(le)' en 'alom' in regels 9, 11, 16, 26). Het woord 'schijn' is ambigu. In eerste instantie kan 'schijn' lichtschijnsel betekenen, vanwege de eerdere aandacht voor 'donker' en 'schemering'. 'Alle schijn verzonk er' interpreteer ik dan als het ondergaan of het zinken (in de zee) van de zon (het woord 'zon' is verborgen in 'ver*zon*k'). Een tweede mogelijkheid is om 'schijn' op te vatten als bedrieglijke 'schone

(42) Deze openingsregel gebruikte Boutens in zijn gedicht 'Levens geheim' (VL 120).

(43) Vgl. 'Weet ook gij dat *schemerlicht* paleis / *Tusschen dood en leven*?' (VL 361, mijn curs.).

(44) Boutens gebruikt het adjectief 'waterklaar' vaker (zie VL 166, 522 en 549).

(45) *WNT*, dl. XIV, kol. 417-418.

schijn', tegengesteld aan 'wezen'. In de schemering verdwijnt (of 'verzinkt') de schijnwereld en wordt de wezenlijke werkelijkheid geopenbaard[46]. In de eerste lezing (schijn=licht) is sprake van verduistering, in de tweede (schijn=bedrog) van verheldering.

De tweede interpretatie van het verzinken van de 'schijn' wordt gesteund door de vierde versregel: 'Of de weerld van weêrszij openging'. Het lijkt alsof de wereld 'van weêrszij' — dus van twee kanten — opengaat. Maar de wereld gaat niet écht open, er is sprake van een vergelijking (vgl. ook r. 5). Dit 'open' gaan van de wereld hangt samen met het instorten van de muren en het motief van de openbaring verderop in het gedicht. Ook zijn er reminiscenties aan de bijbel, vooral het laatste bijbelboek Openbaring of Apokalyps[47]. Het Griekse *apokalypsos* betekent: 'weghalen van de sluier'[48]. In Openbaring 19:11 wordt gezegd dat de hemel open gaat. Het weghalen van een sluier of gordijn suggereert het 'van weêrszij' opengaan van de wereld. Dit is te vergelijken met het wegtrekken van de nevelsluiers in 'Domburgsch uitzicht', waarover Sötemann schrijft: 'Het effect kan visionair zijn: of er een wereld plotseling opengaat'[49]. Iets dergelijks is ook te vinden in 'Middagzee': '[...] waar neevlen openschijnen / En de zuivre kusten lijnen / Van een zalig land' (VL 246). Het opengaan van de sluiers is ook in verband te brengen met de toneelmetafoor die nogal eens bij Boutens voorkomt[50].

([46]) Vgl. 'als zonk de wereld van ons als een kleed' (VL 1059).

([47]) Vgl. ook Boutens' gedicht 'Openbaring' (VL 189): 'Het wolkverstilde leven *splijt*' en VL 576: 'Dit wit geluk dat siddrend *opengaat*' en VL 879: 'In nieuw verduizlen *openging*'. Zie ook Van Halsema 1989, p. 364-366, 387-389 en 450-452 over het openbaringsmotief bij Leopold.

([48]) Sötemann 1985b, p. 209.

([49]) Sötemann 1985c, p. 224.

([50]) Bijv. in het ongepubliceerde jeugdgedicht 'In den Schouwburg' (zie hoofdstuk I) en 'Doodenmasker voor Hugo von Hofmannsthal' (VL 758-759). Zie over het laatste gedicht Goud 1997a.

Ook valt het te relateren aan het scheuren van de voorhang van de tempel op het moment van Christus' kruisdood (Mattheus 27:51).

Strofe II

5 Of een bader de oogen
6 Uit het blindvergudsend nat
7 Opsloeg in een alvermogen
8 Als geen menschenoog tot nu bezat:

Evenals in regel 4 moet 'Of' (5) hier als 'alsof' gelezen worden. In deze strofe komt de enige persoon, een 'bader', van het gedicht voor[51]. Van belang is dat het hier gaat om een vergelijking; de bader is er niet werkelijk. Regel 5 kan gelezen worden als nevenschikkend bij regel 4: 'Alle schijn verzonk er [...]' alsof een bader zijn ogen opsloeg uit 'het blindvergudsend nat' (6). Het samengestelde adjectief 'blindvergudsend' (6) — een combinatie van een adjectief ('blind') en een *participium praesens* ('vergudsend') — is een typisch Boutensiaanse constructie[52]. Het is moeilijk te zeggen wat dit precies betekent. Er is veel samengebald in één woord. Ik interpreteer 'blindvergudsend nat' als verblindend, neergutsend water. Gutsen (ook wel gespeld als gudsen) betekent 'overvloedig, in stromen neervloeien of -storten' (Van Dale). Uit het prefix 'ver-' blijkt dat het om weg- of neergutsen gaat. Het gaat hier om het gutsen van water ('bader', 'nat'), maar het is ook mogelijk om te denken aan tranen (vgl. 'leed[...]' in r. 24). In Boutens' poëtisch universum zijn tranen vaak verblindend (zie hoofdstuk II).

Het woord 'Opsloeg' (7) duidt niet alleen op het opslaan van de ogen, maar suggereert ook het ópduiken van de bader

([51]) Vgl. 'Zielschitternaakte bader' (VL 93) en 'Een naakte zwemmer waad ik door / De spiegelende oneindigheid' (VL 376).

([52]) Zie De Graef 1958, p. 18-22.

en is tegengesteld aan 'verzonk' (3) uit de vorige strofe en aan het neerwaartse vergutsen van het water. Het opslaan van de ogen betekent de blik omhoog richten; dit komt vaak voor in visionaire teksten. De bader komt vanuit het water omhoog en bij het doorbreken van de waterspiegel spat en gutst het water over de bader heen, hetgeen een verblindend effect heeft. Wellicht heeft ook het licht bóven de waterspiegel een verblindend effect, al is er sprake van de schemering en al staat in het gedicht niet dat de bader door het licht wordt verblind. Paradoxaal is dat het opslaan van de ogen blindmakend is; het vergutsende water heeft een verblindend effect. Blindheid is een belangrijk thema in Boutens' poëzie (vgl. bijv.: 'Verheerlijkt slaan wij de oogen open in de / Doorzichte alziendheid van de zalig-blinden / Wien nog op aarde God verschenen is' (VL 845)).

De bader slaat niet zomaar zijn ogen op, maar hij doet dat 'in een alvermogen' dat tot nu toe door geen mensenoog werd bezeten (7-8). 'Alvermogen' betekent doorgaans het allesomvattende onbeperkte vermogen van God. Wat in dit visioen gezien wordt, is tot nu toe nog nooit door een mens gezien. De ogen van de verborgen waarnemende instantie, die wordt vergeleken met een opduikende bader, zijn op dit unieke moment van een andere orde dan gewone mensenogen: ze hebben een goddelijk vermogen.

De in deze strofe beschreven situatie — een bader die zijn ogen opslaat uit 'blindvergudsend' water — is te relateren aan de doop. Met de doop hangt ook de wedergeboorte samen[53]. Eerder kwam de doop aan bod in mijn bespreking van 'Sterren' (hoofdstuk VI), daar was sprake van

([53]) Vgl. Van Halsema 1989, p. 390-392 over wedergeboorte en doop. Hij schrijft: 'Het bad van de wedergeboorte, als voorstelling te verbinden met ontvangen van het pneuma, is bekend uit de mysterieleren en uit het Nieuwe Testament. Zoals Christus pas na de doop in de Jordaan "als Sohn Gottes gezeugt wird", zo sterft wie in Hem gelooft in het bad van de doop en komt daarin tot wederopstanding' (p. 392).

een lichtdoop. In 'Vizioen' is sprake van een waterdoop. Het water is reinigend en zuiverend. Dit aspect roept allerlei bijbelse reminiscenties op, zoals de doortocht door de Rode Zee (Exodus 14) en de doop van Christus, waarover in Mattheus 3:16 staat geschreven: 'En Jezus, gedoopt zijnde, is terstond *opgeklommen* uit het water; en ziet, de hemelen werden Hem *geopend*, en hij zag den Geest Gods nederdalen, gelijk een duive, en op Hem komen.' (mijn curs.). Een ander christelijk beeld dat met de opduikende bader in verband is te brengen, is dat van de *ichtus*: het symbool van Christus als vis die in de diepte van de zee duikt en daarna weer opduikt, waarmee zijn dood en wedergeboorte worden gesymboliseerd[54].

Het beeld van het doorbreken van de waterspiegel komt ook voor in Plato's *Phaidros* (door Boutens vertaald). Daarin wordt de hemel vergeleken met water, begrensd door de 'hemelspiegel' (248a), waarboven zich het transcendente bevindt[55]. Enkele gelukzalige zielen kunnen de 'hemelspiegel' doorbreken om de transcendente werkelijkheid te zien: '[...] zij aanschouwen wat *buiten den hemel* is. De *bovenhemelsche* streek heeft nog niemand der dichters hier bezongen noch zal die ooit bezingen naar waarde.' (247b-c, mijn curs.). Na het schouwen van de onbeschrijfbare transcendente werkelijkheid 'duikt' de ziel weer 'binnen den hemel' (247e). Minder gelukkige zielen blijven onder de hemelspiegel en 'zinken onder' (248a). Plato schrijft verderop in de *Phaidros* dat de ziel zich iets kan herinneren van de blik boven de 'hemelspiegel': 'dit is herinnering aan gene dingen welke onze

(54) Zie Augustinus, *De stad van God*, boek XVIII, 23 (p. 876) en 30 (p. 884). Zie ook Mühlstedt 2001, p. 91-92.

(55) Boutens, *Verzamelde werken*, dl. V, p. 297. Zie Blok 1983, p. 238-239 die deze passage in verband brengt met de 'Eerste Strofe' (VL 1037) en Van Halsema 1999, p. 219 die deze passage van Plato in verband brengt met Leopolds 'Morgen'.

ziel eenmaal, mede-reizende met den god en *uitkijkende hoog* over wat wij nu werkelijkheid noemen, en *opgedoken* binnen het werkelijk zijnde, gezien heeft.' (249c, mijn curs.). Boutens zelf gebruikt het beeld van de hemel als bad in het gedicht 'De dood van den adelaar', wanneer hij schrijft over 'Oogen die bettelings zich in het bad der ruimte sterken' (VL 706)[56].

Strofe III

9 Al de steile bergen vlakken
10 Naar één overzichtig dal;
11 Alle muren krakken
12 Onder stilst bazuingeschal:

In deze strofe wordt overgegaan van de verleden tijd in de eerste twee strofen ('verzonk' (3), 'openging' (4), 'Opsloeg' (7), 'bezat' (8)) naar de tegenwoordige tijd ('vlakken' (9), 'krakken' (11), enz.). Na de dubbele punt achter regel 8 (waarin 'tot nu' staat) begint het visioen pas echt. Het visioen wordt vanaf regel 9 present gesteld of actueel gemaakt. De strofe bestaat uit twee parallelle zinnen, beginnend met 'Al' en 'alle' (terugverwijzend naar het '*al*vermogen' in r. 7). De eerste zin bevat een paradox: alle steile bergen vervlakken naar één overzichtelijk of overzienbaar dal[57]. De woorden 'steil'-'vlak' en 'berg'-'dal' contrasteren. In regel 10 is sprake van een antimetrisch accent op 'één' (vgl. r. 19). Tot nu toe benamen de bergen het zicht. Maar nu — in dit kortstondige visioen — is alles te overzien; de steilte is overwonnen. Het woord 'overzichtig' hangt samen met 'waterklare' (2), 'doorschijnend' (13) en 'einddoorluchtig' (19).

(56) Zie verder Van Halsema 1989, p. 486 (n. 29) over de hemeloceaan bij Leopold en Boutens.

(57) Vgl. de beschrijving van een visionair landschap in 'Doodenmasker voor Hugo von Hofmannsthal': 'Ik zag in 't hart van uw verscheurde land / Een zomers bloeiend overschaduwd dal' (VL 758).

Dan volgt in regel 11: 'Alle muren krakken'. De muren breken en vallen om, waardoor zichtbaar wordt wat zich achter die muren bevindt (vgl. het opengaan van de wereld in regel 4)[58]. De bergen en muren vormden hindernissen voor het zien. Het merkwaardige werkwoord 'krakken' is een onomatopee: het suggereert een krakkend geluid. Paradoxaal is de toevoeging in de volgende regel dat het instorten van de muren geschiedt onder 'stilst bazuingeschal' (12). Dit is op twee manieren te interpreteren. Ten eerste kan het zo zijn dat de muren letterlijk ónder het bazuingeschal bezwijken, ten tweede kan er bazuingeschal klinken tijdens het breken van de muren. De woordgroep 'stilst bazuingeschal' is een oxymoron[59]. Bazuingeschal kan niet stil zijn. Mogelijk is het bazuingeschal zó luid dat het oorverdovend stil wordt[60]. Dit is te koppelen aan Boutens' poëtica waarin het ideaal een woordeloze taal is.

Deze strofe bevat allerlei reminiscenties aan de bijbel. Regels 9-10 ('Al de steile bergen vlakken / Naar één overzichtig dal') refereren aan Jesaja 40:4: 'Alle dalen zullen verhoogd worden, en alle bergen en heuvelen zullen vernederd worden'. Daarop volgt in Jesaja 40:5: 'En de heerlijkheid des Heeren zal geopenbaard worden' (vgl. 'openging' (4) en 'geopenbaard' (20)). Het omvallen van de muren en het bazuingeschal in regels 11-12 van dit gedicht zijn in verband te brengen met de val van Jericho, zoals beschreven in Jozua 6. In Jozua 6: 4-5 staat: 'En zeven priesters zullen zeven ramsbazuinen dragen, voor de ark; en gijlieden zult op den zevenden dag de stad zevenmaal omgaan; en de priesters zullen met

(58) Vgl. 'Ten laatste doorgebroken staat de wand, / de blinde ringmuur' (VL 1087) en Blok 1983, p. 396.

(59) Vgl. in 'Sterren': 'daverstil geweld' (VL 646); zie hoofdstuk VI.

(60) Vgl. 'De nieuwe stilte' (VL 859): 'Dan valt opeens weêr in de nieuwe stilte, / Als altijd dieper en doorhooriger / Naar oorverdoovender en hooger liep / Het springtij van dit wereldsche gerucht' (VL 859).

de bazuinen blazen. En het zal geschieden, als men langzaam met den ramshoorn blaast, als gijlieden het geluid der bazuin hoort, zo zal al het volk juichen met een groot gejuich; dan zal de stadsmuur onder zich vallen, en het volk zal daarin klimmen, een iegelijk tegenover zich.' Ook is het bazuingeschal een verwijzing naar het bijbelboek Openbaring, waarin met het bazuingeschal het Laatste Oordeel wordt verkondigd. In Openbaring 8:1-2 staat: 'En toen Het [=het Lam, M.G.] het zevende zegel geopend had, werd er een stilzwijgen in den hemel, omtrent van een half uur. En ik zag de zeven engelen, die voor God stonden; en hun werden zeven bazuinen gegeven.' Het lijkt alsof Boutens het 'stilzwijgen' en het erop volgende bazuingeschal van de engelen heeft samengebald in 'stilst bazuingeschal'.

Ook in de profetische gedichten van de Eritreïsche Sibylle, waarover Augustinus schrijft in *De stad van God* (boek XVIII), zijn dergelijke apokalyptische beelden te vinden: 'Hij [=God] zal de heuvels neer doen storten, de dalen uit de diepte opbeuren. / Bij de mensen zal niets meer hoog of verheven zijn. / De bergen worden al gelijk gemaakt met de velden; de blauwe vlakten / der zee zullen niet meer bestaan, de aarde zal breken en te gronde gaan. / [...] Maar dan zal de bazuin haar droef geluid uit de hoge hemel / laten weerklinken, klagend over het deerniswekkend gebeuren, de vele ellende, / en de aarde zal opensplijten en de diepte tonen van de Tartarus.'[61]

Niet alleen in de bijbel, maar ook bij de klassieken komt het beeld van de omvallende muren voor. In Lucretius' *De rerum natura* (boek III, vs. 1-30) staat dat Epicurus tijdens zijn hemelvaart door de 'wereldmuren' heenbreekt om de 'buitenhemelse gewesten' te overzien[62]. Deze passage is als volgt vertaald door J.H. Leopold:

([61]) Augustinus 1983, p. 875.
([62]) Zie Van Halsema 1989, p. 384.

De wereldmuren gaan uiteen, ik zie
Den loop der dingen in de leege ruimte,
Der goden majesteit verschijnt, hun oord
Van rust, dat ongeschokt van winden
En ongeschonden van den nederval
Der dwarrelende sneeuw en door geen regen
Gedrenkt is, in een eeuwig klaren aether
Lacht van het licht, dat rondom stralende is[63].

De regel 'De wereldmuren gaan uiteen' is in verband te brengen met 'Alle muren krakken' in Boutens' gedicht. Het stralende licht is verderop te vinden in 'Vizioen', waar gesproken wordt van een even opschijnend 'wit'[64]. In de volgende, vierde, strofe van 'Vizioen' wordt de blik verruimd naar de kosmos.

Strofe IV

13 De aarde hangt doorschijnend
14 In haar vollen melkwegkrans,
15 In elkaêr verdwijnend
16 Al berekening en kans,

In de vierde strofe is sprake van een perspectiefwisseling. In de derde strofe werd gekeken naar of achter bergen en muren, nu wordt de aarde van buitenaf gezien, als nietig onderdeel hangend in de melkweg (vgl. 'moeder aardes kleinen groenen bal' (VL 892)). Dit komt ook voor in Dantes *Goddelijke komedie*: 'Ik keek omlaag door de zeven sferen waar ik was geweest, en ik zag toen de aardbol zo klein dat ik even om de nietige aanblik ervan moest lachen.'[65] Het standpunt is buitenaards.

(63) Geciteerd naar Van Halsema 1989, p. 384.

(64) Vgl. Van Halsema 1989, p. 383 over het doorbreken van bovenzinnelijk licht in klassieke en gnostische teksten.

(65) Dante 1998, p. 391. Van Dooren schrijft in een noot bij deze passage: 'Het idee om de wereldbol vanuit de hemel te bekijken heeft Dante zeker ontleend aan Cicero (*Somnium Scipionis* 3-6).' (p. 571).

Het perspectief op de aarde is van zó ver weg dat zelfs de melkweg kan worden gezien die de vorm van een 'krans' heeft. Dit kosmische aspect is in verband te brengen met het eerder besproken gedicht 'Sterren' (waarin onder meer wordt gesproken van 'melkwegs binnenzeeën'). De woordgroep 'vollen melkwegkrans' contrasteert met 'doorschijnend' (te verbinden met 'waterklare' (2) en 'overzichtig' (10)). In de woordgroep 'vollen melkwegkrans' wordt de kleur wit gesuggereerd.

Raadselachtig zijn de regels 15-16: 'In elkaêr verdwijnend / Al berekening en kans'. Deze passage is te beschouwen als een absolute participiumconstructie. Alle berekening (het berekenbare) en kans (het mogelijke) verdwijnen of lossen op in elkaar. Ik interpreteer 'berekening en kans' als dingen die behoren tot het aardse[66]. Deze aardse zaken verdwijnen in het visioen. Alle tegenstellingen worden uiteindelijk opgeheven, zoals ook de steile bergen vervlakken tot één dal. Misschien slaat regel 15 ook op het in elkaar verdwijnen van de aarde en de melkweg, maar gezien regel 16 is dat syntactisch niet mogelijk.

Strofen V en VI

17 Elk klein-eigenzuchtig
18 Doel tot eeuwger middel klaart
19 Naar één einddoorluchtig
20 Aan geen ziener geopenbaard

21 Wit dat even opschijnt
22 In zijn onaanrandbre pracht,
23 Als de bliksemstraal den top lijnt
24 Van den leedverstormden nacht...

(66) Het is opvallend dat Boutens ook in andere gedichten in *Tusschenspelen* dergelijke woorden gebruikt: ''t uit zijn voegen / Lang geformuleerd heelal' (VL 878), 'cijferreekning' (VL 878), 'simpele bereekning' (VL 900). Eerder schreef hij: 'Wonderbaar, niet te bereeknen / Blijft der tijden eindgewin' (VL 688).

Ik bespreek de strofen V en VI samen omdat er sprake is van een enjambement tussen de regels 20 en 21. Ik lees 'Elk klein-eigenzuchtig / Doel tot eeuwger middel' (17-18) als één onderwerp bij het werkwoord 'klaart'. De omkering van 'doel' (klein-eigenzuchtig, aards) en 'middel' (eeuwig) is vreemd. Normaal gesproken leidt een middel tot een doel. Het lijkt ook logischer dat het middel aards is en het doel eeuwig. Maar in Boutens' 'Vizioen' wordt dit omgekeerd: elk 'klein-eigenzuchtig doel' leidt tot een 'eeuwger middel'. Met het opmerkelijke comparatief 'eeuwger' (vgl. het superlatief 'stilst' (12)) wordt benadrukt dat het 'middel' eeuwig is en buiten de tijd staat, in tegenstelling tot het aardse en tijdelijke doel. Het is niet duidelijk wat dat 'eeuwger middel' precies is en waar het toe leidt. Uiteindelijk klaart — verheldert (vgl. ook 'water*klare*' in r. 2) — het 'doel' naar een 'wit' (21), dat opgevat zou kunnen worden als een hoger doel.

Het is ook mogelijk om het begin van strofe V anders te lezen door 'Elk klein-eigenzuchtig doel' als onderwerp te zien. In dat geval staat er: 'Elk [...] doel' klaart tot een 'eeuwger middel'. Er is dan sprake van een omkering van de woordvolgorde (zoals bijvoorbeeld ook in Leopolds 'Om mijn oud woonhuis peppels staan'). Het kleine, aardse, egoïstische doel van de mens 'klaart' in het visioen tot een eeuwiger middel. Om een syntactisch verband met de regels 19-22 mogelijk te maken, dient men deze zin op te vatten als een *apokoinou*-constructie[67]. Het werkwoord 'klaart' (18) vormt dan het scharnierpunt tussen het voorgaande (17-18) en het daarop volgende (19-22). 'Elk [...] doel' klaart dan niet alleen 'tot eeuwger middel', maar ook 'naar één einddoorluchtig [...] Wit'. Alhoewel mij de in de vorige alinea gegeven mogelijkheid waarschijnlijker voorkomt, sluit ik deze tweede mogelijkheid niet uit. Deze passage blijft, zowel op

([67]) Zie daarover Van Boven en Dorleijn 1999, p. 145-146.

syntactisch als semantisch vlak, uitermate complex en meerduidig.

Het werkwoord 'klaren' betekent hier helder of licht worden. Deze betekenis die met licht en helderheid te maken heeft, benadrukt de tegenstelling met de situatie in de eerste strofe, waar sprake was van schemering en duisternis. Alles — 'Elk kleineigenzuchtig / Doel tot eeuwger middel' — klaart 'naar één einddoorluchtig / Aan geen ziener geopenbaard // Wit dat even opschijnt' (19-21). Het 'doel' klaart dus naar een 'wit' (vgl. doelwit). Er is een parallel tussen 'Naar één einddoorluchtig' (19) en regel 10: 'Naar één overzichtig dal'. Door het antimetrische accent op 'één' wordt er de nadruk op gelegd dat het gaat om één beeld. Al het aardse en eigenzuchtige (egoïstische) verdwijnt in één witte schittering die éven oplicht. Het woord 'opschijnt' (21) is in verband te brengen met 'schijn' (3), 'Opsloeg' (7) en 'doorschijnend' (13). Het oplichtende 'wit' is uitermate zuiver[68]. De noties zuiverheid en reinheid spelen hier een rol (vgl. ook de bader en het water in de tweede strofe).

Regels 19 en 20 zijn nevengeschikte bijvoeglijke voorbepalingen bij regel 21. Het 'wit' is 'einddoorluchtig' en tot nu toe '[a]an geen ziener geopenbaard' (20). Een ziener is een profeet of iemand die visioenen heeft[69]. Het oplichtende 'wit' wordt nu dus voor het eerst gezien. Dit lijkt op wat al in strofe II over de blik van de opduikende bader werd gezegd: 'een alvermogen / Als geen menschenoog tot nu bezat' (7-8). Nu is sprake van 'wit' dat zelfs door geen ziener gezien is. Het

([68]) Vgl. Blok 1983 over de kleur wit in Boutens' *Strofen uit de nalatenschap van Andries de Hoghe*: '*wit* heeft steeds de connotatie van *helder, licht, stralend, zuiver*' (p. 185) en: 'de kleur wit [wijst], zoals steeds bij Boutens, [...] op zuiverheid, in dit geval de zuiverheid van de liefde' (p. 239). Zie over zuiverheid en het symbolisme: Dresden 1980, p. 107-108.

([69]) Dit oudtestamentische woord komt vaker voor bij Boutens, bijv. in 'Amor vindex', waar gesproken wordt van 'zieneren' (VL 461) en het gedicht 'De ziener' (VL 824). Zie ook Mulder 1948, p. 25.

woord 'geopenbaard' (20) is van belang. Het openbaringsmotief hangt samen met regel 4: 'Of de weerld van weêrszij *openging*'. In 'einddoorluchtig' wijst 'eind' op het einde der tijden. In '[...]doorluchtig' spelen meerdere betekenissen tegelijkertijd een rol: doorzichtig, luchtig en verheven. Ook hier is een associatie met de bijbel mogelijk. In Openbaring 21:21 wordt gesproken van 'doorluchtig glas' wanneer het nieuwe Jeruzalem beschreven wordt.

Het visioen bestaat uit een 'wit' dat 'even opschijnt' (21). Wat is dat 'wit'? Er zijn verschillende interpretatiemogelijkheden. In de eerste plaats is wit de kleur van het volle licht. In Boutens' gedichten speelt licht een uiterst belangrijke rol. Woorden als duizeling, stralen, schitteren, verblinden komen vaak voor[70]. In regel 22 wordt over het 'wit' gezegd dat het opschijnt 'in zijn onaanrandbre pracht'. De pracht van het wit is dus niet aan te randen, niet aanraakbaar. Het is slechts heel even in een flits te zien. Het woord 'pracht' hangt samen met 'einddoorluchtig' (19). In de tweede plaats kan 'wit' kan óók doel of oogmerk betekenen (vgl. het woord doelwit). Zo bezien is het 'wit' dus letterlijk het einddoel van het visioen, een veel hóger doel dan het 'klein-eigenzuchtige', waarvan in regel 17 sprake was. Al het aardse — 'Alle schijn' (3), 'Al de steile bergen' (9), 'Alle muren' (11), 'Al berekening en kans' (16), 'Elk klein-eigenzuchtig / Doel' (17) — verdwijnt of lost op in één kortstondige opflikkering van wit licht. In de derde plaats heeft het witte licht ook met het goddelijke te maken; elders spreekt Boutens van 'het goddelijke licht' (VL 835), ''t Onuitzegbaar zonnelicht' (VL 893) en 'het witte licht van zijn onzienlijkheid' (VL 1052). Hadewijch omschrijft in een van haar visioenen Gods gewaad als 'witter dan wit'[71].

([70]) Zie bijv. 'Mijn oogen duizlen voor de naakte zon', 'dit verblindend nieuw verschiet', 'Dit wit geluk dat siddrend opengaat' (VL 576).

([71]) Hadewijch 1996, p. 115.

Christus wordt in de bijbel meer dan eens vergeleken met wit licht, bliksem en sneeuw[72]. Het is mogelijk om bij 'eeuwger middel' (18) aan Christus als Middelaar te denken[73]. In de vierde plaats kan 'wit' ook in poëticale zin worden geïnterpreteerd. Het woord 'wit', waarmee regel 21 begint, wordt in het gedicht gedeeltelijk omgeven door typografisch wit (de regel springt in en staat onder een witregel)[74]. Het 'wit' symboliseert afwezigheid of 'het Niets', het ideaal van de symbolist Mallarmé[75]. Met 'wit' wordt iets benoemd dat eigenlijk onbenoembaar is. Hier komen onzegbaarheid en onzienlijkheid samen.

Uit regels 23-24 blijkt dat het even opschijnende 'wit' wordt veroorzaakt door een bliksemstraal in de nacht. In de eerste strofe was het nog geen nacht, maar was er sprake van een schemersituatie. Inmiddels is het nacht geworden. Irons heeft erop gewezen dat de nacht in Boutens' poëzie vaak de tijd is voor het krijgen van visioenen[76]. Hier spelen de tegenstellingen wit–zwart en licht–duisternis een rol. De regels 23-24 leveren op drie punten interpretatieproblemen. Wat betekent het dat de bliksemstraal 'den top lijnt'? Hoe moet 'leedverstormden nacht' worden geïnterpreteerd? En wat is het verband daartussen? Mogelijk vormt de bliksemstraal een kortstondige witte lijn die éven oplicht tegen de inktzwarte nacht. Daardoor lijkt het alsof er een scheur ontstaat (vgl. ook het opengaan van de wereld in r. 4). Een andere mogelijkheid is dat de bliksemstraal een lijn vormt die lijkt op een bergtop. Het gaat in deze regels om 'den top' van de

([72]) Zie bijv. Mattheus 17:2, Markus 9:3, Lukas 9:29, Lukas 17:24 en Openbaring 1:14.

([73]) Zie Hebreeën 8:6, 9:15 en 12:24.

([74]) Zie over het typografisch wit in poëzie: Geggus 1961 en Kusters 1986, p. 160-173.

([75]) Zie Dresden 1980, p. 108.

([76]) Irons 1997, p. 81.

'leedverstormden nacht'. De nacht wordt vergeleken met een berg (vgl. ook de eerder genoemde 'steile bergen' (9)). Deze nacht is 'leedverstormd'. Verstormd betekent door storm toegetakeld of misvormd (Van Dale). Het adjectief 'leedverstormd' zou vertaald kunnen worden als: verstormd door leed, of: door een storm van leed toegetakeld. Het is de vraag over welk en wiens leed het hier gaat. Het is mogelijk dat de 'leedverstormden nacht' samenhangt met leed van de verborgen lyrische instantie. Storm kan in figuurlijke zin worden opgevat als hartstocht of onrust. Maar daarover geeft het gedicht geen uitsluitsel. De strofe wordt besloten door drie puntjes, waarna de laatste raadselachtige strofe volgt. Misschien duiden de puntjes erop dat de stormachtige nacht voorbij is.

De in deze strofe voorkomende woorden storm, wind, bliksem en licht behoren tot het mystieke taaleigen. Daarop heeft Van de Watering gewezen: 'In allerlei mythologieën, in de Griekse natuurfilosofie, in de religieuze sfeer van o.a. het Oude Testament (bijvoorbeeld bij Ezechiël), in Johannes' Openbaring en bij mystici als Hadewijch en Ruusbroec is (storm)wind de voorbode van een metafysisch of visionair gebeuren: de stormwind opent de hemel, waarna het goddelijk licht, c.q. de bliksem, dóórschijnt.'[77] In Dantes *Goddelijke komedie* eindigt het visioen van het paradijs met een lichtflits: 'ineens werd mijn geest getroffen door een flits van licht, die mijn verlangen geheel vervulde. Op dat moment werd mijn verbeeldingskracht, die zo hoog was gestegen, met lamheid geslagen. Maar intussen werd mijn drang naar inzicht en mijn vurige wil [...] reeds voortgestuwd door de Liefde, die de drijfkracht is van de zon en de andere sterren.' (*Het paradijs*, canto XXXIII)[78].

([77]) Van de Watering 1979, p. 23.
([78]) Dante 1998, p. 436.

Strofe VII

25 Wie kan deelen of verkiezen
26 Waar alom de liefde zelf verbloedt,
27 Die door eindeloos verliezen
28 Overwinnen moet?

Ten slotte wordt in de laatste strofe een raadselachtig inzicht verwoord dat voorvloeit uit het visioen. Het inzicht wordt geformuleerd als retorische vraag. Vraag en antwoord worden tegelijkertijd gesteld en gegeven. Er is in deze strofe sprake van een andere toon. Een mogelijke parafrase van deze strofe luidt: in al die situaties waar 'de liefde zelf' doodbloedt, kan niemand delen of verkiezen. Alleen door eindeloos te verliezen kan 'de liefde zelf' uiteindelijk overwinnen. Dit laatste is paradoxaal: overwinnen door eindeloos te verliezen. Eindeloos verliezen betekent dat het verliezen nooit ophoudt. Hoe kan er dan overwonnen worden? Het verliezen lijkt samen te vallen met het overwinnen. Het is onduidelijk waar 'Wie' (25) en 'Die' (27) precies naar verwijzen. Ik ga ervan uit dat 'Wie' (25) verwijst naar de mens in het algemeen en dat 'Die' (27) verwijst naar 'de liefde zelf' (26). De meest raadselachtige regel in deze strofe is: 'Waar alom de liefde zelf verbloedt' (26). Wat betekent 'de liefde zelf'? Mogelijk duidt deze notie op het allerhoogste, het goddelijke. Het opschijnende 'wit' uit de vorige strofe kan gezien worden als een kortstondige manifestatie van 'de liefde zelf'. Het 'wit' is inmiddels verdwenen, het scheen immers maar 'even' op. Het was slechts een korte flits vanuit een andere werkelijkheid. Uiteindelijk is 'de liefde zelf' onbereikbaar. Wanneer de liefde voor een moment wordt gezien in een korte 'onaanrandbre' flits, dan verdwijnt de liefde weer. De liefde verbloedt. Daarmee wordt de liefde enerzijds tastbaar, in de vorm van bloed (verbloeden lees ik dan letterlijk als: tot bloed worden), maar tegelijkertijd verdwijnt de liefde, want ze bloedt dood. Het 'wit' wordt dus 'rood'.

Irons en Blok hebben erop gewezen dat in *Tusschenspelen* een hernieuwde belangstelling bestaat voor de noties 'Liefde' en 'God'[79]. Het gaat niet om de menselijke, aardse liefde, maar om een hogere liefde. Gezien de vele christelijk getinte gedichten in *Tusschenspelen* — 'Emmaüs' (VL 856), 'Eén is op de waatren...' (VL 886), 'Kerstboodschap' (VL 891) en 'Na Gethsemané' (VL 901) — is het mogelijk om bij 'de liefde zelf' aan Christus te denken, al wordt 'liefde' niet met een hoofdletter geschreven. Christus verbloedde immers aan het kruis, waardoor hij uiteindelijk kon overwinnen. Zo staat in 'Na Gethsemané' (het slotgedicht van *Tusschenspelen*): 'Hij hing verbloed' (VL 901). In het vroegere gedicht 'Afneming van het kruis' wordt gesproken van ''t Verbloede lichaam van den Zoon van God' (VL 696). Deze bijbelse interpretatiemogelijkheid in verband met 'de liefde zelf' en het verbloeden sluit aan bij wat ik eerder schreef over het scheuren van de voorhang (in verband met het opengaan van de wereld in regel 4), het 'eeuwger middel' en het stralende 'wit'. Maar bij het verbloeden hoeft niet *per se* aan Christus gedacht te worden. De bundel *Strofen uit de nalatenschap van Andries de Hoghe* (1919) kreeg het volgende door Boutens vertaalde Perzische kwatrijn als motto: 'Die van Uw liefde de belijders waren, / Zij rusten allen met de martelaren. / Al hare helden zijn in 't veld verbloed... / Toch blijft in heel Uw weerld de zege hare.' (VL 1034)[80]. Het werkwoord verbloeden komt in *Tusschenspelen* ook in niet-christelijke context voor. Zo gaat het in 'Rosa sub rosa' om het 'verbloeden' van rozen (VL 897). En in 'Sonnet' (VL 885) wordt gesproken van Holland dat 'verbloed' ligt, waarbij gerefereerd wordt aan de Tweede

(79) Zie Blok 1993, p. 58.

(80) Boutens nam dit kwatrijn op in *Oud-Perzische kwatrijnen* (1926), als kwatrijn LXX. Daar is 'Liefde' met een hoofdletter geschreven (VL 1018). Zie ook Blok 1983, p. 21-22.

Wereldoorlog. Het *WNT* geeft als dichterlijke betekenis van verbloeden: 'ten einde lopen, afsterven' en geeft daarbij een citaat van Boutens: 'Over de boomen, over de verre heien / Was de Dag verbloed' (VL 36)[81]. Daar wordt met verbloeden dus het ondergaan van de zon aangeduid (vgl. ook 'Sterren' (VL 645) waarin wordt gesproken van 'zonbloed'; zie hoofdstuk VI). Wellicht speelt die betekenis in 'Vizioen' ook mee omdat in de eerste strofe gesproken wordt van de situatie tussen dag en donker, maar die mogelijkheid wordt weer tegengesproken door de nacht in de zesde strofe.

Mogelijk komt het inzicht in de laatste strofe erop neer dat de mens zichzelf geheel moet wegcijferen om 'de liefde zelf' — het allerhoogste, het goddelijke — te kunnen ervaren. Het 'verliezen' is te interpreteren als zelfverlies, iets wat bij de mystici ook voorkomt[82]. Dat valt in verband te brengen met het feit dat er geen expliciet lyrisch 'ik' voorkomt in dit gedicht. Het zich wegcijferen hangt ook samen met het verdwijnen en het opgeheven worden van al het aardse. Alles — 'alle schijn', 'al de steile bergen', 'alle muren', 'al berekening en kans', 'elk klein-eigenzuchtig doel' — lost uiteindelijk op in een 'wit' of in niets.

4. Besluit

Ten slotte geef ik een parafrase van het gedicht. In de avondschemering lijkt het alsof de wereld open gaat en alsof er een nieuwe wereld verschijnt. De verborgen waarnemende instantie ziet de nieuwe wereld als een uit het water opduikende

(81) *WNT*, dl. XIX, kol. 757. Vgl. ook Boutens' gedicht 'Avondlicht' (VL 423), waarin staat: 'Terwijl het hart van pijn verbloedt'. Vgl. ook 'Nocturne' waarin wordt gesproken van ''t Blondverbloedend manehart' (VL 695).

(82) Vgl. Labrie 2001, p. 75-76.

bader. Alle bergen en muren zijn weggevallen. De aarde en de melkweg worden vervolgens gezien vanuit het heelal. Al het aardse lost op in een even opschijnend 'wit', veroorzaakt door een bliksemflits in de nacht. Het paradoxale inzicht dat na deze kortstondige visionaire ervaring verkregen is, komt erop neer dat de liefde alleen kan overwinnen door eindeloos te verliezen.

Ik heb gewezen op thema's als grensoverschrijding, zuiverheid, reiniging, openbaring en zelfverlies. Ook ben ik ingegaan op verbindingsmogelijkheden met de bijbel en, in mindere mate, met de klassieken. Er zijn in het gedicht nogal wat woorden en passages die op te vatten zijn als reminiscenties aan de bijbel, in verband met de doop, Christus als middelaar en stralend wit licht, het vervlakken van de bergen, het omvallen van de muren en het klinken van bazuinen. Vooral zijn er veel verwijzingen naar de Openbaring. Daarnaast heb ik enkele passages uit 'Vizioen' in verband gebracht met contexten als Lucretius' *De rerum natura* (i.v.m. de krakkende muren) en Plato's *Phaidros* (i.v.m. het doorbreken van de waterspiegel/hemelspiegel). Ook heb ik gewezen op de traditie van de mystieke en visionaire literatuur. Tevens zijn er verbindingen te leggen met het symbolisme, waarin noties als witheid, stilte, reiniging en zuiverheid een rol spelen[83].

De bovenstaande parafrase doet uiteraard geen recht aan de complexiteit en de vreemdheid van het gedicht. De complexe poëtische taal heb ik gereduceerd tot proza dat nog maar weinig te maken heeft met de meerduidige taal van het gedicht. Zoals ook het geval was bij de andere gedichten van Boutens die ik tot nu toe besproken heb, blijven er raadselachtige plekken in het gedicht bestaan. Dat wordt veroorzaakt door aspecten als ambiguïteiten, suggestie, ingewikkelde syntaxis, enz. In dít gedicht, 'Vizioen', is dat het sterkst aan

([83]) Zie Dresden 1980, p. 107 e.v.

de orde. Boutens' gedicht en het daarin beschreven visioen worden gekenmerkt door een hoge mate van vreemdheid[84]. Ik veronderstel dat de talige vreemdheid van het uiterst hermetische gedicht 'Vizioen' te maken heeft met het visionaire karakter ervan. Het visioen kán niet in eenvoudige woorden worden weergegeven. Het gedicht gaat over een uiterst vreemde, onalledaagse ervaring. Het is onmogelijk om te zeggen wat onzegbaar is en te laten zien wat onzienlijk is of wat aan geen ziener geopenbaard is, zoals in 'Vizioen' staat. Het enige wat over het visioen wordt gezegd, is dat het een even oplichtend 'wit' is. Daarmee wordt tegelijkertijd niets gezegd. Het visioen is beeldloos en niet in taal te vatten. Het kan hooguit gesuggereerd worden. Dit hangt samen met Boutens' poëtica. Boutens sluit aan bij de onzegbaarheidstopos van mystieke en visionaire literatuur[85]. Het paradoxale is dat het visioen tóch onder woorden wordt gebracht. Dit kan ook in verband gebracht worden met wat Boutens in zijn lezing 'Vorm en vormeloosheid in de dichtkunst' vertelde over 'een volheid die nimmer uit te zeggen is' en over 'verzwegenheid' (zie hoofdstuk VII).

Er komen zoals gezegd nogal wat paradoxen en oxymorons in Boutens' gedicht voor. Paradoxen in 'Vizioen' zijn: het verblindende opslaan van de ogen, het vlak worden van steile bergen, iets wordt gezien dat door geen mens en geen ziener is gezien, de liefde die overwint door eindeloos te verliezen. De oxymorons in het gedicht zijn: 'waterklare schemering' en 'stilst bazuingeschal'. Behalve de paradoxen en oxymorons maakt Boutens ook van andere middelen gebruik om het gedicht zo raadselachtig mogelijk te maken. Zo is het woord 'schijn' (3) ambigu. Bij lezing van het gedicht is meer dan eens sprake van betekenisverschuivingen. Opvallend in verband daarmee zijn

([84]) Vgl. Kugel 1971 over vreemdheid in symbolistische poëzie.
([85]) Vgl. Wagner-Egelhaaf 1989, p. 3.

de werkwoorden met het prefix 'ver-': 'verzonk' (3), 'blindvergudsend' (6), 'verdwijnend' (15), 'leedverstormden' (24), 'verkiezen' (25), 'verbloedt' (26), 'verliezen' (27). De werkwoorden verzinken, vergutsen, verstormen en verbloeden hebben te maken met verandering. De syntactische structuur van het gedicht is niet in een oogopslag helder, en ook niet na herhaalde lezing. Vooral de regels 15-16 en 17-18 zijn lastig. Het blijft moeilijk om daar knopen door te hakken. Een ander belangrijk aspect waardoor het gedicht moeilijk interpreteerbaar is, wordt gevormd door de onduidelijke verwijswoorden 'er' (3), 'wie' (25), 'waar' (26) en 'die' (27). Vervreemdend is ook de paradoxale omkering van de woorden 'doel' en 'middel' in de vijfde strofe.

Zo bezien beantwoordt Boutens' gedicht dus deels aan de eerder genoemde kenmerken van visionaire literatuur. Er is sprake van een kortstondige openbaring, er wordt een lichtflits gezien, er zijn stijlfiguren als paradox en oxymoron aan te wijzen. Maar een groot verschil tussen Boutens' 'Vizioen' en de traditionele visionaire literatuur is dat het bij Boutens volstrekt onduidelijk is wát er precies gezien wordt. Dat blijft voor de lezer verborgen. In traditionele visionaire literatuur gaat het meestal om een verschijning van God, Christus of Maria die expliciet worden genoemd. Daarvan is in dit gedicht van Boutens geen sprake. Het enige wat over het visioen wordt gezegd is dat het een even opschijnend 'wit' is. Maar het blijft een geheim dat niet aan te raken, niet te zien en niet in woorden te vatten is.

Hoofdstuk IX

BESLUIT

Het wordt tijd om de balans op te maken. Ik heb onderzocht welke rol het zien in enkele van Boutens' gedichten speelt. Alhoewel ik op basis van het door mij bestudeerde corpus gedichten geen algemene uitspraken kan doen over Boutens' poëzie, kan ik wel iets zeggen over de verschillen en overeenkomsten tussen de manier waarop het zien — of de onmogelijkheid van het zien — in deze gedichten wordt verwoord en gethematiseerd. Zoals ik in de inleiding heb aangegeven, wordt er in de door mij geselecteerde en bestudeerde gedichten door het lyrisch subject gekeken naar verschillende objecten: een innerlijke wereld (in 'Ik sloot de blinkevenstren'), een tekening van Toorop (in '"Regenboog"'), de ander (in 'Oog in oog'), de sterren (in 'Sterren' en de kosmos-passage in Boutens' lezing) en een even opschijnend 'wit' (in 'Vizioen'). Ik zal hieronder enkele specifieke aspecten uit deze gedichten lichten.

In 'Ik sloot de blinkevenstren' gaat het om het sluiten van de ogen. Maar voordat de 'ik' zijn ogen sloot, heeft hij de buitenwereld gezien en elementen daaruit opgenomen in zijn binnenwereld, zijn ziel. De geziene binnenwereld is abstract, maar wordt geconcretiseerd door te spreken over bloemen, planten en beelden. De binnenwereld is een ideale wereld van licht, rust en warmte in tegenstelling tot de vergankelijke, koude en donkere buitenwereld. Bijzonder in dit gedicht is dat niet alleen het lyrisch subject kijkt, maar dat deze op zijn beurt wordt bekeken door de 'Wereldnacht' (die holle ogen heeft). Boutens maakt in dit gedicht gebruik van expliciete woorden als verbeelding en herinnering. De dingen die in het innerlijk worden gezien zijn producten van de verbeelding, maar ze zijn wél gebaseerd op de waarneming van de buitenwereld. Ze zijn, door de 'ik', uit de buitenwereld 'overgeplant' en verwerkt tot een innerlijke wereld.

Het gedicht '"Regenboog"', dat Boutens schreef na het zien van Toorops tekening *De Regenboog*, heeft in deze studie een uitzonderlijke status. Bij geen ander van de behandelde gedichten is het geziene object zó concreet. Ik kon precies nagaan hoe Boutens de tekening verwerkt heeft in zijn gedicht. Bij de analyse van de verhouding tussen woord en beeld kwamen niet alleen overeenkomsten, maar juist ook verschillen aan het licht. Bijzonder is ook dat het niet alleen gaat om de tekening als gezien object, maar dat ín de tekening ook gekeken wordt, namelijk door de wettende man en het starende, dromerige meisje, dat de blik richt op iets wat buiten de tekening valt en niet te zien is voor de toeschouwer van de tekening. Daarmee suggereerde Toorop een onzienlijke werkelijkheid. Een van de essentiële regels uit het gedicht is: 'Dit is het eigen land van mijnen droom'. Het lyrisch 'ik' identificeert zich met het meisje dat de 'droom' waarin zij leeft niet kan doorgronden. Ook de 'ik' kan de wereld waarin hij leeft niet doorgronden. De tekening kan opgevat worden als een droomwereld die samenvalt met de wereld zoals het lyrisch 'ik' zich die droomt.

In 'Oog in oog' is niet duidelijk wat er precies gezien wordt. De 'ik' wil met open en wakkere ogen 'het geluk' en 'God' zien, maar hij beseft dat dat tijdens dit aardse leven onmogelijk is. Wel lukt het hem om in dromen de ogen te zien van een 'u'. Maar wie is deze 'u'? Een geliefde, een goddelijk wezen? Het gedicht besluit met de opmerking dat wat in het hier en nu van het goddelijke kan worden vermoed of geraden, voedsel is voor de ziel. Ook het Latijnse motto bij dit gedicht (in vertaling: 'Jullie bezitten nu reeds wat jullie nooit hebben gezien') sluit daarbij aan.

In 'Sterren' wordt gekeken naar de sterren en de kosmos. Een groep — aangeduid met 'wij' — gaat naar buiten en verlaat een huis, in tegenstelling tot in 'Ik sloot de blinkevenstren', waar het huis van de 'ik' juist wordt afgesloten. Na een wandeling door de duisternis komen zij op een open plek waar het licht van de sterren wordt gezien. Maar degenen die met 'wij' worden aangeduid, verlangen ernaar om vérder te kijken dan de verste sterren. Zij willen zien wat er voorbij de 'overzij van ongemeten aetherstroom' is. Zij lijden aan 'ziende nood' en worden vergeleken met kinderen achter gesloten ramen. De sterren symboliseren een hogere werkelijkheid die niet gezien kán worden, behalve in een visioen.

'Vizioen' is het meest abstract van de besproken gedichten. Er is geen lyrisch 'ik' en geen aangesproken 'u'. Het is niet duidelijk wat precies in het visioen gezien of geschouwd wordt. Alles wat daarover wordt gezegd is dat het een even opschijnend 'wit' is. Dit 'wit' kan op verschillende manieren worden geïnterpreteerd. Van belang is het tijdelijke en plotselinge aspect, dat ook te vinden is in visionaire en mystieke teksten.

Behalve verschillen zijn er ook overeenkomsten aan te wijzen tussen deze gedichten. Zo zijn er terugkerende thema's als de tegenstelling tussen de binnenwereld en de buitenwereld, een verlangen of zoektocht van de 'ik' naar iets onbereikbaars en de belangrijke rol die het licht speelt. In ieder gedicht is er sprake van dat het lyrisch subject ernaar verlangt iemand (of iets) te zien die (of dat) niet gezien kan worden. Dat wat de 'ik' wil zien kan uiteindelijk alleen worden gezien in de verbeelding, dromen of visioenen. Er wordt dus gekeken met het innerlijke oog van de ziel. De mens heeft een beperkte blik. Alleen in de verbeelding, dromen of visioenen kan verder worden geschouwd dan fysiek mogelijk is. Er worden in de besproken gedichten echter ook dingen gezien met de zintuigelijke ogen, zoals Toorops tekening en de sterren. Deze dingen vormen intermediaire werelden tussen de 'ik' en een hogere, onbereikbare wereld. Die intermediaire wereld kan in verband worden gebracht met Rodenko's idee van het 'vlies' (dat iets verhult en onthult tegelijkertijd). Achter dat 'vlies' bevindt zich een onkenbare, onzienlijke wereld. Er kan wel een glimp van worden opgevangen, maar dat is slechts een tijdelijke en vage glimp. Er kan hooguit worden geraden naar die hogere werkelijkheid (vgl. Boutens' lezing over het raden van 'Gods geheim' en zijn gedicht 'Het geheim'). Die werkelijkheid waarnaar wordt verlangd kan niet letterlijk worden genoemd of zichtbaar gemaakt, maar hooguit door de dichter worden gesuggereerd in taal (of door een beeldend kunstenaar als Toorop in lijnen en kleuren).

Met dat laatste kom ik op Boutens' poëtica. Zoals ik in de afzonderlijke hoofdstukken heb laten zien, zijn in ieder gedicht verbindingen te leggen met Boutens' poëtica. Dat wat onzienlijk en onzichtbaar is, is tegelijkertijd ook onzegbaar en onuitsprekelijk. Meer dan eens komen in Boutens' gedichten woorden als 'geheim' en 'zwijgen' voor. De hogere werkelijkheid waarnaar wordt verlangd kan niet uitgesproken of uitgezegd worden. Zo zegt hij in zijn gedicht 'Rekenschap': 'Het schoonst dat bleef onuitgezegd' (VL 883). Het geheim kan slechts worden gesuggereerd. Boutens' ideaal is dan ook een woordloos gedicht (zie bijvoorbeeld VL 124, 374 en 391). Het paradoxale is dat Boutens in zijn poëzie die onzegbare en onzienlijke wereld tóch probeert te benaderen, terwijl hij beseft dat dat onmogelijk is. Boutens' taal is dan ook uitermate complex. Niet alleen wordt de blik vaak vertroebeld in zijn gedichten (bijvoorbeeld door tranen, misten en verblindend licht), maar ook Boutens' taal werkt verhullend en versluierend. Boutens maakt, zoals is gebleken uit mijn besprekingen van de gedichten, veelvuldig gebruik van complexe symboliek, ingewikkelde syntaxis, ambiguïteiten en stijlmiddelen als paradox en oxymoron. Deze talige aspecten, die onderdeel uitmaken van Boutens' impliciete versinterne poëtica, zijn in verband te brengen met mystiek en symbolistisch taalgebruik. Het gedicht vormt zo zèlf een 'vlies' dat tussen de lezer en de gesuggereerde hogere werkelijkheid in staat. Maar tegelijkertijd onthult dit 'vlies' ook iets van het erachter liggende.

Uit de bespreking van de lezing 'Vorm en vormeloosheid in de dichtkunst' (zie hoofdstuk VII) is gebleken dat Boutens er een uiterst verheven kunstopvatting op nahield: alleen de dichter zou in staat zijn om 'Gods geheim' te raden. Daarom besteedde Boutens in zijn lezing zoveel aandacht aan de poëtische middelen ritme en klank. Deze aspecten waren voor hem van wezenlijk belang. Door middel van deze woordeloze, onzichtbare aspecten is het mogelijk om het onzegbare en onzienlijke geheim toch in taal te benaderen. Tegelijkertijd was hij zich ervan bewust dat dat nimmer zou lukken. Het hoogste dat hij kan bereiken is het raadselachtige en geheimzinnige éven 'tastbaar' maken in zijn gedichten. Boutens sprak in zijn ongepubliceerde gedicht 'Valkenisse' van een 'vertastbaard visioen' (zie hoofdstuk II), en dat is niet de enige plaats in zijn œuvre waar hij het 'tasten' naar het onzichtbare thematiseert en zodoende gestalte geeft in het gedicht (zie bijvoorbeeld VL 261, 270, 388, en 666). Zijn gedichten zijn misschien het beste te typeren als in taal 'tastbaar' gemaakte visioenen.

Mijn methode van gedetailleerd tekstonderzoek hangt samen met wat ik hierboven schreef over de complexiteit van Boutens' taalgebruik. Alleen gedetailleerd onderzoek van de gedichten zèlf kan die complexiteit enigszins 'zichtbaar' maken (maar niet ongedaan maken). Globaal onderzoek, waarin gedichten of passages daaruit worden gereduceerd tot of gebruikt als illustratiemateriaal, zou daarover maar weinig aan het licht hebben kunnen brengen. Een gevolg van deze methode is dat slechts een beperkt deel van Boutens' œuvre is onderzocht. Veel gedichten zijn onbesproken gebleven. Het is, zoals duidelijk moge zijn, niet mijn bedoeling geweest om álles wat in Boutens' poëzie gezien wordt in kaart te brengen. In Boutens' gedichten wordt, behalve naar tamelijk ongrijpbare dingen als het innerlijk, de kosmos en een lichtflits ook naar meer concrete dingen gekeken, zoals bijvoorbeeld vogels, bloemen en bomen. Maar ook in die gedichten gaat het vrijwel altijd om de suggestie van iets hogers. In 'Perelaar' (VL 765) is een in bloesem staande perenboom het uitgangspunt, maar uiteindelijk gaat het om de weerspiegeling van de ziel en wordt er gesproken in kosmische termen als 'sterrebijen' en 'hemelberm'. En in een gedicht als 'Bad' (VL 884), waarin het gaat over een huiselijk onderwerp als badende mussen op een plat dak, wordt gesproken over 'ziels Bethesda' en een 'engel'. Zo zijn er nog tal van andere voorbeelden te geven. Maar het gaat mij in dit onderzoek zoals gezegd om diepteboringen.

Een andere reden voor mijn tekstgerichte benadering is dat ik ervan overtuigd ben dat interpretatief onderzoek naar literaire teksten tot de kerntaken van de neerlandistiek en de literatuurwetenschap behoort. Weliswaar is het interessant te kijken naar de 'buitenkant' van de literatuur — het literair-sociaal gedrag van de auteur of zijn positie in het literaire veld — maar daarmee komen we voor het begrip van de teksten zèlf weinig of niets verder. Ik pleit voor een gecombineerde benadering waarin zowel tekstuele als buitentekstuele aspecten, en de samenhang daartussen, worden bestudeerd. Een benadering waarbij de tekst volledig uit het blikveld verdwijnt, lijkt mij uitermate onwenselijk.

Ten slotte doe ik nog enige suggesties voor toekomstig onderzoek. In de eerste plaats valt er binnen Boutens' œuvre zelf nog veel te onderzoeken. Naast het gezichtsvermogen spelen ook andere zintuigen een poëticale rol in Boutens' gedichten, zoals hierboven voor de tastzin kort is aangegeven. Een uitgebreid onderzoek naar lichamelijkheid in Boutens' poëzie zou dit onderzoek naar visualiteit in een breder kader kunnen plaatsen. Een ander belangrijk aspect is de wijze waarop Boutens' bundels werden uitgegeven (in beperkte oplages, op duur papier, met een bijzondere typografie). Daarnaar is al wel enig onderzoek verricht, maar een nader onderzoek zou een en ander kunnen verhelderen over de samenhang tussen de visuele thematiek van Boutens' poëzie en de wijze waarop diens poëzie aan de lezer wordt gepresenteerd.

In de tweede plaats zijn er nieuwe vragen denkbaar op contextueel terrein. In deze studie heb ik bewust gekozen voor een beperkt aantal contextuele gebieden (zoals de nieuwe mystiek, het symbolisme, het werk van Jan Toorop, de filosofie van Plato, de kosmologie en visionaire literatuur). Vanzelfsprekend kan de contextualisering van Boutens' poëzie verder worden uitgebreid. Zijn plaats in de contemporaine debatten rond impressionisme en sensitivisme kwam weliswaar zijdelings aan de orde (in hoofdstukken III en IV), maar vraagt om nader onderzoek. Ook de relatie tussen Boutens' werk en de beeldende kunst verdient nadere bestudering. Bovendien heb ik met deze studie een probleemveld betreden dat belangrijke nieuwe vragen oproept, die betrekking hebben op de mogelijke wisselwerkingen tussen wetenschappelijke theorieën over zien en kijken, het literaire discours en het kunsttheoretische discours. Om deze vragen te kunnen beantwoorden, is een breder cultuurwetenschappelijk onderzoek vereist. De reikwijdte van dit alles gaat de kaders waarbinnen dit boek geschreven kon worden echter verre te buiten. Het ging mij in de eerste plaats om Boutens' gedichten. In deze studie heb ik dan ook niet met een telescoop naar ver weg gelegen sterrenstelsels gekeken, maar met een microscoop naar Boutens' wereld in woorden, waarin veel te ontdekken viel. Zoals de dichter zelf heeft gezegd in een interview met Stuiveling in 1937: 'in een goed gedicht ontdek je altijd weer wat nieuws, juist láter.'

BIBLIOGRAFIE

[Anoniem], 'Dr. P.C. Boutens. (Herinneringen en indrukken)' In: *NRC* 19 februari 1930.

[Anoniem], 'Dr. P.C. Boutens. De viering van zijn 60sten verjaardag'. In: *NRC* 21 februari 1930.

Abrams, M.H., *The mirror and the lamp. Romantic theory and the critical tradition*. London, 1960.

Akker (1985), W.J. van den, *Een dichter schreit niet. Aspecten van M. Nijhoffs versexterne poetica*. 2 dln. Utrecht, [1985].

Akker (1990), W.J. van den, 'Het vrije lied van de gedachte. Poëzie, erotiek en het moderne dichterschap'. In: *Een open letterschat. Leopoldcahier V*. Tilburg, 1990, p. 37-50.

Akker (1994), Wiljan van den, *Dichter in het grensgebied. Over de poëzie van M. Nijhoff in de jaren dertig*. Amsterdam, 1994.

Akker, W.J. van den en G.J. Dorleijn, 'Poetica en literatuurgeschiedschrijving'. In: *De nieuwe taalgids* 84 (1991), p. 508-526.

Allert, Beate, (ed.), *Languages of visuality. Crossings between science, art, politics, and literature*. Detroit, 1996.

Alphen (1988a), Ernst van, *Bij wijze van lezen. Verleiding en verzet van Willem Brakmans lezer*. Muiderberg, 1988.

Alphen (1988b), Ernst van, 'Reading visually'. In: *Style* 22 (1988), nr. 2, p. 219-229.

Alphen (1993a), Ernst van, 'Miskend en uitverkoren. Homoseksueel verlangen in de gedichten van P.C. Boutens'. In: Nap e.a., 1993, p. 88-103. Ook in: Ernst van Alphen, *De toekomst der herinnering. Essays over moderne Nederlandse literatuur*. Amsterdam, 1993, p. 54-69.

Alphen (1993b), Ernst van, 'Gorters *Mei* dankzij Brakman'. In: Ernst van Alphen, *De toekomst der herinnering. Essays over moderne Nederlandse literatuur*. Amsterdam, 1993, p. 199-221.

Anbeek, Ton, *Geschiedenis van de Nederlandse literatuur 1885-1985*. Amsterdam, 1990.

Asselbergs, W.J.M.A., *Het tijdperk der vernieuwing van de Noordnederlandse letterkunde*. 's-Hertogenbosch/Antwerpen, Brussel, [1951]. *Geschiedenis van de letterkunde der Nederlanden*, dl. 9.

Augustinus, Aurelius, *De stad van God*. Vertaald en ingeleid door Gerard Wijdeveld. Baarn/Amsterdam, 1983.

Baetens, Jan, 'Reading vision? What contexts for the "pictorial turn"?'. In: *Semiotica* 126 (1999), nr. 1-4, p. 203-218.

Baetens, Jan en Ginette Verstraete (red.), *Cultural studies. Een inleiding*. Nijmegen, 2002.

Bal (1988), Mieke, 'Introduction: Visual poetics'. In: *Style* 22 (1988), nr. 2, p. 177-182.

Bal (1997), Mieke, *The mottled screen. Reading Proust visually*. Translated by Anna-Louise Milne. Stanford, 1997.

Bank, Jan en Maarten van Buuren, *1900. Hoogtij van burgerlijke cultuur*. Den Haag, 2000.

Baudelaire (1990), Charles, *De salon van 1859*. Vertaling en nawoord Anneke Pijnappel. Amsterdam, 1990.

Baudelaire (1995), Charles, *De bloemen van het kwaad*. Vertaald en becommentarieerd door Peter Verstegen. Amsterdam, 1995.

[Bax, M. e.a. (red.)], *Bloeiende symbolen. Bloemen in de kunst van het fin de siècle*. 's-Hertogenbosch, 1999.

Bays, Gwendolyn, *The Orphic vision. Seer poets from Novalis to Rimbaud*. Lincoln, 1964.

Beer, Gillian, '"Authentic tidings of invisible things". Vision and the invisible in the later nineteenth century'. In: Brennan en Jay 1996, p. 83-98.

Begheyn, Paul, 'P.C. Boutens en zijn Engelse bewonderaar Henry Wildermuth'. In: *Maatstaf* 40 (1992), nr. 3, p. 1-17.

Beierwaltes, Werner, *Visio facialis. Sehen ins Angesicht. Zur Coincidenz des endlichen und unendlichen Blicks bei Cusanus*. München, 1988.

Bel (1993), Jacqueline, *Nederlandse literatuur in het fin de siècle. Een receptie-historisch overzicht van het proza tussen 1885 en 1900*. Amsterdam, 1993.

Bel (1998), Jacqueline, 'De receptie van de schrijver Jacobus van Looy. "Floeptuiterige drillen" of onverwoestbare kunst'. In: *Jacobus van Looy 1855-1930. Niets is zoo mooi als zien…* Red. Joyce van der Smit-Meyer en Chris Will. Zwolle/Haarlem, 1998, p. 37-42.

Benz, Ernst, *Die Vision. Erfahrungsformen und Bilderwelt*. Stuttgart, 1969.

Berg, William J., *The visual novel. Emile Zola and the art of his times*. Pennsylvania, 1992.

Bergh, H. van den en H. Pröpper, 'Symbolisme'. In: G.J. van Bork en N. Laan (red.), *Twee eeuwen literatuurgeschiedenis. Poëticale opvattingen in de Nederlandse literatuur*. Groningen, 1986, p. 143-180.

Bergh, Hans van den, 'Een nieuwe poëtische taal: Stéphane Mallarmé'. In: Tom van Dorp (red.), *Kunst & waarheid. Idealisme en symbolisme in de negentiende en twintigste eeuw*. Heerlen, 1994, p. 97-109.

Bijbel. Dat is de ganse Heilige Schrift, bevattende al de kanonieke boeken van het Oude en Nieuwe Testament. [...]. Heerenveen, [z.j.].

Binnendijk (1928), D.A.M., 'Poëzie en rhythme'. In: *De vrije bladen* 5 (1928), nr. 5 (mei), p. 150-151.

Binnendijk (1930), D.A.M., *Prisma. Bloemlezing uit de Nederlandsche poëzie na 1918*. Verzameld en ingeleid door [...]. Blaricum, [1930].

Binnendijk (1945), D.A.M., *Een protest tegen den tijd. Inleiding tot de poëzie van P.C. Boutens*. Amsterdam, 1945.

Bloem, J.C., *Het onzegbare geheim. Verzamelde essays en kritieken 1911-1963*. Ed. H.T.M. van Vliet. Amsterdam, 1995.

Blok (1965), W., 'Boutens' Nacht-stilte'. In: *Merlyn* 3 (1965), nr. 5, p. 399-405.

Blok (1970a), W., 'Onbekende fragmenten uit de nalatenschap van P.C. Boutens'. In: *Studia neerlandica* 1 (1970), nr. 2, p. 1-6.

Blok (1970b), W., 'Fragmenten van Plato's *Apologie* vertaald door P.C. Boutens'. In: *Studia neerlandica* 1 (1970), nr. 4, p. 73-80.

Blok (1971), W., 'Onbekende fragmenten uit de nalatenschap van P.C. Boutens'. In: *Studia neerlandica* 2 (1971), nr. 6, p. 99-113.

Blok (1975), W., 'Andries de Hoghe: een Plato Christianus'. In: *Taal- en letterkundig gastenboek voor Prof.dr. G.A. van Es*. Groningen, 1975, p. 157-170.

Blok (1983), W., *P.C. Boutens en de nalatenschap van Andries de Hoghe*. Amsterdam, 1983.

Blok (1986), W., 'P.C. Boutens 1870-1943'. In: *'t Is vol van schatten hier*. Dl. I: *Nederlandse literatuur van 1750 tot 1940 tentoongesteld in het Letterkundig Museum*. Amsterdam/Den Haag, 1986, p. 183-185.

Blok (1993), W., '"Ik was bij die vertrouwden". P.C. Boutens' *Tusschenspelen*'. In: Nap e.a. 1993, p. 54-69.

Blotkamp (1978), Carel e.a., *Kunstenaren der idee. Symbolistische tendenzen in Nederland, ca. 1880-1930*. Den Haag, 1978.

Blotkamp (1986), Carel, 'Annunciation of the new mysticism: Dutch symbolism and early abstraction'. In: *The spiritual in art:*

abstract painting 1890-1985. Red. M. Tuchman e.a. Los Angeles/New York, 1986, p. 89-111.
Blotkamp, Carel en Mieke Rijnders, 'Beeldende kunst en literatuur'. In: Blotkamp e.a. 1978, p. 76-83.
Borges, Jorge Luis, *This craft of verse*. Ed. Calin-Andrei Mihailescu. Cambridge, Massachusetts/London, 2000.
Boutens jr. (1894), P.C., *XXV verzen*. Middelburg, 1894.
Boutens (1898), P.C., *Verzen*. Met een Voorreden van L. van Deyssel. Den Haag, 1898.
Boutens (1907), P.C., *Stemmen*. Amsterdam, [1907].
Boutens (1912), P.C., *Carmina*. Amsterdam, [1912].
Boutens (1914), P.C., *Verzen*. Met een Voorreden van L. van Deyssel. Amsterdam, 1914. 2e dr.
Boutens (1922), P.C., *Zomerwolken*. Amsterdam, 1922.
Boutens (1931), P.C., 'Begrüssungsrede beim P.E.N.-Kongress im Rittersaal im Haag, 22 Juni 1931'. In: *De stem* 11 (1931), dl. II, p. 673-677.
Boutens (1942), P.C., *In den keerkring. Zeven gedichten*. ['s-Gravenhage], 1941 [=1942].
Boutens (1942), P.C., *Tusschenspelen*. Den Haag, 1942.
Boutens (1943-1954), P.C., *Verzamelde werken*. 7 dln. [Ed. C.L. Schepp, A. Rutgers van der Loeff, J. van Krimpen, H. Mulder]. Haarlem/ 's-Gravenhage, 1943-1954.
Boutens (1964), P.C., 'Vorm en vormeloosheid in de dichtkunst'. [Bezorgd door Karel de Clerck]. In: *Verslagen en mededelingen van de Koninklijke Vlaamse Academie voor taal- en letterkunde* (1964), p. 359-370.
Boutens (1968), P.C., *Verzamelde lyriek*. 2 dln. [Ed. J.B.W. Polak en P. van Eeten]. Amsterdam, 1968.
Boven, Erica van en Gillis Dorleijn, *Literair mechaniek. Inleiding tot de analyse van verhalen en gedichten*. Bussum, 1999.
Boyer, Carl B., *The rainbow. From myth to mathematics*. With new color illustrations and commentary by Robert Greenler. Houndmills enz., 1987.
Braak, Menno ter, *Verzameld werk*. dl. 2. Amsterdam, 1950.
Braber, Helleke van den, *Geven om te krijgen. Literair mecenaat in Nederland tussen 1900 en 1940*. Nijmegen, 2002.
Braches, Ernst, *Het boek als Nieuwe Kunst, 1892-1903. Een studie in Art Nouveau*. Utrecht, 1973.
Brennan, Teresa and Martin Jay, *Vision in context. Historical and contemporary perspectives on sight*. New York and London, 1996.

Breuer, Stefan, *Ästhetischer Fundamentalismus. Stefan George und der deutsche Antimodernismus*. Darmstadt, 1995.

Breuker, Ph.H., *Obe Postma als auteur van het sublieme*. Leeuwarden, 1996. Inaugurale rede UvA/Fryske Akademy.

Bronzwaer, W., *Lessen in lyriek. Nieuwe Nederlandse poëtica*. Nijmegen, 1993.

Broos, Kees, 'Letter, woord, tekst, beeld'. In: Jan Brand e.a. (red.), *De woorden en de beelden. Tekst en beeld in de kunst van de twintigste eeuw*. Utrecht, 1991, p. 17-40.

Bruyn, E.B. de, 'De 'Strofen' van Andries de Hoghe. Een lekepraatje'. In: *Maatstaf* 33 (1985), nr. 4, p. 66-73.

Burhan, Filiz Eda, *Vision and visionaries. Nineteenth century psychological theory, the occult sciences and the formation of the symbolist aesthetic in France*. [onuitgegeven diss. Princeton], 1979.

Buuren, Maarten van, 'O rozen, droef en schoon. Bloemen in de Nederlandse poëzie van de eeuwwende.' In: *Bloeiende symbolen. Bloemen in de kunst van het fin de siècle*. 's-Hertogenbosch, 1999, p. 23-40. Ook in: Bank en Van Buuren 2000, p. 485-501.

Cantor, G.N. en M.J.S. Hodge (ed.), *Conceptions of ether. Studies in the history of ether theories 1740-1900*. Cambridge, 1981.

Chidester, David, *Word and light. Seeing, hearing, and religious discourse*. Urbana and Chicago, 1992.

Christin, Anne-Marie, *Poétique du blanc. Vide et intervalle dans la civilisation de l'alphabet*. Leuven, 2000.

Claes, Paul, '"De waterlelie" van Frederik van Eeden. Een intertextuele lezing'. In: *Spektator* 17 (1987), p. 43-50.

Claes, Paul, 'De zoen van de ziel'. In: *Echo's echo's. De kunst van de allusie*. Amsterdam, 1992, p. 113-122.

Clerck (1958), Karel de, 'De "gebruikskunst" van P.C. Boutens'. In: *De Vlaamse gids* 42 (1958), p. 41-51.

Clerck (1961-1962), Karel de, 'P.C. Boutens, dichter van de "waazge schemerkimmen"'. In: *Nieuw Vlaams tijdschrift* 15 (1961-1962), p. 1389-1401.

Clerck (1962), Karel de, 'Boutens' "Naenia"'. In: *De nieuwe taalgids* 55 (1962), p. 134-138.

Clerck (1963a), Karel de, 'Boutens' laatste verzenbundel'. In: *Revue des langues vivantes / Tijdschrift voor levende talen* 29 (1963), p. 109-116.

Clerck (1963b), Karel de, 'Walcheren weerspiegeld in Boutens' poëzie'. In: *De nieuwe taalgids* 56 (1963), p. 91-99.

Clerck (1964), Karel de, 'P.C. Boutens en de Koninklijke Vlaamse Academie'. In: *Verslagen en mededelingen van de Koninklijke Vlaamse Academie voor taal- en letterkunde* (1964), p. 353-357.

Clerck (1965), Karel de, 'Boutens' litterair debuut'. In: *De nieuwe taalgids* 58 (1965), p. 116-121.

Clerck (1969), Karel de, *Uit het leven van P.C. Boutens*. Amsterdam, 1969. Tweede, herziene druk.

Cline, Ruth H., 'Heart and eyes'. In: *Romance philology* 25 (1971-1972), nr. 3 (february 1972), p. 263-297.

Cohen, Michael, 'The rainbow in Millais' *The blind girl* and other selected works of art'. In: *The Journal of Pre-Raphaelite Studies* 3 (1982), p. 16-27.

Coster (1924), Dirk, *Nieuwe geluiden. Een keuze uit de poëzie van na den oorlog (1918-1923)*. Bijeengebracht en ingeleid door [...]. Arnhem, 1924.

Coster (1951), Dirk, 'P.C. Boutens: Aristocraat op Griekse leest. Een vergeten geluid.' In: *Elseviers weekblad*, 3 maart 1951, p. 27.

Couperus (1990), Louis, *Extaze. Een boek van geluk*. Ed. H.T.M. van Vliet e.a. Utrecht/Antwerpen, 1990. (*Volledige Werken Louis Couperus*, dl. 5).

Couperus (1993), Louis, *De berg van licht*. Ed. H.T.M. van Vliet e.a. Amsterdam/Antwerpen, 1993. (*Volledige Werken Louis Couperus*, dl. 24).

Crary, Jonathan, *Techniques of the observer. On vision and modernity in the nineteenth century*. Cambridge, Massachusetts/London, 1990.

Curtius, Ernst Robert, *Europäische Literatur und lateinisches Mittelalter*. Tübingen/Basel, 1993. Elfte Auflage.

Cusa, Nicolaas van, *Het zien van God*. Ingeleid, vertaald en geannoteerd door Inigo Bocken en Jos Decorte. Kapellen/Kampen, 1993.

Custers, Lucien, '"De rampzalige artikels in de N.G.". Alphons Diepenbrock en de *Nieuwe Gids*'. In: *Tijdschrift voor Nederlandse taal- en letterkunde* 116 (2000), nr. 3, p. 238-271.

Dante Alighieri, *De goddelijke komedie*. Vertaald, ingeleid en toegelicht door Frans van Dooren. Amsterdam, 1998. 2e dr.

Deonna, Waldemar, *Le symbolisme de l'œil*. Paris, 1965.

Derks, Will e.a., 'Het bloemmotief in het Estheticisme'. In: *Forum der letteren* 23 (1982), p. 97-109.

Derrida, Jacques, *Dissemination*. Translated, with an introduction and additional notes, by Barbara Johnson. London, 1997.

Deyssel (1890), L. van, '[Bespreking van] Jac. van Looy, *Proza*. S.L. van Looy. Amsterdam 1889'. In: *De nieuwe gids* 5 (1890), dl. II, p. 299-302.
Deyssel (1897), L. van, *Verzamelde opstellen. Tweede bundel.* Amsterdam, 1897.
Deyssel (1962), Lodewijk van, *Gedenkschriften*. Ed. Harry G.M. Prick. 2 dln. Zwolle, 1962.
Deyssel (1978a), Lodewijk van, 'Aantekeningen bij de lectuur van P.C. Boutens'. In: *Uit de schrijfcassette van Lodewijk van Deyssel.* Ed. Harry G.M. Prick. Amsterdam, 1978, p. 237-256.
Deyssel (1978b), Lodewijk van, *Een liefde*. Amsterdam, 1978 [8e fotomechanische herdruk van de eerste editie uit 1887].
Dijk, H. e.a. (red.), *In de zevende hemel. Opstellen voor P.E.L. Verkuyl over literatuur en kosmos*. Groningen, 1993.
Dijk, Is. van, *Maurice Maeterlinck. Een studie*. Nijmegen, 1897.
Dijk, Yra van, '"Die stilte daar was aards en warm". Over stilte in de muziek en de poëzie'. In: G.J. van Bork en N. Laan (red.), *Kunst & LetterKunst. Opstellen voor George Vis*. Amsterdam, 2000, p. 47-59.
Donaldson-Evans, Lance K., *Love's fatal glance. A study of eye imagery in the poets of the Ecole Lyonnaise*. Mississippi, 1980.
Doppler, Alfred, *Der Abgrund des Ichs. Ein Beitrag zur Geschichte des poetischen Ichs im 19. Jahrhundert*. Wien, 1985.
Dorleijn (1984a), Gillis, '"Het sterkste werkt wat is weggelaten". J.H. Leopold als symbolist'. In: *Literatuur* 1 (1984), p. 79-85.
Dorleijn (1984b), G.J., *Schuilgelegen uitzicht. Uitgave van en editie-technische en genetisch-interpretatieve beschouwingen bij enkele gedichten uit de nalatenschap van J.H. Leopold*. Amsterdam enz., 1984. 2 dln. Monumenta Literaria Neerlandica II, 3, 4.
Dorleijn (1989a), G.J., 'J.H. Leopold, *Verzen*'. In: *Lexicon van literaire werken. Bespreking van Nederlandstalige literaire werken 1900-heden*. Red. A.G.H. Anbeek van der Meijden e.a. Groningen, 1989, p. 1-16.
Dorleijn (1989b), G.J., *Terug naar de auteur. Over de dichter M. Nijhoff.* [Baarn, 1989].
Dorleijn (1991), G.J., 'J.H. Leopolds vruchteloos bezit'. In: Kusters 1991, p. 43-60.
Draaisma, Douwe, *De metaforenmachine. Een geschiedenis van het geheugen*. Groningen, 1995.
Dresden, S., *Symbolisme*. Amsterdam, 1980.

Eddington (1932), Arthur Stanley, *De wetenschap en het onzienlijke.* Vertaald door J.C. Proost-Thoden van Velzen. Met een inleidend woord van J.H. Oort. Haarlem, 1932.

Eddington (1933), Arthur, *Het uitdijend heelal.* Vertaald door J.C. Proost-Thoden van Velzen. 's-Gravenhage, [1933].

Eeden (1892), F. van, 'Het Mengelwerk der vijf Studenten-Almanakken'. In: *Minerva. Algemeen Nederlandsch Studenten-Weekblad* 17 (1892), nr. 2 (18 februari 1892), p. 25-27.

Eeden (1896), Frederik van, *Ellen. Een lied van de Smart.* Amsterdam, 1896. 3e dr.

Einstein, Albert, *Cosmic religion. With other opinions and aphorisms.* New York, 1931.

Eringa, S., 'Boutens als lyrisch dichter'. In: *Christelijk letterkundige studiën.* Dl. III. Amsterdam, 1927, p. 13-76.

E[yck], P.N. v[an], 'Jan Toorop bij Kruger'. In: *De vrije tribune* 5 (1907), nr. 15 (13 april 1907), p. 116-117.

Faassen, S.A.J. van, '"Een zeker amateurisme". P.C. Boutens als boekverzorger'. In: Nap e.a. 1993, p. 126-149.

Feijter, Anja de, *"apocrief / de analphabetische naam". Het historisch debuut van Lucebert in het licht van de intertekst van Joodse mystiek en Hölderlin.* Amsterdam, 1994.

Fens, Kees, 'P.C. Boutens' lyriek opnieuw uitgegeven. Poëzie uit een binnenwereld'. In: *De tijd*, 30 maart 1968.

Fens, Kees, 'De ogen hebben steeds een plaats'. In: *De Volkskrant*, 26 april 1982.

Fens, Kees, '"Kijk naar de sterren! Kijk op naar de hemelen!"'. In: Kees Fens, *Leermeesters. Een keuze uit de maandagstukken.* Amsterdam, 1994, p. 26-31.

Fokkema, Redbad, *Aan de mond van al die rivieren. Een geschiedenis van de Nederlandse poëzie sinds 1945.* Amsterdam, 1999.

Fontijn (1983), Jan, 'Leven in extase. Louis Couperus en Ralph Waldo Emerson'. In: Jan Fontijn, *Leven in extase. Opstellen over mystiek en muziek, literatuur en decadentie rond 1900.* Amsterdam, 1983, p. 138-152.

Fontijn (1993), Jan, '"Het Koninkrijk Gods is in mijn inkt en in mijn pen". De mystiek in de Nederlandse literatuur rond 1900'. In: *Hogere sferen. Alchemie, gnosis, kabbala en hermetische filosofie in de kunst.* Amsterdam, 1993.

Fresco, M.F., 'Platonisme. Naar hoger honing?'. In: M.F. Fresco en R. van der Paardt, *Naar hoger honing? Plato en platonisme in de Nederlandse literatuur.* Groningen, 1998, p. 9-51.

Geggus, Roswitha, *Die wit in die poësie. 'n Ondersoek na die funksionaliteit van die wit in die visuele aanbod van hedendaagse poësie*. Amsterdam, 1961.

Gerards, Inemie en Evert van Uitert, 'Jan Toorop. Een "fabuleuze bevattelijkheid": het symbolistische scheppen'. In: *Jong Holland* 5 (1989), nr. 1, p. 3-17.

Gerards, Inemie en Evert van Uitert, *Jan Toorop. Symbolisme in de kunst*. Den Haag, 1994.

Gerhardt, Ida, *Verzamelde gedichten*. 2 dln. Amsterdam, 1995. 6e dr.

Gier, J. de, 'De dichter als paria. Geerten Gossaert en Plato'. In: M.F. Fresco en R. van der Paardt, *Naar hoger honing? Plato en platonisme in de Nederlandse literatuur*. Groningen, 1998, p. 153-168.

Goedegebuure (1987), Jaap, *Decadentie en literatuur*. Amsterdam, 1987.

Goedegebuure (2001), Jaap, 'Vlissings inzicht. (Over een gedicht van Kees Ouwens)'. In: *Tijdschrift voor Nederlandse taal- en letterkunde* 117 (2001), p. 268-276.

Goedegebuure, Jaap en Odile Heynders (1996), *Literatuurwetenschap in Nederland. Een vakgeschiedenis*. Amsterdam, 1996.

Goedegebuure, Jaap en Odile Heynders (1997), 'De voortgang van het twintigste-eeuwse poëtica-onderzoek'. In: *Nederlandse letterkunde* 2 (1997), nr. 2, p. 162-167.

Gorter (1952), Herman, *Verzamelde werken*. Dl. VIII: *Laatste gedichten*. Bussum/Amsterdam, 1952.

Gorter (1978), Herman, *Verzamelde lyriek tot 1905*. [Ed. G. Stuiveling en E. Endt]. Amsterdam, 1978. 3e dr.

Gorter (1987), Herman, *Verzen*. De editie van 1890 met een inleiding en annotaties van Enno Endt. Amsterdam, 1987.

Gorter (2002), Herman, *Mei. Een gedicht*. Uitgegeven naar de eerste druk uit 1889. Ed. Enno Endt en Mary Kemperink. Amsterdam, 2002.

Goud (1995), Marco, 'Van alle kanten, overal vandaan. Over P.C. Boutens' vertalingen van Leopold Andrian'. In: *Vooys* 13 (1994-1995), nr. 2 (februari/maart 1995), p. 20-27.

Goud (1997a), Marco, '"Ik had het druk met Weensche vrienden". Over P.C. Boutens' 'Doodenmasker voor Hugo von Hofmannsthal"'. In: *Nederlandse letterkunde* 2 (1997), nr. 4, p. 350-364.

Goud (1997b), M., '"In memory of a happy afternoon". Opdrachten in boeken uit de bibliotheek van P.C. Boutens'. In: Rijkse (red.) 1997, p. 15-26.

Goud (1998a), Marco, '"Mijn blond-omduind Zeeuwsch eiland". P.C. Boutens en Zeeland'. In: *Zeeland. Tijdschrift van het Koninklijk Zeeuwsch Genootschap der Wetenschappen* 7 (1998), nr. 1, p. 1-7.

Goud (1998b), Marco, '"Zoo vindt elk zijn gading". P.C. Boutens, Robert Ross en Oscar Wilde'. In: *De parelduiker* 3 (1998), nr. 1, p. 61-70.

Goud (1998c), Marco, '"Neem nooit een molenaarsdochter!". Brieven van P.C. Boutens aan zijn vriend J.M. Kakebeeke'. In: *Jaarboek Letterkundig Museum 7*. Den Haag, 1998, p. 21-58.

Goud (1999), Marco, '"Kom niet de verre wegen". P.C. Boutens en Marie Moll in Maastricht'. In: *Of? Tijdschrift voor en door Leo Herberghs, Wiel Kusters, Peter J.A. Nissen en Harry G.M. Prick* 11 (1999), nr. 2, p. 3-6.

Goud (2000a), Marco, 'De ziel fluistert, de zaal mort. Vroege voordrachten van P.C. Boutens'. In: *De parelduiker* 5 (2000), nr. 2, p. 59-70.

Goud (2000b), Marco, '"Den dichter met den ver-starenden blik". Over P.C. Boutens' 'Sterren. Voor J.Th. Toorop' (1917)'. In: *Tijdschrift voor Nederlandse taal- en letterkunde* 116 (2000), nr. 2, p. 97-120.

Goud (2000c), Marco, 'P.C. Boutens'. In: *Kritisch lexicon van de moderne Nederlandstalige literatuur*. Red. Ad Zuiderent e.a. Groningen, 2000, 78e aanvulling, p. 1-13.

Goud (2000d), Marco, 'Residentienieuws'. In: *De parelduiker* 5 (2000), nr. 5, p. 69-72.

Goud (2001a), Marco, 'Een boek voor Wout en Daniël. Een onbekend handschrift van P.C. Boutens'. In: *Jaarboek Letterkundig Museum 10*. Den Haag, 2001, p. 1-44.

Goud (2001b), Marco, 'De stem van wind en zee. Over de Zeeuwse gedichten van P.C. Boutens'. In: *Nehalennia* nr. 134 (december 2001), p. 25-38.

Goud (2003a), Marco, '"Hier is bijna-zwijgen opperste deugd". Muziek en stilte bij J.H. Leopold en P.C. Boutens'. In: *Leopold-cahier VI*. Tilburg, 2003. [ter perse]

Goud (2003b), Marco, 'P.C. Boutens en Maurice Maeterlinck'. In: *Annales de la Fondation Maurice Maeterlinck* (2003). [ter perse]

Goudsmit, B.C., *Het rijk der sterren. Flammarion's* Étoiles et curiosités du ciel *voor Nederland bewerkt*. Zutphen, [1902].

Graef, Herman de, *P.C. Boutens. Een onderzoek naar de stijlwaarden van het woord in het poëtisch werk van Pieter Cornelis Boutens.*

Ongepubliceerde licentiaatsverhandeling, Katholieke Universiteit Leuven, 1958.

Grinten, Hans van der en Peter Thoben, *Jan Toorop. De Nijmeegse jaren 1908-1916*. Nijmegen, 1978.

Groeninx van Zoelen, R., 'De beteekenis van de gedichten van Boutens in de hedendaagsche kunst'. In: *Groot Nederland* 13 (1915), dl. I, p. 356-363.

Groot, Jan Willem de, 'Gnosis en raszuiverheid. De ariosofie van Lanz von Liebenfels'. In: Van der Laarse e.a. 1998, p. 223-249.

Groot, I.M. de en M. Schapelhouman (red.), *Rond 1900. Kunst op papier in Nederland*. Zwolle/Amsterdam, 2000.

Guépin, J.P., *De kunst van Janus Secundus. De 'Kussen' en andere gedichten*. Amsterdam, 1991.

Hadewijch, *Visioenen*. Vertaald door Imme Dros. Met een inleiding en een teksteditie door Frank Willaert. Amsterdam, 1996.

Hafkamp, Hans, 'Gedenkzuil voor een gestorven jongen. Boutens' verzen van Andries de Hoghe'. In: *Homologie* 6 (1984), nr. 4, p. 32-35.

Hagstrum, Jean H., *The sister arts. The tradition of literary pictorialism and English poetry from Dryden to Gray*. Chicago/London, 1958.

[Hall, J.N. van], 'Letterkundige Kroniek. Maurice Maeterlinck'. In: *De gids* 55 (1891), dl. II, p. 563-576.

Halsema ([z.j.]), J.D.F. van, *Syllabus Symbolisme & Sensitivisme*. Interne publicatie Vrije Universiteit Amsterdam, [z.j.].

Halsema (1978), J.D.F. van, 'Gorter na Mei'. In: *De revisor* 5 (1978), nr. 3 (juni), p. 32-39 en nr. 4 (aug.), p. 54-63.

Halsema (1989), J.D.F. van, *Bijeen het vroeger en het later, de dichter Leopold en zijn bronnen. Een onderzoek naar de verwerking van de bronnen in een groep onvoltooide gedichten uit de nalatenschap van J.H. Leopold*. 2 dln. Utrecht/Antwerpen, 1989.

Halsema (1992), J.D.F. van, *Reader college Mysticisme in de Nederlandse letterkunde in de periode 1885-1900*. Interne publicatie Vrije Universiteit Amsterdam, 1992.

Halsema (1994), Dick van, 'P.C. Boutens: Uit het buitengebied van de wereld'. In: A. de Feijter en A. Kibédi Varga (red.), *Dichters brengen het te weeg. Metafysische vraagstellingen in de moderne Europese poëzie*. Kampen, 1994, p. 9-19.

Halsema (1995a), Dick van, 'Boutens' poëzie kon een dode geliefde goed gebruiken. P.C. Boutens' zeldzame "Naenia"'. In: *Vrij Nederland*, 7 oktober 1995, p. 60-61.

Halsema (1995b), J.D.F. van, 'Wie heel goed kijkt, die kan hem bijna zien. Baudelaire bij de Tachtigers'. In: *Jullie gaven mij modder, ik heb er goud van gemaakt. Over Charles Baudelaire*. Red. Maarten van Buuren. Groningen, 1995, p. 66-110.

Halsema (1999), J.D.F. van, *Dit eene brein. Opstellen over werk en dichterschap van J.H. Leopold*. Groningen, 1999.

Halsema (2000), J.D.F. van, 'Van oorsprong naar oorsprong. Van Royens letters en zijn boeken'. In: J.P. Boterman en J.D.F. van Halsema, *Disteltype, corps 15. Over de Disteltype van J.F. van Royen en L. Pissarro, en de literatuur van de Zilverdistel*. Amsterdam, 2000, p. 77-94.

Hammacher, A.M., *Jean François van Royen 1878-1942*. 's-Gravenhage, 1947.

Hawking, Stephen, *Het heelal. Verleden en toekomst van ruimte en tijd*. Vert. Ronald Jonkers. Amsterdam, 1990.

Heffernan, James A.W., *Museum of words. The poetics of ekphrasis from Homer to Ashbery*. Chicago and London, 1993.

Hefting, Victorine, *Jan Toorop. Een kennismaking*. Amsterdam, 1989.

Hemeldonck, Walter van, *Antieke en bijbelse metaforiek in de moderne Nederlandse letteren (1880-ca. 1914). Een bijdrage tot de Europese stijlgeschiedenis*. Gent, 1977.

Heynders (1991), Odile, *De verbeelding van betekenis. Vooronderstellingen en praktijk van deconstructieve lezingen: teksten van Paul Celan en Gerrit Achterberg*. Leuven/Apeldoorn, 1991.

Heynders (1996), Odile, 'Een liefde die bloeit en bloedt: interpretatie in de Nederlandse literatuurwetenschap'. In: *Tijdschrift voor Literatuurwetenschap* 1 (1996), nr. 1, p. 42-49.

Heynders (1998), Odile, *Langzaam leren lezen. Paul Rodenko en de poëzie*. Tilburg, 1998.

Hollander (1975), John, *Vision and resonance. Two senses of poetic form*. New York, 1975.

Hollander (1988), John, 'The poetics of ekphrasis'. In: *Word & Image* 4 (1988), p. 209-219.

Hollander (1995), John, *The gazer's spirit. Poems speaking to silent works of art*. Chicago/London, 1995.

Hope Nicolson, Marjorie, *Mountain gloom and mountain glory. The development of the aesthetics of the infinite*. New York, 1959.

Hottentot (1987), Wim, '"Ons geheim is een van woorden niet?". Een hineininterpretatie'. In: *Bzzlletin* 16 (1987), nr. 147 (juni), p. 41-54.

Hottentot (1993), Wim, 'Het geheim onthuld en verhuld. [Recensie van J. Nap e.a. (red.), *Ik heb iets bijna schoons aanschouwd*]'. In: *Vrij Nederland*, 15 mei 1993, p. 86-87.

Huygens, Constantijn, *Dromen met open ogen*. Een keuze uit de gedichten samengesteld door M.A. Schenkeveld-van der Dussen e.a. Amsterdam, 1984.

Imanse, Geurt en John Steen, 'Achtergronden van het Symbolisme'. In: Blotkamp e.a. 1978, p. 21-35.

Irons, John, *The development of imagery in the poetry of P.C. Boutens*. Odense, 1997. [Heruitgave in eigen beheer van diss. Cambridge, 1970].

Jaarverslag 1998 Letterkundig Museum. Den Haag, 1998.

Jager, Gert de, 'Het geheim van het sonnet. De Tachtigers en de aantrekkingskracht van een literaire vorm'. In: *Nederlandse letterkunde* 1 (1996), p. 341-354.

Jager, Gert de, 'Ouwens' ruimte. De functie van het versregelwit van *Arcadia* tot *Mythologieën*'. In: *Neerlandistiek.nl* (2002). Te raadplegen op http://www.neerlandistiek.nl (artikel 02.01).

Janssen (1915), Miek, *Aan den einder*. Met teekeningen door Jan Toorop. [Amsterdam, 1915].

Janssen (1920), Miek, *Schets over het leven en enkele werken van Jan Toorop*. Amsterdam, [1920].

Janssen (1933), Miek, *Herinneringen aan Jan Toorop*. Amsterdam, [1933].

Jay, Martin, *Downcast eyes. The denigration of vision in twentieth-century French thought*. Berkeley/Los Angeles/London, 1993.

Jeans, James, *Het geheimzinnig heelal*. Geautoriseerde vertaling van S.L. van Oss. 's-Gravenhage, 1931.

Jenks, Chris (ed.), *Visual culture*. London and New York, 1995.

Josselin de Jong, Kitty H.R. de, 'P.C. Boutens (1870-1943)'. In: *Rozen in december. Herinneringen van Kitty H.R. de Josselin de Jong [...]*. Verzameld door Jan J. van Herpen. Hilversum, 2000, p. 15-22. (Flanorreeks, nr. 40.)

Kamerbeek jr., J., 'Leopolds "Eén druppel wijn". Ontwerp voor een interpretatie'. In: *De nieuwe taalgids* 45 (1952), p. 129-136.

Keilson-Lauritz, M., *Die Geschichte der eigenen Geschichte. Literatur und Literaturkritik in den Anfängen der Schwulenbewegung am Beispiel des* Jahrbuchs für sexuelle Zwischenstufen *und der Zeitschrift* Der Eigene. Berlin, 1997.

Kemperink (1988), M.G., *Van observatie tot extase. Sensitivistisch proza rond 1900*. Utrecht/Antwerpen, 1988.

Kemperink (2001), Mary, *Het verloren paradijs. De Nederlandse literatuur en de cultuur van het fin de siècle*. Amsterdam, 2001.

Klein, Maarten, *Noodlot en wederkeer. De betekenis van de filosofie in het werk van Louis Couperus*. Maastricht, 2000.

Klomp, Henk A., *De relativiteitstheorie in Nederland. Breekijzer voor democratisering in het interbellum*. Utrecht, 1997.

Kloos, Willem, *Verzen*. Ed. P. Kralt. Amsterdam, 1995.

Knipping, J.B., *Jan Toorop*. Amsterdam, [1947].

Kolb, Herbert, 'Die Mystik des Auges und des Herzens'. In: Herbert Kolb, *Der Begriff der Minne und das Entstehen der höfischen Lyrik*. Tübingen, 1958, p. 18-38.

Komen, J.A.M., *Over de ontwikkeling van absolute constructies*. Amsterdam, 1994.

Korteweg, Anton, 'Verheeld in afglans. Vier schilderijgedichten van P.C. Boutens'. In: *Maatstaf* 41 (1993), nr. 5, p. 50-61.

Koyré, Alexandre, *From the closed world to the infinite universe*. Baltimore, 1957.

Kraaij, Harry J. en William Rothuizen, *Jan Toorop (1858-1928). Het late symbolisme*. Amsterdam, 2001. [Herz. heruitgave van Rothuizen 1998].

Kraaij, Harry J., 'Jan Toorop. Het late symbolisme'. In: Kraaij en Rothuizen 2001, p. II-XV.

Krieger, Murray, *Ekphrasis. The illusion of the natural sign*. Baltimore/London, 1992.

Kroesbergen, Maaike, 'Het komt er niet op aan wat men bemint, maar hoé men bemint. Boutens en het sensitivisme van de minnaar (m/v).' In: *Bzzlletin* 25 (1996), nr. 236-237, p. 64-71.

Kugel, James L., *The techniques of strangeness in symbolist poetry*. New Haven and London, 1971.

Kusters (1976), Wiel, 'Tekst en kontekst. De dood na de dood'. In: *Nieuwe stemmen* 32 (1975-1976), nr. 6 (augustus-september 1976), p. 186-187.

Kusters (1983), Wiel, *Een tuin in het niks. Opstellen over Gerrit Kouwenaar*. Amsterdam, 1983.

Kusters (1986), Wiel, *De killer. Over poëzie en poëtica van Gerrit Kouwenaar*. Amsterdam, 1986.

Kusters (1989a), Wiel, *Pooltochten*. Rede uitgesproken bij de aanvaarding van het ambt van bijzonder hoogleraar in de Algemene en Nederlandse Letterkunde [...] aan de Rijksuniversiteit Limburg op donderdag 12 oktober 1989. Amsterdam, 1989.

Kusters (1989b), Wiel, 'Onzichtbare draden'. In: *De gids* 152 (1989), nr. 12 (dec.), p. 980-981.

Kusters (1991), Wiel, (red.), *'In een bezield verband'. Nederlandse dichters op zoek naar zin.* Baarn, 1991.

Kusters (1991a), Wiel, '"Ik weet niet eens wat Minnaar ik bedoel". Over Pierre Kemp, vroeg en laat'. In: Kusters 1991, p. 74-86.

Kusters (1991b), Wiel, *Pierre Kemp, vroeg en laat.* Amsterdam, 1991.

Kusters (1995), Wiel, *Ik graaf, jij graaft. Aantekeningen over poëzie.* Amsterdam, 1995.

Kusters (1996), Wiel, 'Over het beklimmen van de Parnassus'. In: *Literatuur* 13 (1996), nr. 2, p. 86-91.

Kusters (1997a), Wiel, '"De waere Beeltenis". P.C. Hoofts erotiek van de blik'. In: *Tijdschrift voor Nederlandse taal- en letterkunde* 113 (1997), p. 46-61.

Kusters (1997b), Wiel, 'Ontvreemde kristallen. Aantekeningen over 'Het ontbrokene''. In: *...Die zo rijk zijn aan zichzelf... Over Hans Faverey.* Red. Hans Groenewegen. Groningen, 1997, p. 214-226.

Kusters (1999), Wiel, 'Chaos, erosie, entropie. Wetenschap en literatuur bij Willem Frederik Hermans'. In: *Nederlandse letterkunde* 4 (1999), nr. 1, p. 37-47.

Kusters (2001), Wiel, 'Poëzie, fysica en theodicee bij Jan Hanlo (1912-1969)'. In: *Tijdschrift voor Nederlandse taal- en letterkunde* 117 (2001), nr. 4, p. 342-357.

Kusters, Wiel en Jos Perry, *Versteende wouden. Mijnen en mijnwerkers in woord en beeld.* Amsterdam, 1999.

Laarse, Rob van der, Arnold Labrie en Willem Melching (red.), *De hang naar zuiverheid. De cultuur van het moderne Europa.* Amsterdam, 1998.

Labrie, Arnold, *Zuiverheid en decadentie. Over de grenzen van de burgerlijke cultuur in West-Europa, 1870-1914.* Amsterdam, 2001.

Landow, George, 'The rainbow: A problematic image'. In: *Nature and the Victorian imagination.* Ed. U.C. Knoepflmacher and G.B. Tennyson. Berkeley/Los Angeles/London, 1977, p. 341-369.

Leijnse, Elisabeth, *Symbolisme en nieuwe mystiek in Nederland voor 1900. Een onderzoek naar de Nederlandse receptie van Maurice Maeterlinck.* Genève, 1995.

Leopold (1916), J.H., *Stoïsche wijsheid.* Rotterdam, 1916. 3e dr.

Leopold (1982), J.H., *Verzamelde verzen.* Dl. I: *De tijdens het leven van de dichter gepubliceerde poëzie.* [Ed. A.L. Sötemann en H.T.M. van Vliet]. Amsterdam, 1982.

Leopold (1983), J.H., *Gedichten I. De tijdens het leven van de dichter gepubliceerde poëzie.* Historisch-kritische uitgave, verzorgd door A.L. Sötemann en H.T.M. van Vliet. Amsterdam/Oxford/New York, 1983. 2 dln. Monumenta Literaria Neerlandica II, 1 en 2.

Lieb, Michael, *The visionary mode. Biblical prophecy, hermeneutics, and cultural change.* Ithaca and London, 1991.

Lucretius, *Over de natuur.* Vertaald door Aeg. W. Timmerman, bezorgd en ingeleid door P.H. Schrijvers. Amsterdam, 1984.

Maeterlinck (1896), Maurice, *Le trésor des humbles.* Paris, 1896 (troisième édition).

Maeterlinck (1965), Maurice, *Poésies complètes.* Ed. Joseph Hanse. Bruxelles, 1965.

Marres, René, 'Over homofilie in Boutens' poëzie'. In: René Marres, *Zogenaamde politieke incorrectheid in Nederlandse literatuur. Ideologiekritiek in analyse.* Leiden, 1998, p. 93-102.

Martin, John Stanley, *Ragnarok. An investigation into old Norse concepts of the fate of the gods.* Assen, 1972.

McGann, Jerome, *Black riders. The visible language of modernism.* Princeton, 1993.

McGann, Jerome (ed.), *The complete writings and pictures of Dante Gabriel Rossetti. A hypermedia research archive.* http://jefferson.village.virginia.edu:2020/.

Meadows, A.J., *The high firmament. A survey of astronomy in English literature.* Leicester, 1969.

Meijer (1988), Maaike, *De lust tot lezen. Nederlandse dichteressen en het literaire systeem.* Amsterdam, 1988.

Meijer (1996), Maaike, 'Beyond interpretation. Einde van de interpretatie en nieuw begin'. In: *Tijdschrift voor Literatuurwetenschap* 1 (1996), nr. 1, p. 35-41.

Miles, Margaret, 'Vision: The eye of the body and the eye of the mind in Saint Augustine's *De trinitate* and *Confessions*'. In: *The journal of religion* 63 (1983), p. 125-142.

Minnaert, M.G.J., *Dichters over sterren.* Een bloemlezing [...]. Arnhem, 1949.

Mitchell, W.J.T., *Iconology. Image, text, ideology.* Chicago/London, 1986.

Mitchell, W.J.T., *Picture theory. Essays on verbal and visual representation.* Chicago/London, 1994.

Mitterand, Henri, 'Le regard d'Émile Zola'. In: *Europe. Revue littéraire mensuelle* (1968), p. 182-203.

Mooij, J.J.A., *Tekst en lezer. Opstellen over algemene problemen van de literatuurstudie*. Amsterdam, 1979.

Mosheuvel, L.H., *Een roosvenster. Aantekeningen bij* Een winter aan zee *van A. Roland Holst*. Groningen, 1980.

Mühlstedt, Corinna, *Christelijke oersymbolen. Licht, water, kruis*. Baarn, 2001.

Mulder, H., *Boutens en bijbel. Een studie*. Haarlem/'s-Gravenhage, 1948.

Nap, Jan e.a. (red.), *Ik heb iets bijna schoons aanschouwd. Over leven en werk van P.C. Boutens 1870-1943*. Amsterdam/Den Haag, 1993.

Nap, Jan en Joost van der Vleuten, '"Slechts voor zeer weinigen". Een documentaire over de receptie van P.C. Boutens' poëzie'. In: Nap e.a. 1993, p. 104-125.

Nes, H.M. van, *De nieuwe mystiek*. Rotterdam, 1900.

Neumann (1991), Gerhard, '"Die Wege und die Begegnungen". Hofmannsthals Poetik des Visionären'. In: *Freiburger Universitätsblätter* 112 (1991), p. 61-75.

Newton (1982), Robert P., 'Eye imagery in Else Lasker-Schüler'. In: *Modern language notes* 97 (1982), p. 694-712.

Newton (1983), Robert P., 'Eye symbolism and German poetry'. In: *Colloquia germanica* 16 (1983), p. 97-130.

Nichols, Ashton, *The poetics of epiphany. Nineteenth-century origins of the modern literary moment*. Tuscaloosa/London, 1987.

Nietzsche, Friedrich, *De geboorte van de tragedie of Griekse cultuur en pessimisme*. Vertaald, geannoteerd en van een nawoord voorzien door Hans Driessen. Amsterdam/Antwerpen, 2000.

Nijhoff, Martinus, *Verzameld werk*. Dl. II: *Kritisch en verhalend proza*. Amsterdam, 1982.

Nijland-Verwey, Mea (ed.), *Kunstenaarslevens. De briefwisseling van Albert Verwey met Alphons Diepenbrock, Herman Gorter, R.N. Roland Holst, Henriëtte van der Schalk en J.Th. Toorop*. Assen, 1959.

Nordmann, Charles, *Einstein en het heelal*. Bewerking van S.L. van Oss. Zaltbommel, 1923.

Nouhuys, W.G. van, 'Een apostel van het mysticisme'. In: *De Nederlandsche spectator*, nr. 10 (7 maart 1896), p. 75-78 en nr. 11 (14 maart 1896), p. 87-88.

Oberman, H.T., 'Boutens' en 'De hoofdgedachten bij Boutens'. In: *Keur uit de letterkundige nalatenschap van Dr. H.T. Oberman*. Rotterdam, [1926], p. 253-276 en p. 277-312.

Oegema, Jan, *Lucebert, mysticus. Over de roepingsgedichten en de 'Open brief aan Bertus Aafjes'.* Nijmegen, 1999.

Os, C.H. van. 'De evolutiën der ruimte'. In: *De gids* 92 (1928), dl. II, p. 367-381.

Oversteegen, J.J., *Vorm of vent. Opvattingen over de aard van het literaire werk in de Nederlandse kritiek tussen de twee wereldoorlogen.* Amsterdam, 1969.

Oversteegen, J.J., *Beperkingen. Methodologische recepten en andere vooronderstellingen en vooroordelen in de moderne literatuurwetenschap.* Utrecht, 1982.

Ovidius, *Metamorphosen.* Vertaald door M. d'Hane-Scheltema. Amsterdam, 2001. 8e dr.

Pais, Abraham, *Einstein woonde hier.* Vert. door Ronald Jonkers. Amsterdam, 1995.

Peperkamp (1993), Ben, '"Een nieuw dichter in Holland". Aanzet tot een poëtografie van P.C. Boutens'. In: Nap e.a. 1993, p. 8-31.

Peperkamp (1994), Ben, '"Entre nous, il ne faut pas faire de jeux de mots". P.C. Boutens et quelques aspects de l'actualité littéraire'. In: *Études germaniques* 49 (1994), nr. 4, p. 403-413.

Peperkamp (1995), B.J., *Over de dichtkunst; een lezing met demonstraties. Interpretatieve en literair-historische beschouwingen over een programmatisch gedicht van Leo Vroman.* 2 dln. Assen, 1995.

Peperkamp, Ben en Redbad Fokkema, '"Vroom priesterschap in heiligen eeredienst". Bijdragen tot een interpretatie van P.C. Boutens' *Achttien verzen bij werken van W.A. van Konijnenburg*'. In: Nap e.a. 1993, p. 70-87.

Perry, Jos, 'De mijnwerker als icoon'. In: Kusters en Perry 1999, p. 161-190.

Pfeiffer, Erwin, *Studien zum antiken Sternglauben.* Berlin, 1916.

Plato (1937), *Platoon's Timaios.* In het Nederlandsch overgebracht en van inleiding en toelichting voorzien door Jan Prins (C.L. Schepp). Antwerpen/Den Haag, [1937].

Plato (1947), *Plato's Alcibiades.* Vertaald door J.Th.M.F. Pieters. Amsterdam, 1947.

Polak, Bettina, *Het fin-de-siècle in de Nederlandse schilderkunst. De symbolistische beweging 1890-1900.* 's-Gravenhage, 1955.

Polak, Johan B.W., 'Over de *Tusschenspelen* van P.C. Boutens'. In: *Amsterdams tijdschrift voor letterkunde* 1 (1953), nr. 2 (november), p. 82-87.

Preller, L., *Griechische Mythologie.* Zweiter Band. Dritte Auflage von E. Plew. Berlin, 1875.

Prick (1977), Harry G.M., *De Adriaantjes. Een onderzoek naar wording en achtergronden van Van Deyssels* Kind-leven. Amsterdam, 1977.

Prick (1980), Harry G.M., 'Inslapen in Weimar'. In: *Maatstaf* 28 (1980), nr. 10, p. 70-78.

Prick (1985), Harry G.M. (ed.), *De briefwisseling tussen Lodewijk van Deyssel en Albert Verwey*. Deel II: september 1894-1898. 's-Gravenhage, 1985.

Prick (1988), Harry G.M., '"Oude diepverzonken dagen". P.C. Boutens, Lodewijk van Deyssel en A.C. Moennoz in april 1900 te Voorschoten'. In: *Maatstaf* 36 (1988), nr. 3, p. 2-16.

Prick (1991), Harry G.M., 'Op weg naar een interpretatie. Over P.C. Boutens' gedicht 'Na den overval"'. In: *Bzzlletin* 21 (1991), nr. 188, p. 33-38.

Reichling S.J., Anton, *Het Platonisch denken bij P.C. Boutens. Poging tot verklaring van Boutens' wijsgeerig dichten*. Maastricht, 1925.

R[eigersman], J.W.G., 'Het Mengelwerk van den Utrechtschen Studenten-Almanak'. In: *Vox Studiosorum. Studenten Weekblad* 18 (1892), nr. 2 (21 januari 1892) en nr. 3 (28 januari 1892), [ongepagineerd].

Reynaert, J., *De beeldspraak van Hadewijch*. Tielt/Bussum, 1981.

Riffaterre, M., 'Decadent features in Maeterlinck's poetry'. In: *Language and style* 7 (1974), nr. 1, p. 3-19.

Rijkse, R.M. (red.), *De P.C. Boutens-collectie van de Zeeuwse Bibliotheek te Middelburg*. Samengesteld en ingeleid door R.M. Rijkse, met bijdragen van B. Peperkamp en M. Goud. Amsterdam, 1997.

Rijnders, Mieke, *Willem van Konijnenburg 1868-1943*. Den Haag/Utrecht/Assen, 1990.

Rimbaud, Arthur, *Gedichten*. Keuze uit zijn poëzie met commentaren, samengesteld door Paul Claes. Baarn, 1987.

Rischin, Abigail S., 'Ekphrasis and the art of rescue: Rossetti's Sonnets "For Ruggiero and Angelica by Ingres"'. In: Amy Golahny (ed.), *The eye of the poet. Studies in the reciprocity of the visual and literary arts from the Renaissance to the present*. Lewisburg/London, 1996, p. 214-223.

Robillard, Valerie en Els Jongeneel (ed.), *Pictures into words. Theoretical and descriptive approaches to ekphrasis*. Amsterdam, 1998.

Rodenko, Paul, *Met twee maten. De kern van vijftig jaar poëzie, geïsoleerd en experimenteel gesplitst*. Den Haag, 1956. Ook in: Paul Rodenko, *Over Gerrit Achterberg en over de 'experimentele poëzie'*. Ed. Koen Hilberdink. Amsterdam, 1991, p. 213-262.

Roder, J.H. de, *Het onbehagen in de literatuur. Essays.* Nijmegen, 2001.
Rozendaal, Ernst Jan, 'Geschenken van Toorop aan P.C. Boutens onder de hamer'. In: *Provinciale Zeeuwse Courant*, 12 april 2002.
Rossetti, Dante Gabriel, *The poetical works.* With introduction by William M. Rossetti. New York, [z.j.].
Rother, Susanne, *Der Regenbogen. Eine malereigeschichtliche Studie.* Köln/Wien, 1992.
Rothuizen, William, *Jan Toorop (1858-1928) in zijn tijd.* Amsterdam, 1998.
Rucker, Rudy, *Oneindigheid. Filosofie en wetenschap van het oneindige.* Amsterdam, 1986.
Russoli, Franco, 'Beeld en taal van het symbolisme'. In: *Het symbolisme in Europa.* Rotterdam enz., 1976, p. 17-20.
Sanders, Mathijs, *Het spiegelend venster. Katholieken in de Nederlandse literatuur 1870-1940.* Nijmegen, 2002.
Schalk, Henriëtte van der, *Sonnetten en verzen in terzinen geschreven.* Amsterdam, 1895.
Schilling, Rita, *Hildegard van Bingen. Bazuin van het levende licht. Vijf visioenen.* Baarn, 1998.
Schrijvers, P.H., 'Het sneeuwt tussen de korven. Over 'Het lied der dwaze bijen''. In: *De revisor* 10 (1983), nr. 5 (oktober), p. 52-58.
Schulte Nordholt, J.W., 'De sterrenhemel van Guido Gezelle'. In: *Gezellekroniek* 16 (1982), p. 69-81.
Schulz, Dieter, 'Epiphanie als Abgrund bei Edgar Allan Poe'. In: *Augenblick und Zeitpunkt. Studien zur Zeitstruktur und Zeitmetaphorik in Kunst und Wissenschaften.* Herausgegeben von Christian W. Thomsen und Hans Holländer. Darmstadt, 1984, p. 332-348.
Scott, Alan, *Origen and the life of the stars. A history of an idea.* Oxford, 1991.
Scott, Grant F., *The sculpted word. Keats, ekphrasis, and the visual arts.* Hanover/London, 1994.
Sijde, Nico van der, *Het literaire experiment: Jacques Derrida over literatuur.* Amsterdam, 1998.
Sitter, W. de, *Kosmos.* Vertaald door J.C. Proost-Thoden van Velzen. Den Haag, 1934.
Sötemann (1982), Guus [=A.L.], 'Hart en ziel. Een brief aan Wim Vermeer bij een gedeeltelijk afscheid'. In: *Vooys* 1 (1982), (dec.), p. 10-13.
Sötemann (1985), A.L., *Over poetica en poëzie. Een bundel beschouwingen.* Samengesteld en ingeleid door W.J. van den Akker en G.J. Dorleijn. Groningen, 1985.

Sötemann (1985a), A.L., 'Twee meesters en hun métier. Boutens en Van de Woestijne over de poëzie'. In: Sötemann 1985, p. 105-117.

Sötemann (1985b), A.L., 'Wegen naar 'Het geheim' van Boutens'. In: Sötemann 1985, p. 203-216.

Sötemann (1985c), A.L., "Domburgsch uitzicht' van P.C. Boutens. Analyse en interpretatie van een 'gebroken' symbolisch gedicht'. In: Sötemann 1985, p. 217-228.

Sötemann (1988), A.L., 'Four traditions in modernist poetry and art theory'. In: *Word & Image* 4 (1988), p. 297-302.

Sötemann (1998), A.L., 'Dichters die nog maar namen lijken. Jan Prins'. In: *Ons erfdeel* 41 (1998), nr. 2, p. 185-192.

Spaander, Ineke en Paul van der Velde (red.), *Reünie op 't Duin. Mondriaan en tijdgenoten in Zeeland.* Zwolle/Middelburg, 1994 (2e dr.).

Steiner, Wendy, *The colors of rhetoric. Problems in the relation between modern literature and painting.* Chicago/London, 1982.

Stevens, Herman, 'P.C. Boutens en de idee'. In: *Wildgroei* nr. 4 (juni 1983), p. 21-24.

Stock, Alex, 'Der göttliche Augenblick'. In: *Augenblick und Zeitpunkt. Studien zur Zeitstruktur und Zeitmetaphorik in Kunst und Wissenschaften.* Herausgegeben von Christian W. Thomsen und Hans Holländer. Darmstadt, 1984, p. 208-221.

Stralen, Hans van, 'De steen, de sluier en de stilte. Over een dominant thema in het werk van J.H. Leopold'. In: Kusters 1991, p. 32-42.

Stuip, R.E.V. en C. Vellekoop (red.), *Visioenen.* Utrecht, 1986. Utrechtse bijdragen tot de mediëvistiek, dl. VI.

Stuiveling, G., 'Sprekende met Boutens. Authentieke parafrase van de rijmprent'. In: *NRC,* 22 januari 1937.

Taylor, Carole Anne, *A poetics of seeing. The implications of visual form in modern poetry.* New York/London, 1985.

Teirlinck, Herman, 'Een star in het licht van Boutens'. In: *Verslagen en mededeelingen der Koninklijke Vlaamsche Academie voor taal- en letterkunde* (1933), p. 801-811.

Thüsen, Joachim von der, 'De afgrond. Een motief in de romantische griezelliteratuur'. In: *Het verlangen naar huivering. Over het sublieme, het wrede en het unheimliche. Essays.* Amsterdam, 1997, p. 68-77.

Tigges (ed.), Wim, *Moments of moment. Aspects of the literary epiphany.* Amsterdam/Atlanta, 1999.

Trapman, J., '*Le Latin mystique* van Remy de Gourmont (1892) en zijn invloed in Nederland'. In: J. Trapman, *Het land van Erasmus*. Amsterdam, 1999, p. 45-60.

Valéry, Paul, *Oeuvres*. Ed. Jean Hytier. Tome I. Paris, 1957.

Van Dale groot woordenboek der Nederlandse taal. Elfde, herziene dr. Red. G. Geerts, H. Heestermans en C. Kruyskamp. Utrecht/ Antwerpen, 1984.

Verwey, Albert, *Ritme en metrum*. Santpoort, 1931.

Veth, Jan, 'Jan Toorop op de keuze-tentoonstelling te Amsterdam'. In: *De nieuwe gids* 7 (1892), dl. II, p. 453-456.

Vleuten, Joost van der, '"Een taak voorgoed onafgedaan". Dichter en wereld bij P.C. Boutens'. In: *Nexus* (1993), nr. 7, p. 86-99.

Vliet (1998a), H.T.M. van, 'Estheticisme en mystiek bij P.C. Boutens'. In: *Tijdschrift voor Nederlandse taal- en letterkunde* 114 (1998), p. 34-47.

Vliet (1998b), H.T.M. van, 'Rijkdom van het onvolmaakte. Johan Polak als editeur'. In: *De parelduiker* 3 (1998), nr. 4/5, p. 77-95.

Vloten, Francisca van, 'Dromen van weleer. Kunstenaars in Domburg 1898-1928'. In: Spaander en Van der Velde 1994, p. 13-71.

Vogel, C.J. de, 'Waarneming, verstand en intuïtie in de Griekse wijsbegeerte'. In: *Theoria. Studies over de Griekse wijsbegeerte.* Assen, 1967, p. 45-62.

Vogel, C.J. de, *Plato. De filosoof van het transcendente*. Baarn, 1968.

Vouilloux, Bernard, 'L'"impressionisme littéraire": une révision'. In: *Poétique* (2000), nr. 121, p. 61-92.

Vries, Anne de, *Van Alphen tot Zonderland. De Nederlandse kinderpoëzie van alle tijden*. Amsterdam, 2000.

Waals jr., J.D. van der, 'Kosmos. [Recensie van] *Kosmos, a course of six lectures on the development of our insight into the structure of the universe, delivered for the Lowell Institute in Boston, in November 1931*, by W. de Sitter'. In: *De gids* 96 (1932), dl. IV, p. 369-373.

Waard, Elly de, 'Het arme, heerlijke lichaam. Over *The Ecstasy*'. In: *De revisor* 26 (1999), nr. 3-4, p. 41-49.

Wagner-Egelhaaf, Martina, *Mystik der Moderne. Die visionäre Ästhetik der deutschen Literatur im 20. Jahrhundert*. Stuttgart, 1989.

Wallagh, G.H., 'Gesprek met den dichter Boutens'. In: *Het Hollands weekblad*, 17 februari 1940.

Warren, Hans, 'Te verraden niet en niet te raden [Inleiding]'. In: P.C. Boutens, *Mijn hart wou nergens tieren. Keuze uit zijn werk*. Samengesteld en ingeleid door Hans Warren. Den Haag, 1959, p. 5-22.

Watering, C.W. van de, *Met de ogen dicht. Een interpretatie van enkele gedichten van Lucebert als toegang tot diens poëzie en poetica.* Muiderberg, 1979.

Weij, Jan-Willem van der, *Beweging en bewogenheid. Het prozagedicht in de Nederlandse literatuur aan het einde van de negentiende eeuw.* Amsterdam, 1997.

Welburn, Andrew J., *The truth of imagination. An introduction to visionary poetry.* Basingstoke enz., 1989.

Wendermann, Gerda, 'Het neo-impressionisme en de opkomst van de moderne kunst in Nederland'. In: *Meesters van het licht. Luministische schilderkunst in Nederland en Duitsland.* Rotterdam/Zwolle, 1996, p 11-36.

Wezel, Gerard van, 'Waarde Mejuffrouw Marius. Brieven van Jan Toorop'. In: *Jong Holland* 1 (1985), nr. 4, p. 2-27.

Wilde, Oscar, *De Profundis.* Geautoriseerde vertaling van P.C. Boutens. Amsterdam, [1911].

Wildiers, Max, *De muziek der sferen. Vier opstellen over wereldbeeld en cultuur.* Antwerpen/Amsterdam, 1983.

Woordenboek der Nederlandsche taal [=WNT]. Bew. door M. de Vries, L.A. te Winkel e.a. 28 dln. Den Haag enz., 1882-1998.

Woud, Auke van der, 'Toorop en zijn Sphinx'. In: *J.Th. Toorop. De jaren 1885 tot 1910.* Otterlo, 1978, p. 31-46.

Yates, Frances A., *The art of memory.* Chicago, 1966.

1. Willem van Konijnenburg, aquarel *'t Verborgene* (1916), particuliere collectie, foto Peter Cox.

2. P.C. Boutens bij Jan Toorop op diens atelier (circa 1926), collectie Boutensdocumentatie van mevr. C.C.V. van Lier-Schmidt Ernsthausen, Historisch Documentatiecentrum voor het Nederlands Protestantisme, Vrije Universiteit te Amsterdam.

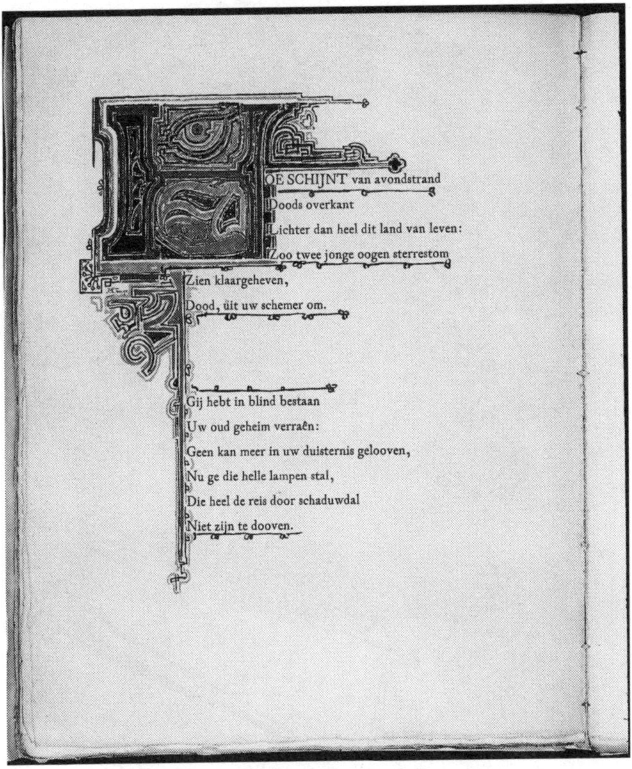

HOE SCHIJNT van avondstrand
Doods overkant
Lichter dan heel dit land van leven:
Zoo twee jonge oogen sterrestom
Zien klaargeheven,
Dood, üit uw schemer om.

Gij hebt in blind bestaan
Uw oud geheim verraên:
Geen kan meer in uw duisternis gelooven,
Nu ge die helle lampen stal,
Die heel de reis door schaduwdal
Niet zijn te dooven.

3. Jan Toorop, initiaal in P.C. Boutens' bundel *Naenia* (1903), collectie Koninklijke Bibliotheek, Den Haag, sign. 2294 B 34.

4. Jan Toorop, portret van P.C. Boutens (1905), collectie Letterkundig Museum, Den Haag.

5. Jan Toorop, portret van P.C. Boutens (1908), collectie Letterkundig Museum, Den Haag.

6. Jan Toorop, tekening *De Regenboog* (1906), collectie Studio 2000, Amsterdam, foto Kees Kuil.

7. Jan Toorop, tekening zonder titel in P.C. Boutens' vertaling *Platoons Phaidros* (1909), collectie Letterkundig Museum, Den Haag.

PRINTED ON PERMANENT PAPER • IMPRIME SUR PAPIER PERMANENT • GEDRUKT OP DUURZAAM PAPIER - ISO 9706
N.V. PEETERS S.A., WAROTSTRAAT 50, B-3020 HERENT